문예신서
253

나무의 철학

서양 철학에 관한 에세이

로베르 뒤마

송형석 옮김

東 文 選

나무의 철학

Robert Dumas

Traité de l'arbre

essai d'une philosophie occidentale

© Actes Sud, 2002

This edition was published by arrangement
with Actes Sud, Paris
through Bestune Korea Angency, Seoul

념/나무의 과학에 관련된 잊혀진 설립자: 뒤아멜 뒤 몽소/물리적 원형은
한 세기에 걸쳐 발견에 도움이 되는 힘을 소진한다/화학의 탄생, 수목학
발전의 조건

V. 사색적 식물학

식물 세계의 스승으로서, 나무들은 거의 철학을 갖고 있지 않다/헤겔적
예외/나무에 대한 두 가지 사고 방식: 들뢰즈에 반박하여, 칸트/본래의
성장 방식: 이상 비대와 반복/뿌리내리기와 무성함: 뿌리는 가지를 이루
고, 반대로 가지는 뿌리를 이룬다/다시 톰프슨과 최적의 원리/마리오트
와 헤일스: 수액의 순환/마이어가 광합성을 발견하다/진화는 교목 모양
을 이루고 있다/그녀는 특히 가능한 음역을 연주한다

VI. 나무의 통치

문명의 원리로서의 나무는 프랑스 역사에서 세 번에 걸쳐 두드러지게 나
타난다/전시 상황과 나무의 성역화/사라지는 선과 경계/물과 숲의 관리
와 행정/지도와 측량사/콜베르와 1669년 칙령/낭시 임업가와 임업학교
현황/1827년의 법규/재식림 정책/마을과 나무들/l'ONF의 세 가지 임무

VII. 회화 속의 나무

나무의 주제는 느지막이 회화의 중심을 차지할 뿐이다/회화는 무엇보다
나무로 생산된 물질적 대상이다/세 시기가 나무 주제의 역사와 보조를 맞
춘다/중세 시기: 나무, 성스러운 상징/15세기 이탈리아 문예 부흥의 시
기: 기하학적 배치/플랑드르와 이탈리아 풍경의 원천/로랭과 푸생의 이
상적인 풍경/나무의 화가: 로이스달/나무 승리의 시기: 19세기/탁월하게
낭만적인 주제/회색 영국 속의 컨스터블의 초록/코로에게 나무는 '그 누
구이다'/바르비종의 화려한 풍경/표현의 위기와 더불어, 나무는 동시
대의 예술 속에서 자신의 존재를 다르게 나타낸다

머리말

나무 — 그토록 멋진 주제.

P. 발레리(1871-1945)

만일 프랑수아 다고네가 썼던 것처럼 나무에 씨앗이 달리듯이 책에 제
목이 붙는 것이라면, 나는 이 책의 제목을 해
명하지 않으면 안 되겠다. 《나무의 철학》은 무
엇보다 나무에 관한 최초의 이성적인 지식이
세워지기 시작했던 18세기에 보내는 인사이다.
2차적으로는 학자이면서 위대한 나무 애호가
였던 뒤아멜 뒤 몽소에게 바치는 경의의 방식
이다. 마지막으로, 나는 나무가 철학의 소재가
되어서 열정에 넘치기는 하지만 구변이 모자
라는 논문들에 둘러싸일 만한 가치가 있다는
사실을 보여 주려고 애썼다.

알브레히트 알트도르퍼,
〈숲 속의 성 조지〉, 1510.

제목은 놓아두고 이 시론의 계획으로 돌아

히에로니무스 보스, 〈광인들의 돛배〉.

와 보자. 나는 어떻게 나무의 주제에 이르게 되었으며, 이유는 무엇이었을까? 두 가지의 감정적인 원천이 반추의 길을 밝혀 주었다. 한 갈래는 부르고뉴와 도피네 사이에서 갈라지는 나의 유년 시절로 거슬러 오르고, 다른 한 갈래는 좀더 늦게 찾아온 심미적 감정과 이어진다. 디종에서의 유년 시절을 떠올리자면, 조부모가 살고 있었던 남프랑스의 드롬과 아르데슈로 간신히 도피해서 보냈던 휴가의 추억을 소중하게 간직하고 있다. 나는 이리외 골짜기에서 피어오르던 장밋빛 복숭아꽃의 교향악을 기억한다……. 그리고 과즙으로 번쩍이던 버찌들을 기억한다……. 할아버지가 딱총나무 가지로 만들어 준 고구마 대포를 맞고 떨어졌던 그것들을. 9월에 돌아오는 슬픔은 디종 공원의 산책길에서 밤을 줍는 일로

보상되었다. 짐수레 하나 가득 채워서 가져가면, 약국 아저씨가 우리에게 몇 프랑을 건네주곤 했다. 40년이 지나서, 추억의 나무들은 언제나 열매를 맺고 있다. 다른 원천은 그로부터 훨씬 후에, 두 개의 영상으로부터 심미적인 충격을 받았던 시기에서 솟아오른다. 그것들은 오늘까지도 나를 흔든다. 첫번째의 감흥은 화가 알트도르퍼에게 되돌아간다. 그의 작품 〈숲 속의 성 조지〉(1950)는 검은 갑옷을 두르고, 검을 들고서 용과 마주하고 있는 백마 위의 영웅을 보여 주고 있다. 갑옷 차림의 전사는 나무들로 울창한 공간 속에서 야릇한 느낌을 주었다. 무성한 수목 앞에 선 금속은, 매년 가을이면 잎들을 떨구었다가 이듬해 봄에 다시 싹을 틔우고

초록으로 변하는 저들에 비해 보면, 한낱 하찮은 풍경에 지나지 않는 인간의 쾌거를 말해 주고 있었다. 그 자신을 지배할 뿐만 아니라 모든 사물을 침투하는 듯한 거대한 나뭇잎들의 군락 한복판에서 길을 잃어버린 채 르네상스의 인간은 자신을 꿰뚫는 정맥과 동맥을 갖고, 기관지를 가졌으며, 두뇌를 가진 나무들밖에는 알고 있지 못했다. 그는 수액과 거의 일치하는 자신의 피의 화학 공식만을 알고 있을 따름이었다. 그는 자신의 혈관의 형태학을 나무들에게서와 같은 법칙이 지휘하고 있다는 것밖에 알지 못했다. 하지만 어쩌면 그는 자신의 참다운 지혜로서, 인간을 위한 나무의 측량할 수 없는 가치를 상상하고 있는지도 모른다. 나는 다만 그것을 증명하고 싶다, 더욱이 갑주 아래서 나무가 그려졌다면. 두번째의 영상은 알트도르퍼와 동시대 사람인 히에로니무스 보스의 작품 〈광인들의 돛배〉이다. 여기서는 돛대 구실을 하고 있는 나무를 보게 되는데, 적어도 반은 뒤집힌 상태가 아니다. 결국 선원들은 나무와 돛대를 혼동하기에 충분하여서, 모든 항해 준비를 마친 그들에게 이것이 즉시로 저것이 되어 버린다. 마지막 착란, 아니면 최초의 예감일까? 나 스스로도 입장을 납득하고픈 욕망이 컸다. 학문적이거나 우정어린 의견들이 밀려들었다. "나무에 관한 논설이라니오? 그런 건 생각하지도 마세요! 정신 나간 계획, 불가능한 과제라고요." 참고 문헌과 도서의 대양이 벌써부터 끝없이 요동치는 것은 사실이었다. 그 아래서 보스의 역설이 심연을 드러냈다. 그의 그림에서 나무는 배를 밀고, 배는 나무를 밀고 있으면서 움직임과 정지를 함께 보여 주고 있다. 언제나 방황을 거듭하는 인간 존재의 유별난 표현이었다. 이곳과 다른 곳, 마을과 숲의 유혹, 대지와 하늘, 정착과 큰 세계의 부름, 현실의 구속과 상상적 세계의 힘 사이에서 결코 자신의 머물 곳을 찾지 못하는.

또한 그토록 놀랄 만한 다양성에 대하여 어떻게 일관된 담론을 이끌고 나갈 수 있을까? 나무는 뿌리를 내리고 서 있으면서, 내 생의 연약한 불안정성에 대항한다. 혹은 나무는 여행자로서, 정적인 강사로서의 내 존재에 놀라운 특성을 가진 씨앗들이 자연적으로 대양을 건너가는 것을 비교시킨다. 한편으로 그들은 인간의 재능을 이용하여 문화적인 횡단을 하기도 하는데, 어제만 해도 여전히 카누며 뗏목이며 선박들이 바다 위에 주름을 내며 나아갔던 것이다. 그러한 수많은 유동성에 나무의 신성한 차원과 그림의 마법이 빠지지 않은 신화와 종교들의 출렁이는 매력이 보태어진다. 화가는 여러 가지의 이론적인 계획들을 비롯하여 특히 소재상으로 모든 이성적인 인식을 지연시키는 수수께끼를 그림 속에 집어넣으면서 미의 부분을 이루고, 학문의 유혹을 만들었던 것이다. 광합성이 몽상가를 남기는 것만큼이나 근본적인 진전을 이해하기 위해서는 19세기말까지 기다리지 않으면 안 되었다! 이러한 조건들에서 철학의 과제는 무엇이 될 수 있을까? 그것은 나무를 생각하는 우리에게 무엇을 건네줄 수 있을까?

특히 철학은 나무의 사색 아니면 실질적으로 나무 자체에 서양 문화로 회귀하는 자리, 그로부터 모든 것이 조직되고 의미를 찾는 중심적인 자리를 되돌려 주어야 한다. 왜냐하면 생각하게 만드는 것이 나무이기 때문이다. 다른 말로 표현하자면 신화학·신학·인식형이상학·정치학·미학들이 수목학 안에서 그들의 원리를 발견하고, 나아가서 나무의 인식은 일반적인 모든 문화에 있어서 인식의 나무의 근간이 되는 것이다. 앞으로 자세하게 보여 주겠지만, 우리는 수세기 동안 나무를 인식할 만한 것을 찾지 못한 채, 재목의 원주가 시간이 지나며 자라나는 것을 상인의 시선으로 바라보았기 때문에 이 책은 나무를 재인식하기를 지지한다. 그들에 관한 지식은 우리가 오랫동안 선호했던 것에 비해 보면, 동물에 관한 지식보다 훨씬 더디게 이루어졌다. 존재의 한 부분을 이루고 있는 자신들의 움직임으로부터 사냥꾼의 재주를 끌어내는 능력을 갖춘 동물들에게서 동물중심주의 혹은 인간중심주의의 인상은 쉽게 발견할 수 있다. 이러한 입장은 불과 어제의 일이 아니고 **호모 사피엔스**의 동일한 속성으로 간주되고 있다. 라스코 동굴의 프레스코 벽화에는 나무가 없다. 동물-왕이 모든 표현 공간을 차지하고 있을 따름이다. "그렇지만 정작 순록이나 들소를 먹여살리는 것은 풀이다. 사냥꾼들도 또한 갖가지 열매나 곡물들을 먹는 존재들이다. 풀과 나무들은 영광을 구하지 않으며, 그들을 정복하기 위해 위험을 무릅써야 할 필요도 없다. 그들에게 길이 간직해야 할 위업이라곤 없다."[1] 이미 조르주 캉길렘은 동물성의 과학이 식물성의 과학에 비해 많은 전진을 이루었던 것은 근본적으로 그 저자의 동물성에 기인한다고 설명하였다. "인간은 동물에게서 자신의 고유한 특성을 연구할 대체물을 찾았다. 최초에 힘과 성장을 의미하는 라틴어에서 유래한 Végéter는 급속하게 무기력하고 무감각한 상태를 의미하는 것으로 변한다. 어떻게 하면 나무로부터 인간을 밝혀 줄 만한 활동적이고 호기심 많으며 정복하는 요소들을 발견할 수 있을까?"[2] 아이들이나 우리들의 관심을 끄는 것은 나무가 아니라 가지를 타고 오르는 다람쥐라는 것을 고백하자. 동물들은 우리가 잊어버릴 때까지 숲 속으로 사라지며 가지들을 흔든다. 소나무는 너무나 우람하고 든든해서, 우리는 그것이 어제 서 있었듯이 내일도 여전히 서 있을 것이라고 굳게 믿어 마지않는다. 데카르트의 표현을 따르자면 치

---

1) 피에르 리외타기, 《지방 식물. 서유럽 야생화의 상상적 응용》(1991년, 1쇄), Actes sud, 1998.
2) 조르주 캉길렘, 〈생물학 발견의 표본과 유추〉, 《과학의 역사와 철학에 관한 연구》에 수록. Vrin, 1970.

기어린 편견이다. 바슐라르식으로는 최초의 느긋한 직관이다. 그것은 식물계에 접근하는 과정에서의 과학적 실수라고 프랑시스 알레는 열정으로 넘치는 저서《식물의 찬사》[3]에서 지적한다. 사실 동물성을 지배하는 전형들이 초목의 본질을 이해하는 것을 방해하고 있다. 첫번째의 자연계를 알고 있으면서, 얼마만큼이나 내가 두번째의 자연계에서 이 주제에 적합한 자리를 찾아 나누고자 하는지는 고백하지 않아도 될 것이다. 하지만 나무만큼이나 유혹적인 일련의 계획들은 철학자에게 진부하면서 신비한, 친근함과 생경함이 한데 섞인 대상이 될 것이다. 심지어 우리에게 속해 있지도 않은 이 시간의 문지기는 회피할 수 없는 현존과 완벽한 이타성(異他性)으로 철학자를 난처하게 할 것이다. 그러므로 나는 유별난 존재를 좀더 잘 생각하기 위해서 자연주의자로부터 독립하여 모든 형태의 신인동형론이 제거된 나무 논설을 제출하기를 원했다.

나무는 규칙에 예외적이지 않다. 철학적 문제의 대상(언어·죽음·일 따위의)이 되기에 앞서 그것은 신화들에 의해서 주제화되었다. 그러한 자취를 우리는 호메로스·오비디우스·대(大)플리니우스, 아니면 성서 속에서 수집할 수 있다. 하지만 나무를 생각하려는 시도는 가장 동시대적인 철학을 드러내기도 한다. 사실 우리는 미네르바의 올빼미가 늦게 날아오른다는 것을 알고 있으며, 나무의 과학이 철학의 관심을 끌기 위해서는 천천히 전진해야 할 필요가 있었다. 나무에 관한 이성적인 인식은 '숲의 기근' 시대라고 일컬어지는 18세기 전까지는 나타난 적이 없었다. 레비 스트로스의 민족학적 내용대로, 나무들은 원시 부족과 마찬가지로 파괴의 순간에 있어서만 연구의 대상이 되어야 하는 것일까? 더 이상 자신을 바라보지 않는 것을 보존하고 있는 기념물 같은 이론. 그러나 18세기를

---

3) 프랑시스 알레,《식물의 찬사. 새로운 생물학을 위하여》, Le Seuil, 1999.

돌이켜보면 당시는 또한 학자들의 위대한 여행과 열대 식물들의 발견이 이루어지고, 선례가 없던 자연과학의 도약이 이루어졌던 시기이기도 했다. 이역에서 온 나무들은 유럽의 과수원과 공원과 숲을 구해 낼 것이었다. 우리의 대중 산책로에 기꺼이 그늘을 드리우는 큰 밤나무들은 실제로 1615년 콘스탄티노플에서 옮겨다 심은 것이다. 파리의 뷔퐁 가에 위치한 식물 정원에서는 1635년에 심어진 아카시아를 볼 수 있다. 버지니아에서 옮겨 왔던 이 나무는 오래된 모든 대륙들을 신속하게 정복해 나갔다. 우리의 시선은 우리들의 주변 풍경을 이루고 있는 나무들에게 너무나도 친숙해 있는 까닭에, 그들이 동양에서 왔는지 아메리카 대륙에서 유래했는지 상상조차 하기 힘들다. 열대 지방으로의 여행이 민족학에 눈을 뜨게 하듯이, 나무에 관한 고찰은 기존의 선입관들을 무너뜨린다. 그러한 이국 정서가 우리들 지방에 있다고 하다니!

역설적인 존재를 다루기 위해서, 나는 일반 공통 교육 과정에서부터 참으로 싹을 틔우기 시작하는 수목에 관련된 다양한 문제들을 상호간의 관계들도 빠뜨리는 일 없이 제시해야만 했다. 나무가 서양인들에 의해서 어떻게 간주되었는지를 이해시키기 위해서, 나는 그것이 불러일으키는 다양한 표현들로부터 출발했다. 즉 그것이 가져오는 종교적이거나 세속적인 상징들, 언어에 영향을 끼치는 은유들, 분류상의 도식들, 사유의 표본으로서 제공하는 유추들, 채색 삽화들, 채색 유리의 전면 아래편에서 논란할 여지없이 그림의 주제가 되기까지 창조주의 영광을 노래하는 그것들……. 그렇게 표현된 수목들 속에서 흐르고 있는 수액의 감각을 어떻게 탐지할 수 있을까? 무한한 표현의 다양성은 여러 방향으로 뻗어 나간 힘 있는 일관된 특성들을 비워내지 못한 채 옆모습만 포착할 것 같았다. 그러한 증식은 나무의 예외적인 특성에 대해서 생각하게 만드는 사변적 식물학에서 이유를 찾아야 했다. 그때부터 표현의 발엽(發葉)은 나무의 존재에 합류하여 기호의 논리 장부에 등록하거나, 나무의 존재론 장부 위에서 표상들을 연결할 수 있다. 그리하여 우리의 개론이 뿌리를 내리고 있는 것은 물질론의 영역에 있어서이다. 본 개론은 나뭇가지들이 같은 기둥에서 뻗어 나가듯이 일곱 개의 장들이 유기적으로 연결되어 전개되고 있다. 처음의 세 장들은 나무에 관하여, 혹은 사실상 나무를 구조화하고 활력 있게 만드는 생각을 세 가지 수준에서 분석하고 있다. 첫째는 신화학적——신학적——시적인 신성한 사유(탁월한 상징으로서의 나무)에 관한 것이고, 둘째는 문학에서 문헌학에 이르는 세속적인 생각들(유추의 저장고로서의 나무)에 관한 것이며, 마지막 셋째는 학문적이며 개념적인 사유들(논리 도구로서의 나무)에 관한 것이다. 마지막의 네 장에서는 탐사되는 사유 대상으로서의 나무, 우선적으로 논리적 사유(물리학과 나무의 형이상학)를 포함한 존재로서의 나무를 다루었으며, 다음으로는 실천적 사유(정치 속의 나무)에 관하여, 마지막으로는 예술적 사유(회화 속의 나무)에 관하여 알아보았다. 이러한 나무에 관한 주의는 앞으로 증명해 보일 것이지만 상대적으로 더디게 진행된다.

이 책은 나보다 앞서 나무들 편에서 탐험을 했던 전임자들이 남겨 놓은 표적들에게 많은 신세를 졌다. 특히 프랑수아 다고네의 분석에 관해서는, 그에게 혜택을 입은 바가 너무나 크다. 지리학자 쥘리앵 그라크의 그토록 정확한 묘사, 그리고 프랑시스 퐁주가 그의 시정의 대상 속에 나무들(소나무·목련……)을 포함시켰던 축하시들이 똑같은 영감을 고취시켰다. 그렇다. "대상과 인간의 관계는 단지 소유나 사용에 있지 않다……. 그건 너무도 간단할 것이다……. 인간은 자신 속에 중력의 중심을 갖고 있지 않은 육체의 바람둥이이다. 우리의 영혼은 옮아가지 않으면 안 된다. 그에게는 직접적인 보완으로 자신에게 영향을 미치는 대상이 필요하다. 그러므로 문제되는 것은 가장 엄숙한 관계이다(소유가 전혀 아니라 **존재**의)." 퐁주의 대상은 가장 예상치 못한 가장 단순한 특성에 힘입어서 그의 상상력의 세계와 사유를 풍부하게 양육한다. "우리는 우리 자신의 욕망들에 무한정 반박하면서 참다운 대상들을 선택해야 한다. 그리하여 우리가 매일 다시 선택하는 대상들, 그것은 우리의 장식물이 아니라 틀이다. 오히려 우리 자신의 관객이자 판사로서. 말하자면 무희나 어릿광대가 되지 않기 위해서."[4] 시학에서 '참다운 대상'인 나무는 철학에 있어서도 마찬가지의 존재가 되어야만 한다. 철학이 어떤 것을 붙잡든지간에.

보스와 알트도르퍼로부터 5세기가 지나서, 폭풍은 우주 안에서 수목으로 조건지어진 우리의 현존이 여전히 연약하다는 사실을 일깨워 주었다. 오늘 우리들의 놀람은 다뉴브의 화가들에게서 일어난다. 이 책의 지면들이 고대의 그림 높이에 도달할 수 있기를! 마지막으로 나는 마리오 리고니 슈테른이 그의 놀라운 저서 《자유의 나무》[5]에서 말하고 있듯이, "내가 글을 쓰기 위해 이용하는 종이가 적어도 그것을 만들어 냈던 나무와 같은 가치를 가지기를 바랄 뿐이다."

---

4) 프랑시스 퐁주, 《신(新)시집》, Gallimard, 1967, p.145-148.
5) 마리오 리고니 슈테른, 《자유의 나무》, La Fosse aux Ours, 1998.

I

상징적인 나무

개 요

— 귀머거리 나무가 가진 매혹적인 물질성, 견
줄 것 없는 그 상징적 힘에 관하여.
— 속세에서 신성을 난처하게 만들면서 양자
를 종합하는 탁월한 상징에 관하여.

상징주의의 중심에서 가장 널리 알려진 변형은 세계
의 한가운데서 세 개의 세상을 축처럼 떠받치고 있는
우주적 나무이다.

M. 엘리아데(1907-1986)

세계와 마주하는 노력 속에서, 나무와 인간은 지극히 밀착된 관계를 유
지하고 있으면서 흔히 어느 한쪽과 자신을 혼동하곤 한다. 바슐라르는 알
베르 플로콩의 판화에 비추어 설명하고 있다. "나무와 인간은 가장 가까
이서 투쟁한다. 인간의 몽상 속에서 긴 역사를 가지고 있는 인류 대 우주
의 전투에서 말이다. 누가 승리자가 될까? 나무는 죽은 자의 오래된 나무
의 꿈을 따라서 인간의 육신을 먹어치우는 장식된 석관 같은 것인지, 아
니면 인간은 그의 근육과 신경을 위하여 섬유소의 힘을 찾아내게 될 것인
지? 나무는 손을, 희고 긴 손을 갖고 있다. 그리고 인간의 팔은 종려나무
잎새처럼 퍼진다. 나무의 뿌리는 이미 다리이다. 인간의 다리는 대지 깊
숙이 파고드는 뿌리처럼 자리잡기 위해서 천공성(穿孔性)의 비틀기를 취
한다. 우리는 진정으로 영상 신진대사의 마디에 있다. 떡갈나무 기둥과 육
신의 기둥. 이것은 이미 유통되고 있는 자매 언어가 아닌가."[1] 시인들을
통해서 알아볼 것이지만, 이렇듯 유사한 관련성은 정체성을 쉽게 알 수

---

1) 가스통 바슐라르, 《꿈꿀 권리》, PUF, 1970, p.83.

있게 해준다. 하지만 특히 상징화 과정을 활력 있고 풍부하게 해주는데, 나무가 인간과 비슷하기 때문만이 아니라——우리는 상징의 고전적인 정의를 알고 있다——탐색적이고 포괄적인 범위 덕분에, 그들이 전적으로 인간들만큼이나 우주와 인생과 사회와 매듭지어진 양상을 통해서 인간과 신성과의 신비한 관계를 벗겨낼 수 있게끔 하기 때문이다. 놀라운 다의성에 관해서는 소수의 사람들만이 숙고할 것이지만, 나무는 다른 어떤 상징들 가운데서도 단연 뛰어난 상징임에서 그치지 않고 모든 상징의 모형이 되지는 않는지 자문하게 한다.

하지만 이같은 풍부한 상징성의 이유를 찾기에 앞서 우리는 기호로부터 상징을 구분하는 차이를 좀더 분명하게 알아보고자 약간의 우회를 하려 한다. 언어학으로의 이러한 급속한 침투는, 우리들로 하여금 근본적으로 모든 기호의 구성 의미 관계를 알고자 하는 상징적 과정으로까지 되돌아가게 한다. '나무'는 무엇보다 말이다. 하지만 아무래도 좋은 것은 아니라는 점은 의심할 수 없다. 생각하지 않을 수 없게 만드는 우연한 일치에서, 소쉬르는 라틴어로 나무에 해당하는 **arbor**를 그의 기호를 정의하기 위한 예로서 선택했던 것이다. 실로 우리들을 멈추게 하는 놀라운 본보기가 아닐 수 없다. 시작하기 위해서 소쉬르가 말하는 내용을 떠올려 보자. 그에 의하면 기호는 '두 얼굴의 정신적 실체'[2] '의미(기의)와 청각적 영상(기표)의 조합'[3]이다. 소쉬르는 자신의 개념을 일련의 도해로 보여 주고 있다.[4]

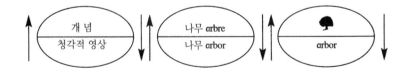

2) 페르디낭 드 소쉬르, 《일반언어학 강의》(1915), **Payot**, 1969, p.99.

언어학자는 다른 모든 예를 선택할 수 있었고, 그 중에서도 개념이 쉽게 인식할 수 있는 영상으로 표현될 수 있는 것이라면 충분했을 것이다. 그리하여 '꽃' '태양' '새' 같은 것들이 좋은 보기가 되었을 것이다. 그러나 소쉬르가 취하고 있는 이 '나무'는 잎이 무성한 참나무·너도밤나무·피나무의 윤곽을 가지고 있거나, 아이들이 '나무'라는 말을 들을 때면 성탄절의 전나무를 떠올리는 식으로 어떤 열매 나무의 모습을 하고 있음은 물론이다. 이미 소쉬르가 그려낸 그림은 충분치가 않다. 그것은 '나무'에 근접한 개념에 지나지 않는다. 그러나 우리의 일상적인 지각에 너무나 습관적으로 표현되어 온 것이기에, 소쉬르의 어느 주해자도 편파성을 지적한 일이 없었다. 아무튼 세 가지의 도해는 보기의 이름으로 징발된 것이지, 기호의 근본적인 특성을 가리키기 위한 모형으로서는 아니다. 기표와 기의 간의 관계는 '자의적'[5]이라는 사실 말이다. 그렇듯이 '나무의 개념'은——활엽수이건 수지 식물이건——그것에 기표를 제공했던 소리(arbor)와는 아무런 관계를 갖지 않는다. 그것은 심지어 다양한 언어의 증거로서 다른 어떤 것으로도 표현될 수 있을 것이다. 아르브르[arbre]·트리[tree]·바움[Baum]…… 그 연장선은 신비에 싸여 있다. 왜 소쉬르는 이 보기를 선택했던 것일까?

어쩌면 여기에서 19세기 중엽 후반에 독일에서 뮐러와 슐라이허가 대표했던 고증언어학의 관점에 대한 도전을 엿볼 수도 있다. 사실 소쉬르는 유럽 언어의 가지들 뒤편에서 산스크리트 혹은 범어의 뿌리를 찾으려고 하는 의심스러운 언어의 진화와는 결별할 마음을 갖고 있다. 진화하는 모형으로서의 나무는 다윈의 《종의 기원》(1859) 이론에 투사된 계통학적

---

3) 페르디낭 드 소쉬르, *ibid.*
4) 페르디낭 드 소쉬르, *ibid.*
5) 페르디낭 드 소쉬르, *ibid.*, p.100.

조망을 지지하기 위한 존재로 활용되었다. 그리하여 "어근의 관념은 고유어에 비교한 분석의 결과로서 나타난다. 같은 가계의 모든 언어는 근본적 형태, 혹은 어근에 있어서 몇 개의 한정된 고립 요소들을 나누어 갖는다. 어근의 개념은 고로 역진적(逆進的) 분석의 입장에서 얻어진 이해하기 쉬운 명료한 원리로 나타난다."[6] 소쉬르는 슐라이허에게 도전하는 악의로 나무의 예를 택했던 것이다. 그리하여 그는 "체계는 우스꽝스러운 것일까?"라고 쓰기에 이르는 것이다. 사실 《일반언어학 강의》는 선동적이다. 그는 연대기적인 환영과는 단호히 결별하는 구조언어학을 창시했다. 이후에는 주어진 순간에 기호가 어떻게 기능하는지를 이해할 필요가 있었다. 그들을 매우 불확실한 기원으로 표류하게 하는 일 없이. '나무' 라는 낱말은 여러 논란을 거쳐서야 정당화될 것이다.

그런데 소쉬르는 계속해서 논증을 추구한다. 그는 상징이 기호와 다르다는 것을 보여 주면서, 상징은 "결코 전적으로 임의적이지 않은 성격을 갖는다. 그것은 비어 있지 않으며, 기표와 기의 사이의 자연적이며 초보적인 관계를 갖고 있다"[7]고 말했다. 그는 균형의 예로서 정리의 상징을 따라간다. 상징에 있어서는 언제나 기의가 기표를 추월하며, 균형은 정리의 추상적인 복잡한 관념에 관여하는 개념 일체(분배, 측정, 공평성, 평가, 판단……)를 나타낸다. 소쉬르의 개념을 재차 취하면서, 우리는 상징이 기의로부터 기표를 구분하는 빗장을 넘어선다는 것을 말할 수 있다. 이를 두고 라캉은 '기표 아래서 끊임없이 미끄럼 타는 기의'[8]라고 말한 바 있다. 에스피에글, 그는 '나무' 라는 낱말에 관해 다음과 같이 덧붙이고 있다. "그것은 단지 '빗장' 이라는 말이 소쉬르식의 계산법을 넘어서는 그것

---

6) 샤를 포르세, 〈개념과 뿌리〉, 《인간과학지》, 1977, 4-6, 166호, p.200.
7) 페르디낭 드 소쉬르, *Op. cit.*, p.101.
8) 자크 라캉, 《에크리》, Le Seuil, 1986, p.502.

의 글자 수수께끼인 사실 때문만은 아니다."[9] 우리들로서는 소쉬르의 '나무' 라는 말에 적합한 선택을 강조해 보자. 왜냐하면 어휘는 그렇게 '나무' 라는 말에 있어서도 언어학의 감옥 밖으로 도주하는 예외적인 역할을 맡아서 하고 있기 때문이다. 이러한 빗장 혹은 경계의 위반은 기호의 다의성을 열어 놓는다. 해석은 있지 않은 것뿐만 아니라 본래적인 것, 말로 표현할 수 없는 것들을 나타내는 상징의 측량할 수 없는 의미의 층으로 풍부해진다. 그러므로 어째서 상징이 순수하게 언어학적인 틀을 지나치는지 이해하기 쉬워진다. 상징은 상상의 정신적인 힘과 관계를 맺으면서 조직자의 역동성을 특징짓는다. 머리말에서 상징에 관한 우리의 정의가 두 번에 걸쳐 놀라운 방식으로 소쉬르의 나무를 만나게 된 것, 그리고 인용되지는 않았지만 누구보다 라캉을 특별히 가리켰던 이유는 그러한 데 있었다.

하지만 나무의 상징성을 분석하기 위해서 기표의 논리는 한쪽으로 밀어두기로 하자. 바슐라르와 더불어 우리는 모든 의미화 과정에 상징주의의 존재론적 선행(先行)이 있다고 생각한다. 실제로 인간이 나무의 성장을 통해 강렬한 생을 그의 육체로 느끼는 감정 이입이 모든 몽상과 환상을 끌고 간다. 은유와 상징은 가장 추상적인 기호를 선행하는데, '영상은 최초의 정신적 현실'[10]이기 때문이다. 나무가 탁월한 상징인 것은 그것이 '삶의 상상이 모여드는 기본적인 영상'[11]을 드러내기 때문이다. 그러므로 우리의 육체가 살아가고 있는 우리의 감각 및 '근본적 운동성'[12]과 접촉

---

9) 자크 라캉, *ibid.*, p.503.
10) 가스통 바슐라르, 《대기와 꿈》, Corti, 1943, p.297.
11) 가스통 바슐라르, *ibid.*
12) 가스통 바슐라르, *ibid.*

하게 만드는 '기본적인 재료'[13]들에 집중할 필요가 있다. 여기에서 아리스토텔레스의 질적 물리학에 관한 바슐라르의 관심이 등장하는데, 그것은 세상에서 우리가 살아온 경험과 이론적으로 동행할 수 있다는 장점을 갖고 있다. 네 가지 요소(불·공기·물·흙)로 되어 있는 첫번째의 분할까지 거슬러 올라가서, 바슐라르는 '상상의 호르몬'[14]을 소유할 뿐 아니라 소크라테스 이전의 현자들에 의해 상상된 우주론에 이르기까지 연금술의 전통에서 끊어진 끈을 잇고 있다. 이러한 선조의 관념은 상상의 상징적인 동기 목록을 건네주지는 않고, 부당한 철책 안에 그것의 고유한 힘과 환상을 가두어 놓을 것이다. 그것은 '공리적인 영상들'[15]을 만들어 내고 펼치는 역동적인 초점을 가리킨다. 그밖에 바슐라르가 네 개의 요소를 다룬 다섯 권의 책을 작성하면서 그렇게 그리스적 모태의 아름다운 체계의 질서를 부숴 버렸다는 것을 주목하자. 그는 영상들에 생기를 불어넣는, 그러면서 소재와 분리할 수 없는 활력 있는 역동성을 찾고 있다. 상징의 심장에서 발견하는 이러한 힘은 휴식과 의지의 축에 따라 분할된 대지의 영상 집단의 양면성을 내포하고 있다. 마찬가지로 대기의 영상은 추락의 역동성과 똑같이 상승의 역동성을 강화할 것이다.

이와 같은 바슐라르의 주요한 시적 원리들에 있어서, 우리는 최초의 주제인 **탁월한 상징적 영상으로서의 나무**를 선호할 것이다. 더군다나 그것이 다른 영상들을 종합하면서 복잡한 영향력을 나타낼 것이기에. 바른말로 하자면, 우리는 바슐라르를 읽으면서 하나같이 들쭉날쭉하면서 한결같이 구심적인 나무의 존재 주장에 놀라지 않을 수 없었다. 그렇게 나무는 상승의 수직축으로 나타난다. 《공기와 꿈》의 제5장에서 '니체의 상승

---

13) 가스통 바슐라르, *ibid.*
14) 가스통 바슐라르, *ibid.*, p.19.
15) 가스통 바슐라르, *ibid.*, p.18.

정신현상'에 관하여 다루고 있는 것처럼, "심연의 가장자리에 있는 니체의 소나무는 대기적 상상의 우주적 매개 변수이다."[16] 이러한 나무의 역동적 교훈은 '대기의 나무'라는 암시적인 제목이 붙은 제10장에서 완성된다. "풀과 나무 사이에서 식물적 상상의 기본적 변증법을 이루는 것이 이러한 수직적 역동성이다. 곧바로 서 있던 풀들은 건초의 계절에 산형(繖形)으로 우산살처럼 퍼져서 큼지막한 초원을 이루며 수평선을 보여 준다. 꽃들을 활짝 피워내서는, 여름날 아침 조용히 너울거리는 초록 바다의 거품을 남긴다. 단지 나무들만이 역동적인 상상을 좇으며 '변함없는 수직'으로 견고하게 서 있다."[17] 수직성의 중요성을 인간적인 가치의 표현 혹은 존재의 긴장으로 인식하면서, 우리는 바슐라르에게 있어 식물의 존재가 차지하는 근본적인 위치를 이해하지만, 그는 식물을 일반적인 책은 물론 그 자신의 책과도——우리는 이렇게 말해야만 하겠다——일치시키지는 않았다. 그는《대지와 휴식의 몽상》에서 '상상은 나무이다,' 그리고 상상은 '전체적인 덕(德)'[18]을 가졌다고까지 말했던 것이다. 그밖에도 그는 대지를 다루고 있는 두 권의 저서《공기와 꿈》, 그리고《공간의 시학》속에서 나무에 관한 다수의 분석을 하였다는 사실을 주목하자. 우리는 그가 물과 불에 헌정했던 작품들 속에서도 나무를 떠올릴 수 있다는 것을 어렵지 않게 상상할 수 있다.

영상의 근원지로서, 교목성은 상상을 촉발하고 몽상을 가동시킨다. 그렇지만 우리는 나무가 '2차 요소'로서 나타난다는 것을 보여 주면서 바슐라르식 독서 일람표를 다시 접할 것을 제안한다. 나무는 자신을 네 가지

---

16) 가스통 바슐라르, *ibid.*, p.170.
17) 가스통 바슐라르, *ibid.*, p.236.
18) 가스통 바슐라르, 《대지와 휴식의 몽상》, Corti, 1948, p.300.

요소의 징세 원부에 추가하지 않고, 그것들을 조직적으로 종합한다. 그러므로 나무는 '전체적인 힘'[19]을 갖는 것이다. 그리고 나무는 매혹적인 형태학 특성과 유별난 역학적 특성을 가진다. 언제나 자신의 형상을 초월하는 까닭에 우리는 바슐라르가 여전히 지나치게 형태의 윤곽에 사로잡힌 채 얼마나 사진이나 그림을 통해 감지된 영상을 희생으로 해서 문학적 영상에 높은 가치를 두었는지 알고 있다. 말들, 그것은 물체가 없는 이동을 하는 까닭에 상상의 여행으로 안내한다. 혹은 나무와 함께 바슐라르는 구체화된 이동, 이동하는 물체를 견지한다. 《대지와 휴식의 몽상》[20]에서 요약하였던 것처럼 그의 눈에 '나무는 종합적인 대상'이라고 한다면, 그건 뿌리들이 그것의 대기적 면모를 완성하기 때문이다. "인간의 상상적 생애에 있어 가장 커다란 수직적 존재의 하나인 그것은 유도자(誘導子)로서의 모든 역학적 특성을 부여받게 될 것이다. 상상은 그때 비로소 식물적 삶의 모든 힘을 거머쥔다. 나무처럼 살기를! 저 놀라운 생장을 보라! 저 깊이를 보라! 저 곧바름이란! 저 진실이란! 곧장 우리는 우리 자신 속에서 뿌리가 움직이는 것을 느끼며, 과거는 죽지 않았다는 것을 느낀다. 오늘 우리에겐 무언가 해야 할 일이 있다는 것을 불확실한 생 속에서, 지하의 삶 속에서, 외로운 우리의 삶 속에서, 대기의 삶 속에서 느낀다. 동시에 나무는 어디에나 있다."

이미 《공기와 꿈》의 제10장과 《대지와 휴식의 몽상》의 뿌리에 관한 장에서 상기하였던 것처럼 나무의 매혹적인 형태학은, 바슐라르에 따르면 그토록 본질적인 수직적 조직을 스스로 강화한다. 무엇보다 세 부분(뿌리 · 줄기 · 가지들)으로 층이 진 형태는 공간의 전체를 주파하며 세상의

---

19) 가스통 바슐라르, *ibid.*, p.299.
20) 가스통 바슐라르, *ibid.*

축 같은 존재가 된다. 대지와 물로부터 자양을 얻고, 빛을 향해 일어서기 위해 대기를 뚫고 나가면서 형태는 자신의 주위에 네 가지 요소를 나누어 주고, 우주를 가로질러서 그들에게 자리를 배정하며, 나무가 강력한 상징으로 서 있을 수 있게끔 기여한다. 바슐라르의 탁월한 독자이기도 한 프랑수아 다고네는 다음을 주목하게 했다. "저 아름답고 강한 집중——대지와 물과 공기와 태양열의——나무가 다시 결합하는 근본적 실체의 동맹."[21] 그러한 조직하는 힘은 인간에게 언제나 꿈을 꾸지 않을 수 없게 만든다.

형태학적 특성으로 인하여 나무는 신성한 상징의 역할을 맡으면서, 머시아 엘리아데[22]의 작품들을 통해 확인할 수 있듯이 거의 모든 고풍의 종교에 걸쳐 등장했다. 이러한 끈질긴 출현에 대하여 엘리아데는 우리가 전적으로 공감하는 또 다른 설명을 해주고 있다. "나무가 종교적 대상이 되는 것은, 그것이 지닌 강력함의 덕과 그것이 표명하는(그리고 추월하는) 덕에 있어서이다. 그 자신의 단순한 현존(힘)과 적절한 진화의 규칙(재생)으로 해서 나무는 고풍의 경험으로 우주 전체를 반복한다."[23] 우주와 나무의 특별한 연계는 하나가 다른 하나를 환원하면서 이루어진다. 나무는 우주를 환유적으로 재생산할 뿐만 아니라 우주와 유사하게 기능한다. 나무는 실로 뛰어난 우주적 상징으로 나타난다. 사실로 원시적인 신전 같은 우주의 신성화가 별들과 숲과 물줄기들 위에 무한하게 흩뿌려진다……. 그렇게 자연적인 요소들의 무진장한 다수성은 예배나 제식을 올리기 위하여 전체를 깊이 사고하거나 포착할 가능성을 방해한다. 이러한 이유로

---

21) 프랑수아 다고네, 《자연》, Vrin, 1990, p.230.
22) 머시아 엘리아데, 《종교의 역사에 관한 강론》, 1949, Payot, 1964-1970.
23) 머시아 엘리아데, *ibid.*, p.132.

인해 인간은 계곡이나 동굴, 아니면 샘이나 숲 같은 의미심장한 환경들에게서 우주의 상징적인 축소를 발견한다. 그리스의 신전들만큼이나 많은 로마의 신전들 주변에서 신성화된 숲들은 전통적인 이유로 간과될 수밖에 없었던 작가들을 진지하게 되돌아보게 만든다. 그들은 숲이 얼마나 인간적인 상상을 불러일으키고 종교적인 감정을 일깨우는지 이해하였던 것이다. "우리는 기쁜 마음으로 아름다운 숲을 생각한다. 너도밤나무와 전나무의 줄기들은 아름다운 높은 키로 가장 현란한 신전의 열주를 그려 보인다. 초록의 궁륭은 우리의 기념물들에 기품과 생기를 가져다 주었다. 한낮에 나는 태양의 빛줄기들이 우거진 잎새들을 뚫고서 수많은 영롱한 초록 반점들을 통과하여 땅 위에 빛과 그림자가 어우러진 그림을 그리는 광경을 본다. 밤이 오면 마치 잔가지에 품고 있었던 듯, 나무 꼭대기 위로 여기저기 별들이 솟아오르는 것을 본다. 그것은 열주와 회랑과 성채와 남포를 가지고 있는 장엄한 신전이다. 하지만 건축의 기반은 그것의 앙양과 장식보다도 좀더 경탄할 만한 것이다. 저 웅대한 구조물은 꼼짝 않고 있으며, 바람이 고요히 불어오면 잎새들은 일렁이며 두 개의 색채를 드러낸다. 줄기들은 잔가지들과 함께 동요하면서 멀리서 들려오는 종교적인 웅얼거림에 귀기울인다."[24] 숲은 신전처럼 인식되었고, 신성한 것이 되기 위해서 세상과 동떨어진 자연적 장소이어야만 했다. 또한 그것은 프레이저[25]의 '기억 속에 조각된' 네미의 숲과 호수가 제공했던 풍경의 장관이

---

24) 자크 앙리 베르나르댕 드 생 피에르, 《자연의 조화》, 1796, livre 4 de 1818, p.360-361.

25) 제임스 조지 프레이저, 《황금가지》(1890-1915), Laffont, 1981, tome I, p.15. "투르네의 황금가지를 모르고 있는가? 반사하는 다홍색 빛줄기들로 온 하늘이 물든 저 풍경 속에서, 위대한 화가들의 상상과 재능은 가장 찬란한 자연의 마지막 장면까지, 네미──선대 사람들은 그렇게 불렀다──의 작은 호수를 끌어안고 그릴 줄을 알고 있었다. 그것은 알바리스 산의 초록빛 계곡 안에서 반짝이는 매끈매끈한 수면에 둥지를 튼 강처럼 보인다. 그 풍경은 사색에 잠긴 자의 기억 속에 영원히 남아 있다."

아닐는지! 우리는 신성한 숲으로 에워싸인 잉태의 영지로 들어간다. 나무들은 기념비와 조각들을 보호하면서[26] 건축물의 요소 그 자체로서 존재하기에 이른다. 나무들은 기둥과 제단을 이루고, 가지들은 보호 골조가 되어 준다. 샤토브리앙을 감동시켰던 것이 이렇듯 석화된 숲의 변신이었다. 그는 '인간이 숲 속에서 건축에 관한 최초의 생각을 갖게 된'[27] 경위를 설명하고 있다. 신성한 수림과 신전은 세상의 공간 속에서 다른 곳으로 향한 길을, 나무가 그 형상으로 가리키고 있는 것만 같은 그 길을 열어 놓는다.

나무는 수직의 축, 우주적 축으로서 자신을 드러낸다. 세 개의 세상을 지탱하는 원주로서 그것은 보이지 않는 지하 세계와 보이는 지상 세계, 그리고 끝없이 연장된 천상 세계를 받치고 있는 것이다. 우주적 상징을 키우는 나무를 꿈꾸는 것으로 충분하다. 자크 브로스는 저서 《나무의 신화》 속에서 물푸레나무가 우주의 상징으로 유명했던 여러 문명들의 사례를 보여 주고 있다. 스칸디나비아 · 크레타 혹은 그리스에서는 포세이돈의 중개 아래서 질기고 탄력적인 나무 재질로 인해 창을 제작하기에 적합했던 물푸레나무를 떠받들었다. 자크 브로스는 이렇게 결론짓는다. "이러한 다양한 보기의 조명들 중에서 우주적 나무는 어쩌면 가장 놀랍

---

26) 트레부 사전(1776-1778), '나무'에 관한 항목: "나무들은 예전에 우상 숭배되었다. 사람들은 일종의 사원처럼 여기고 있는 나무 밑에 우상들을 놓아두곤 했다."
27) 프랑수아 르네 드 샤토브리앙, 《기독교의 정수》, 1802. 건축의 형식이 이러저러한 종류의 나무에 유익한 기후에 따라서 변화해 왔다는 사실을 지적한 후에, 샤토브리앙은 그것을 프랑스의 경우에 적용한다. "갈리아의 숲은 그들대로 우리 선조의 사원들로 역할을 하였으며, 우리의 삼나무 숲은 그렇게 그들의 신성한 기원을 존속시켰다. 나뭇잎들로 세공된 저 궁륭, 벽들을 받치고 있으면서 불현듯 부러진 나무 기둥의 형상을 비추고 있는 저 지주들, 궁륭의 서늘한 신선함, 성채의 암흑, 흐릿한 측면의 익랑, 비밀스런 통로, 낮은 출입문, 모든 것이 고딕식 교회에서 숲 속의 미로를 그려 보인다. 그 모든 것이 종교적 공포, 신비와 신성을 되느끼게 만든다."

고 가장 풍요한 신화의 하나로 나타날 것이며, 또한 인간성을 가진 가장 범세계적인 존재로서 우주의 구성과 그곳에서 인간이 점유해야만 하는 자리를 설명해 줄 것이다."[28] 수직의 축으로서 나무는 수평으로 퍼져 나가며 자신의 가지 아래 그늘의 안식처 속에서 세상을 보호한다. 맥관은 깊은 대지의 자양 속에서 꽃과 열매를 마련하고, 그 정상에서 은총의 비를 뿌리는 구름들이 멈춘다. 한눈에도 알 수 있는 나무의 물리적 자산은 인간의 몽상을 키워 왔고, 여전히 키워 갈 것이다. 의심할 것 없이 우리는 공간·시간적으로 분리되어 있는 다른 문명들이 어찌하여 우주적 나무의 상징성을 발전시켰는지를 이해할 수 있다. 만약 신성한 숲이 세속에서 떼어진 닫힌 세계를 구성하였다면, 그리하여 그 속을 지나가는 자의 감각들을 뒤흔든다고 하면, 나무는 우주의 전체를 다시 불러모으는 셈이다. 유별난 존재 속에서 우주를 집중하고 반사하는 놀라운 축소라 하겠다. "그러므로 나무의 상징주의는 성장을 통해 우주적 총계의 모든 상징을 불러모은다. 인디언의 전통 속에서 나무가 어떤 존재였든지, 마야나 야쿠트의 월목(月木), 바빌로니아의 키스카나 나무, 북유럽 전통 속에서의 이그드라실, 연금술의 전통 속에서의 월목(月木)과 일목(日木)이 어떤 존재였든지간에 언제나 나무는 그 기원과 장래에 있어 우주 전체의 상징이다."[29] 우리는 동양에서처럼 서양에서 우주적 나무를 신성시했던 전통에 관한 상세한 목록을 펴낼 수는 없지만, 자크 브로스가 그의 저서 속에서 할애했던 내용들과 특히 게르만 신화와 스칸디나비아 신화 속에서의 물푸레나무 이그드라실에 관한 내용들을 지면에 담을 수는 있다.[30] 우주적 나무로서의 상징을 굽히지 않는 현존은 지상의 깊이를 천상의 밝음에 연결하는 연속적인

---

28) 자크 브로스, 《나무의 신화》, Payot, 1993. p.27.
29) 질베르 뒤랑, 《상상의 인류학적 구조》, Bordas, p.394.
30) 자크 브로스, *op. cit.*, p.11-20.

음영과 예외적인 구조로써밖에는 달리 설명할 수가 없다. 숨은 권능자들 사이의 중재자로서 나무는 하부와 상부를 연결하고, 그와 같은 식으로 지하와 대기를, 둔함과 미묘함을, 어둠과 광명을, 대지와 하늘을, 물과 바람을 연결한다. 땅을 파헤치는 뿌리는 하늘을 휘젓는 가지들과 일치한다. 이렇게 세분화된 두 개의 체계 사이에서 주간(株幹)이 늘어나고 두터워지는데, 곧 줄기이다. 나무는 그 주변에서 세상이 연결되는 우주적 축의 면모를 쉽사리 보여 주지만, 그것은 또한 두 다양성의 마디로서 나타나기도 한다. 줄기의 단일성으로 중재되는 뿌리와 가지의 세계 말이다. 어지러운 대칭의 효과. 상승하는 역동적인 몽상뿐만 아니라 종교적 관념에도 적합한 뛰어난 배열. 이러한 사실을 납득하자면 몇 가지의 고전적인 예를 드는 것으로 충분하리라. 그리스의 북동쪽 에페이로스에서는 도도나의 신성한 떡갈나무를 대할 수 있다. 그것을 통해서 제우스의 목소리가 표현되었던 것이다.. 예수 이전 2세기의 문헌을 인용하면서 도도나의 유명한 떡갈나무 주위에서 벌어졌던 제식을 우리에게 알려 주었던 사람이 파우사니아스[31]였다. 그것에 관해 소포클레스[32]와 플라톤[33]도 언급한 바가 있었다. "도도나에는 제우스에게 바쳐진 떡갈나무가 있었다. 이 나무를 중심으로 여성 예언자들의 입을 통해 신탁이 이루어졌다. 의뢰자가 떡갈나무 가까이 다가서면 나무는 잠깐 흔들리다가 여성을 통해 '제우스가 그렇고 그러한 사실을 통고하노라'는 방식으로 말을 전달했다. 펠레이아드 혹은 페리스테르로 불린 여제관은 잎사귀의 떨림을 해석했다. 지역은 심한 폭풍우에 지배되고 있었고, 천둥 번개의 노호가 제우스의 간섭을 풍경으로 주관하고 있었다." 매우 잘 알려진 이러한 고전적인 예를 염두에

---

31) 파우사니아스, 《그리스 안내기》, X, 12, 10.
32) 《트라키스의 여인들》, 169, 821, 1164.
33) 《페드르》, 244a.

두고, 프레이저에 의하면 유럽 사람들 모두에게서 찾아볼 수 있는 나무에 관한 숭배에 관해서 생각해 보자. "리투아니아인들은 14세기말 이전까지는 기독교로 개종하지 않았으며, 전향의 시기에 나무의 숭배는 그들에게 대단한 자리를 차지했었다. 그들 중 일부는 주목할 만한 떡갈나무라든가 크고 무성한 다른 나무들을 경도하면서 신탁의 대답을 받아내곤 했었다."[34] 마침내 게르만 민족과 켈트 민족은 곧바로 숲을 성역화시켰다. "고대 프러시아인들은 떡갈나무처럼 큼지막한 나무에 신들이 살고 있다고 믿으면서 그들로부터 인생의 갖가지 애환에 대한 해답을 들었다. 그 나무들은 베어낼 수 없는 것이었다. 오히려 그것들을 신성의 거주로 흠앙하였다."[35] 신들이 살고 있거나 드나드는 곳으로 나무들은 신성화되었다.

삼림에 이어서 생태학적인 조처들에 앞서 그러한 금기들이 나무를 보호하여 왔다. 갖가지 욕망의 압박 아래서 너무나 쉽사리 희생하고자 하려는 인간에게 나무는 신비하고 이해할 수 없는 생의 형태를 보여 주고 있기 때문이다. 삶의 규칙들이 나열되어 있는 일종의 도덕적 법전 같은 성서의 〈신명기〉에는 인간에 대한 금지 사항들, 심지어 전쟁중일지라도 나무를 훼손시켜서는 안 된다는 내용이 담겨 있다. "너희가 어느 성읍을 오랫동안 에워싸고 쳐서 취하려 할 때에도 도끼를 둘러 그곳의 나무를 작벌하지 말라. 이는 너희가 먹을 열매가 될 것인즉 찍지 말라."[36] 성서의 금기는 오비디우스가 들려 주고 있는 고대 그리스의 에류시크톤 신화와도 일치한다. 에류시크톤은 케레스(데메테르)의 금기를 거스를 뿐만 아니라, 여신의 연회장을 만들기 위해서 그녀의 보호하에 있던 떡갈나무를 자른다.

---

34) 제임스 조지 프레이저, *op. cit.*, p.269.
35) 제임스 조지 프레이저, *op. cit.*, p.288.
36)《구약성서》, 〈신명기〉(신구약 공동번역,1980, 20-19, p.372).

"그는 하인들에게 자르라는 명령을 내렸다

신성한 떡갈나무를. 주저하는 그들 앞에서 간악한 인간은

그들의 도끼 한 자루를 뺏어 들고 다음과 같이 언도했다.

'이건 실로 여신의 소중한 나무임에 틀림없겠지, 아니면

인간 안의 여신에게, 무성한 잎새의 천장이 대지에 닿으리라.'

도끼를 위로 쳐들고서, 그는 나무를 비스듬히 내리찍었다

세레스의 떡갈나무는 비틀거리며 비명을 질렀다;

그의 잎새들이며 샘들은 금세 창백해졌다

긴 가지들 또한 창백한 빛을 띠었다.

불경한 손이 기둥에 상처를 입히자마자

찢겨진 껍질 밖으로 피의 물결이 솟구쳤다."[37]

광포함에 사로잡힌 채 에류시크톤은 도끼를 들고 떡갈나무를 베는 것을 막으려는 자를 위협한다. 그는 오비디우스를 살해하면서 신성모독자 이상으로 이중의 암살을 자행하기에 이른다. 떡갈나무와 인간의 목숨을 함께 앗아가면서.

"'그대의 경건한 의지에 대한 보답을 받으라!'

그리고 나무의 무기를 인간에게로 돌리고서는

그의 목을 베고 떡갈나무를 계속해서 내리쳤다.

그때 그의 마음속에서 부르짖는 소리가 들려 왔다:

'이 숲 속에 케레스의 지극한 사랑의 요정이 있을진저.

나는 죽고 그대는 임박한 벌을 예언하노라

---

37) 오비디우스, 《변신》(다니엘 로베르 역), Acte Sud, 2001, livre VIII, p.345 *sq.*

그대의 중죄에 대한, 그 안에서 나의 죽음은 평안해지리.'
그는 헤아릴 수 없이 끔찍하게 내리치기를 거듭하여
손이 부르르 떨 때 가서야 밧줄로 나무를 낚아채어 쓰러뜨리고
숲의 모든 구역을 발로 샅샅이 짓밟아 버렸다."[38]

형벌은 끔찍할 것이, 에류시크톤은 영원히 채워지지 않을 굶주림으로
고통받는 형을 언도받았기 때문이다.

"탐욕스런 불이 어떤 먹이 앞에서도 물러설 줄 모르듯,
수없이 무대의 판자를 불태워라. 던져 주는 대로
요구할지니——양이 클수록 더욱 게걸스럽도다——
불경한 에류시크톤의 입은 그렇게 양식을 구하나니
먹음과 동시에 소화는 삼켜야 할 이유로 변하여
그리하여 먹으면서 허기를 느끼기를 그치지 않으리라."[39]

하지만 형벌은 저주로 변하고 마는데, 왜냐하면 신화는 허기의 폭군적
인 효과로 인하여 아버지가 딸을 매춘하도록 시키는 이야기를 들려 주고
있기 때문이다. 므네스트라, 그녀는 언제나 새로운 양식을 아버지에게
가져다 주지만, 그는 자신을 초췌하게 만드는 것으로 끝날 뿐이다.

"그러한 한편 맹렬한 악이 그에게 온갖 자양분을 섭취하게 만들면서 무
거운 질환을

---

38) 오비디우스, *ibid.*
39) 오비디우스, *ibid.*

부양하기를 그치지 않았을 때, 그는 이빨로 자신의 사지를 물어뜯기 시작하였으니

불행한 자는 자신의 육신을 조각난 파편으로 지탱하였다."[40]

신성모독에 관한 이렇듯 참담한 이야기를 관류하는 최초의 생태학적 신화를 통해서 근본적인 진실을 이해하는 일이 가능해진다. 즉 나무를 파괴할 어떤 이유도 없다는 것이다. 그들의 절멸은 결국 동물의 지배를 불러오고, 보다 특별하게는 인간의 지배를 불러일으킬 것이기 때문이다. 범죄가 그것을 저지른 자에게 돌아가는 것과 다름없다. 신성한 것이 되어서, 물푸레나무나 떡갈나무 같은 진수(眞髓)들은 신성한 수호신들을 은닉해 주는 까닭에 보호되었다. 나무에 타격을 가하는 불경한 행위는 19세기 전 기간을 통해서 신화의 양식이 천천히 점차적으로 취하고 있는 생태학적 의식만큼이나 비난하고 벌할 만한 것이다.

우리가 종교적 상징 속에서 변신을 도모하는 나무의 형태학을 주목하는 최초의 존재인 것은 아니다. 수직의 축은 지상의 조건을 건너뛰는 상승의 역학을 보여 준다. 그것은 높이를 지향하는, 하늘을 향한, 빛으로의 길을 가리킨다. 이 특혜받은 지향은 기독교의 측면에서뿐만 아니라 수많은 이교도의 믿음 곁에서 굳건한 종교적 중계를 발견할 것이다. 그러나 나무는 수직의 축만은 아니다. 그는 자신의 잎사귀와 가지들이 이루고 있는 식물의 나라를 실력과 높이로 지배한다. 인간의 신장에 비유하여서 인상적인 거인증은 나무를 어렵지 않게 신과 동일시할 수 있게 만든다. 성서가 지닌 몹시 양면적인 태도를 따라가는 것이 흥미롭다. 성서는 맹목적

---

40) 오비디우스, *ibid.*

인 우상 숭배를 격렬하게 공박하면서(가톨릭 교회가 이 싸움을 중세까지 치렀다는 사실을 환기해 보자) 다른 한편으로는 너무나도 빈번하게 자신들의 존재를 신성한 상징으로서의 나무에 비유하고 있는 것이다. 〈신명기〉는 이 사실을 그다지도 선명하게 보여 준다. 그것은 이교도의 제식에서 활용되고 있는 모든 형태의 나무 신성화를 금지하고 있는 것이다. "네 하나님 여호와를 위하여 쌓은 단 곁에 아무 나무로든지 아세라상을 세우지 말며, 자기를 위하여 주상을 세우지 말라. 네 하나님 여호와께서 미워하시느니라."[41] 우리는 〈호세아〉 속에서 같은 저주를 읽는다. "내 백성이 나무를 향하여 묻고 그 막대기는 저희에게 고하나니, 이는 저희가 음란한 마음에 미혹(迷惑)되어 그 하나님의 수하를 음란하듯 떠났음이니라. 저희가 산꼭대기에서 제사를 드리며 작은 산 위에서 분향하되 참나무와 버드나무와 상수리나무 아래서 하니, 이는 그 나무 그늘이 아름다움이라."[42] 우리는 〈에스겔〉에서 이와 비슷하지만 좀더 격렬한 문구를 본다. "그 살육당한 시체가 그 우상 사이에, 제단 사방에, 각 높은 고개에, 모든 산꼭대기에, 모든 푸른 나무 아래에, 무성한 상수리나무 아래 곧 그 우상에게 분향하던 곳에 있으리니 너희가 여호와인 줄 알리라."[43] 성서는 우상의 나무를 향한 싸움을 멈추지 않는다. 그리고 피난처를 제공하는 자나 우상의 신전들처럼 야훼의 권능을 멀리하는 대상들과 싸우기를 그치지 않는다. 그런데 야훼는 선지자 호세아의 입을 통해서 자신을 나무에 비유하고 있는 것이다. "나는 푸른 잣나무 같으니 네가 나로 말미암아 열매를 얻으리라 하리라."[44] 확실히 야훼가 자신의 백성에게 설명하고 있는 영상밖에는

---

41) 《구약성서》, 〈신명기〉, TOB, Cerf, 16.21, p.361.
42) 《구약성서》, 〈호세아〉, TOB, Cerf, 4.13, p.1103.
43) 《구약성서》, 〈에스겔〉, TOB, Cerf, 6.13, p.1017.
44) 《구약성서》, 〈호세아〉, TOB, Cerf, 14, p.1115.

문제될 것이 없다. 야훼는 자신의 풍요의 원리를 정작 현실적으로 먹을 수 없는 잣나무 열매로 표현하고 있는 것이다. 하지만 그의 완강한 잎새들은 그가 여러 백성들에게 성스러운 나무의 존재였음을 말해 주고 있다. 그것, 상록의 잎새는 계절의 주기를 넘어서서 영원한 삶을 상징하고 있는 까닭이다.

그밖에도 성서는 흔히 근동 사람들이 알고 있는, 그들의 종교 속에서 중요한 상징적 역할을 맡고 있는 성스러운 나무를 언급하고 있다. 가령 레바논의 서양 삼나무는 거대하고 수백 년을 거뜬히 살아냄으로써 존중받는다. 올리브나무처럼 그 자양의 열매는 기름을 건네준다. 종려나무는 오아시스에 그늘의 덮개를 씌우면서 자양분을 가진 귀중한 열매를 인간에게 건네준다. 그리고 떡갈나무와 잣나무가 소중할 것임은 두말할 나위가 없다. 하지만 지나치리만큼 빈번히 숭배된 나무가 야훼에 의해서도 선호된 까닭에 그것은 종종 부정적인 존재로 간주되었다. 팽창하는 세상의 영상과 하늘의 공세로서 나무는 정복의 야심과 폭군적 권능을 상징화하는 데 기여한다. 매우 유명한 예가 선지자 다니엘의 깃펜으로 표현되었다. 그는 '바빌론의 왕 네부카드네자르(성서에서는 느부갓네살)의 꿈'이라는 제명의 글을 통해서 다음과 같이 말하였다. "내가 침상에서 나의 뇌 속으로 받은 이상(異像)이 이러하니라. 내가 본즉 땅의 중앙에 한 나무가 있는데, 고(高)가 높더니 그 나무가 자라서 견고하여지고, 그 고는 하늘에 닿았으니 땅 끝에서도 보이겠고, 그 잎사귀는 아름답고 열매는 많아서 만민의 식물(食物)이 될 만하고, 들짐승이 그 그늘에 있으며, 공중에 나는 새는 그 가지에 깃들이고, 무릇 혈기가 있는 자가 거기서 식물을 얻더라."[45] 바빌론의 점쟁이가 그의 꿈을 해석하지 못하였기에, 왕은 다니엘을 박수장 벨드사살로 지명하여 다음과 같은 해석의 말을 듣는다. "왕의 보신 그 나무가 자라서 견고하여지고, 그 고(高)는 하늘에 닿았으니 땅 끝에서도 보이겠고, 그 잎사귀는 아름답고 그 열매는 많아서 만민의 식물(食物)이 될 만하고, 들짐승은 그 아래 거하며 공중에 나는 새는 그 가지에 깃들이더라 하시오니, 왕이여 이 나무는 곧 왕이시라. 이는 왕이 자라서 견고하여지고 창대하사 하늘에 닿으시며, 권세는 땅 끝까지 미치심이니이다."[46] 비신성시된 나무의 상징이 혼란에 빠진 권력자를 신과 동일시하기 위해서 적잖은 애를 쓰고 있음을 암시하고 있다. 《신약성서》에서처럼 《구약성서》에 그렇게 나무가 출몰하는 것은 그것의 뛰어난 형태학과 여러 가지로 해석이 가능한 조건에서 비롯한다. 네부카드네자르가 꿈꾸었던 나무의 탁월성은 야훼에 의해서도 취해져, 이 창조자는 '우뚝 솟은 백향목'의 높은 가지를 꺾꽂이하여 '이스라엘의 높은 산에서 자라나도록' 심었던 것이다. 그 가지가 무성히 자라서 그들에게 '놀라운 기적의 나무'가 되기까지. "들의 모든 나무가 나 여호와는 높은 나무를 낮추고 낮은 나무를 높이며, 푸른 나무를 말리우고 마른 나무를 무성케 하는 줄 알리라. 나 여호와는 말하고 이루느니라 하라."[47]

우리는 나무의 물성 자체가 그 형태학적 특성과 더불어서 어떻게 상징적 변신을 용이하게 하는지를 알아보았다. 성서에 의하면 이교도의 나무 숭배에 대해서는 그다지도 적대적이면서, 나무의 중층을 이룬 의미들에게는 동조하면서 그것의 다의성을 풍요롭게 하고 있다. 그런데 한편으로 우리는 나무의 상징적 힘에 예민하게 반응하면서도, 같은 시대에 두 작가가 제기한 분석들간의 일치성을 증명하고자 다의성을 원치 않는다. 한 가

---

45) 《구약성서》, 〈다니엘〉, TOB, Cerf, 4.7-4.9, p.1691-1692.
46) 《구약성서》, 〈다니엘〉, TOB, Cerf, 4.17-4.19, p.1692.
47) 《구약성서》, 〈에스겔〉, TOB, Cerf, 17.24, p.1034.

지 탁월한 예가 있다면, 그것은 알렉산더 폰 훔볼트의 것이기 때문이다. 그렇지 못한 한 가지가 있다면, 그것은 펠릭스 라자르의 프랑스 고고학인 까닭에서이다. 오늘날에 와서는 잘못 알려져 있지만 여전히 뛰어난[48] 저서인 《우주》 제2권에서, 훔볼트는 고대 페르시아에서 편백나무가 관상수로 선택되었던 사실에 관해 다루고 있다. 그는 매우 설득력 있는 물질적 설명을 제공하고 있다. "페르시아 왕의 정원은 편백나무로 장식되었다. 피라미드 형태는 마치 불꽃을 연상시키며, 이러한 이유에서 조로아스터교가 도래한 후로는 불에 바쳐진 신전의 성소 주위에 이 나무들이 둘러치듯 심어지곤 했었다. 어쩌면 이러한 형태가 전설 속에서 사람들로 하여금 편백이 천국의 나무라고 믿게 만든 탄생을 가져오지 않았는가 한다."[49] 사려 깊은 자연의 관찰자로서, 학자인 훔볼트는 물질적 특성으로부터 상징적 기능을 끌어내는 데 주력하고 있다. 같은 시대 사람으로서 펠릭스 라자르는 동전이나 기장이나 단지들을 관찰함으로써 보강된 비슷한 분석을 제공하고 있다. "성서가 증언하고 있듯이, 고대 남방 아시아 지역의 토착민들과 그들을 통해 전해지던 동양적 전통들, 그리스나 라틴 아메리카의 작가들, 근대 여행자들이 남겨 놓은 관찰 기록들을 통해 알 수 있는 것이 있다면 우리들이 피라미드 편백이라 부르는 것, 혹은 늘푸른 편백이라 부르는 이 아름다운 나무가 그 독특한 형태와 몇 가지 특별

---

48) 우리는 훔볼트의 식물지리학에 관해 알고 있으며 그 원리를 제3장에서 설명할 것이다. 하지만 《우주》에 관해서 우리의 관심을 끌었던 것은 G. 캉길렘의 주장이었다. 그것을 요약하는 건 무용할 것이 이미 본서의 네 단원을 읽는 것만으로도 벅찬 까닭에서이다. "우주, 그것은 지구 위에서 생이라는 주제와 물리적 장소와 더불어 생의 관계를 갖기 위한 인식의 종합이다. 이 종합은 백과사전을 원하는 것이 아니라 우주의 직관에 이르기를 원한다. 종합은 우주의 역사, 천지개벽의 역사로 시작되며, 때문에 철학의 저작들 가운데서 그에 상응하는 것을 찾기는 힘들다. 그것에 전적으로 탁월한 검토가 있다." 《생의 인식》 중 〈개체와 장소〉(1946-1947), Vrin, 1965, p.139.

49) 알렉산더 폰 훔볼트, 《우주. 세계의 물리적 표현에 관한 소고》, Gide et Bauding, 1948, tome Ⅱ, p.113.

한 개성으로 인하여 이러한 학구적이고 명상적인 사제들의 관심을 오랫동안 사로잡았다는 것이다. 바빌로니아 칼데아의 땅 위에서 존재와 생산물과 창조된 세상의 현상들에 관한 탐구를 통해서 신의 본질 가까이 다가서고자 하는 노력 속에서. 이러한 아름다운 탐구에 사로잡힌 채 창조자와 그의 작품 사이에 존재하는 관계를 포착하기 위한 일환으로, 그리고 하늘과 대지 간의 관계와 형이상학적이거나 철학적인 관념과 물질적이거나 물리적인 대상들 사이의 관계를 알아내기 위해서, 칼데아인들은 이같은 다양한 관계들의 기반에 물리적 질서에서 빌려 온 요소들로써 상징적 언어를 구축해 놓았다. 똑같은 이 사제들은 중재적 관념 속에서 창조적 신성에 피라미드 · 원추 내지는 오벨리스크의 형상을 부여하면서 이리저리 시각이 교차되는 식물들 틈바구니에서 유추의 방식으로 올바른 선택의 길을 찾았다. 그들에게는 피라미드 모양의 편백나무야말로 창조주를 표현하기 위한 생생하며 적합한 상징이었다. 이 나무는 그들을 피라미드 형태와 우아하면서도 장중한 풍채의 이점에 합류하게 만들었다. 그 이점이란 실로 소중한 것이어서, 나무는 고유한 존재 조건으로 인하여 세상의 창조자 자신이 남성이건 여성이건, 능동적인 신이건 수동적인 신이건 상관없이 단일성을 포기함이 없이 그 안에서 합쳐지게 만드는 것이다."[50] 편백나무라는 명료한 예와 매우 상이한 두 학자의 해후는, 우리에게 나무의 물성 자체가 증거를 가지고서 신성과 초월적 창조자를 의미하는 힘을 보여 주고 있다는 사실을 생각하게 한다. 이밖에 펠릭스 라자르는 종교적 상징으로의 변신을 정당화하기 위해서 매우 치밀하게 편백나무의 고유한 특성을 관찰하고 있다. "아시리아 칼데아인의 관념들 가운데 편백

---

50) 펠릭스 라자르, 《고대 문명 민족의 피라미드형 편백나무 숭배를 찾아서》, 고고학 협회 신연보, vol. 19, 1847, p.4.

나무와 관련해서는 세상의 창조자를 표현하는 문장으로서의 존재성 말고 도 또 다른 자연적 이점들이 함께해야 할 것이다. 그 이점들이란 의심할 것 없이 너무나도 활력에 넘치는 이 나무의 장수, 그 풍성함, 마름모꼴의 그 나뭇가지들, 늘푸른 빛깔로 싱싱한 잎새들의 완강한 저항, 한결같은 활력, 부식을 거부하는 나무의 성격, 내뿜는 그윽한 향기, 진을 내뿜는 모든 나무들처럼 불타오르지 않는 본질적 성격 등을 말하는 것이다. 편 백나무의 손궤 안에 들어 있거나, 그 잎사귀들로 포장되어 있는 믿음의 대상들은 보전하기에 한이 없으리라. 뜨거운 열기와 차가운 안개와 구름 과 마침내는 자신의 결실(열매)과 동시에 맞서 싸우는 이 나무의 준엄한 강인함은 때로는 인간 생식기의 근본적인 두 기관과 동일시되곤 한다."[51] 우리들의 주제에 관한 그렇듯 아름다운 예시는 상상하기 힘들 것이다. 상 징적 힘을 분비하는 편백나무의 놀라운 물질성의 심부에서.

나무의 공간적인 구조가 그의 시간적인 구조를 잊어버리게 할 순 없다. 편백나무의 경우가 보여 주듯이, 그 시사적인 형상에 미래로 도망치는 듯한 나뭇잎의 끈질긴 푸른빛이 더해진다. 활엽수나 낙엽수들의 편에서 보자면, 시간의 차원은 특별한 존재——나무——의 변신을 통해서 생과 사의 우주적 놀이를 모범적으로 그려 보여 주는 계절의 반복된 주기 속 에 씌어 있다. 발아에서 개화까지, 신록에서 잎새들의 추락까지 나무의 변신은 인간의 눈에 시간의 경과를 교향악으로 들려 준다. 놀라운 우주의 괘종시계처럼. 이러한 주기적이며 반복적인 장래의 개념은 대부분의 신 화들이나 스토아학파 같은 고대의 일부 철학에 적합한 것이다. 이러한 사 실을 보다 완벽하고 미묘하게 상징화했던 인물로 니콜라 푸생만한 이가

---

51) 펠릭스 라자르, *ibid.*, p.5-6.

따로 없었다. 네 개의 회화가 사계절의 이름을 달고 걸려 있는 루브르 박물관의 순회전시관을 떠올려 보기로 하자. 1660년과 1664년 사이에 존재했던 네 명의 천장 화가들이 푸생에게 중요한 식물적 주제였던 나무들을 그려 보여 준다. 나무들은 풍경에 속해 있으면서 계절의 표지가 되고 있다. 동시에 그들은 성서의 종교적 인용과 철학적 인용이 함께 부착된 상징적 공간 속으로 들어간다.

봄	찬란히 만개한 수많은 나무들	아담과 이브	탄생의 아침
여름	밀밭 위의 몇 그루 나무 그늘 아래서	보아스와 룻	젊음의 정오
가을	열매를 맺은 사과나무	가나안의 포도	성숙의 저녁
겨울	잎들을 떨군 몇 그루 나무들	대홍수	노년의 죽음의 밤

시간과 우주와 삶의 상징으로서, 나무는 의미의 그물코로 메워져 있다. 여기서 푸생은 여유 있게 해결책을 이끌어 내는데, 그것은 일종의 협조주의로서 세상의 다른 개념들, 다른 종교들과 어울리면서 인간의 불행과 위기의 증인으로 나무의 영속성을 보장하기도 하는 것이다. 여기서 화가는 책의 숲을 좋아했던 성 베르나르두스의 잠언에 동의한다. "스승들에게서 배울 수 없는 것들을 돌과 나무들이 가르쳐 줄 것입니다."

계절의 기능에 따른 나무의 변신을 관찰하는 일은 수많은 회화적·음악적·시적인 작품들을 불러왔다. 실제로 나무는 시간의 주기적 이동을 상징한다. 모든 것이 변하고, 지나가고, 나무만이 홀로 남는다. 그것은 유한과 영원, 동태와 정태, 오래된 것과 새로운 것, 죽음과 탄생을 변증법적으로 추론하는 힘을 갖는다. 인간의 일회적이며 선형적인 생과 늘 새로이 되시작하는 나무의 생을 대조하자면 상상력에 의존할 수밖에 없다. 하지만 여기서도 여전히 나무는 우리에게 현상으로 다가선다. 까닭인즉슨 미세한 씨앗과 60년에 걸친 벚나무의 풍성한 개화 사이의 거리를 생각해 볼 때, 우리는 실로 환상적인 성장 과정에 경탄하지 않을 수 없을 것이기 때문이다. 그렇게 나무 씨앗의 변신은 현재까지도 드러나지 않은 채 남아 있는 것들을 밖으로 표출시키고, 발생학은 기본 세포에서부터 그 복잡한 구성과 형태의 배치를 인식할 수 있게끔 분석하고 이해할 것이다. 이러한 관찰로부터 전혀 다른 시간의 상징, 즉 주기적 차원을 가치 있게 여겼던 이교도의 종교관에 있어서의 상징들이 나타난다. 성서는 느리면서 거역할 수 없는 절멸로 방향이 잡힌 이 이동으로부터 생의 신비를 이해하였을 뿐만 아니라 무엇보다 특히 정신적인 생을 통찰했다. 나무는 《구약》에서 《신약》까지 성서의 문장 속을 관류한다. 유대교의 교리에서 기독교의 교리에 이르기까지 종말론적 희망이 나무의 상징 속에서 구체화된다. 태초의 '동산 가운데'[52] 심어진 생명의 나무는 한결같이 인간에게 그 광경을 드러내면서 시간의 종말까지 약속의 열매를 간직하고 있다. 진실로 이교도의 신앙 속에서 생명의 나무를 발견하기란 어렵지 않을 것이다. 나무는 도처에서 인간에게 삶의 길을 제시해 주었기 때문이다. 한편으로 자신의 넉넉한 전개와 풍성한 열매로서 살아 있는 권능을 보여 주면서, 다른 한편으로 관대하게 다른 형태의 생명에 자양을 건네주면서, 나무는 이를테면 물질적인 수호신처럼 존중받아 왔던 것이다. 그밖에 라틴어로 arbor라는 단어는 여성성의 흔적[53]을 지니고 있는데, 로마 시대에는 **피쿠스 루미날리스**(Ficus Ruminalis)[54]를 통해 전설의 늑대가 로물루스

---

52) 《구약성서》, 〈창세기〉, TOB, Cerf, 2.9, p.46.

53) 로베르-프랑스어 역사사전, 알랭 레이 감수 아래 출판, Laffont, 1998, p.185. "Arbre(나무), n. m.는 라틴어 arbor, arboris(원시적으로는 arbos)에서 유래하였다. 이것은 '나무(arbre)' 혹은 '돛대(mât)'를 의미하는 예외적인 형태의 여성 명사이다. (…) 라틴어 여성은 '열매의 생산자로서의 어머니'로 여성화된 것을 말하고 있는데, 이것은 범우주적인 종교적 개념에 연결된 현상이라고 하겠다."

54) 포유의 존재 루미(rumis)를 은유하는 '양육의 무화과나무.' 로마에서 루미나(rumina)는 포유의 여신이었다.

와 레무스라는 쌍둥이에게 젖을 먹여 키우는 이야기 장소까지 배정하여 보여 주고 있다. 무화과나무가 열매의 소유자로서 우유 같은 하얀 유액을 갖고 있다는 점을 떠올려 보자. 하지만 생명의 나무에 종말론적 의미를 부여했던 것은 성서였다. 고풍의 원천으로부터 방향을 바꾸었을 뿐만 아니라 미래의 풍요로부터도 여전히 등을 돌린 상징으로서. 생명의 나무는 성서의 문장 속에서 믿을 수 없으리만큼 보충적인 의미들로 중첩되고 강화된다. 태초에서 시간의 종말까지 심어져 있는, 불멸하는 존재가 다름 아닌 나무이다. 《신약성서》 속에서 나무는 구세주의 약속을 성취하는 그리스도의 인물로 그려지고 있으며, 또한 그리스도의 승천에 참여하는 세례받은 자들을 불러모은 교회로서 그려지고 있다. 풍요함을 드러내는 기독교적 상징은 심기, 결실, 수확, 융해, 승천 모두를 구원을 향한 시한적인 계획 위에서 결합시킨다. 고풍의 교리문답 속에서 다의적인 상징이면서도 일관적인 나무의 모습을 떠올리면서, 한 신학자는 나무에 주어진 의미의 전체적 조화에 관해 다음과 같이 적었다. "이 전체적 조화는 (…) 교회의 주목할 만한 이론을 포함하고 있다. 그리스도가 심어 놓고 사도들이 영세를 통해 뿌리 내린 내용, 즉 생명의 나무가 중심이라는 관념이 그것이다."[55]

이교의 제식에서 이용되는 나무는 독실한 믿음을 가진 자에게 불멸의 열매가 보장되어 있는 생명의 나무와 대치된다. 〈시편〉 1편의 나무는 '여호와의 율법(律法)을 즐거워하는' 인물 내지는 세례받은 자를 묘사하고 있다. 영세에 의해서 그는 말씀을 얻는다. "저는 시냇가에 심은 나무가 시절을 좇아 과실을 맺으며 그 잎사귀가 마르지 아니함 같으니, 그 행사

---

55) 장 다니엘루, 《초기 기독교 상징》, Le Seuil, 1961. p.42.

(行事)가 다 형통하리로다."[56] 〈에스겔〉[57]에서도 같은 영상을 찾을 수 있다. 그렇게 성서의 문장은 낙원의 생명의 나무와 그리스도 사이에서 세례자들을 구원하기 위해 기꺼이 자신의 희생을 허락하는 새로운 아담을 창조하고 있다. 선악의 인식을 일깨운 나무의 과실을 맛보았던 사건을 떠올려 보자. 아담과 이브는 낙원에서 추방되어 생명의 나무에 접근할 기회를 잃어버리고 만다. 그것에 이르는 길은 이제부터 지품 천사 게루빔의 '화염검(火焰劍)'[58]이 가로막고 있을 것이기 때문이다. 성서의 문장은 그리스도를 생명의 나무와 동일시하면서 기독교인에게 구원의 희망을 주고, 낙원의 길을 되찾을 수 있는 가능성을 주는 세례의 주제를 발전시킨다. 성장하고 번식하며 열매를 건네주는 나무로 상징화된 이러한 정신적 생의 영상은 《구약성서》와 《신약성서》 간의 관계를 다르게 상징하는 영상을 겹쳐 놓는다. 그것은 이새의 나무이다. "이새의 줄기에서 한 싹이 나며, 그 뿌리에서 한 가지가 나서 결실할 것이요."[59] 이새는 이스라엘의 이상적인 왕 다윗의 아버지이자 경건한 믿음을 가진 이방인 보아스와 룻의 작은아들이다.[60] 라틴어 번역판 성서는 다윗을 그리스도에 연결시킨 혈통의 나무를 **성모 마리아**의 나무로 변형시켜 놓았다. 중세의 주석자는 가지(virga)를 동정녀 마리아(virgo)의 영상으로 이해했던 것이다. 움은 그의 아들 그리스도를 가리킨다. 이밖에도 마리아의 이야기는 《신약성서》에서 고대의 룻 이야기에 영향을 끼쳤다. 다윗은 구세주의 예언으로 육화되는 것이다. 이새의 나무는 신성을 업고서 단순하고 진부한 혈통적 나무 이상의 것을 건네주고 있다. 그것은 고대의 주기적인 시간 관념을 점진적인

---

56) 《구약성서》, 〈시편〉 1, TOB, Cerf, p.775.
57) 《구약성서》, 〈에스겔〉, 47.12, TOB, Cerf, p.1085.
58) 《구약성서》, 〈창세기〉, 3.24, TOB, Cerf, p.50.
59) 《구약성서》, 〈이사야〉, 11.1, TOB, Cerf, p.795.
60) 《구약성서》, 〈룻기〉, 4.17~4.22, TOB, Cerf, p.1591.

구원의 개념으로 대치시킨다. 또한 그것은 《신약성서》를 《구약성서》의 완성인 것처럼 해석하게 만들며, 그리하여 기독교를 유대교의 행복한 결말로 생각하게 만든다. 마침내 그리스도에서 나무에 이르는 도정은 끔찍한 십자가의 체형을 통해 구체화된다. 그리스도는 기둥에 고정된 횡목에 못박혀서 숨을 거둔다. 믿는 자에게 이 십자가는 역사의 종말이다. 골고다 언덕 위의 시간의 저녁에 심어진 조용한 십자가는 열린 두 팔로 이제껏 인류가 알지 못했던 사랑을 언명하고 있다. 그 사람의 오욕스러운 희생의 도구 위에서 풍요한 상징을 발견하였던 것이다. 그렇게 십자가는 세상의 시간을 저편의 한 존재를 향해 열어 놓는다. 나무의 죽은 기둥에서 잘린 채, 십자가는 자신의 수직성을 무언의 몸짓으로 흉내내면서 성서의 도처에서 출현하는 나무들을 환기시킨다. 생명의 나무, 선악의 인식의 나무, 십자가의 나무, 이 나무들은 한 가지 일밖에는 하지 않는다. 진흙으로부터 뽑아낸 인간의 역사가 시작되었던 것은 나무의 발치에서의 일이었으며, 역사가 속죄자를 필요로 하는 죄로 인해 결정적인 전환기를 맞게 되었던 것도 바로 그때였다. 십자가의 죽은 나무는 나무의 재생을 향해, 부활을 지명한 죽음 위에서의 승리를 향한 신호를 보내고 있다. 혹은 이러한 기적적인 재래는 유월절을 자축하고 있다. 갖가지 식물과 꽃들의 만개로 비등하는 그 시간을. 그리하여 십자가와 나무의 유추를 설명하는 것은 믿음 안에서의 생의 초월적이며 구제하는 상징화 그것이다.

기독교는 현란할 정도로 나무의 상징 체계를 재차 편곡하면서 고풍의 이교도 숭배에서의 무거운 짐을 덜어냈다. 기독교는 그렇게 자신의 예배의식 내부에서 나무의 변신과 아울러 계절의 유희에 박자를 맞추는 한 해의 놀라운 날들을 다시 붙잡았다. 나무는 그렇게 상징적 조형성을 입증하면서 종교적 상상을 강화하는 것처럼 보인다. 그밖에 20세기 전 기간을 통해서 연극 무대 위에서 여전히 중심적인 상징적 역할을 도맡다시피 한 것도 나무였다. 1952년, 사뮈엘 베케트는 세월을 두고 유머와 비극이 뒤섞인 명작으로 일컬어지게 될 한 편의 희극을 발표한다. 《고도를 기다리며》가 그것이다. 이 작품의 주해는 접어두도록 하자. 하지만 기존의 모든 기독교 전통에 반하는 아연실색할 관점을 전해 주는 나무의 상징적 중요성만큼은 주목하도록 하자. 두 해설이 시간과 공간의 액자를 연출가에게 지시한다. '나무가 늘어선 시골길. 때는 저녁.'[61] 길은 지나가는 장소, 통과의 공간에 지나지 않는다. 그것은 나무의 부동성에 대치된다. 길과 나무는 그렇게 인간 조건의 두 가지 갈래, 여행 아니면 정착, 이동 아니면 거주를 열어 보여 준다. 이밖에도 하나의 수평성은 다른 하나의 수직성에 대조를 이룬다. 최소한의 이런 장식은 두 가지의 상징으로써 작품에 형이상학적 차원을 부여하면서 풍부함을 더해 주는데, 대칭의 구성은 여전히 넉넉한 확장의 공간을 간직하고 있다. 두 개의 막이 그렇게 스스로 반복하고 있다. 유일한 변화라면 첫번째 막에서 헐벗었던 나무가 두번째 막에서 몇몇 나뭇잎을 갖추고 서 있다는 점일 뿐이다. 두 개의 막은 이틀간의 시간 위에서 흘러가고 있으며, 나뭇잎의 출현은 상징적 기능을 보여 주고 있다.

에스트라공 나무라고?
블라디미르 당신은 기억하지 못하겠소?
에스트라공 나는 피곤하오.
블라디미르 저걸 좀 보아요.
　　　　　(에스트라공이 나무를 바라본다.)

---

61) 사뮈엘 베케트, 《고도를 기다리며》, Minuit, 1952, p.11.

에스트라공　아무것도 보이지 않는데.

블라디미르　하지만 어제저녁 어둠 속에서 뼈를 드러내고 있었단 말이
　　　　　　오! 그랬던 것이 나뭇잎으로 덮여 있단 말이오.

에스트라공　나뭇잎이라고?

블라디미르　단 하룻밤 사이에!

에스트라공　봄이 온 모양이군.

블라디미르　그것도 단 하룻밤 사이에.[62]

　이러한 변형의 상규에서 벗어난 특성을 지적하면서 블라디미르는 인간과는 따로 떨어져서 흘러가고 있는, 그러면서 계절의 주기를 따라서 스스로 되돌아오는 나무의 시간을 변별하여 가리키고 있다. 우주적 힘의 유희는 거역할 수 없이 실행된다. 인간의 힘의 유희는 비극적으로 동일한 것을 반복할 따름이다, 에스트라공과 블라디미르가 형이상학적 망석중이로 일종의 고정된 동작[63] 속에서 흉내내고 있듯이. 두 막은 다르게 교환되는 같은 말대꾸로 끝날 따름이다. "그곳으로 가자고요?──그곳으로 갑시다." 베케트는 일축한다. "그들은 움직이지 않는다."[64] 시리우스의 그다지도 조롱적인 시각으로 본 인간 조건의 가혹한 표현이라고 할 수 있는 세 번째, 네번째 막에서도 전혀 진전된 것이라곤 없이 앞선 두 막의 장치를 답습할 뿐이기에 그렇다. 여기에서 시간은 기원도 없다. 기다릴 것이 아무것도 없다는 것은 기독교의 종말론적 개념을 취하는 것이나 다름없기 때

---

62) 사뮈엘 베케트, *ibid.*, p.110-111.
63) 클레망 로세는 비극적 철학 속에서 근본적으로 비극적인 시간과의 관계를 규정하고 있다. "비극, 그것은 무엇보다 시간의 개념 속에 도입된 부동성에 대한 개념이다. 정작 시간 개념의 파괴인 것이다. 우리는 일상적으로 익숙해 있는 동적인 시간 대신에 갑자기 정지한, 그 비극적 시간 속에 놓여 있는 우리 자신을 발견한다." PUF, Quadrige, 1991, p.8.
64) 사뮈엘 베케트, *op. cit.*, p.91 et 163.

문이다. 이밖에 작품은 회개한 도둑과 성서[65]의 인용과 함께 단번에 종교적 의미 아래서 자리잡는다. 그러나 베케트에게 나무는 생명의 나무가 아니다. 그것은 다행한 운명의 줄을 가질 수 있는 조건으로 기울어서, 그 줄을 주위의 단단한 가지[66]로 보내는 일밖에는 할 수 없다. 나무가 주는 유일한 구원이라면 인간의 조건으로 규정지어진 존재의 고통과 더불어 끝내기 위한 죽음일 뿐이다. 그렇게 두 명의 비극적인 망석중이가 '무대 위의 접대'[67]로 설정된 장면으로부터 탈출할 길을 찾고 있을 때, 블라디미르는 에스트라공으로 하여금 마치 장애자처럼 허약한 나무 뒤로 숨을 것을 권유한다. "정녕코 이 나무는 우리에게 아무 소용도 없으리라."[68] 허무주의의 바닥에서 베케트는 나무에게 인간이라는 초라한 존재의 무의미성을 드러내는 상징적 힘을 건네준다. 그들은 기다리며 시간을 보낸다, 움직일 수도, 선택할 수도 없이. 매년 봄이면 나뭇잎을 갈아입는 나무는 아무것도 기다리지 않는다. 인간으로 존재하는 일의 불행과는 반대로 "단지 나무만이 살아갈 뿐이다"라고 블라디미르는 말한다.[69] 베케트의 나무는 장면 속에서 모든 종교가 인간의 의식 속에서 취하는 미망과 희망의 부분을 탈신비화하는 상징으로 기능하고 있다. 그것은 생명의 나무라는 상징적 의미로의 전적인 전향이다.

우리는 나무의 물리적 특성을 고취시키는 종교적 상징주의를 역설해 왔지만 강력한 무신론 시기에서의 나무의 상징적 힘을 강조할 필요가 있다. 그레구아르 신부가 소책자《자유의 나무의 애국적 역사》[70]에서 증언하고

---

65) 사뮈엘 베케트, *op. cit.*, p.15 et 16.
66) 사뮈엘 베케트, *op. cit.*, p.25-26 et 161.
67) 사뮈엘 베케트, *op. cit.*, p.125.
68) 사뮈엘 베케트, *op. cit.*, p.125-126.
69) 사뮈엘 베케트, *op. cit.*, p.161.

있듯이 프랑스 공화 혁명력 2년은 나무로 복귀한다. 이 책자 속에서 그레구아르 신부는 아득한 옛날의 5월의 전통에 관해 말하고 있다. "5월에 나무를 심는 일은 본래 자연에 대한 경외의 표시였다. 봄이 오면 자신의 매혹으로 치장하고 모든 존재에게 은총을 베푸는 저 자연에 대한."[71] 이 전통의 기원은 기독교 너머에서 신화가 이교도의 숭배와 다시 이어지면서 사라져 버리고 말았지만, 이것은 경계를 무시한다. 왜냐하면 "5월 1일의 축제는 유럽 전역으로 퍼져 나갔기 때문이다."[72] 이 전통이 우주적 차원을 간직하고 있다는 것을 보여 주는 자는 관습밖에는 증명할 수 없다. 그레구아르 신부는 또한 자유의 상징으로 나무를 선택하는 일은[73] 일종의 보편적 투표에 의해 정당화된다는 것을 강조하고 있다. "왜냐하면 프랑스인들이 가장 소중하게 여기는 유형으로 간주했던 대상을 결정했기 때문이다."[74] 달리 말하자면 나무의 선택은 이중적으로 정당한데, 하나는 그것이 몹시 오래된 유럽의 전통을 마련하기 때문이며, 다른 하나는 그것이 공화 제정하에서의 최고의 프랑스 국민의 위치를 설명해 주고 있기 때문이다. 과거와 현재의 정치적 측면에서 정당성을 찾기 위한 이러한 노력은 혁명 이전의 구제도와 결별하고 새로운 프랑스 체제에 닻을 내리려는 의지로 미래의 장 속에서 힘을 강화한다. 나무를 심는 일은 새로운 것을 설립하려는 의지의 행위인 동시에 새로운 존재를 믿게 만드는 힘의 결집을 나타낸다. "쇠퇴하거나 죽은 자연은 전제주의의 표상밖에 될 수 없다. 자신을 풍요롭게 하고 혜택을 베푸는 살아 있는 자연이야말로 자유의 영상

---

70) 그레구아르 신부, 《자유의 나무의 애국적 역사》, 초판; An II, Paris. 우리는 1833년의 두번째 판을 인용한다.
71) 그레구아르 신부, *ibid.*, p.239.
72) 그레구아르 신부, *ibid.*, p.239.
73) 그레구아르 신부, *ibid.*, p.241.
74) 그레구아르 신부, *ibid.*, p.244.

이 되어서 자신의 영역을 넓히고, 우주의 무대 위에서 프랑스의 운명을 첫번째 반열에 오르게끔 무르익게 만들 것이다."[75] 가톨릭 신앙이나 위대한 왕조에 관해서는, 오늘날에 와서도 여전히 미셸 파스투로 같은 위대한 상징 역사가가《프랑스의 문장들》[76]을 통해 강조하고 있는 것처럼 세속의 공화국이 상징 체계의 부족을 인식하고 있었다고 이의를 제기할 수 없다. 사람들은 관습적인 상징들을 드물게 이해하는 추상 속에 익사시키면서, 그 권위와 광휘를 박탈함이 없이 독단적으로 고정시킬 수 없다. 그레구아르 신부는 상징의 힘이 자신의 고유한 능력으로 일련의 관념들을 눈에 띄게 제시할 수 있다는 것을 알고 있다. 이로부터 비평이 생겨나는데, "철학자라고 자처하는 이들은 추상적인 상태에서 자신들의 의미로부터도 격리된 채 인간을 생각하며 위안을 줄 수 있다고 믿는다."[77] 법령으로 공화국의 모든 행정구에 자유의 나무를 심을 것을 하달하면서 "입법자는 권위 있는 학자로서 자신을 증명해 보이는데, 그는 반대로 모든 정치적 제도에 민감한 대상에 연계된 모든 방법을 차용하기 때문이다."[78] 나무는 그러므로 철학적 구상만큼이나 정치적 구상에 있어서도 완벽한 해결처럼 나타난다. 모나 오주프가 썼듯이 "나무는 이러한 일반적 문제에 특별한 해결을 제공한다. 생각에 대한 감각적인 대상의 연결이 그것이다. 왜냐하면 그것은 매개자이기 때문이다. 나무는 한편으로 물리적 대상이면서, 또 한편으로 비밀스러운 힘의 중추로서 이미 대중적인 선정으로, 존엄한 상징으로 고양되었다."[79] 역사가는 일련의 매우 정확한 분석을 통해서 어째서 나무가 공화국의 탁월한 상징이 되었는지를 보여 주고 있다. "그것은 무

75) 그레구아르 신부, *ibid.*, p.245.
76) 미셸 파스투로, 《프랑스의 문장들》, édition Bonneton, 1999.
77) 그레구아르 신부, *op. cit.*, p.244.
78) 그레구아르 신부, *ibid.*, p.244.
79) 모나 오주프, 《혁명의 축제》, 1789-1799, Gallimard, 1976, p.297.

엇보다 증인이다. 그것은 사람들을 따르면서 그들의 것이 아닌 기간을 설명한다. 고문서에나 나타날 혁명의 사건들을 망각 속으로 추방하면서."[80] 그밖에 그레구아르 신부는 노베르 프레삭의 예를 보여 준다. 생고벵의 신부였던 그는 최초의 시행령자들 사이에서 1790년 5월 자유의 나무를 심도록 한 후에 마을 광장에 모인 동향인들에게 연설한다. "이 나무의 발치에서 여러분은 자신이 프랑스인 임을 기억할 것입니다. 그리고 노년기에 들어서 여러분은 후손들에게 이 나무를 심었던 잊을 수 없는 시절을 들려줄 것입니다."[81] 그러므로 5월의 행사를 축하하기 위해 이용했던 장대나 말뚝들을 소관목을 식목하는 일로 대체하는 것이 근본적인 일이었다. 모나 오주프는 여기에서 '혁명이 자체적인 발전으로 해독하길 바라고 있는 성장의 영상을 제공하기 위한'[82] 혁명가들의 노력을 간파한다. 여기서 나무 선택의 탁월성이 드러나는데, "광물과 유기물의 중간 도정에서 식물은 보이지는 않으나 감지할 수 있고 불가항력적인, 그러면서도 악의적인 놀람이 없는, 늘 불안한 유전자 같은 미래의 생각이 돌연한 충격이 없는 장래에 자리를 양보할 수 있는 이상적인 성장 모델을 제공한다."[83] 동시에 나무는 혁명이 그토록 원했던 안정의 영상을 건네준다. 그리고 완만한 발전과 마침내는 성공의 영상까지를. 그러고도 여전히 본질을 선택해야 할 필요가 있다. 여기서 다시 그레구아르 신부는 논쟁에 오른 대답을 내놓는다. 왜냐하면 "자유의 표상이 되도록 운명지어진 나무는 어떤 식으로든 자유 그 자체처럼 당당하고 위엄 있어야 할 것이기 때문이다."[84] 여기에는 떡갈나무가 필요 불가결하다. "어떤 나무도 (실제적으로) 그것이

---

80) 모나 오주프, *ibid.*, p.300.
81) 그레구아르 신부, *op. cit.*, p.242.
82) 모나 오주프, *op. cit.*, p.301.
83) 모나 오주프, *ibid.*, p.301.
84) 그레구아르 신부, *op. cit.*, p.247.

우리 숲의 영광을 대변한다는 데 대해 이의를 제기할 수 없다."[85] 게다가 "떡갈나무를 향한 우리 조상들의 애정을 이끌었던 이성이 세월에 아랑곳 없이 한결같은 것처럼 이 나무는 그 탁월한 성품으로 자유의 나무가 되어야만 한다."[86]

나무의 암시적인 힘이 혁명 정부에 의해서 분별 있게 활용되었다고 한다면, 나무의 형태학 자체의 정치적 효과(언어의 강한 의미에서)를 잊어서는 안 될 것이다. 마을의 중심에서 "그 힘 있는 거대한 크기는 상징의 대상과 자연스럽게 연결되는 외경의 감정을 불러일으킨다."[87] 게다가 "풍부한 나무 그늘은 주민들이 비와 열기를 피해 나뭇가지의 접대를 받는 안식처가 된다."[88] 마을 공동체는 '담판의 나무' 아래 모여서 토론하고 결정할 수 있다. 모나 오주프는 루소를 언급하면서 "공동체가 모여드는 나무는 증언의 공간 중심에 서 있는 기억으로서, 공동체의 교육자이자 조용한 현자이다"[89]라고 말한다. 그레구아르 신부는 열정과 서정적 감흥에 휩싸인 채 자유의 상징 나무에 쏟아부은 혁명의 이상을 설명하고 있다. "자유의 나무는 성장하리라. 그와 더불어 아이들과 조국이 자라나리라. 그 존재 앞에서 언제나 부드러운 애정을 발견하리라. 그 신록은 가장 관대한 자연 속에서 깊은 애정어린 눈길을 머물게 하리라. 여름의 아름다운 날들 속에서 사람들은 그 신선함을 찾아가리라. 나뭇가지들 곧바로 뻗어 나간 떡갈나무는 공동체의 가족 위에 넉넉한 그늘을 드리우리라. 나무는 희열에 들뜬 채 변함없이 천진무구한 장난 속에서 서로 이어 잡아 두르는 우애의

---

85) 그레구아르 신부, *ibid.*, p.254.
86) 그레구아르 신부, *ibid.*, p.247.
87) 그레구아르 신부, *ibid.*, p.248.
88) 그레구아르 신부, *ibid.*, p.248.
89) 모나 오주프, *op. cit.*, p.303.

손들을 보게 되리라. 독재자가 세우는 기념물들은 인간이라는 종족의 재난을 증거하는 것일 뿐. 그것은 우리들 행복의 저당에 지나지 않는 것이다. 혁명의 동기로서, 그것이 의미하는 사건들의 저당을 이야기하기 위해서 나무는 사후의 눈길로 기념물들을 추적하리라. (…)

이 나무 아래 생의 절정을 이루는 사람들이 모여들 것이다. '내가 이것을 심고 자라게 했답니다. 노인은 감동어린 눈길로 과거를 돌아보며 말할 것이다. 나무는 한창 젊은데, 나는 무덤으로 갑니다. 우리를 이어서 살아갈 나무 아래 모인 여러분, 여러분의 자녀들에게 공화국을 세우기 위한 우리의 노력이 어떠한 것이었는지를 들려 주십시오. 가장 먼 후대의 자손들에게 전통이 반복되도록 해주십시오.' 그때 아이들과 어머니들은 노인에게 축복의 말을 던지면서 왕에 대한 증오와 자유에 대한 사랑을 그들의 후손들에게 맹세한다. 자유에 대한 사랑 없이는 국민이 있을 수 없고, 덕에 대한 사랑이 없이는 자유도 없다는 것을."[90] 정치적 반응의 시기(1814, 1851)가 자유의 나무에 대한 도발적 벌목과 잘려 나간 자리에 십자가가 세워지는 것으로 기록될 것이라는 점을 주목하자. 그때 두 개의 전통이 맞부딪친다. 하나는 역설적이게도 혁명적 상징주의가 이교도와 농부의 조상 전래의 전통 위에서 접목되었다는 것이며, 다른 하나는 기독교주의에 기대어 교회와 봉건국가를 결합한다는 것이다. 반응의 영향으로 19세기 전 기간 동안 나무에 대한 투쟁을 해나가면서, 가톨릭 교회는 이미 우리 시대의 초반에 켈트인과 게르만인들을 기독교화하던 당시부터 투쟁을 주도하였다. 19세기까지의 믿을 만한 정치적 내기로 나무의 상징은 여전히 자신의 실력을 보전한다.

---

90) 그레구아르 신부, *op. cit.*, p.280-282.

나무는 탁월한 종교적 상징으로 나타날 뿐만 아니라, 세속의 틀 속에서 공화국의 가치들을 설명하기도 한다. 우리는 1870년의 잘 알려지지 않은 저작 속에서 빅토르 위고가 보여 주었던 종교적 상징과 정치적 상징의 짜임새에 감탄하지 않을 수 없다. 제2제정에 의해 추방된 공화주의자 위고에게 있어 프랑스 교외에서 7월 14일 실시된 떡갈나무 식목은 이교도이건 기독교이건, 종교적이건 정치적이건, 아득한 옛날이건 최근이건, 모두에게 마련된 의식을 통합하는 '유럽 합중국'이라고 일컬어진다. 가장 다양한 영감들이 합병되었다. 그때 다른 모든 영감들을 밀집한 상상의 나무가 솟아오른다. 다음의 긴 시(42절 1백68행으로 이루어진)가 대중 앞에 나타난 때부터 떡갈나무와 그 식목은 표장처럼 간주되었다.

영혼의 네 줄기 바람

1870년 7월 14일
오트빌-하우스 정원에
유럽 합중국의 떡갈나무를 심으며
추방된 자에게

I

"남는 자를 힐난하라, 오, 지나가는 우리 길손들이여!
운명은 심연, 그 물결 쓰기만 하여라.
검은 운명의 변방에서 인간을 질책하라,
그리고 바닷가의 떡갈나무들을!"

인간 영역의 모호한 영지 사이에 단단히 서 있는 나무는 세상의 돌발적인 사건에 항거하는 인간의 변함없는 능력을 상기시킨다. 그것은 "바위에 미래와 추방에 대한/커다란 서명을 새기게 만든다."(V.11-12) 나무는 "그의 존귀한 잎사귀 안에서 떨게 만든다./파안대소하는 관념을."(V.15-16) 달리 말하면 진보에 관한 관념들을. 나무는 투쟁중의 인간에게 완벽한 의미이다. 무엇보다 아슬아슬하지만 불가항력적인 탄생에 의해서, 한때 흩어졌다가 더욱 강해진 모습으로 우뚝 선 추방된 자들을 끌어모은다.

> "우리는 믿음직한 나무에 기운이 북돋는다,
> 겨울날의 어느 저녁, 세상이 벌받은 시간에,
> 형제들이여, 우리는 무량한 힘을 얻는다,
> 폭풍우 속에서, 무한 속에서."(8절)

후에 가서 나무는 싹을 틔우면서 자신을 통해 모여서 개화하는 흩어진 씨의 기적을 기념한다. 그때 나무는 "그의 잎새와 동체와 외관으로/인간적인 형태의 성장을 보여 준다."(V.47-48) 그것이 떡갈나무이건 추방된 자이건, 대지를 뚫고 나온 모든 개체들은 각자 종의 끈질긴 생명력을 증명한다. 식물 고유의 밀어올리는 힘은 도달해야 할 상부의 점을 향한다. 상승의 최고 상태라고 할 만한 발엽은 어떤 동반자를 끼고 승리를 만끽할 것이다. 우리는 열망하건대

> "(…) 어느 고요한 새벽이 빛나던 때 지나가는 자
> 하늘 아래 저들로부터 해방된,
> 거인 같은 종려나무 바라보고 외치기를
> 저 비범한 노력이라니!"(17절)

눈에 띄지 않는 성장으로 희망과 저항의 신호로서, 떡갈나무는 집합의

점으로, 우주적 매개체로서, 약호로서의 역할을 할 것이다. 그밖에도 나무는 자연의 대화에 참가한다. 바람이 씨를 뿌려서 나무를 이동시킬 것이며, 바다가 그를 씻겨 주고, 달려가는 파도가 온 세상과 이어 줄 것이다.

"마을 안쪽에서부터, 그대 바람이여, 그를 나르리,
그대 바람이여, 드넓은 대양 한가운데 그를 옮겨 놓으리,
산정에서 떨고 있는 전나무들
모든 배들의 돛대가 되어 주리."(22절)

그를 거쳐 가고, 그가 전하는 전갈들 중에서 나무는 특별하게 인간의 이야기들을 붙잡아둔다. "그리고 세상 사람들의 두런거림에는 동요하지 않거늘/수부들의 노래에는!"(V.103-104) 나무는 자신의 자양만큼이나 읽기 쉬운 특성으로 이상적인 상징이랄 수 있다.

"폭풍이 미쳐 날뛰는 자 같듯이,
생은 전사요, 바람은 형리들이어라,
천하의 영웅을 떡갈나무처럼 여기니,
정녕 영웅다운 떡갈나무인즉."(30절)

최초의 발아 때부터 나무는 약속의 존재이다. 그것은 "내일처럼 강력하다."(V.46) 그것은 내일이다. 위고의 표현대로라면 다음날은 노래 부르고, 전진이 세상을 이끈다. 공간 속에서 자라나는 식물은 시간의 인내를 좇아가면서 놀랍게 이 규칙을 보여 준다. 내일과 위를 향한 두 갈래의 긍정적인 방향으로 생이란 언제나 쟁취되며, 생의 변천과 세대까지도 넘어서 승리까지 도약한다는 것을 증명한다. 그러므로 경건한 식목은 자연과 시간

이 보다 나은 것을 위해 힘을 결합하는 두 가지 규칙의 활동이다. 변함없이 문장은 미래 속으로 투사되고 황금의 나이 아니면 "인간 미래"(V.100)의 도래를 예언한다. 전도된 입장에서가 아닌 다른 측면에서 나무는 대지의 심오함 속으로, 다시 말해 과거 속으로 침잠한다. 목질의 나무와 선형의 시간은 나란히 자취를 그린다. 넘실대는 파도가 그들을 넘어서 바닥에서 꼭대기로, 과거에서 미래로 끊임없는 의미를 부스럭거린다. 우리는 들을 수 있다, "나뭇가지 속에서 로마의 깊은 한숨과/파리의 위대한 송가를."(V.111-112) 서로 연장되어 뻗어 나간 가지들의 도안은 위대한 문명이 이어진 시간의 가지와 일치한다. 신화적 영웅들(오르페우스 · 암피트리온)과 역사적 영웅들(피에르 · 카이사르)을 간직한 "격렬한 과거"(V.157)로 지적되는 유럽 합중국의 떡갈나무는 "오늘처럼 움직이고 내일처럼 힘 있는"(V.46) 전진하는 역사에 관한 위고식의 통찰을 완벽하게 표현한다.

묘선의 화필은 신속하고 경쾌하게 번식과 전달을 그려 보이고, 가지의 형상은 시구를 떠올린다. 이 가지 저 가지에서 우리는 "파리의 위대한 송가"(V.112)를 듣는다. 나무는 문학이 참여라고 말하는 바와 똑같은 식으로 전투에 참가한다. 그는 연방주의자의 표상으로, 현재에 저항하고 보다 나은 미래를 기다리는 모든 사람들을 위한 집합의 표시로 기여한다. 나무는 풍요를 위해 흩어졌다가 모여든 씨앗의 혈통으로서 힘의 단결밖에는 교사할 수 없다. 그의 아득한 분맥은 수평의 네 가장자리를 그러쥐고, 그것들을 자신의 중심으로 향하게 한다. 한결같이 나무는 다수를 하나로 묶는다. 시는 조금씩 복수를 포기하는 그의 본보기를 따르고, 규칙적으로 세 개의 미사여구를 하나의 8음절 시로 축약한다. 그렇듯 문장과 투쟁은 나무에게서 모범을 취하는, 즉 이기기 위해서는 모여야 하기 때문이다. 고독한 인간처럼 스스로 일어서야 할 필요가 있다. "청동의 주먹"(V.114)과

"검은 팔꿈치"(V.115)를 가진 떡갈나무는 정작 단순한 비유를 넘어서 인간과 한 몸이 되기를 부추기는 동체이다.

하지만 이 동체는 저항의 표상과 정치적 참여 이상의 것이다. 그의 총체는 혼돈의 한가운데서 삶과 생존의 대원리들을 보호하게끔 만든다. 그로부터 출발하여 육체 혹은 언어 구조 같은 다른 조직들이 스스로 구성할 수 있을 것이며, 탄생이 이어질 것이다. "나무 우주, 나무 도시, 나무 인간들이 말이다."(V.109) 그는 창조와 신성에 참여한다. "그는 하나이며 수를 헤아릴 수 없는 존재이다./사람이 그렇고 신이 그러하듯이"(V.131-132) 아니면 그는 풍부함과는 반대되는 결단을 보여 주기를 그치지 않는다. 나무 자체는 반대자들간의 항구적인 종합이다. 모순어법인 "살아 있는 해골"(V.113)은 생물학이 제시하는 내용을 상기시킨다. 즉 나무는 죽음을 삶으로 변환시킨다는 것이다. 실로 나무는 이러한 항구적인 융해를 살아간다. 그렇게 그것은 창조자의 능력과 특히 포착하는 접근으로 영상을 나타나게 하는 시적 능력을 나타내 보인다. 예를 들면 떡갈나무는 움직이는 것과 움직이지 않는 것, 잎새와 기둥을 융화한다. 나무는 바람과 대양 속에 뿌리박는다. 나무는 등대가 되고 선박이 된다. "산정에서 떨고 있는 전나무들이/모든 배들의 돛대가 되듯이."(V.87-88) 나무는 세상이 폭풍 속에 놓여 있을 때 표지로 일어선다. 그것은 지리학적으로 곳을 유지하면서도 논리적으로는 "떡갈나무 공화국"(V.33) 혹은 "떡갈나무 진실"(V.34)의 간판을 걸고 있다. 정적이면서 정적이지 않은 나무는 영상의 무한성이 솟아나게 한다. 그것에 의해 바로 그것이 창조자의 과정이라는 것을 가리킨다. "인간이 그것에 입김을 불어넣고 대양이 그 연안을/별들이 그 신성한 빛을 던지리."(V.55-56)

위고의 나무는 역사적 나뭇가지들 사이에서 정치적 행동과 창조의 조화를 모색한다. 그것은 우주의 척도가 된다. "오, 하늘 가운데 쓸려 온 천체여!"(시의 마지막 행) 그것은 물리적 응집과 세상의 형이상학을 확보한다. 그것은 매번——시에 의해서만——전체성을 다시 취하고 다시 창조하는 것이 문제임을 보여 준다. 〈세기의 전설〉이나 〈사탄의 최후〉 같은 성서에 관련된 시들을 보면, 성 요한의 파트모스(성서에서는 밧모) 섬에 이르기까지 날아오를 듯 굽이치는 삼나무 아니면 십자가의 나무를 통해서 우리는 《구약성서》뿐만 아니라 혁명에도 뿌리를 내리고 있는, 그러면서 싹들이 사회주의와 화해하였기에 행복한 인간을 알리고 있는 자유의 나무에 대해 위고가 던진 형이상학적 도전을 이해한다. 그러한 부류의 상징은 오늘날 나무가 생태학의 당원 역할을 떠맡고 있는 것을 멀찌감치 추월한다. 우리에게 초록의 나무는 도상이나 '표어' 같은 상징의 계열로 들어선 것처럼 보인다. 이것이 새로운 개념의 승리자라든지 광고업자들을 끔찍하게시리 대변하고 있는 것처럼. 이러한 상징성의 상실은 우리가 앞으로 논급할 것이지만, 지구의 '초록 심장'이라든지 풍경의 근본적인 미학적 요소라는 식으로 흥미의 복귀 내지는 탈환을 하고 있다.

본장을 비관주의자의 조서 같은 것으로 끝마치지 않기 위해서, 우리는 폴 슈메토브가 상상해 내고 2000년을 축하하기 위한 소재로 문화부장관이 그것을 채택했던 '초록 자오선'에 관한 구상을 기꺼이 떠올리고자 한다. 봄부터 1천만 그루의 나무가 자오선을 따라 파리에서 출발하여 덩케르크와 프라드몰로 사이에 심어졌다. 이 아름다운 공사는 나무의 상징적 힘을 풍요롭게 가꾸는 일이었다. 왜냐하면 그것은 폴 슈메토브가 1998년 11월 신문 잡지에 발표할 목적으로 출간했던 소책자에서도 설명하고 있듯이 시간과 공간을 잇는 일이기 때문이다.

"새로운 세기와 천년을 축하하는 것은, 우리가 시간을 살아왔다는 사실과 각 개인의 운명의 유한성을 넘어서 이 일을 계속할 것이라는 사실을 굳게 확인하기 위함입니다.

이 축하 행사는 그리하여 시간을 펼쳐서 과거로 거슬러 올라가기 앞서 우리 자신을 조각들로 쪼개어 평탄하게 만드는 기회가 될 것입니다.

하지만 우리는 물질적인 구축으로 시간과 영토라고 일컫는 것을 표현하고 기념해야 할 필요가 있습니다. 미래를 축하하기 위해서 2천 미터에 이르는 푯말, 보다 적절하게 말해서 2천 개의 발을 설치하는 숫자의 매혹을 그만큼의 삼나무에게서 찾아야만 하는 것일까요? 이 독특한 소재가 앞으로 도래할 것을 상징할 수 있으며, 시간과 공간을 기념할 수 있을까요?

세기를 요약하고 지속시킬 수 있는 것은 무엇일까요? 어떻게 하면 우리의 인간성과 지속하길 원하는 우리들의 지칠 줄 모르는 욕망을 표현할 수 있는 것일까요? 미래 속에서 여전히 고립되어 있는 섬 안에서 우리는 무엇을 기억해야겠습니까? 자취를 남겨야 할 필요가 있기에 식목이 이 질문들에 대답해 줍니다. 사람들이 천년제라고 부르는 기간만큼이나 오래 사는 삶의 요체를 선택해야 할 필요가 있습니다. 북프랑스의 삼나무들, 중부의 올리브나무들, 마시프상트랄과 피레네 지방을 지나는 지역의 고산식물 같은 것들 말입니다. 그들의 무리 생존, 그들의 적응, 그들의 수량은 새로운 국면에서 자유의 나무를 이루는 특성이 될 것입니다. 이번에 우리가 자오선을 따라서 식목하기를 선택하면서 이제부터 이 나무들은 공간과 시간의 가늠자가 될 것입니다.

프랑스는 그렇게 미래의 지평 위에서 자신의 표시를 굳건히 하길 바라고 있습니다."

정부가 결정했던 이 행사는 분명하게 공화국의 전통 위에서 세 가지의 매우 상징적인 이유들을 새롭게 갱신하였다. 나무를 심는 일, 그것은 선대 농부들의 전통적인 5월의 의식을 따르는 일로, 폴 슈메토브가 명백하게 일임하고 있듯이 자유의 나무를 통해 재현되고 있는 것이다. 한편으로 2000년 7월 14일생 나무들의 성대한 나들이를 조직하는 일은 모든 지방 간의 격차를 철폐시켰던 1790년 7월 14일의 연방제 축제를 새롭게 하는 것이다. 마침내 자오선을 따라 긴 줄로 이어진 식목의 선택은 실로 혁명을 살리는 세상의 빛과도 같은 의지에 매우 명백하게 의거하는 것이다.[91] 1799년에 규정된 미터는 지상의 자오선을 네 등분한 것의 1만분의 1에 해당하는 부분으로서, 이것이 1793년 8월 1일 프랑스 공화국의 측정 단위로 공식적으로 차용되었던 사실을 돌이켜보자. 사람들은 어째서 우리가 각 방면의 모든 분석을 지지하는 것처럼 보이는 계획을 실행하고 있는지 이해하게 될 것이다.

종교들은 서로 투쟁하면서 기반을 구축하고, 정치 제도는 서로 변하면서, 하나가 다른 하나를 대체하면서 해들이 달려가고 세기가 흘러간다. 나무의 상징은 처음 출발할 때 기록했던 대로 언제까지나 상상의 여정 속에서 영원토록 이어질 것이다.

---

91) 덩케르크에서 페르피냥까지 자오선을 측량하는 작업은 파리관측소에서 평판을 받은 유명한 천문학자 가계인 카시니 가족에 의해 실시되었다. 장 도미니크(1625-1712)·자크(1677-1756)·세자르 프랑수아(1714-1784)·도미니크(1748-1845)가 그들이다. 이 작업은 장 바티스트 들랑브르(1746-1822)와 피에르 메생(1744-1804)의 원조하에 이루어졌는데, 이들은 콩도르세가 그러했던 것처럼 세상의 모든 사람들과 모든 시간에 바칠 범세계적인 표준을 펼쳐내고자 원했다.

II
말의 나무

개 요

　— 나무는 언어와 어학과 자신을 증언하는 비
유와 자주 어울린다.
　— 문학은 생경함과 외관을 잃어버리지 않기
위해 종종 나무로부터 유추를 차용했다가 해체
하곤 한다.

아리송한
아브라카다브라브르
금단의 열매 달린
인형극장 초록나무에서 훔쳐 온
해묵은 가지들.
프레베르(1900-1977)

　기본적인 상징적 역할 말고서도, 나무는 우리의 말 깊숙이 자신의 뿌리
를 내리면서 가장 널리 통용되는 표현들의 주위에서 강한 영향력을 끼친
다. 어원학으로 들어가기 앞서 나무가 지니고 있는 이중적인 표현의 힘
에 주목해 보자. 우리의 문화 속에서 나무는 천성적으로 우리가 그것을
기억이라고 이해하기에 앞서 기념물이었다.
　나무는 흔히 의미를 던진다. 그 전언은 자신에게 전적으로 기인한 것이
다. 루소는 '거대하고 위엄 있는'[1] 기념물을 이루고 있는 망브레의 떡갈

---

1) 장 자크 루소, 《에밀》, 4권(1762), Le Seuil, coll. L'Intégrale, 1971, p.221. "근대의
세기들 속에서 나는 관찰한다. 인간은 서로가 힘과 이익으로써만 연결되어 있을 따름이
라는 것을. 반면에 선인들은 설득과 영혼의 애정에 의해서 움직였다. 그들은 의미의 언어
를 간과하거나 무시하지 않았기 때문이다. 모든 관습은 누구에 의해서도 훼손당하지 않
고자 위엄 있는 태도를 취한다. 바위들, 나무들은…… 만인에게 끊임없이 열려 있는 이
책의 지면과도 같은 것들이다. 서약의 우물 (…) 망브레의 오래된 떡갈나무…… 보라, 그
건 얼마나 큼지막한 기념물이며 권위 있고 신성한 계약인가를."

나무에 자신을 대조한다. 그런데 추억을 보전하기 위한 장치로서가 아니라면, 기념물이란 대체 무엇이란 말일까? 헤브론의 성지에서 떡갈나무는 아브라함이 야훼 같은 인물을 일으키기 위해 선택한 장소를 가리킨다. 그리고 나무는 창조적 바탕의 사건을 돌아보고 있는 것이다.[2] 나무는 자신의 긴 수명으로 기념물의 기능을 맡는다. 아브라함이 사라진 뒤에 떡갈나무는 실로 야훼와의 지나간 동맹을 증거하리라. 나무는 확고한 구성으로 사건을 영속시킨다. 그것은 공평한 기억으로 자신을 모든 이에게 도달시키는 형태 아래서 눈에 보이게 모든 것과의 동맹을 조인한다.

그러나 나무가 자신을 위해서 껍질의 신비 아래 생의 자취를 숨기는 일은 자연스러운 일이다. 나무는 자신 속에 비밀스러운 기억을 간직한다. 독자를 기다리는 일련의 의미들을. 20세기에 들어서 수목학은 가로로 잘려진 나무의 단면에서 연도를 측정할 수 있는 나이테를 통해 기후의 역사를 재구성할 수 있음을 발견하였다. 가뭄이나 혹한은 살아 있는 나무에 그 여파를 새겼던 것이다. 실제로 '수목기후학'에 관한 기본적 개념들이 알려진 상태이다. "나무 기둥에 가해진 가로 베기, 그로 인해 잘려 나간 절단부들은 일군의 밀집된 나이테를 드러낸다. 각각의 나이테는 나무의 연간 성장을 보여 주며, 모든 나이테의 명세 계산은 즉시로 나무의 나이를 알려 준다. 나무의 나이테 일체가 그렇게 분명한 연대기적 증거를 제시한다면, 각 나이테는 별도로 기후학적 증거를 간직하고 있다. 그것은 나무가 성장하며 해마다 목격했던 쾌적하거나 그렇지 못했던 기상 조건의 역사를 비춘다. 쾌적했던 해에 나이테는 크고 두텁다. 쾌적하지 못했던 해에는 가장자리 선이 얇고 좁으며, 때로는 간신히 알아볼 수 있을 만

---

2) 《구약성서》, 〈창세기〉, **TOB**, Cerf, 1980, 13.18, p.64; 14.13, p.65; 18.1, p.70.

큼 표시되어 있을 뿐이다. 성장의 나이테, **나무 반지**라고 일컫는 그것은 나무가 자라났던 해의 기상학적 배경을 아주 훌륭하게 종합하고 있다. 그것은 그해의 일정한 종류의 기후 악보를 건네준다."[3] 그렇게 문화적 기억의 설정이 자연적 기억의 과정 위에 접목된다. 이 동사는 앞으로 이유를 설명하겠지만 아주 적합하지는 않다. 인간에게만 관련되어 있던 상징의 역사 속에서 길이 기념할 만한 역할을 닫혀진 나무에 건네준 다음에,

---

3) 엠마누엘 르로이 라뒤리, 《1천 년 동안의 기후 역사》, Flammarion, coll. Champs, 1983, tome I, p.31-32. "역사가의 설명에 의하면, 더글러스는 1900년대부터 새로운 규범에 결정적인 자극을 주었다. 형성천문학자였던 그는 1901년 매우 오래된 나무를 연구하는 일로 전향한다. (…) 미 동부의 나무들과 나무들의 군집은——모든 종류의 침엽수들, 특히 세쿼이아 같은 경우는 나이가 5백 년에서 1천5백 년까지 다양하게 나타난다—— 더글러스의 초창기 연구의 호기심을 무척 사로잡았다. 그의 최초 연구 작업의 방향들 중 하나는 고고학이었다. 살아 있는 나무로부터 14세기 동안 유난히 고갈되었거나 습기로 얼룩졌던 해들을 기록한 혹독하고 엄격한 연대기를 펼치면서, 그는 인디언의 거친 벽돌 부락을 가로지른 들보 속에서 특징적인 연속 가운데서도 특히 유별난 몇 해들을 발견할 수 있었다. 인디언들이 들보로 이용했을 무렵 과연 어떤 시기에 나무가 살았었는지를 알면서, 그 나무가 잘려지기 전 나무의 마지막 성장 단계를 보여 주는 나이테 덕분에 완벽한 정확함으로 나이를 단정하면서, 더글러스는 인디언의 토인 부락 푸에블로가 언제 건축되었는지, 그 들보가 언제 설치되었는지를 정확하게 추산하였다……"(ibid., p.34) 르로이 라뒤리는 심지어 수목 연대기가 수립되었던 정확한 날짜까지도 지적한다. 1929년 6월 22일이 그것이다. 그날 매우 오래된 성장 곡선을 보여 주고 있는 타버린 들보의 견본 조각을 들고 한참을 숙고한 후에, "더글러스는 그의 작업대 위에 검은 물체를 올려놓고 말했다. '나는 우리가 그것에 도달했다고 생각합니다. 나이테 곡선들은 1240년에서 1300년 사이의 것들입니다. 20세기에 여전히 살아 있는 나무들로부터 뽑아낸 일련의 단위 견본을 가장 최근에 수집한 고고학적 견본(화석화된 들보로부터 추출한)에 나타난 곡선과 비교했을 때도 크고 작은 모든 세목에서 일치함을 알았습니다. 그것은 푸에블로 보니토(발굴된 장소)에 11세기와 12세기초 사람들이 거주했었다는 사실을 말해 줍니다. 브레타타 킨과 메사베르데의 유적은 좀더 최근의 것, 13세기 중반의 것입니다.' 갑작스럽게 오래된 화염의 재로 뒤덮인 들보로부터 결정적인 토막을 얻으면서 잃어버린 고리를 찾았다. 고고학자들이 푸에블로의 폐허에서 뽑아낸 오래된 골조에 새겨진 **나무 반지**로부터 모든 게 상대적으로 부유하고 있었던 연대기가 이제부터는 아리조나의 수백 년 묵은 수림에 확신을 갖고 절대적인 연대기를 계류할 수 있게 되었다. 그리고 더글러스는 망연하게 자신을 바라보고 있는 동료들 앞에서 손에 **나무 반지**를 올려놓고 비상한 기억력으로 남동부 지역 선사 시대의 모든 연혁을 끌어내어 보여 줄 수 있는데, 그것은 중세 유럽의 시기와 병행하는 역사 이전이었다."(Ibid., p.35)

우리는 열린 나무를 통해 우주의 역사를 읽을 수 있게 되었으며, 그들의 존재를 둘러싼 물질적 조건들까지도 알 수 있게 되었다. 철학자에게도 놀라운 배치라고 하겠다. 실질적으로 글씨라는 것이 전달할 내용의 물화된 기록 같은 것이라면, 나무는 자신 속에 글씨를 간직하고 있는 것이며, 그렇게 어원학은 수차례에 걸쳐 재무장한다.

자신 안의 글씨. 자신에 관한 글씨. 나무는 그것을 자연적으로 저장하고 기억할 뿐만 아니라 나아가서 문화적으로 저장하고 기억하는 데 기여한다. 어쩌면 우리는 여기에서 여러 작가들과 화가들이 나무에 선입관을 붙여 놓았던 비밀스러운 이유를 찾을 수 있다. 우리가 나무를 통해 만날 수 있었던 서적들에 노출되어 있는 글씨 목판처럼 나무의 활용에 맹렬한 그들이다. 서적(bouquins), 장작(bûche), 깎다(bûcher), 나무(bois), 작은 숲(bosquet)과 같은 단어들은 라틴어로 나무를 뜻하는 boscus에서 유래하며, 여기에서 다함께 책을 뜻하는 영어의 book이라든가 독일어인 buch 같은 단어가 유래하였다. 또 다른 예가 있는데 Buche는 너도밤나무를 뜻하며, Buchsbaum은 회양목을 가리킨다. 이 두 대상은 마디가 없는 미세한 조직으로 글자를 기록하기에 매우 유용하다. 그리하여 Buchstabe는 알파벳 서사 기호의 의미에서 문자(lettre)를 의미한다. 이것은 환유에 의한 것인데, 아득한 옛날에는 너도밤나무나 회양목 막대기에 글자를 새겨넣었던 까닭에서이다. 이것을 하기 위해서 사람들은 라틴어로 가느다란 비수를 뜻하는 graphium을 갖추었는데, 이 단어에서 그리스어로 글씨를 가리키는 graphein이 유래했던 것이다. 이것에 의해서 우리는 나무를 떠나지 않고 서도 그리스어 gramma, grammatike들이 문법 grammaire라는 우리 식의 용어로 변환되었음을 확인할 수 있다. 만일 접목 혹은 이식(greffe)이라는 것이 매분 행동을 집중해야 하는 사무실을 가리킨다면, 그것은 한 나무를 다른 한 나무에 삽입하는 밀어넣기를 가리키기도 한다. 확장 수술에 의해서 이식 조직을 심고, 마침내 이 수술의 결과를 기다리는 것이다. 서술의 기술, 그리고 인위적 기억을 특징짓는 말의 보전에 관한 기술이 우리들을 나무로 되돌아가게 한다. 레이 브레드버리의 소설《화씨 451》을 영화 화면에 담았던 프랑수아 트뤼포 감독은 글쓰기와 나무에 대한 이러한 기억의 교류를 필름에 반영하였다. 마음으로 책을 이해한 자들, 권력은 불에 의해 망한다는 진실을 깨달은 자들이 숲 속으로 피신하였다. 그들은 앞서 알고 있는 책을 암송하면서 나무 사이를 오가며 서성거린다. 바람에 날리는 종잇장의 흰 여백 같은 구름이 흩어지는 동안 사람들은 플라톤의《국가》나《걸리버의 여행기》, 아니면 〈전도서〉의 단편을 들고 있다. 잎사귀를 떨군 헐벗은 나무들 사이에서 불타 버린 책들의 사라진 말들이 반향하고, 그들 본래의 목판 위에 마술적으로 기록된다. 식물의 기둥과 인간의 기억이 뒤섞인다. 모두가 잠재적인 책들이기에. 책(livre)을 위해 '헌책(bouquin)'을 단념하면서, 우리는 본래적으로 나무껍질 사이에 있는 얇은 막을 의미하는 라틴어 liber를 재발견한다. 자작나무 줄기의 껍질을 세심히 벗겨낸 후에 우리는 백목질 둘레를 감싸고 있는 속껍질층을 회수할 것이다. 그것을 편평하게 말려서 글을 적기 위함이다. 환유적으로 이 사항은 속껍질이 종이를 위해 버림받은 후에서야 책을 만드는 방식으로 취해진 것이다. 우선 파피루스 풀줄기에서 추출한 띠에서 재료를 얻다가, 이어서는 함께 수집하다가, 마지막으로 19세기까지 헝겊으로부터 종이를 얻었다. 기이하게도 종이는 우리를 다시 나무에게로 인도한다. 1854년에서 1864년에 이르는 기간은 식물성 섬유가 수집되는 목질 속에 포함된 섬유소 성분을 분리해 낼 수 있는 화학 과정이 조정된 시기였다. 이 섬유소로 종이를 만드는 것이다. 속껍질에서 종이에 이를 때까지 우리는 나무를 떠난 적이 없다. 그것들은 종이가 되기 전 나무의 잎새들이었기에 나뭇잎에서 시작하지 않으면 안 되리라. 제우스의 음성으로 부스럭거리는 떡갈나무 잎새들. 무녀가 신탁을 기록했던 종려나무의 신성한 잎사귀들. 바람의 자취 속에서 수군거리는 말들. 나뭇잎은 문자의 나뭇잎이 된다, 네모난 원고지, 혹은 인쇄된 지면이 되면서. 죽은 잎새들, 인쇄된 잎새들은 정보와 생각의 분포를 배려하면서 도회지의 길 위에 '다량으로 모여든다.' 날아가는 잎새들 또한 그렇게. 그들은 출현할 책이나 성공에 관한 문화면의 기사를 위한 질 좋은 나뭇잎들을 출판할 기회를 준다. 나뭇잎은 환유적으로, 그러면서도 가치 판단이 없지는 않게 '싸구려 신문'이 되어 바구니 안에 처박혀서 생을 마감할 것이다. 종이로서의 나뭇잎은 반죽 상태에서부터 우리를 이중으로 나무에게 인도한다. 섬유소 성분 때문만이 아니라 침엽수에서 생겨난 증류된 테레빈티나 수지로 이루어진 콜로포늄 때문이다. 1830년과 1875년 사이에 아교 기술과 나뭇잎 가공 기술이 전진하였던 것도 이 콜로포늄 덕분이었다. 콜로포늄은 수술 비용을 절감해 준다. 이것은 일종의 송진으로 접착제처럼 기능하여서 반죽이 이겨진 기계 안으로 곧바로 투입된다. 이러한 몇 가지 사실들은 어원학을 지적하고 있으며, 짧은 기간 동안 기술적 발전이 가져온 것들은 나무가 우리 문화 속에서 맡아 왔으며 여전히 맡고 있는 중간 논리 역할[4]을 떠올리게 한다. 나무는 전달의 매개자로, 저장의 울타리로, 기록의 표면으로 굉장히 경이로운 변신을 거쳐 왔다. 자주 인용되는 생 종 페르스의 강렬한 표현 "책, 그것은 나무의 죽음이다"라고 하는 그 확언은 비판받아야 마땅하다. 적어도 세 개의 거대한 삼림(핀란드 · 스웨덴 · 노르웨이)을 차지하고 있는 2억 3

---

4) 이 형용사에 관해서는, 우리는 중간 논리로서 진행중인 규율에 따를 것이다. 나무가 전달 · 이송 · 기억의 수단으로서 우리들 믿음과 생각의 방식과는 관계를 맺지 않을 것임은 의심할 수 없다. 중간 논리자들은 이미 종이 수첩을 만들어 냈고, 우리는 나무가 그것을 받을 만한 가치가 있다고 믿는다.

천만 입방미터에 달하는 지역에서는. 유럽의 열두 개 나라들은 아직도 온 갖 종류의 종이들을 만들기 위해 반죽 제작을 하고 있다. 우리가 논급할 것이지만, 고전적 세대의 '임학'은 바다 위에서 순환이 조건지어졌다. 그 랬던 것이 오늘날에 와서는 종이 제작에 강력하게 이바지하는 다른 요소 들로 대체되었다. 나무들은 여전히 그들의 마지막 말을 하지 않았다.

철학자는 나무의 오래된 기능이 보전하고 있는 언어에 주의 깊게 귀기 울이는 존재가 되지 않으면 안 된다. 말의 나무는 나무의 말을 축적한다. 나무는 기록하고 새기고 서고에 보관하는 재료로서의 역할을 곧바로 떠 올리게 한다. 글·종이·책은 그렇듯 잊혀지고 추월된 나무와의 관계를 유지하고 있다는 사실을 여전히 증언하고 있다.

우리들의 책에 선행하는 물질적 현존 말고서도 나무는 작가들에게 매 혹적인 형이상학의 원천을 건네준다. 기록의 목판이 자신의 내용을 시사 하기라도 하는 것처럼. 우리는 문학에 가미된 수많은 나무의 영상들을 총망라한 목록을 만들기를 원치 않는다(그럴 수 없기 때문이다). 불가능을 강조하기 위해서 계획을 포기하는 것으로 충분하다. 그렇지만 우리는 2 백 권에 달하는 문집을 들추면서 반복하여 나타나는 영상에 놀라지 않을 수 없었다. 그것들은 한결같이 같은 영상들, 친근하면서도 생경한 나무의 문학적 인물로 되돌아가고 있는 것이었다. 우리가 익히 알고 있기에 친근 하면서도, 운문의 주변에서 그 인물을 기다리는 동안 우리의 환상과 추억 들을 손쉽게 되찾는 것이다. 하지만 역시 이상한 것은 그들이 다른 모습 으로 반복되고 있다는 것이다. 이러한 반복 속의 상이함은 언제나 싹을 틔 울 수 있는 결코 고갈될 수 없는 나무 인물의 풍요한 성격에서 비롯한다. 그렇기는 하지만 우리는 우선 어떤 경우에도 숲을 숨길 수 없는 나무 인물 이 두드러지게 나타나는 벽화를 솔질해야겠다. 로베르 해리슨이 "서양의 상상 속에서 숲이 담당한 역할"[5]에서 보여 준 아름다운 분석을 다시 시도하지는 않겠다. 그가 제시한 주요 저작들을 통해서 숲의 근본적인 양면성이 나타난다. 매혹적이면서 불쾌한, 성스러우면서 속된, 경탄할 만하면서 야만적인 그것이. 이러한 납득할 만한 독서에 덧붙일 것은 없다. 우리의 제안은 좀더 준수한 것이다. 즉 문명과 관계된 숲의 두 가지 얼굴을 보여 주기 위해서 대조적인 경우의 제목 아래서 루소와 위고를 다시 읽을 것이다. 《인간 불평등 기원론》에서 루소는 역사 속에서의 불평등의 형성과 증대를 가치 매기는 이론적인 가공의 이야기를 들려 준다. 자연의 상태, 곧 역사의 영점은 숲이라는 모형 위에서 사색되었다. 나무들은 서로가 격리되어 있으며, 각자 생존하기 위해 땅에 뿌리를 박고 대기를 숨쉰다. 나무는 교양 없는 투박한 사람처럼 살아간다. 자연의 상태에서 "생업도 없이, 말도 없이, 주거지도 없이, 전쟁이나 관계도 없이"[6] 살고 있기에. 이러한 비친교성을 가치 매기기 위해서 루소는 침묵 속에서 빛을 끌어대기 위해서 서로 싸우고 있는 나무들을 지나간다. 그에게는 자신의 처지와 비슷하게 잘려 나간 인간을 생각하기 위한, 그러면서 자신을 충족시킬 수 있는 연관된 모형이 필요했기 때문이었다. 인간들 각자는 나무처럼 자체 기능하는 단자 같은 유일 존재로서 보다 낮게 나무와 공존하고자 한다. "떡갈나무 아래 포식하면서…… 같은 나무 발치의 잠자리가 그에게 양식을 건네리니, 보라, 그의 욕망은 채워졌도다."[7] 숲으로의 회귀는 홉스나 로크같은 급진적 인물들과의 결렬을 가져온다. 인간의 흩어짐이 모든 역사적 가능성에 족쇄를 채우는 비관여의, 무관의 상태는 인간이 빠져나갈 수 없는 석화된 숲으로 표현되었다. 숲 속의 나무들처럼 "세대는 무용하게 증

5) 로베르 해리슨, 《숲, 서양적 상상에 관한 소고》, Flammarion, 1992, p.10.
6) 장 자크 루소, 《인간 불평등 기원론》(1755), 첫째 부분, GF, 1971, p.201.
7) 장 자크 루소, ibid., p.162.

식한다."[8] 루소는 편견을 제거하기 위해서 "뿌리까지 분쇄하기로"[9] 시도한다. 이 뿌리가 은유적으로 나무의 땅속 부분 이상의 바탕을 의미한다고 할지라도 이론적 급진성은 우리들을 원시적인 '거대한 숲' 곁으로 인도할 것이라는 점을 유의하자. 뷔퐁이 꿈꾸었던 그것은 동시대의 고대생물학 연구를 따라서 인간성을 앞질러 가는, 저 건너편에 있는 '웅대한 숲'이다. 제정 이전의 그 숲은 공화국 사람 위고를 떠올리고, 《사회계약론》의 신선한 주장대로 공화국 군대를 먹어치우는 올빼미당의 숲으로 화답한다. 위고와 더불어 숲은 '간악한 숲'으로 변모한다. 이 일을 위해서 그는 인간의 왜소한 형상을 가치 있게 만들고자 산과 나무의 꼭대기와 친교를 맺었던 낭만적인 영상들과 단절한다. 위고는 숲을 진창투성이의 바닥에서 포복하는, 열병과 착란이 지배하는 숲으로 끌어내린다. 산의 정상에서 창공에 씻기고 이글거리는 구름의 격류에 쓸리는 숲과는 대조적인 것이다. "산은 성채이며, 숲은 매복소이다. 하나는 대담성을 일으키고, 다른 하나는 덫을 건네준다. 고대의 인간들은 신들을 용마루 위에 올려놓고, 사티로스를 총림 안에 놓아두었다. 사티로스, 그는 반인반수의 야만인이다……. 그리스·에스파냐·이탈리아·헬베티아[지금의 스위스]는 산의 형상들을 갖고 있다. 킴메리아·독일·영국은 숲을 가지고 있다. 숲은 야만적이다."[10] 루소에게 숲은 역사 이전의 영점 상태를 드러낸다. 위고에게는 야만 상태에서 영점 이하로 뒤집을 수 있는 역사의 중대한 위험이다. 이러한 최초의 차이에다가 두번째 사실을 추가할 필요가 있다. 루소의 숲은 보호적이어서 짐승에게 '공간과 은신처'를 주는 것처럼 인간에게 자연의 상태를 제공한다. 위고의 숲은 인간적인 의식을 물리치기 때문에 위험하

---

8) 장 자크 루소, *ibid.*, p.202.
9) 장 자크 루소, *ibid.*, p.202.
10) 빅토르 위고, 《93년》(1783), *Gallimard*, 1979, p.248.

다. "왜소한 의식은 재빠른 파충류와 같다. 황혼녘의 대수림, 찔레, 가시나무, 가지 아래 늪들은 그것에게는 치명적인 만남들이다. 거기에서 의식은 나쁜 설복의 신비스런 침투를 따라간다. 시각적 미망, 설명할 수 없는 환영, 시간과 장소 앞에서의 당혹이 우리들을 반은 종교적이며 반은 동물적인 공포 속으로 몰고 간다. 일상의 시간에는 미신을 낳고, 격렬한 시기에는 광포함을 낳는 저 숲 속으로 말이다."[11] 공화국의 이론가에게 숲은 조명의 허구가 된다. 공화국의 작가들에게 숲은 의식을 모호하고 소원히 만든다. 그렇게 숲의 얼굴은 작가가 부여하는 의미를 독립적으로 고수한다.

위고의 숲이 방데의 불길한 숲으로 변질되지 않는다는 것을 마찬가지로 알리도록 하자. 인간 세상과 떨어져 있기에, 시선을 앗아가기에 숲은 외로운 피난처같이 기능한다. 위고만큼이나 루소는 "추억 속의 사람들과 상처 속의 악인들처럼 숲 속 깊숙이 몸을 숨긴다."[12]

"너희는 이따금 보았지
다만 우리들의 깊은 어둠 속에서, 바라보며 꿈꾸는……
나무들이여, 인간을 떠나 신을 찾는 내 모습을."[13]

자신과 직면하여 자신을 되찾고자 루소가 숨어들었던 숲에는 신비의 그늘이라곤 없다. 한편 숲은 위고에게 혼란된 생각을 불러일으킨다.

---

11) 빅토르 위고, *ibid.*, p.248-249.
12) 장 자크 루소, 《고독한 산책자의 몽상》, 일곱번째 산책(1782), Le Seuil, coll. L'Intégrale, 1967, tome I, p.532.
13) 빅토르 위고, 《명상시집》, 〈나무에 관하여〉(1843).

"신만이 홀로, 이 신비한 사건의 위대한 증인,

신만이 홀로 알고 있다, 때때로, 거친 야생의 장소에서,

나는 느꼈다, 비밀한 불꽃으로 데워진 자신을,

나처럼 영혼과 두근대며 살아가라,

웃고 말하라, 기괴한 떡갈나무가 숲을 채운 그곳

반음의 그늘 속에서."[14]

그 이상의 것이 있다. 위고의 숲은 신성한 고대의 기능과 다시금 관계
를 맺고 초월적 존재를 향해 열린다.

"거대한 숲의 나무들이여, 내가 너희들 사이에 있을 적에,

나를 감싸고 숨겨 준 모든 것 속에서,

내 자신 속에 만나는 너희의 고독 속에서,

크나큰 어떤 존재가 나를 엿듣고 사랑하는 걸 느낀다."[15]

위고에게 그의 신비한 숲의 체험을 맡겨두자. 그의 숲은 은둔자의 전통
과 더불어 새로워질 수밖에 없기에. 하지만 시골길의 산책자인 루소가
어느 정도로 숲이 우리 인간 속에서 생산하는 변신에 관해 민감하지 못했
었는지는 지적해야 할 듯싶다. 숲은 우리의 지각을 흔들어 놓으면서 감추
어 둔 불안을 쫓아갔지만, 하지만 우리 영혼 속에서 언제나 활력에 넘친
다. 20세기에 들어서 쥘리앵 그라크는 비록 신비한 억양은 아니었지만
그 역시 숲 속의 '초록빛 폭풍'을 통해 가능한 익사를 상기시킨다. "거대

---

14) 빅토르 위고, 《내면의 목소리》, 〈알베르 뒤러에게〉(1837).

15) 빅토르 위고, 《명상시집》, 〈나무에 관하여〉(1843).

하고 고요한 숨결이 초록빛 물의 한복판을 흘러간다. 어떤 숲도 목질의 삼림 속에서 어둡지 않다. 동굴과 나뭇단의 냄새는 산책자에게 이끼의 솜털로 뒤덮인, 궁륭처럼 닫혀진 식물들의 갈증보다 더욱 오래된 어떤 것으로 우리들을 채워 주고, 새지 않게 막아 주면서 저 향락적인 식물의 목욕을 마다하지 않는다."[16] 우리는 초록 안의 저 해체가 태아 같은 어떤 존재를 가지고 있음을 본다. 해리슨의 분석에 따르면, 그 양면성이 어떤 것이든지 우리가 숲의 문학적 외관이 본래의 고유한 얼굴을 보여 준다는 사실을 부연하고픈 이유가 그것이다. 작가들이 생물학자들보다 앞서 우리가 나무로부터 내려오는 것을 이해했던 것처럼, 이밖에도 문학은 언제나 농부의 기억에 남아 있는 끈질긴 숲의 존재를 알기 위해서 지방 역사가들이 더디게 이론화하는 것에 대해서 이야기했다. "시골 사람들에게 숲은 경계를 자극하고 무기력을 혼란시키며, 휴식을 불안하게 하는 모든 힘으로부터 활력 있게 살아남았다. 그 사내가 자신이 숲으로부터 왔다는 것을 알고 있었던 것처럼, 자신의 모든 깊은 기억 속에서 숲을 만나리라는 것을 알고 있었던 것처럼 숲은 태생의 요람이 되고, 그리고 운명을 결정하였다."[17] 숲을 그 자신의 신비 속에 놓아두고 모성의 피륙으로 감싸인 그 세계 속에서 길을 잃어버리게끔 우리들을 보살피자. 숲은 향기와 숨결의 순환으로 우리들을 매혹시키며 자신에게 빠져들게 만든다. 숲은 나무를 감추고야 말 것이다. 바늘꽃의 우아하고 마술적인 뒤집기 속에서……

나무는 가장자리에서 깎여 나간 듯 서 있다. 일체의 쾌락 덩어리로 우리들을 압도하면서 움켜잡는 울창한 풍요의 나무, 그것은 바슐라르[18]가 완

16) 쥘리앵 그라크, 《대로의 수첩》, Corti, 1992, p.68.
17) 가스통 루프넬, 《프랑스 지방의 역사》(1932), Plon, 1974.
18) 가스통 바슐라르, 《공기와 꿈》, Corti, 1943, p.236.

벽하게 지적하였듯이 수직의 선을 풍경 속에 세우고, 공간의 공허함을 역동적 이게 만든다. 도약에 의해 지평의 구도 를 깨뜨리는 이 구조는 작가들을 유혹 했는데, 우리가 보았듯이 모든 형태의 아스라한 유인원의 투시 화법을 허용하 는 이유에서이다. 나무의 은유적 풍부 함이 어디에서 비롯되는지를 찾아야 할 이유가 여기 있다. 숲으로부터 떨어져 사람처럼 개별화된 나무가 대지의 표면

귀스타브 도레,
《신곡》의 제13곡을 형상화한 판화.
〈최초의 인간이 적었노라. 오라, 오, 죽음이여〉(1891)

위에 서 있다. 두 존재는 마주 보고 서 있다. 이같은 이상한 거울의 관계 속에서 우리는 서로간의 닮은 점과 다른 점을 평가하기를 그친 적이 없었 다는 사실을 이해한다. 문학 속에 담겨진 나무의 꿋꿋함은 근본적으로 인 간 자신과의 투쟁을 보여 주는 나무와의 투쟁이 호메로스의 인간으로부 터 쥘리앵 그라크에 이르기까지 결론에 이르지 못했다는 사실을 사색하게 만든다. 양자의 관계에 관한 책자는 소개말 정도에서 진행중인 것이다. 우리는 강인한 마디의 해부학적·생리학적 상사가 모든 형태의 감정적이 며 지성적인 투사를 유발시켰다는 생각을 지지한다. 해부학적 상사에서 출발해 보자. 발에서 허리를 거쳐서 머리끝까지, 우리는 나무를 인간의 몸처럼 말한다. 여기서 다시 언어가 이 관계를 강화한다. 나무의 특징을 지칭하고 있는 '가지(branche)'라는 용어는 4세기의 후기 라틴어로 '동물 의 다리'를 의미했던 branca에서 흘러왔다. 용어의 유추에 의해서 그것은 11세기에 "나무 목질부 줄기의 잔가지, 그리고 환유적으로는 이 잔가지가 잘려진 나뭇조각"[19]을 가리켰다. 우리는 《신곡》의 제13곡을 그림으로 보 여 주고 있는 귀스타브 도레의 출중한 판화에 대해 생각한다. 그것은 번

민하는 나무, 기둥이 사람의 흉곽을 이루고 팔-가지가 하늘로 뻗어 있다. 그러한 불안한 영상의 바로크 양식은 오늘날까지도 주의를 끈다. 우리는 그것이 진부한 형상으로 변형되어서 동화의 밑그림이나 광고 아니면 텔레비전의 자막용 배경으로 나타나는 것을 본다. 풍부하게 넘쳐나는 문학 속의 예들로 돌아가자. 그 중 우리는 두 가지를 선택하고자 한다. 첫번째로, 라마르틴은 투사의 전형으로 떡갈나무의 강인한 동체를 떠올린다. 이것은 본래적인 것은 아니고, 고대로부터 전해 내려온 상투적인 글이다. 하지만 라마르틴의 시의 절은 인간과 나무의 육신을 이리저리 원만하게 넘나들고 있다.

> "껍질이 막아 주고 있는 그 기둥,
> 1백 개의 혹으로 단단해져,
> 잎새를 품고 구름을 안기 위해서
> 마디로 엉긴 발치 위에서 펼친다.
> 시간이 흐를수록 늘어나는 팔들,
> 앞으로 날쌔게 날기 위해
> 몸을 웅크린 투사처럼,
> 앞으로 장선을 던지며,
> 생의 도정 속에서 오그린다.
> 바람의 무게를 좀더 지탱하기 위해서!"[20]

　우리는 이국적이며 낯선 면모를 발견하는 것과 마찬가지로 인간의 육

---

19) 르 로베르, 프랑스어 역사사전, 알랭 레이 감수, 1992.
20) 알퐁스 드 라마르틴, 《시적 · 종교적 조화》, 〈떡갈나무〉, 1830.

체와의 유사성이 다시 한 번 시인으로 하여금 "그의 기념비적인 노고의 저작 속에서 움직이지 않는 당당한 식물 헤라클레스" 같은 《반얀나무》를 쓰게 했던 두번째의 예를 제시하련다. "이 거인은…… 다시는 손으로 대지를 움켜잡지 않는다. 대신 어깨 둘레를 위로 치켜들고 일어서서 사슬 꾸러미처럼 뿌리를 하늘로 떠밀고 있다. 나무 기둥을 가까스로 지면 위로 몇 발 들어올린 채, 그는 힘겹게 발을 벌리고서 장선의 다발을 끌어당기고 있다. 그가 끌어당기고 있는 괴물은 천천히 늘어나고, 가능한 모든 자세로 힘겹게 애쓰는 동안 뻣뻣한 껍질이 불거지고 근육이 살갗 밖으로 솟구친다."[21] 나무는 인간처럼 선 채로 자신을 지탱하기 위해서 여러 요소들에 대항하여 싸운다. 시가 영웅적인 투사의 형상으로 축약되는 것도 이런 까닭에서이다. 수직의 자세는 나무로서나 인간으로서나 스스로 쟁취하는 것이다. 장애들을 변용하면서 작가들은 가치를 높이는 이러한 투쟁의 삽화를 의미 자체는 물론 다양하게 묘사된 의미로 무한하게 늘린다. 우리는 라 퐁텐이 어떠한 악의로 초인적인 영웅을 모욕하면서 서사시를 혼란하게 했는지를 알고 있다. 우리의 형태론이 갈대보다는 떡갈나무와 보다 깊은 관계를 갖고 있는 것은 사실이다. 좀더 미묘한 우화의 해석에 관해서는 우리 자신이 직접 그것을 시도하기 위해 간직하고 있을 것이다.

해부학적 유추에 생리학적 유추가 접목되는 것은 참으로 정확하게 17세기의 일이었다고 추정할 수 있다. 학자들은 시인들보다 앞서서 나무의 기능에 관한 자신들의 관찰과 분석을 인간 육체의 생리학의 바탕 위에서 이끌어 갔다. 우리는 그러한 유추를 그루 · 말피기 · 헤일스 같은 사람들의 펜을 통해 종종 발견한다. 그러나 가장 흥미로운 것은 라 메트리의 미

---

21) 폴 클로델, 《동방의 이해》(1900), 〈반얀나무〉, Gallimard, coll. La pléiade, p.48.

완성 개론이라고 할 수 있는데, 그 속에서 의사-철학자가 인간의 생리학과 식물의 생리학 사이의 차이를 더 잘 묘사하기 위해 비교하고 있는 것이다. "폐는 우리 인간의 나뭇잎이다. 그것은 이 식물 속에 내장을 보충한다. 내장이 우리가 결핍하고 있는 나뭇잎을 대치하고 있듯이. 이 수목의 폐가 가지를 갖고 있다면 그것은 넓이를 확장하기 위함이며, 결과적으로 보다 많은 공기가 그 안으로 들어가는 것이다. 가장 편안한 상태에서 식물들, 특히 나무를 자라게 하며 호흡하는 것이다. 우리는 나뭇잎과 가지들로부터 무엇을 얻고자 함일까? 우리의 혈관과 폐의 기포수는 신체의 크기에 그다지도 잘 비례하여 늘어나며, 그것들이 점유하는 협소한 주변에 관해서는 그것으로 충분하다."[22] 나무와 인간을 살아 있는 두 개의 개체로서 교착시키면서, 영상·유추·관찰·삭제 등 모든 언어적 특색을 보여 주고 있는 놀라운 산문이다. 식물적 생리학의 맥락에서 작가들은 "때로 나무가 숨쉬는 것을 듣는다"[23]고 믿고 있다. 그들은 나무의 위엄 있는 부동성과 살아 있는 특성을 비교하는 데 예민하다. 잔가지며 큰 가지를 흔드는 나뭇잎들의 동요는 줄기의 묵직한 안정성과 대조를 이룰 뿐더러 보다 감지할 수 없을 만큼 "그 자신의 모든 잎새로 느리게 숨쉬고 있음을 느낀다."[24] 그리고 그 느림은——민첩함과는 거리가 멀게 가냘프기 짝이 없는 몸으로 흔들리고 있는 수수께끼 같은 그것은——언제나 되던져지는 의문을 키운다. 나무의 흔들림 없는 높이를 꼼짝 못하는 숙명으로 이해해야 할 것인가? 그리하여 그 기능의 느림을 무기력한 상태로 판단해야 할까? "근본적으로는 획득인 에누리의 생. 그의 존재 방식은 성장하고 시드는 것이다. 그 성장이란 땅속에서 뿌리로 길어올리고, 숨쉬는 잎

---

22) 라 메트리, 《인간-식물》, 1774.
23) 쥘리앵 그라크, *op. cit.*, p.69.
24) 페르낭 그레그, 《생의 빛깔》(1927).

사귀들로 대기에서 가져오는 소재의 축적이다. 나무의 힘은 이러한 이중의 세력에 의해 지배받는다. 자신의 형태에 귀속된 용적으로 살아가는 능력을 갖추고서."[25] 이 말이 18세기에 연결되어 있다는 점에서 보면, 당시의 철학자와 식물학자들은 동물과는 다른 식물의 운동성과 감수성에 대해 질문하고 있다. 근근이 살아가는 그들, 무기력하고 보잘것없는 삶을 살아가고 있는 나무들에 관해서 묻는 것이다. 그렇지만 나무와 인간의 생과의 차이는 시인들로 하여금 나무를 통해 인간보다 훨씬 활짝 꽃피우는 생의 측면을 찾도록 고무시켰다. "저들 가지의 장려한 봉헌 속에 우뚝 일어서서 고요히 휴식을 취하면서, 낯설고도 자연스러운 몸가짐으로 그다지도 오래되고 그다지도 젊은 생, 우리와는 그토록 다르지만 결코 고갈되지 않는 모호함을 보여 주고 있는 그들과 공감하게끔 하는 것이다."[26] 프루스트는 나무의 평온한 삶을 높이 평가한다. 그에게 나무는 인간적 생의 '모호'의 원천으로 비쳤다. 애매하게 키우고 있는 원리처럼 원리가 애매하게 키우고 있는 생리학적 유추로부터 하나의 혈통 관계에 관한 직관이 전해지는데, 나무는 우리들을 수호해 주는 선조 같은 존재이자 우리들을 추월하는 큰 신장과 지혜로 길을 가리켜 주는 안내자라는 이중의 심상을 불러일으키는 것이다. 폴 가덴에게 호두나무는 그렇게 비쳤다. "그것은 원대하고 심원한 존재로서 하늘과 나란히 일한다. 저 대지와 하늘로부터 걷어올린 불굴의 실체, 쇠조차 맥을 못 추게 하는 마디로 이어진 장려하고 심오한 존재이다. 도약은 활기차고, 가지의 움직임은 그토록 고상하며, 드높은 높이는 절정까지 눈길을 따르게 만들면서 그의 운율을 느끼도록 강요한다."[27] 나무의 생은 변치 않는 청춘의 소중한 비밀을 몰래 간

25) 폴 클로델,《시적 예술》(1907).

26) 마르셀 프루스트,《즐거움과 나날》, Sous-Bois 26(1896).

27) 폴 가덴,《실로암》, 1941, p.250.

직하고 있는 것처럼 보인다. 천천히 나아가는 생은 시인들의 상상력에 성숙의 시기에 관한 신비를 보여 준다. "번식하게 놓아두라. 살아가게 하라. 우리는 조금씩 우리 자신 속에서 나무라는 뛰어난 정적인 존재가 우리 인간의 상상으로부터 놀라운 역동적인 생명을 건네받고 있음을 느끼기 시작한다. 귀먹고 느린, 보이지 않는 뻗어 나감! 공기처럼 가벼운, 살랑거리는 나뭇잎들의 가벼움의 정복, 날아가는 것들의 제조."[28] 우리는 나무와 인간을 동일시하기 위한 생리학적 유추를 떠나서 이번에는 생리학적 구상 위에서 성장, 풍요, 생의 양면성, 시간과의 관계, 이상 네 가지 방향으로 새로운 영상을 늘리고자 한다.

나무의 성장은 뿌리에서 출발하여 모든 방향으로 구체화되는 까닭에 매혹적이다. 밑에서 올라와 줄기의 대포를 거쳐서 정상의 빛 속에 나뭇잎 다발을 추진하는 힘은 놀라운 것이다. 그것은 시초의 맹아가 생성의 나무로 박차를 가하는 전개이다. 얼른 훑어보아도 우리의 사진첩과 동일한

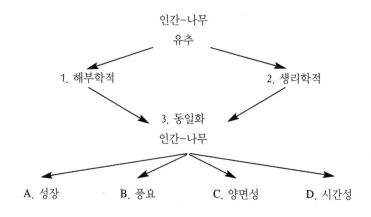

인간-나무
유추

1. 해부학적   2. 생리학적

3. 동일화
인간-나무

A. 성장   B. 풍요   C. 양면성   D. 시간성

28) 가스통 바슐라르, *op. cit.*

과정을 보여 준다. 그러한 상승의 역학은 현학적인 모든 논설들 속에서 찾을 수 있다.[29] 그것은 싹이 터서 개화하는 종자의 개념, 실행하는 실력의 개념이다. 단 어떤 조건 속에서. 18세기 교육학의 바탕이 되었던 위대한 논설 《에밀》은 아이들의 교육과 나무의 재배 간에 평행한 관점을 두고 있다. "어린 식물을 죽기 전에 재배하고 키우면 그 열매들이 어느 날 당신의 큰 기쁨이 될 것이다……. 나무는 재배로, 인간은 교육으로 만들어진다."[30] 정원사 아니면 교육자의 권위로 돌아가게 하는 그릇되게 빛나는 영상. 그리하여 우리는 차후로 나무를 위해서나 인간을 위해서나 얼마나 많은 선도적인 시도들이 불길하게 될지를 알 수 있다. 하지만 그래도 그 풍요한 애매성으로 유혹적인, 항상 다시 취하게 만드는 영상이다. 그의 유일한 관심은 인간처럼 나무는 혼자서는 자랄 수 없다는 사실을 보여 주는 일이었다. 관상수나 과수는 더군다나 그러하다. 숲에서 자라는 나무는 우리가 조금 더 앞에 가서 알아볼 것이겠지만 칸트가 활용하게 될 다른 전형을 준다. 씨앗과 아이의 능력은 어떠한 틀이든지간에 일정한 틀 안에서 발전할 수밖에 없다. 그리하여 《에밀》이 출간된 지 60년이 지나서 파브르 돌리베가 이 영상을 재차 택하여 일반화시킨다. 모든 문명의 과정은 근본적으로 교육적이다. 그는 인간을 규정하기를 "사람은 의심할 것 없이 능력 있는 존재이다. 그러나 씨앗의 능력으로서 말이다. 자신의 특성을 실현하고, 자신의 운명이 부르는 높이에 도달하기 위하여 그는 외적인 행동으로 내적인 행동에 전력을 기울이려는 욕구를 가진다. 대지에 박힌 뿌리가 초보적인 힘들을 빨아올려서 특별한 노동으로 그것들을 정성스럽게 가꾸는, 인간은 천상의 나무이다."[31] 교육학의 문제를 자유로운 교육

---

29) N. 샤르보넬의 작업은 교육철학의 공통 주소를 증언하고 있다. 《맹목적 임무》(스트라스부르대학교 출판부에서 3권 출판, 1991-1993).

30) 장 자크 루소, 《에밀》, *op. cit.*, p.19.

속에서 해답을 찾는 루소와 달리, 파브르 돌리베는 사회학적 관점을 지지한다. 그에게 있어 모든 사회는 제정되는 것이며, 이런 의미에서 사회가 없이는 인간화 과정이 서 있을 자리가 없다. "나무에게 재배가 이어지듯 인간에게 문명이 이어진다. 재배가 없이는 수목은 빈약한 자연 속에 버려져서 가치를 잃고 빛을 잃어버린 단순한 꽃을 피우거나 젖빛의 유액이 흐르거나 진이 나는, 맛없고 신맛이 나며 때로는 독성이 있는 열매들을 만들 것이다. 문명이 없이는 인간은 계모의 자연으로 살아갈 수밖에 없다. 그녀는 자신의 아이를 돌보는 데만 골몰하고, 그에게는 가혹하기 짝이 없이 야만의 능력밖에는 개발시켜 주지 않을 것이다. 그녀는 빛나간 존재의 고통스럽고 광포한, 탐욕스럽고 불행한 성격밖에는 건네주는 바가 없을 것이다."[32] 아이에서 어른에 이르는 통과 과정을 보여 주기 위해 나무에 의지하는 일은, 침묵 속에서 교육의 근본적인 질문을 되짚어 보게 만드는 몹시 애매하고도 진부한 버팀목을 필요로 한다. 다름 아닌 그것의 목적에 관한 것이다. 교육을 한다. 그렇다. 하지만 무엇을 가르친다는 말인가? 임업가는 이러한 문제를 갖지 않을 터인즉, 그는 자연에 의해 이미 운명이 결정된 나무의 성장을 보살피기 때문이다. 밤나무의 내일을 결정하는 것은 그가 아니다. 그는 이미 계획된 과정을 배려하고 자극할 따름이다. 나무와 아이의 성장 간의 평행 관계를 주장하는 것과는 대조적으로, 근본적으로 다른 형태의 두 가지 성장 유형이 문제의 관건이다. 그러나 나무에의 의지는 인간의 교육에 문제시되는 것들을 생각하지 않게 한다.

성장은 성숙과 결실을 함유한다. 다르게 말해서는 나무와 인간 사이의

---

31) 파브르 돌리베, 《인류의 철학 역사》, 1824.
32) 파브르 돌리베, *ibid.*

생리학적 동일시에 관한 두번째 해석이 가능하다는 것이다. 인간처럼 나무의 풍부한 생식력은 그의 고유한 과실들로 자리매김할 것이다. "저항할 겨를 없이 잘 준비된 내부의 열렬한 충동"[33]이 바깥의 현란한 과일의 전개에 이르는 것과 마찬가지로 인간 안의 비밀스러운 힘은 때로는 글쓰기에, 그림그리기에, 작곡하기에 매달리게 만든다. 작품의 자명함은 경이로운 나무의 개화 광경 같은 성공의 신비(보나르의 《편도나무》에 관한 사색처럼) 앞에 감탄하지 않을 수 없게 할 것이다. 그리고 그 이유들을 풍토와 대지 아니면 창조자나 나무의 생의 사건들 속에서 찾아보게끔 부추길 것이다. 가장 분명한 것은 일시적으로 성숙의 영상들을 포개어 놓는 일이다. 예술적 창조에 관한 어떤 개념은 그렇듯 창조자의 전기를 통해서 작품의 기원을 찾는 자를 인도할 것이다. "그들이 자신의 고유한 주장의 재료들과 본래적이며 기본적인 시각을 얻는 것은 이미 젊음의 시간들 속에서의 일이다. 말하자면 그것은 특혜받은 정신이 세상에 선물을 건네주도록 운명지어진 것과 다름없다. 하지만 그들이 주제의 주인이 되는 것은 그후 많은 세월이 지나서의 일이다. 고금을 막론하고 대부분의 위대한 작가들은 50대에 들어서야 그들의 명작을 내놓았다. 하지만 나무의 왕관이 열매를 달고 있다고 해서 젊음이 인식의 나무의 뿌리로 남아 있지 않은 것은 아니다."[34] 나무의 결실에 필요한 시간은 또한 창조자가 자신의 젊은 날의 인상들을 작품으로 변용하는 데 중요하다. 열매와 작품은 뿌리와 젊음이 건네준 재료들로 이룬 경이로운 변신을 증거하고 있다. 마찬가지로 초보 작가들의 서툶과 성숙한 작품들의 증거 간의 거리는 프루스트가 사과나무의 뿌리와 피어나는 꽃들을 두고 "진창 속의 발과 무도회의 향수"[35]라고 지적했던 것

---

33) 샤를 페르디낭 라뮈, 《풍경들과 그밖의 작은 편린들에 이별을 고하며》(1914).
34) 아르튀르 쇼펜하우어, 《격언집》, éditions F. Alcan.
35) 마르셀 프루스트, 《소돔과 고모라》(1922), Gallimard, coll. La pléiade, p.781.

만큼이나 놀라운 존재로 남아 있을 것이다.

그런데 19세기부터 임업의 개선과 나무에 관한 과학의 진보가 모델의 미학을 다루는 비평가들과 프랑스 이론가들에게 개별적으로 타고난 재능을 장소와 환경의 표현으로 이해하게 해주었다. 텐에 따르면 라 퐁텐은 17세기 프랑스의 순수한 산물일 것이며, 셰익스피어는 르네상스 시기의 영국에서밖에는 꽃필 수 없었을 것이라고 한다. 국가적 천재에 관한 주제를 그 뿌리에 고유한 어떤 정신과 아름다움으로 설명하려는 의도인 것이다. "나라마다의 대지는 어떤 나무에게는 매우 적합한가 하면 다른 나무에게는 매우 나쁘다. 세기의 궁정에서 정원 가꾸기를 원하는 기운이 감돌고 있을 때, 바로 이웃 나라의 종자들을 잘 배양하는 일은 불가능한데도 그들의 고유한 종자들은 미묘한 정기를 받으며 완벽하게 개화하곤 하는 것이다."[36] 이러한 지나치게 단순한 주제는 창조의 복잡한 과정을 풍토에 길들이기 위해서 다시 나무로 돌아가는 까닭에 로트레아몽·쉬페르비엘 혹은 카뮈의 작품들을 생각할 수 없게 만든다. 살기 위해서 프랑스를 선택하고 작품을 추구했던 화가들과 조각가들, 20세기의 영화인들에 대해서도 마찬가지이다. 식물적 적합성에 대해 거론하자면, 16세기 북아메리카에서 건너온 아카시아, 그리스인들이 동양에서 가져왔던 플라타너스, 이어서 로마인들이 들여왔던 벗나무들과 같은 그 모든 나무들의 성공적인 이식 앞에서 한동안 몽상가가 되어서 고즈넉이 생각에 잠겨들지 않을 수 없다. 나무는 자신의 성숙에 반응하는 개념들로 고통을 느끼고 있다. 불가피한 뿌리내리기는 식물학자 겸 여행자들이 이용했던 교통 수단에 의해 이루어졌던 종자의 놀라운 이주의 기억에 관해서는 잊어버리게 만들었다. 게다가 나무가 정착하는 일이 이론의 여지가 없는 사실이라고 하더라

---

36) 텐, 《라 퐁텐과 우화들》(1853).

도 한번 잘려지고 나면 그것은 카누나 배 같은 여행 수단이 된다. 그것은 그렇게 부동성과 이동이라는 두 가지의 모순적인 의미를 요약한다. 텐은 나라의 부식토에 관한 위험스런 이론을 강화하기 위해서 부동성만을 선취한다. "왜냐하면 재능이라는 것이 기실 개발된 능력에 지나지 않으며, 어떤 능력도 한꺼번에 개발할 수는 없는 것이기 때문이다. 자신의 특성과 자연스럽게 만날 수 있는 고장에서가 아니라면 말이다. (…) 그러므로 재능이 클수록 그 이유들도 커지게 마련이다. 나무의 높이는 뿌리의 깊이를 가리킨다. 시인이 보다 완벽할수록 그는 보다 국가적이다……."[37] 나무의 은유는 국민을 자연 쪽으로 끌어당기기에 커다란 혼란을 가져온다. 국가를 부식토로, 국민을 흙으로, 피를 수액으로 간주하는 따위의 일을 말함이다. 떡갈나무의 높이가 그 뿌리의 깊이를 포함하고 있다면, 그것은 독일이나 폴란드에서는 말고 오직 프랑스에서만 심어져야 한다는 강론밖에 포함하고 있지 않다. 우리는 나보코프 · 콘래드 · 더글러스 서크 · 브란쿠시 같은 이들의 재능을 설명하기 힘든 그러한 이론의 피해를 확인할 수 있었다.

예술적 창조의 신비를 밝히기 위해서 나무에 관한 논급을 포기해야 하지 않을까? 단연코 그렇지는 않다. 왜냐하면 너무나 불명확한 이 심상은 예를 들어 클로델이나 발레리 같은 작가들에게서 다시 태어나기를 그치지 않는 까닭에서이다. 하지만 의미를 되짚어 보게 하고, 우리들의 사색을 더 멀리 앞서 나가게 하는 이들은 화가들이다. "내가 잠언을, 나무의 잠언을 활용할 수 있기를 바란다. 우리 예술가들이란 여러 형태의 이 세상과 함께 차용된 존재, 그리고 그곳에서 간신히 자신을 조금이나마 되찾은 자기를 발견한다고 가정해 보라. 소리도 없이. 보라, 여기에 방향은 충

---

37) 텐, *ibid*.

분하게 잡았으나 동시에 외관과 경험의 흐름을 바로잡아야 한다. 생과 자연의 존재들 속에서 방향잡기, 분기점과 지선을 가진 질서, 나는 그것들을 나무의 뿌리에 비교하고자 한다."[38] 여기까지 새로운 사실은 없다. 그것은 본원적으로 예술가의 수용적 감수성이 의미를 향해 안내하고 있는, 그리고 약속된 창작으로의 출발 순간부터 초고를 만들면서 나무 뿌리와 제휴하는 것을 말해 주고 있다. 그런데 클레는 결정론자로서의 텐의 개념을 접근하는 순간부터 좀더 미묘하게, 가소성의 거역 못할 필연성에 대해 항상 열린 자세로, 창조자에게 가능한 다양한 표현으로 변형하고 있다. "이 영역에서 예술가에게 수액이 흘러든다. 수액은 예술가에게 스며들고, 두 눈으로 침투한다. 예술가는 그렇게 나무 기둥의 상황 속에서 자신을 발견한다. 그를 습격하는 이 흐름의 충동 아래서 그는 작품 속에 자신의 시각이 건넨 내용들을 한걸음 한걸음 진척시킨다. 모든 사람들이 나뭇가지가 모든 방향으로 동시적으로 개화하는 것을 볼 수 있듯이, 마찬가지로 작품도 그런 것이다."[39] 클레는 그렇게 자신의 방식대로 살아 있는 충동을 변형할 가능성을 자신에게 남겨두면서 창조자의 자리를 상대화시키고 있다. 창조자는 지상 최고의 나무도, 낳는 자도 아니다. 그는 밀입국자 안내인이나 전달자를 확인하기 위한 나무줄기에 지나지 않는다. "유순한 하인도, 절대적인 주인도 아닌, 다만 중재자에 지나지 않을 뿐이다. 그렇듯 예술가는 몹시도 수수하고 겸허한 자리를 차지할 따름이다. 그는 가지의 아름다움을 책임지는 것이 아니라 가지의 아름다움이 단지 그를 거쳐 가는 것일 뿐이다."[40] 우리는 나무를 포기함이 없이 거울 뒤에 입힌 박 같은 은유의 위험 지대를 떠났다. 클레와 더불어 나무줄기가

---

38) 폴 클레, 《현대 예술 이론》(1924), Méditation Gonthier, 1985.
39) 폴 클레, *ibid*.
40) 폴 클레, *ibid*.

뿌리를 변용하고, 그것이 지참하고 있는 것들의 균형을 되찾아 주기 때문이다. 이러한 정정에도 불구하고 나무와 과실의 영상은 르네 도말을 만족시키지 못할 것이다. 그는 영상을 속임수의 부정확한 존재라고 판정한다. 영상이 창조자를 격리시킨다는 이유에서이다. 나무의 차별성에 관해서 시인은 "그 자신 혼자서 모든 열매를 생산해 낼 수 없다. 시를 만들기 위해서는 두 존재가 되어야 한다……. 귀기울이지 않는 시는 잃어버린 씨앗이다."[41] 정신의 모든 창조는 그것이 받아들인 방식의 기능으로밖에 의미를 취하지 않는다. 독자가 자신을 함양하는 식으로밖에 소설은 존재하지 않으며, 시선이 흡수하는 식으로밖에 회화는 존재하지 않는다. "땅 위에 썩도록 놓아두는 과실로부터 새로운 나무가 출현할 수 있다. 이 나무로부터 수백 개의 새로운 과실들을 얻을 수 있다. 그러나 시를 과실이라고 한다면, 시인은 나무가 아닌 것이다."[42] 창조의 복잡한 유희와 작품의 수용을 이해하기 위해서는 다시 한 번 새롭게 나무로 돌아가야 한다. 이 은유가 정확하지 않아서가 아니라 우리가 알아보았듯이 그것이 위험한 모호성을 취하는 이유에서이다.

성장과 풍요에 비추어서 창조자의 과정과의 많은 유사성을 제시한 후에, 나무는 애정어린 동일시에 의해서 지금까지보다도 더 커다란 세번째 영상의 발원을 밝힌다. 작가는 일종의 감정 이입에 의해서 감상의 나무, 사색의 나무를 준비하고, 그 위에다가 인간의 의지를 준비한다. 나무는 그토록 다양한 질문과 기분들 앞에서 김 서린 거울 같은 존재가 된다. 한 결같은 무언으로 인간의 불안정성과 양면성을 온순하게 비춘다. 예를 들어 미슐레는 우선 비옥한 계곡이 흘러내리고 있는 고지의 전나무들이 지

---

41) 르네 도말, 《역하늘》(1868).
42) 르네 도말, *ibid*.

닌 낭만적이면서 사회적인 역할을 제출하고 있다. "우리는 존경심을 갖고 세상의 선조인 저 기품 있는 수지류 식물들을 바라본다. 가장 힘겨운 시절에 그토록 숱한 풍파를 견뎌낸 저들은 오늘도 묵묵히 참고 견디면서 천지 사방에 노출된 대지의 곳곳들을 보호하고 있다. 저들은 고통을 겪는, 공로 있는, 근면한, 자연의 모든 존재들의 모형인 것만 같다. 우리는 저들과 우정을 나누었다."[43] 우리가 수호자 조상의 영상으로부터 노동자 형제들의 시련으로 상처입은 영상을 거치는 동안 전나무들은 자신들의 강력한 장점을 의식하지 못하고 있는 것만 같다. 우리는 전나무를 향한 존경에서 터득한 우정으로 건너간다. 미슐레는 산으로의 대장정을 더 멀리 계속하면서 자연의 힘을 노래하기 위해서 다른 억양을 이용하기도 하는데, 그는 알프스 지방 소나무의 일종인 상브로 소나무라는 이름으로 더 잘 알려진 아롤 소나무에 대해 전하고 있다. 태양만큼이나 한파에도 잘 견뎌내는 특성으로 해서 "알프스가 알프스였던 때부터 아롤은 산의 보호자였다……. 그는 몇천 년 동안 아찔하도록 가파른 수많은 협곡들로 들어찬 프랑스 남쪽의 비탈을 받치고 있었던 강한 대륙 자체이다. 급한 경사면의 중간쯤에서 그는 콘도르 같은 독수리의 발톱처럼 바위를 움켜잡고 돌들의 급류를 막아 주었던 것이다. 산은 그들에게로 기울었다."[44] 보잘것없고 불행한 나무들 다음에 여기 거인의 위업을 보여 주는 영웅적인 나무가 있다. 대중적인 연재 소설의 영웅들처럼 그의 힘은 숨겨진 연약함의 터질 듯한 눈부심에 지나지 않는다. "아롤 소나무의 불행은 바로 영웅의 불행인 것이다. 종의 공격에 그토록 강한, 시련과 싸움에 그다지도 잘 견뎌 온 생을 지나서 그는 부드러운 마음을 간직하고 있다. 이제 그는

---

43) 쥘 미슐레, 《산》(1868).
44) 쥘 미슐레, *ibid.*

내부로부터 공격받을 수 있다."[45] 연재 소설은 계속된다. 격렬한 악천후를 견뎌낸 이 나무가 부드러운 나무를 잘라서 장난감을 깎아 다듬는 목자의 작은 칼 아래 쓰러지고 마는 것이다. 아이는 영웅을 무너뜨리고, 나무 줄기가 다시 손목만한 굵기로 자라자면 1백 년은 기다려야 한다. 그것을 의심하지 말자. 죄를 저지른 그의 어리석은 무지는 벌받을 것임을. 같은 작품 속에서 미슐레는 인간의 두 가지 존재 방식을 보여 주는 나무에 관한 또 다른 두 가지 글투를 보여 주고 있다. 인간이 그들의 생을 영위함에 있어 나무로부터 이해해야 할 것은 아무것도 없다고, 그들로부터는 적절한 회피적 핑계의 반향밖에는 볼 수 없을 것이라고 줄여서 말해야 할까?

어느 이른 봄날, 톨스토이가 리시지아 고리로 가는 도중에 숲을 지나면서 안드레이 왕자에게 보였던 반응에 대해 생각해 보자. 녹색의 잎새들을 앞에 두고서 감수성 예민한 왕자는 떡갈나무와 대면하기 전까지는 부드러운 감정 상태에 있었다. "저쪽 길가에 서 있는 떡갈나무를 보십시오. 틀림없이 자작나무들보다 열 배는 더 오래 살았을 겁니다. 그 나무들보다 열 배는 더 굵고 키가 큰 걸 보니까 말입니다. 둘레가 두 발은 될 만한 떡갈나무입니다. 오래전부터 가지가 부러져 있고, 껍질은 울퉁불퉁한 돌기와 딱지로 덮여 있습니다. 마디투성이의 볼품없는 넓은 가지들은 최소한의 대칭도 없이 뻗어 있답니다. 웃고 있는 젊은 자작나무들 가운데서 노한 건방진 늙은 괴물의 형상이지요. 오직 그만이 봄과 태양을 바라보길 거부하고 있답니다."[46] 물리적 유추를 넘어서, 소설가는 떡갈나무의 의지와 의식에 동의하면서 왕자에게 쓴 교훈을 전해 주기 위해 침묵을 깼다. "봄, 사랑, 행복이여! 떡갈나무는 이렇게 말하고 있는 것 같습니다. 그대

---

45) 쥘 미슐레, *ibid*.
46) 레프 톨스토이, 《전쟁과 평화》, tome II(1865-1869), chap.I.

는 저 영원한 속임수에 조금도 싫증이 나지 않았습니까? 봄도, 태양도, 행복이란 것도 없답니다. 저 죽은 전나무를 보십시오. 질식해서는 언제나 똑같은 모습으로 서 있는. 나 역시 팔을 뒤틀어 갈기갈기 찢어서 내 등과 허리며 그것이 뻗어 갈 수 있는 곳이라면 어디에서라도 솟구치게 해서 펼쳐 보고 싶었습니다. 그리고 지금 나는 남아 있는 것입니다. 나는 그대의 희망도, 그대의 거짓말도 믿지 않습니다."[47] 늙은 거목의 모습에 동요했던 왕자는 분명 이 담화를 연상하였으리라. 몇 달이 지나고 6월이 왔을 무렵, 그는 다시 이 숲을 지나가게 된다. 떡갈나무를 찾고 있던 그의 시선은 이름을 알지 못하는 한 나무에게로 가서 멈춘다. "늙은 떡갈나무가 변하여 찬란한 초록의 피라미드로 빛나고 있는 것 같구나. 석양의 애무에 황홀한 채 뒤틀린 사지와 돌기와 균열은 사라지고 없어라. 역정과 노년의 절망을 잊은 채 1백 년 된 거친 껍질로부터 수액으로 통통한 어린 잎새들이 솟아오르니, 이 가장이 어떻게 그들을 세상에 내보내서 생명을 줄 것인지 묻노라."[48] 이번에 떡갈나무가 던지는 것은 다른 교훈이다. 나이에도 불구하고 다시 재생에 참가하면서 나무는 왕자에게 생의 환희와 감사를, 그러한 자각의 힘을 일깨운다. 이 단락은 우리의 분석에 중요한 것인데, 나무의 조용한 삶이 작가의 정신의 배열을 따라 모든 해석에 대해 준비를 갖추고 있음을 열어 보여 주고 있기 때문이다.

"나무들, 감옥의 마음이여,
껍질을 쥐어뜯으며 너의 비밀을 들추어 내리."[49]

---

47) 레프 톨스토이, *ibid.*
48) 레프 톨스토이, *ibid.*, chap. III.
49) 레미 드 구르몽, 《마술적 이야기와 기타 소품들》, 〈나무들의 이야기〉(1894).

시인은 소리쳐 부르짖으면서도 나무의 비밀을 배신하는 것과는 멀찌감 치 서 그들에게 자신의 사연을 들려 주는 일밖에는 하지 않는다. 나무의 우회는 인간적 사색과 열정의 영역 밖으로 벗어나도록 허용하지 않는다. 낭만주의의 결여를 말하는 것일까? 아니면 서정성의? 어느 하나만의 이 유는 아닌 것 같다. 보다 현대적인 배경에서 보자면, 《구토》의 인물 로캉 탱은 큰 밤나무의 점착성의 습기 찬 뿌리의 형상에 사로잡혀서 자신의 방식대로 해묵은 신인동형론을 재해석한다. '끔직한 황홀'이라고 그가 자 신을 던져 버리는, 저 존재 앞에서 느끼는 그것은 세계의 우연성에 관한 그의 의식을 여전히 설명해 주지 않을 것인가? "이 나무들, 뒤틀린 이 큼 지막한 동체들……. 나는 갑자기 사람들이 책 속에 쓰고 있는 굉장한 봄 에 대해 생각하며 웃기 시작한다. 삐걱거리고 파열하는 소리로 가득한, 강한 의지와 생을 위한 투쟁이 다시 부화하는 봄 말이다. 그들은 짐승이 나 나무를 전혀 바라본 일이라곤 없었다는 말인가? 원형 탈모증의 반점 으로 얼룩진 이 플라타너스, 반쯤 썩어 버린 이 떡갈나무, 사람들은 나더 러 하늘을 향해 솟아오르는 맹렬한 젊음의 힘으로 이것들을 택하라고 하 겠지. 그렇다면 이 뿌리는 어떠한가? 의심할 것 없이 나는 대지를 찢으면 서 자신의 양분을 섭취하는 그것을 발톱으로 표현해야 하지 않을까? 이 런 식으로 사물을 본다는 건 불가능하다. 무기력하고 허약한 때문인지 도. 그렇다. 그럴지도 모른다. 나무들이 떠돈다. 하늘로의 비상? 그보다 실성한 건지도 모르겠다. 매순간 나는 나무줄기들이 피곤한 음경처럼 주 름잡히기를 기다렸다. 쪼그라들어서 축축한 주름덩어리로 쓰러지기를. 그것들은 존재하고자 하는 욕망이 없었다. 단지 그들은 자신들을 방해할 수도 없었다. 그것뿐이었다."[50] 인간적인 나무들. 모든 감정과 모든 생각

---

50) 장 폴 사르트르, 《구토》, 갈리마르, 1938, p.188.

들에 주름을 접는 너무나도 인간적인 나무들. 폴 포르의 비가나 라마르틴의 조화의 나무들. 당신이 말한다는 것, 그것은 언제나 당신을 드러내는 일이다. 나무를 설명하고픈 것은 인간 세계의 메아리에 지나지 않는다. 나무는 한사코 우리들 자신에게 우리 존재의 모호성으로 다시 데려오는 문학을 통한 우회밖에는 건네주지 않는다.

나무와 시간에 연루된 인간에 관한 유추를 가져오는 네번째 영상의 근원, 좀더 정확히 말해서는 나무의 지속적인 긴 생애와 인간의 단출한 생애 사이의 차이성은 흔히 적요에서 격정으로 건너갈 수 있는 어조를 따라서 취해지곤 하는 주제이다. 여기서 예술가는 두 존재 사이의 유사성에 만족하는 대신에 양자간의 거리를 측정하고 사색한다. 인간에게 살아갈 만한 용기의 풍경을 주는 오래된 나무의 평온한 심상으로부터 시작해보자.

> "이따금 말라 버린 큰 떡갈나무를 보았어라,
> 장신구로 몇 개의 전리품 간직하고,
> 굳어 버린 발 땅을 딛지 않은 채,
> 여전히 하늘 향해 오래전 죽은 머리를 치켜들고 있었네,
> 하지만 정오를 넘긴 들판 위에서,
> 1백 개의 가지 잘려 나간 마디투성이 줄기로,
> 그늘진 잎새도 없이 자신의 무게로 지탱하고 있어라
> 자신의 폐허 위에 어린 초록 잎새들 드리운다 해도
> 지금은 굳건한 뿌리로 젊기만 하여라,
> 세속의 단 하나 경건한 존재로."[51]

떡갈나무는 그 외관을 잃어버렸다. 늙은 이제 "1백 개의 가지가 잘려 나간 마디투성이 줄기"에 지나지 않는데, 그럼에도 "하늘에 오래전 죽은 머리를 치켜들고" 있다. 하지만 이러한 신체적 비극에도 불구하고 나무는 위엄 있는 저항을 증언하고 있다. 영예로운 선조의 나무를 불구로 변형한 이런 주제는 삽화가나 일반 화가들이 가장 빈번하게 다루는 주제이다. 사실 고초를 겪은 해묵은 나무의 형상이야말로 언어에 의한 어떤 실험적인 표현보다도 인상적인 광경이라고 할 수 있다. 히에로니무스 보스나 귀스타브 도레가 표현했던 기괴한 나무의 시각적 충격은 우리 기억 속에서 두고두고 자극을 일으킨다. 작가들은 언제나 고요의 기록 속에 머물면서 이따금씩 덧없는 사다리의 차이를 극화시킨다. "나무가 태어나는 동안 인간은 죽을 것이기 때문이다."[52] 선조로서, 나무는 인간의 각 세대들의 통과의 증인, 베르하렌에 따르면 친절한 증인이다.

"그는 같은 들판을 바라본다, 1백 년 또 1백 년 전부터
한결같은 노동, 한결같은 파종
오늘 눈들이 죽는다, 그 눈들
조부와 조상들은
껍질과 거친 가지들에 매인
싹과 순들을 두루 살펴보았다.
그는 고요를 지배하며 임무에도 강하다.
털에 덮인 발은 이끼의 잠자리
정오의 시간에 낮잠의 안식처

---

51) 요아힘 뒤 벨리, 《옛시대》, 28, 1558.
52) 빅토르 위고, 《세기의 전설》, 〈떡갈나무〉(1859-1863).

그의 그늘 부드러워

예부터 아이들이 사랑했노라."[53]

인간은 자신들을 초월하는 나무를 심상에 비추어 만들었다. 그리고 때로 말하듯이 그렇게 신을 만들었다. 늙고 관대한 나무를 보호자로 택한 보은을 모르는 인간의 난폭함이 신성모독인 것도 그런 이유에서이다. 불경한 언사는 롱사르의 현학적이고도 애상적인 언어 속에서 울리고 있다.

"들어라, 나무꾼이여, 잠시 팔을 멈추라.

그대가 바닥에 내던지는 것 나무가 아니러니,

굳은 껍질 밑에 살고 있는 요정의 피가

방울져 떨어지는 것을 보지 못하겠는가?"[54]

나무꾼은 케레스에 항거하는 에류시크톤의 불경한 몸짓을 반복한다. 비가의 마지막에 이르러서 롱사르는 덜 수사적이고 더 신중한 문체를 끌어들여서 인간을 공격한다.

"셴이여 안녕히, 용맹한 시민에게 상을 내리니,

주피터의 나무들, 도도나의 싹들,

다시 지나갈 인간에게는 최고인 그것들,

그대의 선행을 모르는 저들은

참으로 배은망덕한 무리들이로다,

---

53) 에밀 베르하렌, 《다양한 광채》, 〈나무〉(1906).
54) 피에르 드 롱사르, 《비가》, 23, 1565.

그렇듯 살육은 우리를 먹여 살리는 부친일지니."[55]

사태는 결정되었다. 우리는 생태학적 탄식을 읽고 있는 것이 아니라 부모 살해에 대한 고발을 읽고 있는 것이다. 고대 기술 시대의 유린 효과와 나무의 덕목에 관한 가장 위대한 감성과 함께 16세기는 나무를 죽이면서 그들에게 복수하고 있는 듯한 인간이라는 허약한 종족에 대한 깊은 증오를 보여 주고 있다.

"나무의 파괴자……
끝까지 고갈되고 말리라.
채워지지 않을 그의 종족이 번식하는 세상에서,
생이 흘러넘치는 그대 풍만한 젖가슴에
그는 갈증과 허기로 들러붙으리.
그대의 수려한 바오밥나무를 뿌리째 파헤치리라,
길들여진 그대 강의 잠자리를 흩어 놓으리라.
강직한 아이들이 소름에 끼쳐 달아나리.
풀들보다도 연약한 벌레 앞에서,
덤불에서 뛰어 날뛰는 벼락보다는 낫다,
그대의 횃불 작은 언덕과 골짜기와 들판을 불태우리,
그대는 그의 숨결의 바람 속에 사라져 가고
신성한 그대의 파편들 위에서 그의 작품은 자라나리."[56]

---

55) 피에르 드 롱사르, *ibid.*
56) 르콩트 드 릴, 《이교도 시집》(1862).

존속 살해의 불경한 인물을 통해서 우리는 자신의 계획을 잘 실행하기 위해 나무로 자신을 만족시키는 난쟁이 기생자를 떠올리게 된다. 우리는 정밀의 심상에서 격정의 심상으로, 경외에서 약탈로 이어지는 비스듬히 휜 활을 두루 편력하였다. 하지만 나무는 그에 대항하는 전투에도 불구하고 시간의 시험 앞에 승리자로서 나타난다. 저곳에 인간보다 앞서서, 저곳에 인간보다 뒤에서, 언제나 나무는 있을 것이다.

"하지만 그대는 배를 깔고 잘 수 있으리라, 후회도 없이,
모든 것이 다시 내려오는 심원한 밤에
눈물과 피가 그대의 잿더미에서 일어서리,
그리고 그대 우리들에게서 솟아오르리, 오 숲이여."[57]

롱사르의 비가적인 어조나 진부한 공식주의자 르콩트 드 릴의 신파극적인 어조보다는, 우리는 훨씬 차분하면서도 비극성을 잃지 않고 있는 레이몽 크노를 선호할 것이다.

"나무와 큰 도끼, 큰 톱, 그리고 여기에
덤불, 나무딸기, 가시나무를 거쳐 가는 예선들
이미 오래전 속껍질이 약속된 숲
그리고 우리가 우리 자신의 근원을 껴안는 우주의 재
왕의 무거운 고독 속에서 나무들이 끊임없이 엇갈리는 동안
노동의 대지를 위한 자양."[58]

---

57) 르콩트 드 릴, *ibid*.
58) 레이몽 크노, 《Les Ziaux》, 1948.

시인은 슬픈 미소를 머금고 단조의 풍으로 〈전도서〉의 언어들[59]을 다시 반복하고 있다. 그 언어들로 재를 끌어안고 있는 대지를 풍요롭게 하는 힘에 대조시키는 것을 잊음 없이. 우리들의 재가 나무를 끊임없이 이롭게 하기를 시작하면서, '왕의 무거운 고독'에도 새로이 더해지는 것이 있다. 해부학적·생리학적 혹은 영향력의 비교를 하는 경우보다 나무와 인간은 스스로 심오해지고 유추들을 띄우는 시간과의 관계에 의해서 서로가 의심한다. 나무는 자신의 특별한 면을 모두 존중하면서 자신을 사색하는 자에게, 그리고 자신 속에서 사색하는 자에게 생의 신비까지도 건드리는 고도로 다양한 표현의 색조를 선사한다. 문학은 나무의 전설적인 장수에 직면하고 있는 인간의 반응을 무한하게 펼쳐내며, 의미(묵시록 혹은 해방에 관한)는 수수께끼로 남아 있는 나무에 대한 인간 능력의 개발에 관한 역사적 삽화를 세세하게 비춰 보인다.

나무를 인간에 동일시하는 지금까지의 유추의 유희는 만족할 만한 것이 못된다는 사실을 인식하기로 하자. 나무에 비치는 것은 언제나 인간이다. 그리고 식물의 신비는 인간의 질문들의 닫혀진 미로 속에서 사라진다. 작가들의 반응을 통해서, 너무 손쉽게 은유적이거나 서정적인 언어들은 거절하면서, 그 특수성 속에서 거리를 펼치고 나무를 의심할 사람들을 찾아보자. 소나무는 우리에게 동시대의 세 작가들을 택하게 했다. 그들은 인간과 동물 간의 유사성 연구가 아닌, 현상학적 접근을 통해서 사물의 외관을 묘사하는 데 성공하였으며, 그것도 정확하게 이끌어 냈던 것이다. 우선적으로 클로델은 나무의 근본적 속성을 제시한 후에 그 수직성을 파악하기 위해서 직접 조직을 검토한다. 그는 기존의 모든 해석을 멀리하면서 침엽수를 통해서 "굵은 가지들까지 뻗어 있는 기둥의 지맥을 발견하였을 뿐

---

59) 〈전도서〉, **TOB**, **Cerf**, 1980, 12.7, p.1633.

만 아니라 줄기 속에 풀어헤쳐진 채 유별나게 뚜렷이 남아 있는 마디들을 발견하였다. 소나무가 특유한 대칭의 교차를 보이고 있는 것도 그 때문이며, 이러한 근본적인 구도는 제형으로 배치된 수직선들에 곧바로 나란히 잘려 나가는 배열이 될 것이다."[60] 단순한 관찰에 매우 근접한 이러한 설명은 프랑시스 퐁주의 정밀한 필체 아래서 다시 이루어진다. "소나무는 (나는 이렇게 말하기를 꺼리지 않겠다) 나무의 기본적 개념이다. 그것은 하나의 i, 하나의 줄기, 그리고 나머지는 중요치 않다. 그것이 그토록 많은 죽은 재목을 제공하는 이유도 그것이다. 수평선을 따라 의무적으로 개발한 까닭 말이다. 전적으로 곧게, 쭉 뻗어 나간 고지식한 줄기, 그것만이 중요하며, 이 순진한 도약으로부터 어떤 일탈이나 후회, 수정이나 회개가 있어서는 안 되는 것이다. (회개가 없는 도약이라는 면에서는 모든 게 단순하고 올곧아야 한다.) 모든 것은 완벽한 건조 상태로 진전된다……."[61] 퐁주는 잔가지들을 포기한다. 그는 가지들로 넘쳐나는 수직을 관찰한다. 하지만 그는 설계도를 더 멀리 가져간다. 무엇보다 이러한 간략화된 형태는 그에게 '나무의 기본적 개념'을 전한다. 이어서 그것은 철자 i를 상기시키는데, 이것은 가장 소박하면서 가장 의미심장한 기호인 것이다. 이 접근은 정확하고 구체적이며 감상적인 과장이 없다. 그러면서 의미의 충전이 이어져서 그라크에게서 완성된다. "도처에서 나뭇잎이 퇴행하며 가지들의 골격을 드러내는 저 메마른 목질의 우아함. 잉크를 묻힌 붓으로 공모의 표시라도 하는 듯한 그 정경."[62] 그라크는 소나무 주변에서 만나게 되는 비밀을 전해 준다. 이 나무는 표시의 단순성을 부른다. "그것은 삽화가의 나무이다……. 이 나무의 모든 것은——움푹 파인 균열들 사이의 엷은

---

60) 폴 클로델, 《동방의 이해》, 〈소나무〉, *op. cit.*, p.79-81.
61) 프랑시스 퐁주, 《표현의 열병》, 20-08-1940, Gallimard, coll. poésie, 1976, p.115.
62) 쥘리앵 그라크, 《대로의 수첩》, *op. cit.*

엽층들의 정교한 맞춤을 포함해서——예술가에게 거듭해서 작품을 만들 도록 편집광에 가까운 유일무이한 충실성을 고취시키는 것 같다. 그는 작품이 다른 형식에 도달하는 것을 참지 못한다. 그 자체가 하나의 형식 인 것이다."[63] 이 작가들은 글쓰기를 통해서 소나무를 그들 자신에게 가 져갈 목적으로 관찰하였다. 유추나 감상적인 동일화를 거부하면서 그들 은 소나무를 통해서 나무를 설명하는 일에, 그리고 가능한 한 좀더 정확하 게 인간으로부터 떨어진 거리를 탐사하는 일에 성공하고 있다. 낭만적인 토로를 싫어했던 플로베르는, 말하자면 19세기부터 현대 작가들이 추종 하게 될 이 거리를 둔 문학을 실행하며 지켰다. 그런데 그는 어떻게 자신 이 비판했던 신인동형론에 떨어짐이 없이 나무들에 관해 언급할 수 있었 을까?

로사네트와 프레데릭이 파리의 퐁텐블로 숲으로 도피했던 사랑의 일화 를 기억해 보자. 당장은 상투적인 수단으로 질투의 시선과 입 가벼운 사 람들을 피할 수 있고, 욕망을 실현하기에 적당한 도피처로서 나무 그늘 을 떠올릴 수 있을 것이다. 그런데 플로베르는 이러한 공통의 장소에 떨 어지지 않는다. 그는 희열에 들뜬 젊은 연인 앞에 말없고 무심한 자연의 현존을 묘사한다. "매끈매끈하고 하얀 껍질로 뒤덮인 너도밤나무들은 그 들의 화관을 뒤섞고 있었다. 물푸레나무는 부드럽게 청록색의 가지들을 늘어뜨리고 있었다. 움이 튼 사랑스런 덤불 속에서 청동 빛깔의 호랑가시 나무가 가시들을 곧추세우고 있었다. 이어서 호리호리한 자작나무의 열 이 애수적인 모습으로 나타났다. 그리고 소나무들은 마치 파이프 오르간 의 음관처럼 대칭의 균형을 맞추고 노래하고 있는 듯했다. 거친 외피를

---

63) 쥘리앵 그라크, *ibid*.

지닌 어마어마한 떡갈나무들은 굳센 흉상 같은 줄기를 부르르 떨며 땅을 움켜쥐고 서로를 부둥켜안으면서, 격노한 거인의 무리처럼 헐벗은 팔을 내뻗고 절망의 외침과 성마른 위협을 부르짖고 있었다."[64] 나무의 광경은 혼합되고 다수인 존재로 나타난다. 애상적인 분위기에서 거인 같은 실체로, 흰색에서 청록색으로, 부드러움에서 곤두선 직립으로, 대칭적 질서에서 졸라매기 무질서로, 노래에서 위협으로 각 변화마다 그 형태와 환기는 특별하다. 산책자의 감상에 이상한 여운을 남기는 나무들은 인간의 세계에 야생의 대위법을 제공한다. 자체로써 충족한 식물 세계의 그러한 이타성이 로사네트를 괴롭혔다. 소설가는 조롱으로 가득 채운 몇 개의 문장을 통해서 자신의 인물을 상처입힌다. "조각된 목제품을 팔고 있는 나뭇가지 지붕 아래서 술집에서와 같은 분위기를 발견하면서 불현듯 그녀는 하늘로 날아오를 것 같은 희열에 휩싸였다."[65] 투명한 시각으로 반짝이는 활보를 통해서 플로베르는 우리들을 비속한 세상으로 안내한다. 그곳의 오두막집은 술집이며, 1백 년 된 나무줄기들은 잘려지고 깎여져서 조악한 상품으로 팔리고 있다. 나무들은 길들여져서 회화적인 동기로 변할 수도 있는 그들 고유의 불안한 생경함을 잃어버리고 있다. 그들은 살롱의 등받이의자 위 좋은 위치에 진열될 것이다. 다른 한편으로 플로베르는 악의를 가지고 지적한다.[66] "푸른 작업복 차림의 화가는 떡갈나무 발치에서 무릎 위에 물감통을 얹어 놓고 일하고 있었다."[67] 플로베르의 모든 서술은 감상적인 만큼이나 정치적인 구상 위에서 나무의 세상과 딱하고 보잘것없는 인간 역사 사이의 거리를 가리키고 있다. 어떤 경우에든 나무는 보호자나 절친한 친구가 되지는 않을 것이며, 곧이곧대로 '이 세상 끝까

---

64) 귀스타브 플로베르, 《감정 교육》(1869), éditions Rencontre, 1965, p.411.
65) 귀스타브 플로베르, *ibid.*, p.409.

지' 무심한 '증인'으로 남을 것이다. 로사네트를 흔들었던 것도 그것이었다. 하지만 그것이 라마르틴과 위고를 동요시켰던 것도 사실이다. 그리하여 우리는 낭만적 서정의 상처난 오솔길 밖에서 나무와 우리들을 갈라 놓는 차별성 위에서 일한다는 조건에서는 나무를 상기할 수 있을 것이다. 이러한 문학적 호기심은 쥘리앵 그라크에게서 실로 완벽하게 나타난다. 그는 캘리포니아의 수백 년 묵은 세쿼이아 앞에 멈춰 섰을 때의 경악을 설명할 방법을 찾고 있다. 그들의 장수를 특별히 지적하는 것은 용이한 신인동형론으로 되돌아가는 일이 될 것이며, 사라져 버린 세상에서 오늘날 살아남은 그것들을 작가는 요컨대 식물계 고대생물학자로서 그들의 이타성을 표현하기에 이를 것이다. "그곳에서는 가장 큰 나무가 어느것이냐는 것이 문제가 아니다. 그보다는 전적으로 다른 나무, 마치 다른 세상에서 온 것만 같은 나무가 문제이다. 직각을 이루다 만 순진한 서툶, 교목성의 거인 아기의 어찌할 바 모르는 모습, 그들의 모든 특징은 전혀 다른

---

66) 19세기 중엽 후반기에 풍경이 대두되면서 코로 · 디아즈 · 테오도르 루소 같은 화가들의 그림들이 이전에는 없었던 커다란 상업적 성공을 거두게 된다. 파리의 부유층은 숲으로 난 창을 사들였다. 플로베르가 간 영감 주점이나 '들소' 주점을, 안팎으로 둘러싼 겉치레뿐인 장식을 모를 리 없었다. 어쩌면 그는 로사네트와 부바르에게 유명한 샹송을 흥얼거리게 할 수도 있었을 것이다. 하나의 음조를 내기에 둘이면 충분하다.

"퐁텐블로 숲 속에
물 마시러 가는 그곳에
화가들 앉아 있다네
웬 수염들의 행렬인지
알고 보면 바르비종
간 영감 주막 이름
예쁜 화판 거기 있어
악이라곤 모르는 화가들
바르비종의 그들은
바보가 아니라네
들소처럼 정성인 그들은(⋯)."
67) 귀스타브 플로베르, *op. cit.*, p.409.

세월에, 사라져 버린 풍토에 돌려야 할 것이었다. 이유를 알 수 없는 재난으로 생겨난 숲 속의 빈터에서, 네안데르탈 숲처럼 고스란히 보존된 내륙의 고요한 영토에서, 그들은 서 있는 것이었다."[68] 살아 있는 이들 화석의 낯섦, 이 '식물성 고인돌'은 확실히 글쓰기를 쉽게 만든다. 인간뿐만 아니라 다른 모든 나무들과의 동일화가 불가능함을 보여 주기 때문이다. 마찬가지로 로제 카유아는 자신만의 방식대로 바오밥나무와 인간 세계의 차이를 설명하면서 그 경이로운 힘과 은총에 관해 말하고 있다. "그들이 성장하는 과정에서 생과 예술을 혼동하는 은총의 힘을 간직한 강인한 조직 자체에게는 단순한 지속이면 충분하다. 그들은 같은 운동으로 자연미의 기적을 펼치면서 생을 쟁취하고 걸작이 된다. 모든 게 편안하고, 모든 게 끈기 있고 느긋하다. 동의할 일밖에는 없다. 필연적으로 찬란함으로 이르기 위한 날들의 단순한 흐름을 놓아두는 일밖에는 필요치 않다. 수액과 계절은 여러 가지 요술을 부리는 유별난 장인이어서 그 두려운 재능이 인간의 땀방울을 낙심시킨다."[69] 정확하고 생략된, 추상적인 동시에 구체적인 형식은 우리에게 건축가의 측량과 석공의 노동에 대항하는 위엄 있고 우아한 나무의 성장을 소개한다. 실 뽑는 거미와 집짓는 꿀벌 앞에서의 오래된 감탄. 하지만 여기, 은총이 무사태평으로 늘어난다. 카유아는 우리의 온갖 노력에도 비할 수 없을 경이 앞에서 부드러운 복종의 체념이 뒤섞인 미학적 감정을 보여 준다. 퐁주와 그라크와 플로베르의 예들은 문학이 인간에 대한 나무의 동일화와 그것이 동반하는 은유들에 달려 있는 경우에, 그것은 하나와 다른 하나의 차이와 상호 관계의 복잡성에 가장 가까이 접근한다는 것을 보여 준다. 작가가 그 모든 것을 단일성 속에 훌륭

---

68) 쥘리앵 그라크, *op. cit.*
69) 로제 카유아, 《시의 사칭》, Gallimard, 1943.

히 포착하기에 이르는 것은 나무의 수수께끼 앞에서 놀라고 그것을 물으면서부터이다.

준비된 다량의 글들이 복잡한 현실에 던져진 수목 같은, 마침내 우리의 의문을 종식시키고 요약해 줄 사람으로 페렉보다 나은 이가 누가 있을까? 그의 짧은 글들 중의 한편에 나타난 하나의 문장은, 모든 작가들이 나무에 관해 보람도 없이 생각하고 적을 수 있었던 모든 것을 집약하고 있다. "당신은 때때로 나무를 바라보며 몇 시간씩 휴식을 취하곤 한다. 그것을 기록하며, 그것을 해부하며. 뿌리들, 기둥, 가지, 나뭇잎들, 각각의 잎새, 각각의 잎맥, 각각의 가지들을 새로이. 그리고 당신의 갈망에 찬 눈길은 간청하고 부추긴다, 무심한 형상의 끝없는 놀음을. 얼굴, 마을, 미궁 혹은 길, 가문 혹은 기마 여행들을."[70] 나무의 지각은 다양한 계층의 사람들을 매료시킨다. 각 요소는 인간적인 상상의 간청에 일일이 대답한다. 눈길에 던져진 잘려 나간 형태의 무한성 속에서, 나무는 언제나 나무-세상의 경관 속에 침잠된 자의 몽상을 연장시켜 주는 유일한 당사자인 것이다. "지각이 정제되어 갈수록 나무는 수천의 초록 느낌들을, 수천의 똑같은, 그러나 같지 않은 잎새들을 펼치면서 다시 태어난다."[71] 나무는 그늘과 광선의 놀음 아래서, 바람의 숨결 속에서 스스로 변신하기를 그치지 않는다. 무한정 다시 새로워진 광경. 관람자의 열망에 찬 눈길에 언제나 경이로운 그것. 그러나 이러한 만화경의 유희 속에서 이해해야 할 것이란 없지 않을까, 세상의 무한에 대한 불가능한 비평이 아니라면? "나무 앞에서, 뿌리와 줄기, 이어서 가지, 이어서는 나뭇잎 앞에서 온 생애를 보낼

---

70) 조르주 페렉, 《잠자는 남자》, Gallimard, 1998, p.40-42.
71) 조르주 페렉, *ibid*.

수도 있을 것처럼 보인다. 당신은 다른 진실을 기다릴 수 없다."[72] 사르트르는 지각과 일정한 거리를 두고서 존재의 '잉여'에 대한 감정의 표현으로서 형이상학적 구토를 일으켰다. 반면에 페렉에게는 의미화를 위한 어떤 자리도 찾아볼 수 없다. "나무는 당신에게 제시할 도덕도, 전달해야 할 소식도 갖고 있지 않다. 그의 힘, 그의 풍채, 그의 생——만약 당신이 아직도 저 고대의 은유들로부터 어떤 의미들이나 용기를 끌어내기를 바라고 있다면——그것은 어디까지나 심상에 지나지 않는다."[73] 우리들의 욕망과 두려움을 발견하게 해주고는 분리되고 무관심한 나무의 생을 결단코 부정하는, 안심시키는 영사막, 부질없는 투사에 귀기울여 보자. 이와는 대조적으로 우리의 가축에 대한 관계는 결코 냉담한 것이 아니다. 우리는 그들을 기르고, 그들은 우리에게 보상하거나 벌받기를 기다린다. "사람의 얼굴을 마주할 때도 그렇지만, 당신은 개와 마주하고 중간적으로 있을 수 없다. 하지만 당신은 결코 나무와 대화를 나눌 수는 없을 것이다."[74] 개의 두 눈. 그들의 태도는 우리에게 호소한다. 친근한 동물로서 요구한다. "그러나 나무는 아무것도 원하지 않는다."[75] 말없이 나무는 우리의 감정과 우리의 고백에 거리를 취한다. 그는 작가로 하여금 복화를 하게 만들며, 자신의 처지에 관해 고백하게 한다. 하지만 그는 자신의 신비한 참을성 속에 소담하게 남는다. 그는 우리의 상상적인 해석에 단순 명료한 현존의 증거를 내놓는다.

"지속하라

---

72) 조르주 페렉, *ibid.*
73) 조르주 페렉, *ibid.*
74) 조르주 페렉, *ibid.*
75) 조르주 페렉, *ibid.*

언제이고 떡갈나무 이상으로…… 세상을 덮어라

안식처를 주라

심지어 저들에게도

그대 허리를 베어낸."[76]

인간적인 열정의 바깥에서 나무는 무관심하게 자란다. "그것은 나무가 당신을 매혹시키고, 놀래 주고, 안식시키기 때문이며, 껍질과 가지와 나뭇잎의 의심받지 않는, 의심할 수 없는 증거 때문이다."[77] 나무는 자신의 성장을 좇으며, 생산하며 굳어진다.

"뚜렷한 의도 없는 나무를

가지를 베고 섬유질을 바라보노라면

그는 말없이 남아 있다

적어도 사람의 귀로 듣기에는

말 한마디 없이 느낌 없는 침묵만이 있을 따름."[78]

나무는 주위를 둘러싼 공간을 역동적이게 하는 수직성으로 폭풍 속에서도 자신을 지탱하는 외로운 힘을 보여 준다. 자코메티의 윤곽 그림자. "당신은 자신이 직접 나무가 되는 것 외에는 바랄 수 없을 것이다."[79] 침묵을 수용하고, 사물을 비추고, 역사를 강화하는 은유를 포기하는 것을 예상하는 이러한 운명적인 장래의 나무는 힘겨운 변신이다.

---

76) 기유빅, 《꿰뚫린 존재》, 〈떡갈나무〉(시편들 1973-1980), Gallimard, 1980.

77) 조르주 페렉, op. cit.

78) 쥘 쉬페르비엘, 《미지의 친구》, 〈나무〉, 1934.

79) 조르주 페렉, op. cit.

"사계를 견디는 나무를 알아야 한다,

보라, 잘 침묵하기 위해서는,

인간의 말을 듣고 결코 대답하지 말라,

나뭇잎들의 속내를 알아야 한다

그리고 날아가는 그것을 보라."[80]

이탈, 또는 자신과의 분리의 견습. 그렇지만 특히 쥘 르나르가 적었듯이 타인으로부터의 이탈을 말함이다. "나는 그들이 나의 진정한 가족임을 느낀다. 다른 자들은 빨리 잊어버리련다. 저 나무들은 조금씩 나를 받아들일 것이며, 그것을 가치 있게 하기 위해서 나는 알아야 할 것을 받아들인다. 이미 나는 구름들이 지나가는 것을 바라볼 줄 안다. 또한 한 자리에 오래도록 머물 줄도 안다. 그리고 나는 거의 말하지 않을 줄도 안다."[81] 세계를 받아들이기 위해 자신을 잊고자 하는 자에게, 나무는 그렇게 침묵하도록 명령한다. 나무는 매순간 모든 것을 재창조하기 위해서 사물들 자체로부터 출발하는 자신의 힘의 극단적인 수위까지 문학을 이끌고 간다. 그러한 의미의 소모는 두 가지 유형으로 기울어질 수 있다. 레이몽 크노와 함께 희극적으로.

"쇠창살 안에서

자기 발을 생각하는 나무

왜 그걸 생각하나, 오 하지만 왜 그걸 생각하나."[82]

---

80) 쥘 쉬페르비엘, *op. cit.*
81) 쥘 르나르, 《자연의 이야기》, 〈나무 가족〉, 1896.
82) 레이몽 크노, 《만돌린 치는 개》, **Gallimard**, 1965.

우리는 그 대답을 알고 있다. 그것은 '허망한 계집애' 때문이다. 그는 '그것'을 생각하고 있다. 제오 노르주의 비극적 묘사는 어떠한가 보자.

"도끼로 쓰러져서,
톱과 대패로 깎인 나무.
아직도 꽤 많은 수액을 갖고 있다
고갱이에, 연한 조직에, 기억에
검은 봄이 부풀어오는 걸 느끼고자.
아! 더 많은 뿌리 더 많은 가지를,
내장 속에 미래의 싹이라곤 없어,
하지만 발도 머리도 없이 처박혀서,
땅속에서 일어나 팔을 벌리고,
나무는 아직 꽤 많은 금선을 갖고 있다
저들이 박아 놓은 못을 느끼기 위한,
타오르는 땀을 느끼기 위한,
피 흘리는 고뇌를 느끼기 위한,
오, 가없는 대하처럼 피 흘러라,
아직 꽤 많은 넋이 있어 예수가 죽는 것을 느낀다.
아니! 그건, 그건 사실이 아니지, 시를 쓰려고 그렇게 말하는 것일 뿐,
하지만 나무는 떨고 있지 않았다.
자신의 무에 행복하게 잠들어서,
피, 고뇌, 그것들을 무시했다.
줄기는 한 점 오한도 없었다.
그는 우주의 적막을 지배하였고
예수는 죽은 나무 위에서 죽었지."[83]

나무, 그것이 어떤 이들의 말과 심상의 흐름을 자유롭게 한다면, 그 앞에서 말할 줄도 생각할 줄도 모르는 다른 이들을 위해서 그것들을 붙잡는다.

우리는 나무와 기억 간의 참으로 오래된 관계를 드러내 보여 주는 몇몇 어원적 지적으로 시작한 바 있다. 우리가 나무나 언어를 떠남이 없기에, 19세기 철학에 관한 간략한 사색으로 본 단원을 마칠까 한다. 16세기부터 사람들은 '뿌리'라는 용어를 다른 단어를 받쳐 주는 접미사와 접두사를 덧붙일 수 있는 근간어로 지정하여 이용해 왔다는 사실을 돌아보자. 단어로서의 뿌리는 은유적으로 나무의 그것을 지칭한다. 뿌리는 나무처럼 단어의 원리에 남는 것을 지칭한다. 하나로부터 출발하여 우리는 단어들을 만들어 낼 수 있고, 다른 것으로부터 출발하여 나무가 다시 태어날 수 있다. 언어학은 어근(radical)이라는 용어가 뿌리(racine)에서 비롯했음을 선호할 것이다. 그런데 어근이라는 말은 라틴어 radix의 중개에 의해 뿌리로부터 유래한 것이다. 뿌리라는 개념은 다니엘 드로악스[84]가 정확하게 지적했듯이 고전 시대부터 언어학의 토양 속에 뿌리박혀 있다. 두 개의 정론이 언어에 관한 모든 이성적 사유를 구속하였다. 첫째는 말의 신성한 기능을 떠받치고 둘째는 바벨의 혼란으로 마련된 헤브라이어의 독창성을 지지한다. 다니엘 드로악스는 정통적이지 않은, 정상을 벗어나 애국적인 일탈로 규정되는 낯선 비교 이론들에 관심을 갖고 있다. 그것들은 두 개의 정론을 우회하는 것이다. 그렇게 언어 형성의 주제는 기원의 주제를 대신하여 들어앉고, 뿌리의 영상은 언어의 과거가 국가들의 고문

---

83) 제오 노르주, 《미발표 시》, Seghers, 1972.
84) 다니엘 드로악스, 《언어학과 역사의 요청. 1600-1800》, Droz, 1978.

서를 산출했다고 생각하는 탐구자들에게 한층 역사주의적인 경향을 준다. 뿌리의 영상은 프랑스 · 독일 혹은 러시아의 국가주의에 의해 성장하여[85] 19세기에 커다란 성공을 이룬다. 그것은 같은 가계의 언어들을 비교 연구한 결과로서 나타났다. "그것들은 어근 혹은 뿌리의 형태 아래 고립할 수 있는 요소들의 한정된 수를 나누어 갖고 있다."[86] 비교문헌학자는 그렇게 숙어와 언어들의 복잡성으로부터 생성 요소의 단순성으로 옮아간다. "지극히 세심한 분석 후에 우리에게 남아 있는 5백 개의 뿌리들은 각기 다른 언어의 가계로 구성된 요소들로서, 감탄사계의 것도 의성어계의 것도 아니다."[87] 슐라이허(1821-1867)와 뮐러(1823-1900) 같은 유명한 문헌학자들은 드 브로스 혹은 쿠르 드 게블랭 의장의 상식을 벗어난 계통과 파생을 벗어나고 있다. 그들은 실증적인 연구에 전념하고 있다. 그들이 뿌리에다가 존재론의 가치를 부합시키는 것은 그 이유에서이다. "그때부터 우리는 자연주의자가 세포로부터 출발하듯이 뿌리에서 출발할 수 있다. 아니면 좀더 일반적으로 말해서 과학하는 사람들처럼 관찰된 사실로부터 출발할 수 있다."[88] 비교문법 연구를 시작하면서 인도어 · 페르시아어 · 이탈리아어 · 독일어들을 같은 언어의 혈통에 집합시켰던 프리드리히 폰 슐레겔은 1809년 고대 인도 유럽 문명을 서양 문명의 뿌리로 부각시켰다. 범어 연구의 성공과 공들여 이룩한 비교 연구는 비교언어학을

---

85) 로망어 · 켈트어 · 게르만어 그리고 플랑드르어 연구에 관한 전체 화폭을 솔질한 후, 다니엘 드로악스는 이러한 비교문헌학의 민족적 · 역사적 발전이 어떻게 정점에 이르게 되었는지를 보여 주고 있다. "부분적으로 복잡한 이성과 더불어서, 사람들이 오래전부터 부정확함이 늘어나는 전치사에 관한 그런 단순한 언어 연구에 몰두해 왔다는 사실을 어떻게 상상하면 좋을까? 나폴레옹의 유럽은 아리안계 신화에 정신적으로 동화를 표명한 프랑스 대학에 거의 적응하지 못했다." 《언어학과 역사의 요청》, *op. cit.*, p.393.

86) 샤를 포르세, 〈개념과 뿌리〉, 《인간과학지》, 43권, 1977년 4월-6월, n° 166, p.200.

87) 막스 뮐러, 《언어과학》(해리스 페럿 역), Paris, 1867, p.486.

88) 샤를 포르세, *op. cit.*

엄격한 과학으로 변화시켰다. 인식론의 역이 1816년 봄에서 출판한 그리스어·라틴어·페르시아어 그리고 독일어와 비교한 범어의 변화 체계에 의해서 설정되었다.[89] 19세기 중엽 생물학은 비교문헌학에 계통학 나무의 도해를 주면서 지지를 보냈다. 생물학에서 언어학으로의 이행은 다윈 자신이 계통수의 분기한 가지 체계의 타당성을 이해시키기 위해서 구사 언어를 따랐던 것만큼이나 용이하게 이루어졌다. "이러한 분류의 발표를 잘 이해하기 위해서 다양한 인간의 언어들로부터 선별된 사례를 취하도록 하자. 만약 우리가 인류의 완전한 계통수를 가지고 있다면, 인간 종족의 계통학적 정리는 전 세계에서 실질적으로 구사되고 있는 다양한 언어들의 가장 훌륭한 분류를 보여 주게 될 것이다. 그리고 만약 모든 죽은 언어들과 중개적인 모든 방언들과 점진적인 변화들이 거기에 소개되어야 한다고 하면, 그러한 재편성은 가능한 유일한 것이 될 것이다. 그런데 강한 나머지 드물게 변화를 겪은 몇몇 고대 언어들은 소수의 새로운 언어들에게서밖에 탄생하지 않았다. 다른 언어들이 일련의 계속된 팽창과 고립 또는 다양한 종족의 후예들이 이루어 낸 문명의 상태에 따라서 상당하게 수정되고, 많은 수의 새로운 방언과 언어들을 생산할 수 있었음에 비해서. 같은 근원을 가진 언어들 사이의 다양한 정도의 차이는 다른 집단에 종속된 집단에 의해 설명될 수 있을 것이다. 하지만 적당한, 그리고 가능한 유일한 정리는 여전히 질서일 것이다. 동시에 그것은 철저하게 자연적인 질서일 것이다. 왜냐하면 그것은 가장 밀접한 친화력을 따르며, 각각의 혈통과 기원을 가리키면서 죽었거나 살아 있는 모든 언어들을 접근시

---

89) 이러한 과학적 비교문헌학자의 출현에 대하여 G. 구스돌프의 분석을 참조하길 권한다. 〈선사 시대 언어학 비교〉, 《18세기 인간과학의 도래》에 수록. Payot, 1973, p.360 *sq.* 우리는 또한 미셸 푸코가 봅에게 헌정한 말과 사물의 일부 유익한 내용을 발췌한 바 있다. Gallimard, 1966, chap.8, 〈노동, 삶, 언어〉, partie 4, p.292 *sq.*

켜 놓을 것이기 때문이다."[90] 나무는 다시 한 번 새롭게 삶을——여기서는 언어의 삶을 말한다——연속과 팽창을 통해서 기꺼이 그려 보인다.

19세기 전 기간 동안 인도유럽어의 뿌리와 다윈 나무의 도움이 되는 가치가 지닌 매력적인 이국 정서는 인간 언어의 기원 신화에 결정적으로 목을 조인다. "범어의 발견이 언어의 분류 연구에 어쩌면 그렇게 완벽한 변화를 주도했는지……. 그것은 정확하게는 범어와 같은 혈통의 다른 언어들과의 관계를 간명하고 정확한 방식으로 결정하는 필요성에 의한 것이었다. 그 관계란 이렇듯 중요한 결과들을 이루고 특별히 음성학 변화의 규칙들을 발견하게 해주었는데, 오직 그러한 규칙들로써만 동종 방언들간의 정확한 유연성 정도를 분명하게 확인할 수 있으며 한 벌의 인간 언어에 관한 계통수를 복원할 수 있는 것이다."[91] 슐라이허와 뮐러를 비교한 철학과 더불어 우리는 기원의 신학에서 자연주의자 이론과 언어 뿌리의 역사주의로 넘어간다. 실증주의의 한 시대 과학을 내세우고, 모리스 올랑데르가 보여 주듯이 '복잡한 우화'만을 분만하는 이론.[92] 그러나 정착의 은유와 계통을 통한 설명을 강화하는 나무에 관한 논급은 '인도유럽어 뿌리'라는 표현에 진실의 외관을 주고 이 본래의 언어에 사실성을 건네주는데, 이때는 언어의 가정된 상태, 순수한 재구성만이 문제된다고 하겠다. 뮐러를 읽으며 우리는 존재론적인 이론으로 바닥짐을 싣고 있

---

90) 찰스 다윈, 《종의 기원》(1859), La Découverte, tome 2, p.497.
91) 막스 뮐러, 《언어과학 신강좌》(해리스 페럿 역), 1867, p.209.
92) 우리는 모리스 올랑데르의 저작에 힘입은 바 크다. 1989년에 출간된(그리고 1994년 Seuil의 Points essais 총서의 한 권으로 재판된) 《천국의 언어. 아리안어와 셈어: 신의 섭리의 두 언어》에 표현된 드높은 학문적 소양과 실천적인 연구를 통해서 소중한 전언의 메아리를 들을 수 있을 것이다. 우리는 이 저작에 관한 비평을 《비평》지, n° 583, 1995에 소개한 바 있다.

목록

FAMILLE ARYENNE

Division méridionale — Division septentrionale

CLASSES.	BRANCHES.	LANGUES MORTES.	LANGUES VIVANTES.
Indienne		Prâkrit et pâli — Sanscrit moderne — Sanscrit védique	Dialectes de l'Inde
			des Tziganes
Iranienne		Parsi — Pehlvi — Inscriptions cunéiformes — Zend	de la Perse
			de l'Afghanistan
			du Kurdistan
		Ancien arménien	de l'Arménie
			des Ossètes
Celtique	Kymrique	Cornique	du pays de Galles
			de la Bretagne française
	Gadhélique		de l'Écosse
			de l'Irlande
			de l'île de Man
Italique			du Portugal
			de l'Espagne
		Langue d'oc ⎫ _Lingua vulgaris_ ⎧ osque / latin / ombrien	de la Provence
		Langue d'oïl ⎭	de la France
			de l'Italie
			de la Valachie
			des Grisons
Illyrienne			de l'Albanie
Hellénique		Κοινή ⎰ dorien — éolien / attique — ionien	de la Grèce
Windique	Lette	Ancien prussien	de la Lithuanie
			de la Courlande et de la Livonie (le lette)
	Slave (sud-est)	Slave ecclésiastique	de la Bulgarie
			de la Russie (Grande-Russie, Petite-Russie, [Russie-Blanche])
			de l'Illyrie (le slovène, le croate, le serbe)
	Slave (de l'ouest)	Ancien bohémien	de la Pologne
		Polabe	de la Bohême (le slovaque)
			de la Lusace
Teutonique	du haut-allemand	Moyen haut-allemand, ancien haut-allemand	de l'Allemagne
	du bas-allemand	Gothique	de l'Angleterre
		Anglo-saxon	de la Hollande
		Ancien hollandais	de la Frise
		Ancien frison	de l'Allemagne septentrionale (le _platt-deutsch_)
		Ancien saxon	
	Scandinave	Ancien norrois	du Danemark
			de la Suède
			de la Norvége
			de l'Islande

는 지극히 의심스러운 과정 속에서 나무의 역할이 어떤 것인지를 엿본다. '튜튼어파'의 '주요한 네 개의 잔가지' [93]가 그것이다. 이 영상은 '독일 내 류어, 독일 하류어, 고트어, 스칸디나비아어'의 상호 관계들로써 정당화 된다. 하지만 은유를 부연하여 좀더 멀리 보자면, 기원은 '고대 그리스'에 이어서 '켈트'의 어파로 거슬러 올라간다. [94] 나무의 분파 과정은 그리 스어와 켈트어를 결속시켜 준다. 그리하여 문젯거리로 남아 있던 것이 갈 래의 은유 속에서 사라진다. '슬라브어파' [95]에 있어서도 같은 식이다. 큰 가지와 작은 가지, 다시 말해 어파와 분파의 은유적 유희를 통해서 독자 는 줄기로 옮아가는 것을 알게 된다. 뮐러는 곧바로 뿌리로 가는 것을 선 호하지만, 아무튼 인도유럽어 내지는 아리아어를 알기 위함이다. [96] 아리 아 언어 혈통의 계통화는 참으로 나무의 형상을 보여 주는데, 하지만 그 본래의 판에 있어서 기울어진 나무이다. [97] 그의 키를 바로잡기 위해서는 도해의 4분의 1을 왼쪽에서 오른쪽으로 옮겨 놓아야 한다. 그렇게 함으로 써 '아리아어 계보'는 유럽어의 기원으로서 일반적인 기둥 형태로 서 있 게 될 것이다.

우리는 나무를 이야기하는 단어들의 풍부함을 보여 주었으며, 또한 그 들의 다의성이 가져오는 위험에 관해서도 지적하였다. 사실상 나무라는 존재의 은유의 근원 내지는 화로는 화재를 불러일으킬 수 있다. 예를 들 면 수액과 뿌리의 주제는 라인 강에 면해 있는 두 나라의 모든 민족주의

---

93) 막스 뮐러, *op. cit.*, p.239.
94) 막스 뮐러, *ibid.*, p.245.
95) 막스 뮐러, *ibid.*, p.247.
96) 모리스 올랑데르는 '아리아' 언어의 위험한 모호성을 보여 주고 있다. 《천국의 언 어》, *op. cit.*,1994. p.89-109 et p.129-141.
97) 막스 뮐러, *op. cit.*, p.499.

적·정치적 변동성의 색채를 건네줄 것이다. 왜냐하면 유추를 거쳐서 수
액과 뿌리는 피와 흙으로 해석될 것이기 때문이다. 마지막으로 '뿌리뽑다
(deraciner)'라는 동사는 사람이 나무를 뿌리째 잡아 뽑는 구체적 행위를
뜻하고 있으며, 비유적으로는 어떤 것을 근본적으로 제거하는 행위라는
의미에서 19세기 중엽 유럽에서 이루어졌던 이주에 새로운 의미를 갖추
게 할 것이다. 즉 그것은 '어떤 사람을 본토에서 근절하는' 사건을 가리
키게 될 것이다. 1897년 모리스 바레스가 출간했던 소설 《뿌리뽑힌 사람

---

98) 이 유황질의 소설은 동시에 양육의 대지로서 나라의 영광을 기리며 세워진 기념비
와 공화주의자의 철학 교육에 반하는 전쟁 무기로 가득한 채, 위셀회의에서 '모든 국가
의 나무(2000년 4월 제출 보고서)'라는 제명으로 토론의 주제가 되었다. 우리는 텐과 바레
스가 일련의 모든 영상을 창안한 결과 우파로 하여금 모라스를 멀리하고 페탱 쪽에서 조
직을 재편하게 했던 것을 논급하였다. 기묘한 것은, 바레스의 교훈들 중 하나가 이미 졸
라의 작품 《해빙》의 마지막 몇 장에 나타나 있다는 점이다. 뿌리뽑힌 인간 모리스는 파
리 코뮌에 가담하였다가 형인 장에게 위해를 당하고, 고향인 베르사유에 돌아와 안식을
찾는다. 죽음에 임박한 모리스는 그에게 말한다. "아! 끔찍한 나의 장, 당신은 우리를 그
다지도 열렬히 거두어 주었지요. 대검으로 나를 찔러 바닥에 눕힐 순간까지도…… 세당
에서의 다음날 당신이 내게 말했던 것을 기억합니까? 이따금씩 보기 좋게 따귀를 얻어맞
는 것도 나쁘지는 않다고 주장했던 그때 말입니다……. 당신은 덧붙여 말했지요, 몸이
썩어서 사지를 잘라내어야만 할 것이라면, 골레라로 구멍이 숭숭 뚫린 것 같은 그 광경
을 마주하느니 차라리 도끼에 찍혀서 땅속으로 들어가는 게 낫다고……. 기만과 불행으
로 가득 찬 이 파리에서, 단 혼자서 유폐된 나 자신을 발견한 순간부터 나는 가끔 그 말
을 꿈꾸어 보곤 했었지요……. 그런데 그게 나였지 뭐란 말입니까, 당신이 쓰러뜨려서
사지를 못 쓰게 된 자가." 그의 숨은 점차 가빠지고 있었다……. 그는 달아오르는 열 속
에서 풍부한 상징들과 눈부신 영상을 계속해서 보여 준다. 그것은 합리적이고 균형이 잡
혀 있으며 시골풍인, 건강한 조국 프랑스였다. 제국에 의해 절단난 채, 쾌락과 몽상으로
길을 잃고 탈진되어 버린 미친 조국을 제거하고 나서, 어느 때보다도 지상 가장 가까이
안식을 취하고 있는 프랑스였다. 그는 자신이 정확히 무엇을 해야 하는지는 알지 못했지
만, 그처럼 자신의 육신을 통해 온 존재를 뿌리뽑고, 잘라내야 할 것임을 느끼고 있었다.
그렇지만 피의 목욕이 필요했다, 프랑스의 피가, 정화의 불길 한가운데서 추악하고 참혹
하며 생생한 희생의 핏물이. 송장이 가장 끔찍한 고뇌까지 솟구쳐 오르고 난 뒤에는, 십
자가에 박힌 국민은 저들의 과오를 떨쳐 버리고 새로이 태어날 것이었다. "내 사랑하는
형 장, 당신은 단순하고 강건합니다……. 가요, 걸어가요! 곡괭이를 잡아요, 흙손을 집어
요! 그리곤 시골로 내려가 집을 다시 지어요…! 나는, 나를 쓰러뜨리길 잘했어요, 나는
당신의 뼈에 들러붙었던 종기였으니까요!"(Livre de poche, p.495-496) 졸라의 소설이 바
레스의 것보다 몇 해 앞선다는 점을 상기해 보자.

들》[98]이 당시부터 오늘까지 세인의 주목을 받게 되는 것도 이러한 마지막 의미에서이다.

III

나무의 전형

개 요

— 나무는 혼돈의 존재들에게 논리적 구조를
건네준다.

— 그것은 살아 있는 조각으로서 개체의 미래
를 전형적으로 잘 보여 준다.

— 마침내 인간에게 도움을 주는 형상으로 그
것은 대지의 지표가 된다. 그것을 통해서 풍경의
비밀이 결집한다.

나무의 형태에 우주의 외관을 부합하려는 생각은
미개한 정신에 보여 줄 수 있는
가장 자연스러운 추론의 하나이다.
고블레 달비엘라(1845-1925)

우리는 나무의 형태학과 그 변신의 모습들이 어떻게 서양의 상상적 세계를 키워 왔는지를 알아보았다. 우리는 나무가 세계의 명료함을 전하는 다양한 본보기들을 인간의 정신에 공급했다는 사실을 지지한다. 그러나 이러기 위해서는 나무가 생생한 풍요를 상실하고, 자신 속의 식물이 구조를 대신하여 사라져야만 할 필요가 있었다. 그리하여 종합적 우주발생론에서 계급적 우주논리학으로 옮아가는 과정은 나무의 탈자연화라는 유실의 대가로 이루어져야만 했었다. 그후로는 뿌리들이며 싹들이며 꽃들이 사라지고, 고대로부터 고전 시대에 이르기까지 우리가 확인할 수 있는 계급적 분류의 도안만이 남아 있게 된다. 나무가 자연적인 풍요한 특성이 빈곤해져 가는 지적인 구상 위에서 중요한 역할을 맡게 되는 것도 그 때문이다. 나무의 존재는 더 이상 상징들의 제정을 가져오지 않는다. 추상화의 과정을 거쳐서 논리적 구조가 되기 위해서 자신의 존재론적 바닥짐을 잃어버렸기 때문이다. 포르피리오스의 나무가 이에 관한 완벽한 경우를 보여 준다.[1] 이러한 도안의 의미와 중세까지의 활용을 잘 포착하기 위해서는 우회할 필요가 있다.

제자인 테오프라스토스와 함께 인류 최초로 동식물 백과사전을 만들었던 아리스토텔레스로부터 출발해 보자. 아리스토텔레스는 의미를 복원하기 위해 살아 있는 각 개체들을 이름짓고 분류하면서, 어지러울 정도로 다량의 개체들을 대조시키면서 동물상과 식물상의 끝없는 혼란을 질서잡고 있다. 아리스토텔레스는 감각적 현상계 관찰을 이용하는 것을 비판했던 플라톤에 대항하여[2] 살아 있는 생물들에 관련된 직접적인 조사 내용에 가치를 두었다. 그리하여 철학자가 2년을 보냈던 레스보스의 피라 담수호의 수생식물에 관한 놀라운 저술들을 접하게 되는 것이다. 경험을 통한 관찰은 그에게 상이한, 그렇지만 유사한 존재들의 재편성을 시도하게 만들었다. 아리스토텔레스는 구분 및 분류 작업에 임하면서 동물들을 유와 종에 따라서 명명하고(테오프라스토스는 식물들을 명명한다), 같은 이름 아래 상당히 유사한 살아 있는 개체들을 재편하였다. 개별적인 종의 도안에 있어서 그들의 차별성이 다시 뒤섞여 반향하는 일이 없게 하기 위해서였다. 이어서 이러한 재편 작업은 다른 이름으로 구분되고 차별화됨에도 불구하고 공통의 특성에 의해 접근할 수 있는 유들의 통상적 호칭 아래서 다시 모이는 과정을 거치게 된다. 그러나 이 점에 있어서 아리스토텔레스의 작업은 이의의 여지를 남기고 있다. 유라는 용어 genos는 분류의 기준에서 다양하게 구사될 수 있는 형태들에 적용되는 것이다. 고전 시대부터 19세기에 이르기까지 식물학자와 동물학자들은 유로써 주어진 식물들이나 동물들의 다양한 상태들을 분류하여 왔으며, 각각의 경우에 따라서 강

---

1) 포르피리오스가 263년부터 268년까지 플로티노스의 제자였으며, 때문에 그의 스승의 저작물 전집을 준비할 수 있었다는 사실을 떠올리자. 그는 존재에 관한 아리스토텔레스의 이론에는 민감하였지만, 플라톤과 아리스토텔레스의 종합을 추구했다. 《이사고게》에서 그는 아리스토텔레스의 논리를 소개하고, 나무의 도안에 귀착하였다.

2) 플라톤은 《국가》(7-529a-b)에서 단 하나의 보기만을 들기 위해서 머리 위의 하늘을 관찰하고 있는 천문학자들을 무시한다.

이 문제인지, 유가 문제인지, 과가 문제인지, 아니면 변종인지를 수립하려고 탐구해 왔던 것이다. 그 결함에도 불구하고 이러한 최초의 분류 작업은 독자적인 창조적 정신을 증명해 주었다. 동물 및 식물계통학의 누구와도 견줄 수 없는 역사가이자 인식론자인 앙리 도댕이 그것을 확언하고 있다. "아리스토텔레스는 '경험'에 관한 그의 개인적 취미에 의존하고 있다. 또한 그의 저작들에 나타난 관찰과 기술에 관한 인식에 의지하고 있음이 결과적으로 자명하다. 그렇게 해서 그는 '자연의 유'로 존재하는 것들을 선명하게 비교하고, 동시에 공통의 생각으로 인식하기를 바랐던 것이다. 과학적 사고의 역할은 이 집단들이 형성되는 과정을 통해서——사변적 조직이 대립적으로 나서는 일 없이——확장되고 강화되었다."[3]

설령 아리스토텔레스가 사물들과 살아 있는 개체들에 대해 플라톤과는 전적으로 다른 시각을 갖고 있으며, 감성에 지대한 관심을 보이고 있다 할지라도 그는 여전히 믿을 만한 논리학자로 남아 있다. 그가 자신의 존재 이론에 적어넣을 수 있도록 현상의 접근 방식에 형식적인 제약을 가하는 것도 그런 이유에서이다. 그렇게 그는 시종일관 "삼단논법을 통한 예증의 형식 아래서 포기될 수 있는 것 말고는 실제적 요소들간에 필요한 인과 관계는 없다는 주장을 견지한다."[4] 이상하게도 포르피리오스의 논리적 나무를 풍요롭게 할 것이 바로 이 사변적 수정이다. 아리스토텔레스에게 있어서 참다운 존재만이 보편적인 필연의 증거로서의 대상이 될 수 있으며, 참과 거짓의 보편적이며 필연적인 원인을 찾는 인식은 논리적이라고 불린다는 것을 상기해 보자. 이러한 논리는 두 가지 방편에 기대는데,

---

3) 앙리 도댕, 《린네에서 라마르크까지. 식물학과 동물학에 있어서 분류의 방법과 족의 개념》(1740-1790), 1926, rééd. EAC, 1983, p.13-14.
4) 앙리 도댕, ibid., p.18.

정의와 삼단논법이 그것이다. 그들의 유일성 속에서 존재들을 관찰하는 일에 있어서, 경험적인 관심과 그들의 근본을 끌어내기 위한 사변적인 관심 사이에 존재하는 갈등을 이해하도록 시도해 보자. 개체들이 보편적인 요소를 갖추고 있으면서 인식의 대상 자체를 구성한다는 것을 알기 위해서 말이다. 소크라테스를 예로 들면, 모든 유일한 존재는 본질(그는 크다, 희다, 늙었다, 앉아 있다, 아테네의 아가톤은……)과 동시에 인간이라는 지성적인 진수에 속한 존재와는 다른, 새로운 범주들에 속한 성질에 의해서 특징지어지는 개체이다. 아니면 이것은 다만 이성적인(종의 차이) 동물(유)을 알기 위한 인간(종)으로서의 소크라테스의 정의라고 하겠다. 이것이 없이는 소크라테스는 소크라테스가 아니라고 나는 인정할 수 있다. 소크라테스에 관한 진실이 주체와 특성 간의 근본적인 합치를 가정하는 이유도 거기에 있다. 우연적인 것일 뿐인 다른 모든 특권들은 어떠한 인식도 정당화하지 않는다. 확실히 아리스토텔레스는 감각적 사물의 내부에 그들 진리의 본성 내지는 조건을 귀속시켰다. 그는 플라톤에게서 에이도스(eidos)라는 용어를 차용한다. 하지만 장 폴 뒤몽이 지적하였듯이 "아리스토텔레스에게 있어서 에이도스라는 용어는 존재론적 내포를 수반하는 형태와 논리적 가치를 강조하는 종으로서의 이중적 가치를 함유한다. idein(보다)에서 유래한 eidos의 어원은 '공간'이라는 용어가 취하는 양상 내지는 발현의 가치를 결여하고 있지는 않을 것이다. 공간은 원래 그 자체로 명료한 유가 가시적인 영역 속에 들어가 있는 최초의 형태가 될 것이다."[5] 그리하여 이성적인 동물은 그 역시 소크라테스의 얼굴이자 음영인 '인간적인 공간'이라는 형태 아래서 자신을 나타낸다.

---

5) 장 폴 뒤몽, 《아리스토텔레스 방법의 소개》, Vrin, 1986, p.62.

따라서 아리스토텔레스적인 정의는 서로가 종속하고 있는 유들의 계급적 배열을 가정한다. 모든 사물은 자신 속에 물질적인 어떤 것을 갖고 있다. 유와 종 사이의 서열에 들어가는 형태, 사물을 정의하는 본질적인 술어를 그 사물에 분배하는 일의 항구적인 어려움까지도 포함해서. 사실 우리는 "소크라테스는 누구인가?"라는 질문에 그는 늙었지만 끄떡없다고 대답한다면, 감성의 미로 속에 길을 잃어버릴 수도 있다. 존재하는 개체들이 포함하고 있는 보편적인 요소와 그들의 진실을 포착하기 위해서 존재의 지각으로부터 출발하는 일이 최초의 난관이다. 다음의 난관은 존재의 형식적인 계급으로부터 출발하는 일이다. 정의의 구성 요소라고 할 최초의 유는 내부의 유들을 한정하는 어떤 특질 내지는 차이를 갖고 있다. 다시 말해서 점진적인 분화에 의해서 특별한 종들이 최종의 차이 내지는 종의 차이에 일치한다는 것이다. 아리스토텔레스는《형이상학》Z권6)에서 열등한 유(두발짐승, 네발짐승, 날개 없는 두발짐승) 안에 있는 최초의 유(동물)에서 본래의 본질 속에서 모든 선례들을 통합하는 마지막 차이 내지는 종의 차이(이성을 타고난)에 이르기까지 그 모든 것을 구별하는 문제에 대해 역설하고 있다. 여기서 우리는 주어진 소여 사이에서 때로는 세밀하고 정확하게 이루어지는 이러한 분류 방식에 대해 비판하는 앙리 도댕을 잘 이해할 수 있다. 그는 자연 속의 존재들에게 실제적인 분배를 방해하는 일밖에는 할 수 없는 논리적 분류학자의 관찰과 형식적 요구로서 임할 것이다.7) 하지만 이 논리는 철학적 전통 속에서 포르피리오스 나무라는 이름으로 알려진, 본질의 범주로부터 논리적 나무를 포르피리오스가 알아보게 만들었던 존재들의 서열적 표현을 공리화하였다.《이사고게》의 문장에서 출발해 보자.

---

6) 아리스토텔레스, 《형이상학》(트리코 역), **Vrin**, 1974, p.41-42.

"우리가 자신들 속에서 유일한 하나의 범주에 매달린다고 말하는 것을 밝혀 보자. 본질은 그 자체로 유이다. 그 아래 동체가 있고, 동체 아래 살아 있는 동체가 있으며, 살아 있는 동체 아래 동물이, 동물 아래 이성적인 동물이 있으며, 이성적인 동물 아래 인간이, 인간 아래 마침내 소크라테스와 플라톤이, 그렇듯 특별한 인간들이 있다. 이 모든 용어들 중에서 가장 본질적이며 일반적인 것, 그것은 오로지 유이다. 인간은 특수성 종이며, 그만의 유일한 종이다. 동체는 본질의 종이며, 살아 있는 동체의 유이다. 살아 있는 동체에 관해서는, 그것은 동체의 종이면서 동물의 유이다. 그리고 이번에는, 동물은 살아 있는 동체의 종이면서 이성적인 동물의 유이다. 이성적인 동물은 동물의 종이면서 인간의 유이다. 인간은 이성적인 동물의 종이다. 그렇지만 그는 더 이상 특별한 인간의 유는 아니다. 개인들 앞에 자리한 모든 인간 존재는 즉시 귀착하는, 인간은 종의 존재일 뿐이다."[8] 이 문장은 16세기 말엽에 율리우스 파시우스에 의해서 포르피리오스의 나무로 잘 알려진 형상을 떠올리게 한다.[9]

이러한 구상 속에서 유와 종의 수직적 서열만이 유일하게 취해졌다. 알랭 드 리베라는 보편 논쟁에 헌정된 책[10]을 통해서 이같이 회고하고 있다.

---

7) 내용이 충실하고 탁월한 이 지면들(p.6-19) 속에서 앙리 도댕은 아리스토텔레스의 동물학 분류의 과오를 보여 준다. 관찰의 천재가 플라톤적 철학 속에 갇혀 있는 상태를 지적했던 것이다. 아리스토텔레스는 "사물들이 각자에 주어진 감각적 소여에 따라서 서로가 서로의 관계 속에서 정확하고도 결정적으로 위치하기를 바라는 것 외에는 어떤 것도 인정하지 못한다. 같은 제목 아래 모든 '차별성'을 담으려 하는 그의 선입관은 이 경우에 자신이 직접 하나를 다른 하나로 추론하는 것을 보아 온 매우 자연스러운 불가능성의 결과이다. 그리고 동시에 그곳에 존재하는 것은 때로 심오하게, 자신이 멈추어선 방편들 속에서 망상으로부터 충분히 깨어나지 못한 채 끈질긴 플라톤주의의 결론에 밀착하는 인간의 모습이다."(《린네에서 라마르크까지》, op. cit., p.19.)

8) 포르피리오스, 《이사고게》(트리코 역), Vrin, 1947, p.18-19.

9) 율리우스 파시우스(1550-1635)는 고전 시대에 아리스토텔레스의 주석자였다.

```
                      본질(최상의 유)
                      동체
                  ⎧  살아 있는 동체
    종속된 유와 종들  ⎨  동물
                  ⎩  이성적인 동물
                      인간(특수성 종)
                      소크라테스(개체)
```

"중세 시대에 포르피리오스의 나무는 반대로 최상의 유(아니면 종)의 분할할 수 있는 차이성의 표현이나 열등한 종의 구성을 통합시켰다. 두 개의 위대한 초안이 공존하였는데, 좀더 정태적인 한 가지는 구분의 결과(그림 1)를 설명하였으며, 좀더 역학적인 한 가지는 차이의 이동(그림 2)을 보여 주었다."

우리가 보여 주고 있듯이 이러한 논리적 나무는 수직적·서열적 구조로서밖에 나무를 지키지 못한다는 것이며, 그것은 개체에 선행하는 관념적인 질서를 보여 주고 있다. 그리스인들은 합리적인 질서에 따라서 사물들의 연관을 표현한다. 존재론은 논리학 속에서 자신을 표현한다. 포르피리오스의 나무는 가장 큰 내포와 가장 큰 외연을 갖고 있는 본질의 개념에 따라서 유들의 분배를 그려 보인다. 그럼에도 불구하고 사람들은 이 나무를 높은 데서 낮은 데로, 존재가 마련되어 있는 꼭대기에서 피에르나 폴 같은 개체들이 포진한 낮은 가지들 쪽으로 눈길을 돌려야 한다고 주장할 것이다. 계급적으로 고정된 이 도안은 나무의 모든 자연적인 특성들을 단념하였으며——그것이 그의 형태학이 아닐 것인가(뿌리·줄기·가지들) ——그와 더불어 다양한 상징적 의미화를 제공해 주던 것들도 저버렸다. 게다가 줄기도 뿌리도 없는 이 나무는 바슐라르에 따르면 상상의 주요 주

---

10) A. 드 리베라, 《플라톤에서 중세말까지의 보편 논쟁》, Le Seuil, 1996, p.45-46.

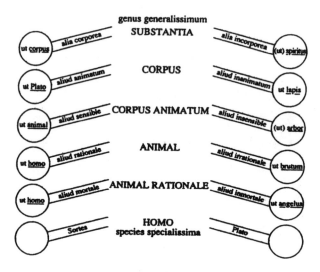

그림 1

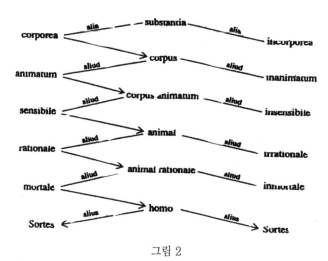

그림 2

제인 상승의 역학을 전도시킨다. 열매의 기약이 없는 마른 나무가 된 것이다.

하지만 가톨릭 교회의 공헌 덕분에 나무는 9세기 초엽 〈카르미나〉를 작곡하였던 오를레앙 테오둘프 주교의 문장을 통해서 다시 푸르러진다. 그의 노래들 중 하나는 지혜의 나무를 상기시키고 있다. "세상의 영상을 마주한 고원이 되고저. 그곳에 훤칠한 줄기의 준엄한 나무가 서 있네. 뿌리의 문법 덕분에 만사형통의 수액이 피어오르네. 꼭대기 왕관 아래서 싹트는 지혜. 양식(bonus sensus)과 신뢰(opinatio)가 수행해 주네. 줄기 오른편에서 수사학과 변증법이 자라고 있네. 수사학 성벽에 뚫은 총안이 도시를 지켜 준다네. 변증법의 뱀이 똬리를 풀고 똑바른 길을 열어 보이네. 왼편에서 윤리학자가 신중과 힘 · 정의 · 중용의 네 가지 덕목을 받쳐 주네. 드높은 저곳에서 줄기가 갈라지누나. 그를 통해 윤리학을 발견한다네. 산술의 가지를 치면서 손에 숫자와 천구의 기술 쥐고 있어라. 기하학은 나무 둘레와 정기의 다섯 대를 그리고 있네. 음악은 리라의 재능과 플루트의 예술을 일곱 개 다른 구멍들을 통해 펼치고 있네. 천문학은 마침내 대지를 하늘에 합치시키네……. 나무의 열매들로 우리네 삶이 먹고 사네, 최고 지혜의 조건으로(celsa sophia)."[11]

테오둘프의 시적인 언어들을 통해서 나무는 그들의 자연적인 요소들과 풍부한 역학을 재발견하였으며, 범주의 서열뿐만 아니라 모든 언어의 어머니이며 문법적 논리학 속에 자리잡은 지식의 백과사전적인 조직을 표현하게 되었다.

---

11) A. 로비네, 《프랑스 철학》, PUF, 1966.

이러한 논리적 나무의 새로운 영상은 포르피리오스의 나무를 물리치면서 중세 말기 보편 논쟁이 벌어질 때까지 여전히 나타난다.[12] 실제로 지식의 논리학을 표현하는 나무의 영상에 서양 철학에 있어서의 기본적인 위치를 부여했던 당사자는 데카르트였다. 1644년《철학의 원리》서문에 기고되었던 논설이 1647년 다시 출간되었던 사실을 기억해 보자. "1646년 자크 시르몽이 세기초 이래로 세 번에 걸쳐서 테오둘프의 글을 편찬하였다."[13] 그런데 테오둘프에서 데카르트에 이어지기까지, 나무는 우리가 다음의 뛰어난 문장을 재차 읽으며 확인하는 것처럼 약간의 변화를 겪었다. "그렇게 모든 철학은 나무와 같다. 뿌리는 형이상학을 이루고, 기둥은 물리학이며, 기둥에서 나오는 가지들은 세 개의 원리로 요약되는 다른 모든 과학들, 즉 의학과 기계공학과 도덕들이다. 나는 가장 고급한, 가장 완벽한 도덕을 말하는 것이다. 다른 과학들의 모든 인식은 지혜의 최종 단계라는 것을 전제하면서."[14] 데카르트는 근원에서 출발하여 테오둘프에게서 줄기가 그렇게 가지를 치고 있는 것처럼 지식 증대, 혹은 성장의 영상을 보존하였다. 이렇듯 명백한 유추들은 하지만 여러 차례 급변을 겪는다. 테오둘프에게 있어 물리학은 여전히 아리스토텔레스적이자 질적인 것인데, 그것은 산술·기하학·음악·천문학으로 갈라진다. 지금도 우리는 대학에서 가르치고 있는 자유 과목으로 유명한 4과의 테두리 안에 머물고 있다. 데카르트에게 물리학은 갈릴레이의 수학물리학을 의미하는 것이며, 인간의 관심에 모두 부응하는 응용과학들로 가지를 치고 있다. 앞으로는 물리학에 종속된 도덕의 변이에도 주목하도록 하자. 그런데 뿌리에 관련된 새로운 사실이 있다. 테오둘프에게 있어서 모든 인간이 말하고 있

---

12) A. 드 리베라, *op. cit.*, p.42-64.
13) A. 로비네, *op. cit.*, p.54.
14) 르네 데카르트, 《철학 원리에 부치는 서문 편지》(1644), Vrin, 1970, p.42.

는 것에 의해 실천되고 있는 겸허한 인식, 즉 문법은 가장 고급한 지식들을 부양하고 성장하게 하는 원천이다. 그런데 데카르트에게 있어서는 반대로 지식의 총체가 형이상학 위에 서 있다. 달리 말해서 형이상학이 사람들의 능력을 함양하는 지식을 펼치는 기반이 되는 것이다. 데카르트는 1645년 9월 15일 엘리자베스 공주에게 다음과 같은 편지를 보낸다. "최초의 원리(본유 관념)는 삼라만상의 모든 존재가 종속되어 있는 신이 존재한다는 것입니다. 그분의 완벽함은 무한하시고, 능력은 원대하시며, 의지는 절대 확실합니다……." 코이레가 확언하는 것을 보자. "데카르트에게 있어 인간은 다음과 같이 규정된다. 즉 신의 관념을 가지고 있는 존재인 것이다."[15] 데카르트는 형이상학을 인식의 나무의 뿌리에 두는데, 그것이 새로운 과학의 기초를 이루기 때문이며, 그것 자체에 의해서 시작해야만 하기 때문이다. 그러므로 테오둘프의 나무에서 데카르트의 나무로 이동하는 과정을 통해서 중요한 환위를 확인해야 할 필요가 있다. 이 환위는 스콜라학파와 데카르트의 결렬을 의미한다.

학교에서는 이처럼 가르친다. "형이상학은 곧 완성이며, 학문의 시초가 아니다. 자아 안의 최초의 존재론이면서, 그것은 심지어 우리에게 마지막의 사실로서 존재한다."[16] 데카르트에게는 "사유의 점진적인 질서가 있으며, 사유는 사물에 관한 개념들과 복잡한 일체의 존재들에게서 단순한 요소들을 소유한다. 사유는 자신을 구체화하며, 원리의 통합에서 다양성의 다수로 전진한다. 또한 사유는 이론에서 응용으로, 형이상학에서 물리학으로, 물리학에서 기술 · 의학 · 도덕으로 전진한다."[17] 데카르트의 기하물리학은 실제 세계를 수학적 구조 위에서 가정하며, 그리하여 갈릴레

---

15) A. 코이레, 《데카르트에 관한 고찰》, Gallimard, 1962, p.212.
16) A. 코이레, *ibid.*, p.216.
17) A. 코이레, *ibid.*

이가 인정하듯이 형이상학의 필요성은 "우리의 지식, 우리의 판단을 현실에 일치시키는 점"[18]을 포착하기 위한 것에 다름 아니다. 이러한 아르키메데스의 점, 그에 따라서 세상의 분명한 과학을 펼칠 수 있는 그것이 야말로 데카르트 나무의 뿌리이다.

만일 데카르트가 나무의 영상에 어떤 철학적 의미를 부여했다고 한다면, 그가 가까이서 읽었던 영국의 철학자 프랜시스 베이컨에게서 그 개념들을 찾을 수 있었을 것이다. 이 철학자는 인식의 총체를 연역하기 위한 일환으로 교목성의 계획을 제시하였다. 달랑베르는 《백과전서》의 서문에 나타난 베이컨의 인식 체계를 떠올리고 있는데, 그는 사물과 지식의 구조들을 동시에 연결하고자 시도하고 있다. 이어서 베이컨은 《백과전서》의 세 가지라고 할 것들, 역사·시·철학이 기억·상상·이성과 같은 인간의 세 가지 이해력 속에서 발원한다는 것을 보여 준다. 데카르트를 중개로 하여 베이컨에서 《백과전서》에 이르는 도정을 통해 백과사전적 나무가 논리학 나무에 접목되고 질적으로 변화되는 사실을 주목하는 일이 흥미롭다. 사물의 질서는 고대의 우주가 그것을 조직했었던 그대로 정연한 오체에 관한 플라톤의 이론을 지나서, 아리스토텔레스의 스칼라 우주를 지나서, 공간과 시간의 무한한 거리를 재발견하는 것으로 무너진다. 지식의 질서는 고전 시대에서 무한한 존재로 이어가는 듯한 인식의 성장 효과 아래서 명백하게 드러났다. 인식의 증대에 결부된 사물과 세상의 현기증나는 번식은 인간의 정신을 혼란과 낙담 속에 빠뜨릴 수 있다. 코이레는 몽테뉴의 회의주의에서 데카르트의 자발적인 한정에 이르는 자세들을 예민하게 반대하고 나섰다.[19] 혼란스러운 과다의 장애를 피해 가기 위해

---

18) A. 코이레, *ibid.*, p.220.

서는 질서를 잡는 일이, 말하자면 분류하고, 분배하며, 계급을 매기고, 조직하는 일이 필요하다. 다른 식으로 말해서 백과사전적 나무를 살리는 수액, 정신의 힘을 떠날 필요가 있다. 나무와 정신은 무한정 자라난다. 중심과 뿌리로 자신들을 튼튼하게 하면서. 이러한 백과사전적 나무의 영상은 인간의 정신에 언제나 과도적인 세상의 무한한 다양성을 이해하고 극복할 수 있는 희망을 실현한다. 베이컨·데카르트·달랑베르가 나무라는 저 식물적 존재의 물리칠 수 없는 일관성에 사로잡혔던 것처럼, 나무는 견고하게 조직을 갖추고서 소멸하는 모든 것들 한가운데서 저항하는 능력을 보여 준다. 알아야 할 우주의 예외적인 팽창에 직면하여서, 근본적인 변화는 "정신이 (…) 자신의 현존을 느끼는 이러한 새로운 힘에 관한 자각을 하는 데서 가능하다. 모든 팽창의 증대는 비옥하게 남아 있을 것이며, 정신이 이러한 방식으로 자신을 향한 새로운 집중, 새로운 강렬성을 선취하지 않는 한 마침내는 공허에 이를 수밖에 없을 것이다. 이같은 집중만이 자신만의 고유하고 가치 있는 모든 특성 속에 사실을 확고하게 해줄 것이다. 고도의 힘, 가장 심오한 진실은 무한으로 넘어가는 힘 속에서 거주할 수는 없다. 그보다는 무한에 직면하여 자신을 확고히 하며, 존재의 무한성에 자신의 단순한 통일성을 똑같은 자격으로 보여 주는 데서 발견할 수 있을 것이다."[20] 그렇듯이 백과사전적 나무는 당당하게 파스칼적인 떡갈나무에 도전한다.

나무의 논리적 구조는 고대에서 고전 시대에 이르기까지 유일하게 존재와 지식의 분배를 형상화할 수 있게 해주었다. 고전 시대의 식물학은 테

---

19) A. 코이레, *ibid.*, p.175-183.
20) E. 카시러, 《광명의 철학》, Fayard, 1970, p.69-70.

오프라스토스의 백과사전 계획을 성취하게 해주면서 여전히 분류학적인 것으로 남는다. 그것은 식물들을 눈에 보이는 요소들로부터 출발하여 그들의 유사성과 차별성의 유희를 따라가며 분류한다. 관찰하고, 구별하고, 특징짓고, 명명하고, 분류하는 일은 18세기 중엽에 이를 때까지 자연주의자의 주요 작업들이었다. 미셸 푸코가 설명하고 있듯이 자연의 역사는 "가장 근접한 시각의 언어와 단어에 가장 근접한 것으로 간주되는 사물들"[21]에 접근한다. 투른포르에서 앙투안 로랑 드 쥐시외에 이르는 그 도정은 놀라운 체계를 보여 주었는데, 식물적 존재들을 대조하는 데 만족하지 않고 그것들을 일관성 있게 정리하였다. "19세기 중엽에 린네의 작업은 완성된 것처럼 보인다······. 식물학자는 잎사귀와 열매를 단순하게 관찰하는 것만으로도 나무나 식물들의 조화를 연역적으로 결론지을 수 있었다."[22] 그렇지만 전례가 없는 혼란이 분류학의 아름다운 체계와 종의 기원의 이론을 황폐화시킨다. "다윈과 더불어 계통학은 분류학을 이어받는다."[23] 그때 새로운 나무의 영상이 수립되는데, 19세기를 통해서 계통학적인 나무가 성장하고 번식하게 되는 것이다.

이러한 유형으로 알려진 최초의 나무는 1766년 팔라스가 심었던 것이다. 체계적인 다른 자연주의자들처럼 팔라스는 살아 있는 개체들을 연속된 계열로 표현하는 방식에 관해 의심을 가진다. 그의 직접적인 말에 따르면, 집단들 속에서 점진적인 전이에 의해 서로가 관계 속에 진입하면서 나누어지는 방식을 의심하는 것이다. 1766년 출판된 저서 《무척추동물에 관한 반론》에서 그는 "참다운 식충류(히드라·산호충·해면 따위의)는

---

21) 미셸 푸코, 《말과 사물》, Gallimard, 1966, p.144.
22) 프랑수아 다고네, 《삶의 목록》, PUF, 1970, p.176.
23) 프랑수아 다고네, *ibid.*, p.177.

'동물적 특성'이 '식물적 기질 및 습성'과 만나는 중재적인 이름을 원하고 있다"[24]는 것을 보여 주고 싶어한다. 팔라스에게 자연은 그 체계에 있어서 공허로 채워졌을 뿐만 아니라 점진적으로 복잡해지는 조직의 질서를 따라서 기능한다. "가장 단순한 존재로부터 출발하여 자신(자연)의 기관을 목적과의 관계 속에서 조금씩 변화시키며 형성해 간다. 자연은 가장 단순한 구축 위에서 접목하고, 새로운 부분들로 연이어 적응한다."[25] 살아 있는 개체들의 분배를 잘 표현하고 있는 이러한 생각은 "결국 나무에 관한 생각일 것이어서, 뿌리는 가장 단순한 조직의 존재를 나타내면서 두 개의 전혀 다른 기둥——식물계와 동물계——을 탄생시킬 것이다. 이들은 분명하게 구별되지만 다양한 접촉으로 교류할 수 있다."[26] 우리는 동물의 분포를 보여 주고 있는 기둥을 예로 택하면서 연체동물에서 어류로 넘어간다. 측면의 가지에는 곤충들을 달고, 이어서 어류에서 양서류로 넘어간다. 다른 측면의 가지에는 네발짐승에 이르기 앞서 조류들이 기둥에서 뻗어 나간다. 팔라스는 이렇게 설명한다. "친화력으로 모인 일련의 유로 이루어진 주요한 계로 구성된 기둥은 잔가지 대신 여기저기 유들을 풀어 놓을 것인데, 유들은 측면의 친화력으로 최초의 것들과 합류하면서 그들 사이에 끼어들 수는 없다."[27] 만약 팔라스가 여기서 만족스런 적절한 직관을 보여 주고 있는 것이라면, "그것은 자연의 역사가 그때까지 시종일관 혼동하였던 두 종류의 관계를——한 부분은 가지의 연속성으로, 다른 한 부분은 그들의 접근이나 접촉으로——뚜렷하게 표현하는 방법을 그 직관이 건네주고 있기 때문이다(…): 공통의 계통에서 유래한 관계들

24) P.S. 팔라스, 《무척추동물에 관한 반론》(1766), p.4-5, 10-11, 18-19, 21-23, etc., cité par H. Daudin, op. cit., p.163-164.

25) P.S. 팔라스, ibid., p.23-24.

26) P.S. 팔라스, ibid.

27) P.S. 팔라스, ibid.

과 구별된 계통들에 순응하는 데서 일어나는 병행 현상의 관계들을 표현하는 것인데"[28] 그럼에도 불구하고 그는 자연의 연속성을 지지하지는 않는다. 팔라스의 나무는 계통수가 아니고, 식물계와 불활성의 무기력한 세상 사이를 오가는 전이를 보여 주기에 적합한 표현 양식에 불과하다. "유기체들은 (…) 무기체들을 따르지 않으며, 그들은 후자와 어떠한 친화력도 갖지 아니한다. 단순하게 말해서 유기체들은 땅 위에 나무가 서 있듯이 무기체들 위에서 서로 기대고 있을 뿐이다." 참으로 문제되는 것은 영상이지 설명을 해주는 모형이 아닌 것이다. 하지만 이 영상이란 그 위에서 가장 긍정적인 의미들이 나무들과 접목되는 그루터기이다. 이것은 흥미로운 접목이 아닐 수 없다. 살아 있는 존재들간의 불연속성을, 심지어그 자체가 점진적으로 지속되고 있음에도 불구하고 강조하기 위해서 팔라스가 고안했던 나무가 진화의 표상격인 영상이 되고 있기 때문이다.

계통수의 성공은 실로 그것 자체가 가진 설득력으로 인해 이루어졌다. 눈 깜짝할 사이에 나무는 오늘 구별지어진 것이 어제까지만 해도 하나였다는 사실을 전시하고, 우리의 시야 앞에 직접 혈통의 과정을 나열하며, '원숭이로부터 온 인간'이라는 식의 진부한 주장에 유연하게 대응하는 대등한 가치를 제시한다. 고대의 종 일체로부터 유래한 수많은 종들의 미세한 분화의 국면을 시각적으로 설명하기 위해서는, 기둥에서 뻗어 나온 굵고 얇은 가지들의 분기 혹은 그 유희보다 나은 것이 또 무엇이 있을까? 이 영상은 특별한 것이 틀림없는데, 왜냐하면 "이것은 다른 존재가 아닌바로 자신에게 자신의 역사적 차원 속에서 진화한 현상계를 다시 보여 주고 있기 때문이다."[29] 19세기의 생물학 속에 뿌리를 견고하게 내리기 위

---

28) 앙리 도댕, *op. cit.*, p.165.

해서 계통발생학적 나무는 세 가지의 비옥한 토양을 찾아 파고들어야 했다.[30] 첫번째의 토양은 베르나르 드 쥐시외와 특히 그의 조카인 앙투안 로랑 드 쥐시외 같은 자연 분류 발명가들에 의해 마련되었다. 그들은 계층이 복잡해지면서 이에 따라 하층부들도 늘어나는 소위 형질의 종속 원리를 발견하였다. 아당송과 린네에 비교해 볼 때, 그들은 "유일한 특성들(색깔, 화관 혹은 꽃들, 생식하는 꽃술의 무리) 혹은 수량들(수, 크기, 동질성)로부터 벗어나고자 했다. 이것은 최초의 만족스러운 논리라고 할 수 있겠다. 자체로서 어떻게든지 변할 수 있는 현상계의 내면에서 변하지 않는 구조에 도달하는 일이 중요하다. 구체적인 꽃을 조종하고 배치하는 이러한 추상적인 요소에 도달하기 위해서 꽃의 구체성을 지나가는 일이 적합하다."[31] 앙투안 로랑 드 쥐시외는 식물들을 계통적으로 질서잡기 위해서 기능적인 표준에 의지하는데, 이것은 이로 말미암아 보다 일반화시킬 수 있기 때문이며, "특수한 개체 속에서 변하는 모든 형질은 일반적 개체 속에서 가치를 가질 수 없다"[32]는 이유에서이다. 이 원리의 이름으로 그는 우연적이고 가변적이며 움직이는 것들을 옆으로 제쳐놓는다. 달리 말하자면 뿌리와 줄기와 나뭇잎들을 다른 무엇보다 열매를 가치 있게 하기 위한 존재들로 간주하는 것이다. "논리적인 동시에 실제적인 최초의 승리: 자연이 문제를 풀고, 우리는 분류를 제시한다. 불변의 '태아' 속에서 그것들을 잡고 있는 것으로 족하다. 비록 요철 모양으로(0, 1, 2 떡잎들) 건너뛰는 극도로 제한된 숫자를 가진 것이긴 하지만, 매우 밀집되고 결과적으로는 미세한 개체들(축약)인 그것 속에서."[33] 앙투안 로랑 드 쥐시외는 최초

---

29) 파스칼 타시, 《시간을 거슬러 오르는 나무》, Didrot, 1998, p.13.
30) 계통학은 유기체의 후손의 역사라는 점을 상기하자. 이 용어는 1866년 헤켈이 제시한 것이다.
31) 프랑수아 다고네, *op. cit.*, p.54-55.
32) 앙투안 로랑 드 쥐시외, 《식물의 새로운 질서의 전개》, 1774, p.179.

의 이 기준을 재생산 기관이라는 두번째 요소로 완성한다. "일정한 부분들이 부실한 열매로 인해 세분화의 바닥을 차지해야 할 것이라는 선택은 분명치 않은 것이다. 세분화는 생식 기관들이 열매와 갖고 있는 직접적인 관계에 의해서, 형성에 미치는 그들의 영향에 의해서 결정된다."[34] 종합해 볼 때 "논리와 식물은 서로 일치하기에 이른다……. 식물이 어떤 군집에 속할 때, 그리고 한 유가 어떠한 강에 편입될 때 그들은 항상 특권을 가지고 있다."[35] 이러한 형질의 종속 개념은 퀴비에의 노고로 동물의 세계에 있어서도 같은 타당성을 갖게 될 것이다.

두번째의 토양은, 예를 들면 단순함에서 복잡함으로 이동하는 점증의 개념으로 이루어졌다. 그것은 1745년부터 샤를 보네에 의해 제기된 '자연적 존재의 사다리'를 말한다. "세상의 모든 부분들 사이에는 점증이 존재한다. 이 숭고한 가치는 우리들 명상의 대상이 되기에 마땅하다."[36] 이러한 직관은 형이상학적인 관념으로 이끈다. 자연에는 완벽의 질서가 있다. 이것을 우리는 돌에서부터 인간에 이르기까지 복잡하게 성장하는 조직체의 기능을 통해 드러나는 자연적 존재의 사다리에서 쉽게 판독할 있다. "만약 우리가 생각하는 대로 신체적 완벽이 정신적 완벽에 부응한다고 한다면, 지능으로 모든 동물에 대해 그것을 견지했던 것처럼 생체 기관으로도 그러한 완벽성을 견지할 수 있지 않을까 싶다. 여기서 우리는 인간의 조직에 가장 가까이 근접한 동물들을 사다리의 가장 높은 층에 올려놓아야 한다고 결론지을 수 있다."[37] 그러나 사다리는 정태적이며, 각

---

33) 프랑수아 다고네, *op. cit.*, p.52.

34) 앙투안 로랑 드 쥐시외, *op. cit.*, p.181.

35) 프랑수아 다고네, *op. cit.*, p.54-55.

36) 샤를 보네, 《곤충학 논고 혹은 빈대의 관찰》, Paris, 1745, 1er partie, P.XXVII-XXXII.

37) 샤를 보네, 《자연의 성찰》, 1764-1781, 3e partie, XIV, tome VII, p.111-112.

가로대가 곧 계층을 의미하는 것은 아니다. 점증은 진화를 의미하지 않는다. 그것은 시간적 차원을 결핍하고 있다.

계통학이 세번째의 수용적인 토양을 이룬다. 18세기까지 계통학은 귀족 가문들간에 실용되었다. 그것은 어떤 권리나 특혜로의 도달을 정당화시켜 주었으며, 가계에 정당성을 부여하였다. 사회라는 장 혹은 들판의 건너편 끝에서 농부들은 나무들을 접목하거나 작물들을 교배하면서 이러한 계보학에 관한 개념을 그들의 가공적인 선별에 실천적으로 활용할 수 있었다. 그들은 본원적인, 그러면서 운반자 역할을 하는 그루터기에서 출발하여 가계를 보호하였다. 말하자면 때마다 주제의 대상이 되는 다양한 세대의 후손을 조정했던 것이다. 1766년 앙투안 니콜라스 뒤

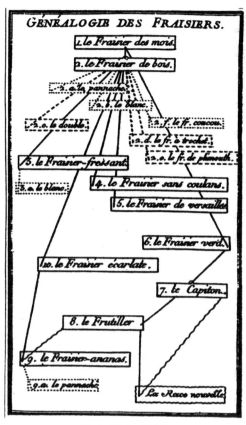

'딸기나무의 계보학'
앙투안 니콜라스 뒤셴(1766)

셴은 《딸기나무의 자연적 역사》라는 제명으로 딸기나무의 계통학을 편찬한다. 팔라스와는 달리, 그는 다양하게 알려진 모든 딸기나무들이 실은 고유한 공통의 조상 딸기나무에서 변형되어 이어져 온 것이라는 사실을 도해를 곁들인 설명으로 보여 준다. 뒤셴이 이 구상을 '계통수' 라고 이름 붙였을지언정 이것은 여전히 매우 모호한 채로 남는다. 그것이 못될 것이 위에서부터 밑으로 읽어야 하며, 무엇보다 가지를 치지 않았다는 사실에서이다. 여기서는 곧은 선들이 어떤 중개자 종들에 의해 분기하거나 통과

함이 없이 두 개의 종들을 반복해서 읽고 있다. 참으로 말해서 진정 문제
시되는 것은 모성의 그루터기에서 여러 갈래의 줄기들이 다발을 이루며
뻗어 나가는 덤블 모양의 형상이라고 하겠다. 단순하게 이러한 구상의 제
목은 명백하게 계보학에 연루되었음을 알려 주면서, 나무의 영상은 본문
속에서 거듭하여 차용되고 있다. [38]

그 이후 18세기 말엽 계층 분류의 토양에 이어서 존재의 등급 사다리,
마지막으로 계보학에 의해서 자양분을 받은 흙이 계통학적 나무의 탄생
을 가져올 준비를 마치고 있었다. 구상에 의한 시간의 흐름에 따른 종의

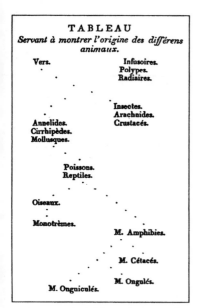

'다른 동물의 기원을 보여 주는 도표'
라마르크(1809)

변형에 관한 자신의 관념을 모형화하기로 결심한
자연변이주의자밖에 부족한 것은 없었다. '사회
적 · 종교적 금기' [39]와 기꺼이 부대낄 역량이 있는
그 자연주의자는 라마르크였다. 그는 처음으로 세
상의 물질적 진화 이론을 체계화시킨다. "종의 급
속한 분리에 대한 그의 투쟁, 위기(그가 믿지도 않
는 잃어버린 종을 그로 인해 설명하려는)에 대한 투
쟁, 최초의 변형을 이루는 데 필요한 장으로서 넉
넉한 시간의 영역에 관해 생각하는 그의 태도, 그
모든 것들은 참으로 과학적인 과학을 이루었다." [40]
그는 자연적 역사와 결렬하면서 생물학의 장애가
되고 만다. 1809년 두 권으로 출판된 《동물철학》
을 변이주의의 선언으로 간주해야만 하는 이유도

---

38) A. N. 뒤셴, 《딸기나무의 자연적 역사》, Paris, 1766, p.220-221, 224, 227.
39) 마들렌 바르텔르미 마둘, 《라마르크 혹은 선구자의 신화》, Le Seuil, 1979, p.37.
40) 마들렌 바르텔르미 마둘, ibid.

여기에 있다. 두 권의 저서 중 '상편의 부록' 속에서 도안에 따라 최초로 시도한 동물계의 계통학적 분석을 볼 수 있다. 라마르크는 동물계통학이라는 표현을 쓰지 않았지만 "자연이 생산한 유기적 존재들의 일반적 분포"라는 그의 표현에 의거하여 우리는 이 그림을 근대적 계통수의 초벌 그림으로 이해할 수 있다.[41] 이후에 일련의 연속에 관한 개념은 이전의 구상에 적절하게, 앞으로 도래할 수목의 조망 원리와 더불어서 연대기적 연속에 대해 논리적 연속의 통로를 포함시킨다.[42]

우리는 자연적 역사 앞에, 특히 식물학에 대해 제기된 문제들이 어떻게 18세기 후반에 살아 있는 존재들의 계통학을 표현하기 위해 다양한 자연주의자들이 나무의 영상을 갖고서 거의 동시적으로 출현하도록 촉진시켰는지를 분석하고자 시도했다. 설령 도표가 종 사이의 근접성 내지는 유사성만을 보여 주고, 사다리는 그들의 증감을 표현할 뿐일지라도 나무는 저마다 표현의 가능성을 넘나드는데, 계통학에 필수적인 시간의 차원을 종합하고 있기 때문이다. 팔라스를 상기하면서 우리는 침묵 속에서 뷔퐁의 나무 활용에 관한 주장을 지나왔다. 아니면 우리는 자연적 역사 속에서 나무의 개념에 관한 초안을 잡고 있는 스물네 개의 문장을 검토할 수도 있

---

41) 마들렌 바르텔르미 마둘은 라마르크에 관한 그의 저서에서 식물학의 과거를 완벽하게 알고 있으며, 특히 18세기의 자연주의자들을 잘 알고 있는 대담한 자연주의자의 역할을 보여 준다. 비록 "모든 라마르크식 개념들의 일체가 과거나 관찰에 힘입은 바 크지만, (…) 그 모든 것은 마치 신앙 고백적인 긴밀함으로 서로간에 반립의 관계를 이루고 있는 생물학과 해방을 성취하려는 시도로 기능한다."(p.173)

42) 마들렌 바르텔르미 마둘은 라마르크가 수용한 생물변이설에서 일련의 개념들의 인식론적 역할을 설득력 있게 설명하고 있다.(p.172) 이 점에 있어서 라마르크는 18세기 자연철학의 계통학과 19세기 생물학의 탄생 사이의 분절에 자리잡고 있다. 프랑수아 자코브는 이미 개체의 논리학 속에서 라마르크의 위치에 대한 매우 뛰어난 분석을 했던 바 있다.(Gallimard, 1970, p.158-169) "라마르크의 생물변이설, 그것은 시간의 선형성에 배치된 존재의 선형적 사슬이다."

었다. 이 나무는 네 개의 부분으로 이루어져 있다. '공통(아니면 '주요' '대' '원시') 기둥'이라 불리기도 하는 '주기둥,' 다음으로는 '직계 가지' 혹은 '주가지'라 불리기도 하는 '직계(아니면 '주' '대' '원시') 줄기,' 마지막으로 '잔가지' 내지는 '방계(아니면 '부속' '측면' '서출') 가지'라고 불리는 것인데, 이것은 다시 '2차 가지' 내지는 '2차 순'으로 분기될 수 있다. 하지만 충분치 못하게 다듬어진 이런 식의 나무에 관한 논급은 뷔퐁으로 하여금 자연에 있어서의 시간을 묘사하고픈 욕망을 일깨워서, '종의 퇴화'[43]를 고려하게 만드는 결과밖에 가져오지 않는다. 살아 있는 존재들의 시간적 차원을 보다 잘 묘사하기 위해서, 생물고정론자의 분류학 일람표를 지나쳐서 나무로 귀환한 사람들이 식물학자라고 하기보다는 동물학자에 가까운 팔라스·뷔퐁·라마르크 같은 자연주의자들이라는 사실을 지적해야겠다. 마치 동물이 "역사를 가진 어떤 존재의 조건에 따라서"[44] 식물에 관해 좀더 잘 생각하기라도 했던 것처럼. 그런데 우리는 19세기 생물학 속에서 변치 않고 나타나는 나무에 관한 논급을 통해서 식물학의 기묘한 설욕을 엿보게 된다. 사실 고전적 사고 방식의 분류 원리는 "식물적 가치들로 특혜받은 것이었다……. 왜냐하면 식물은 회화의 생각을 위하여 일반적으로 뒤바뀐 비밀들 앞에서 투명하고 순수한 대상을 형성하였기 때문이다……. 만약 개체가 존재의 강이라면, 초목은 무엇보다 자신의 명징한 본질을 송두리째 알린다."[45] 자연의 시간적 차원의 돌입과 더불어서 동물은 특별한 자리를 발견하는데, 뷔퐁이 논증하고 있듯이 파생이나 혈통을 탐색할 수 있게 됨으로써이다. 앞으로 우리가 사실을 보여줄 것이겠지만, 갑자기 나무의 언급은 이 식물적 존재의 선택으로 인해서

---

43) 뷔퐁, 《개의 품종》, 1755, 《전집》, tome V, p.225.
44) 미셸 푸코, 《말과 사물》, *op. cit.*, p.289-290.
45) 미셸 푸코, *ibid.*

식물학에 의미뿐만 아니라 약속자의 미래까지 되돌려 주었다.

 한편 우리는 애호가에 지나지 않는 한 비전문 식물학자가 이룩한 놀라운 업적을 지적하지 않을 수 없다. 오귀스탱 오지에는 라마르크의 주요 저작이 나오기 8년을 앞선 1801년 '식물학 나무'를 재편성한 식물 분류 방법을 출판하였다. 이 나무는 계통학적이지는 않으며, 책의 제목이 가리키고 있듯이 이것은 '초목간의 자연적 관계'를 주목하게끔 한다. 사실 나무는 굵은 가지와 잔가지들이 어우러진 유희를 통해서 '족과 강의 자연적인 종속 관계'를 보여 주기 위한 계급적 배치를 제공한다.[46] 오지에의 나무는 계급적 분류의 회화적 모습, 달리 말해서 식물의 생산을 주관하는 나무 이상의 것이 아니다. 오지에의 개념을 나타내기 위해서 54그루의 나무에 2백65계열의 식물과, 20강과 5족이 수집되었다. '식물학 나무에 관한 설명'이라는 제목이 붙은 마지막 10장의 부분은 모두 배치에 관한 관심을 가리키고 있다. 무엇보다 삼차원으로 되어 있는 나무를 상상해 볼 필요가 있다 ──어떤 가지들은 독자를 향해 나아갈 수 있는 반면, 다른 가지들은 반대로 멀어질 수 있다. "식물학 나무의 분지에 관한 정확한 개념을 형성하기 위해서는 다섯 개로 나뉘는 줄기가 나무 뒤편에서 가지들이 꽃틱, 다발, 5엽 형태를 표현

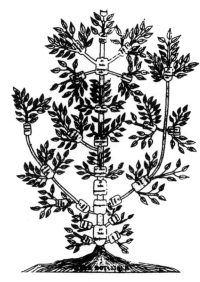

'식물학 나무'
오귀스탱 오지에(1801)

---

46) 오귀스탱 오지에, 《식물의 영역 속에서 나타난 자연의 질서에 부합한 새로운 식물 분류에 관한 시론. 그로부터 도출되는 식물과 그들의 자연적 관계에 대한 인식의 방법》, Bruyset Aîné et Cie, Lyon, 1801, p.15.

하고, 중앙에서 과꽃 · 수술 합체 · 7엽 형태를 나타내며, 전면에서 꽃받침 · 꼬투리를 나타내는 방식으로 에워싸여 있는 모습을 가정해 볼 필요가 있다."[47] 이러한 삼차원의 형상은 굵거나 얇은 가지들의 배치 덕분에 식물이 같은 혈통의 식물들뿐만 아니라 다른 모든 혈통들과도 관계를 갖는다는 사실을 이해할 수 있게 해준다. 이어서 이같은 배치는 다양한 독자들을 정당화해 준다. 우리가 줄기와 가지들을 수직적으로 생각하느냐 수평적으로 생각하느냐에 따라서 꽃부리의 분할에 관한 정보를 얻을 수 있는가 하면, 수술의 배치에 관한, 아니면 열매의 결실에 관한 정보를 얻을 수 있다. 같은 기준 선상에 있지만 다른 줄기를 가진 과나 유의 배치는 유추에 의해서 식물간의 관계를 추론할 수 있게 한다.[48] 오지에는 이러한 구상이 손쉽게 다양한 인식을 가져올 수 있다는 생각을 갖고 있었다. "그로 인해 식물학 나무는 꽃의 다양한 부분에 대한 체계를 구축할 수 있게 되었다."[49] 더 나은 점이 있다면, 나무는 사람들이 이제껏 관찰하지 않았던 식물의 가능성을 가려켜 주는 능력을 구비한 기계처럼 기능한다는 것이다. "만일 사람들이 유와 종을 강과 비슷한 방식으로, 말하자면 분지의 형태로 배치한다고 하면, 그리고 식물학 나무가 도안에 나타나지 않았다고 하면, 나무와 전적으로 흡사하여 외부 윤곽과 내부를 일거에 알아볼 수 있는 모습에 의해서 사람들은 근친 관계와 유추의 도움으로 이제까지 발견하지 못했던 식물의 유와 종이 부재한 데서 생겨난 공백을 어렵지 않게 엿보게 될 것이다."[50] 오지에의 나무는 계통학적 요소를 갖고 있지 않음에도 불구하고 우리들을 매혹시킨다. 그는 라마르크 같은 생물변이론

---

47) 오귀스탱 오지에, *ibid.*, p.232.
48) 오귀스탱 오지에는 p.233과 p.237-238에서 관련된 내용들을 전해 주고 있다.
49) 오귀스탱 오지에 *ibid.*, p.234.
50) 오귀스탱 오지에, *ibid.*, p.239.

자보다는 린네 같은 분류학자로서 인식되어 왔다. 그런데 오지에는 연속된 계의 개념과는 결별해야 한다는 생각을 갖고 있었다. 그는 매우 명료하게 어째서 나무의 형상이 자신에게 조작적인지를 설명하고 있다. "나는 내 자신이 덜 완벽한 식물을 각 과의 중심에 배치하고, 가장 완벽한 식물을 두 극단에 배치해 놓았다는 사실을 깨달았다. 그것은 말하자면 내가 같은 나무의 모든 가지들을 계밖에는 아무것도 만들지 않으려는 방식으로, 그리고 두 극단에서 언제나 다른 극단이 생겨나는 것에 대답해야 하는 것에 분통이 터진 사람처럼 조작했다는 것이다. 다른 가지들이 그들의 기저에서 즉시 접촉하는가 하면, 그들의 극단에서도 즉시 접촉이 이루어졌다. 마침내 가지들을 둘로 쪼개는 어려움을 건너뛰는 부분을 취하지만, 그들의 기저에 의해서 모든 가지들이 접촉하게 만드는 결과밖에는 나타나지 않았다. 그때 나는 계들 사이에 나무의 가지들에 버금가는 점증이 이루어진 것을 관찰하면서, 식물들이 그들의 기저에 의해 모여진 다양한 계들을 형성했다는 사실을 차분히 납득했다. 그리하여 나는 다양한 계들을 만들고, 그들의 점증을 펼쳐내기로 마음먹었다."[51] 여기서 우리는 오지에가 나무의 영상을 통해 즉발적이면서 도움이 되는 그 가치를 비할 바 없이 훌륭하게 이해한 것을 본다. "식물학 나무의 분지에 대해서 세심하게 생각하노라면, 그들이 다른 식물들간의 다른 관계들 속에서 여전히 무한하게 펼쳐지고 있음을 보게 될 것이다. 원리들 중의 하나가 있다면, 그건 곧 유추이다. 유사한 방식으로 자리잡은 과와 유들이, 말하자면 줄기와 가지들이 취하고 있는 관계들과 비슷한 방식으로 그들 사이에 가장 비중 있는 관계를 갖고 있다는 것이다."[52]

---

51) 오귀스탱 오지에, *ibid.*, p.V.
52) 오귀스탱 오지에, *ibid.*, p.237.

우리는 최초의 계통수를 만들어 낸 공로를 라마르크에게 돌려 왔는데, 그것은 그가 시간의 덕택으로 가장 단순한 생물이 가장 복잡한 생물로 변이되는 것을 직접적으로 부대꼈던 탓에 가능한 것이었다. "만약 모든 개체가 자연의 산물이라는 것이 사실이라면, 우리는 자연이 그것들을 연속적으로 생성해 낼 수밖에 없었다는 사실을 믿지 않을 수 없다. 지속하지 않는 시간 속에서 모든 것을 동시에 만들어 냈던 것이 아니라. 그런데 정녕 자연이 개체들을 연속적으로 만들었다고 한다면, 가장 복잡한 유기체들은 마지막에 가서 만들어 낼 작정으로 유별나게 가장 단순한 존재로부터 출발했다고 생각할 여지가 있다."[53] 라마르크에게 있어 수량적인 공간 속에서의 생체들의 분포는 시간 속에서 일련의 전이를 통해 변화한다. 어떤 저것을 확인하기 위해서는, 여기 이것이 실행되어야 한다. 프랑수아 자코브가 분석하고 있듯이 "단순한 것에서 가장 복잡한 것으로 존재의 연속된 사슬을 좇아가며 답사하는 일, 시간을 거슬러서 자연의 도정을 몹시도 정확하게 역추적하며 돌아오는 길, 그리곤 변이의 연속을 재구성하는 일, 그것들로 살아 있는 존재들은 이루어져 있다."[54] 한편 라마르크는 시간율이라는 가치의 설정에 힘입어서 생물학적 측면에서 자연의 역사를 뒤흔들어 놓는 개체들에 대해 다른 시각을 갖고 있다. "그는 살아 있는 세상의 주요한 조정자들 중 하나가 된다. 그를 통해서 모든 형태들이 저마다 조금씩 나타난다. 저들의 다양성을 넘어서, 같은 영토의 존재들은 역사의 단일성 속에서 모두 하나로 이어진다."[55] 시간의 이동에 대한 이러한 식의 이해는 존재들이 저마다 때때로 복잡한 조직체로 파생하는 세상이라는 작품 속에서 라마르크를 다윈에 강력하게 연결시켰다. 우리는 진

---

53) 라마르크, 《동물철학》, 1809, tome I, p.268.
54) 프랑수아 자코브, 《개체의 논리학》, Galimmard, 1970, p.162.
55) 프랑수아 자코브, ibid., p.160.

화주의 속에 있는 또 다른 변이주의와 마주하려는 것은 아니다. 라마르크가 최초의 계통수를 심고자 추구했다면, 그 뿌리는 다윈에게서 찾을 수 있다는 사실을 보여 주길 원하는 것이다.

우선 다윈은 모든 자연주의 분류학자들에서 나타나는 아리스토텔레스식의 안정된 자연 질서라는 낡은 개념을 추종하지 않았기 때문에 라마르크는 그를 이해했다. 그것은 다만 다윈과 더불어서라고 도댕은 말한다. "동물계와 식물계의 과학적 표현에 있어서, 존재들이 저희들 사이에 구성하고 있는 필요하고 영원한 관계에 관한 체계의 개념은 사라졌다. 이 세상의 어떤 배치의 자취일지라도 이어지는 사건들의 자취나, 상황을 소멸시키거나, 같은 방식으로 경험과 인간적 예술의 포박 아래 떨어뜨릴 수 있는 어떤 존재에 대해서 우월한 본질이 아니다."[56] 대학교의 논쟁의 산책길을 뒤로 하고, 다윈은 라이엘의 《지질학 원리》가 보여 주는 여행의 삶을 살아가듯이 비글호에 승선한다. 프랑수아 다고네는 이 항해의 역할과 다윈적 인식론 혁명에 있어서 라이엘의 작품의 중요성에 관해 강조한 바 있다. "비글호는 마침내 시간을 거슬러 가는 듯 대양을 달려간다."[57] 우리는 다윈이 라이엘을 독서했던 중요성을 지적하고자 한다. 지질학은 그들의 광물질 지층에서 화석과 지층을 분할하는 것을 넘어서, 오래전에 살았던 공간의 시간과 공간 속에서의 분할을 이해할 수 있도록 하기 때문이다. 종의 기원의 제10장 마지막 부분에서 다윈은 이렇게 적고 있다. "개인적인 생각을 말하자면, 나는 끊임없이 변화를 거듭하는 방언으로 씌어진 고문서를 라이엘의 비유에 따라서 불완전하게 보존된 지구의 역사 같은 것

---

56) 앙리 도댕, 《퀴비에와 라마르크. 동물학적 강과 동물의 족 개념》, éditions F. Alcan, 1926, tome II, p.262.
57) 프랑수아 다고네, 《구상 공간의 인식론》, Vrin, 1977, p.84.

으로 여긴다. 그래서 우리는 단지 두세 개에 불과한 지방을 다루고 있는 마지막 분량밖에는 갖고 있지 못한 것이다. 이 문서의 몇 장들의 편린들과 각 지면들에 흩어져 있는 몇 줄의 내용들 그것만이 우리에게 다가올 뿐이다. 이어지는 장들에서 다소간 다르게, 천천히 변질되는 언어들은 저들이 살았던 양식과 이어지는 형식 속에 매장된 것들을 표현하고 있을 수 있다. 그리고 갑작스레 도입되는 통에 우리들에게 왜곡된 것으로 비치는 것들을."[58] 마찬가지로 마지막 몇 장들의 내용을 들여다보면서, 우리는 사라져 버린 종들을 오늘날의 어떤 생물들과 비교해 볼 수 있다. 지면에서 내부의 지층으로 이동하는 일은 융기된 현재에서 묻혀 버린 과거로 향하는 것이다. 여기서 다윈은 시간의 작품으로부터 개체의 마음으로 최초의 공간적인 접근을 시도했다. "실재하는 막대한 수의 종들은 사라져 버린 소수의 종들에 불현듯 대비적으로 나타난다. 과거와 현재의 유연 관계는 마치 지각의 심층에 뾰족한 끝을 박고 있는 원추 모양으로 나타난다. 그런 것처럼 같은 조직의 계획을 따라서, 유별난 유형에 따라서 생체들은 시간 속에서 갈라지려는 경향을 갖고 있는 것 같았다."[59] 다윈은 여행 덕분에 갈라파고스 섬의 새들을 지척에서 관찰하고, 그들을 대륙의 비슷한 조류들과 비교할 수 있었다. 상이한 특성의 대치는 같은 종류의 조상들로부터 연관의 띠를 발견하게 될 것이었다. 대양의 공간과 지구의 시간으로의 여행은 그 공통한 기원에 따라서 전혀 다른 후손들로 늘어나고 분산되는 역동적인 기관을 만나는 일이다. "우리는 생명체들의 연속을 시간을 가로질러서 독립된 족들에 부합하는 하나 혹은 여러 개의 평행한 주들로 이루어진 도표로는 더 이상 표현할 수 없다. 집단의 분산을 표현하는 데

---

58) 찰스 다윈, 《종의 기원》, Maspéro, 1980, tome II, p.388, 1876년 에드몽 바르비에의 번역으로 Reinwald et Cie에서 재출판.

59) 프랑수아 자코브, *op. cit.*, p.179.

적합한 유일한 그림이라면 그것은 곧 계통수이다."[60]

흥미로운 것은, 라마르크가 저작을 출판한 지 반세기 후였던 1859년 다윈이 출판했던 저작 속에는 4장에 수록된 것과 같은 단 하나의 나무의 도안밖에는 찾아볼 수 없다는 점이다.[61] 하지만 이 도안은 다윈의 사상을 분석하고 규명하는 데 있어 모체 역할을 하고 있다. 이것은 그의 저서 제2권의 마지막 부분까지 끊임없이 반복되며 인용되고 있는 것이다. 이것을 통해서 우리는 최초의 정당한 계통수를 취한다. 이 나무는 순식간에 살아 있는 계통학을 비롯하여 시간의 흐름 위에 놓여 있는 종들의 생산 과정을 일별하게 해주며, 이윽고 다윈 이론의 주요 내용을 건네준다. 이 나무는 지질학적 시간의 지층 속에 기록되어서, 숫자의 사다리를 따라 박자를 맞추어 곧바로 나아가면서 화석화된 나무의 형상을 그려 보인다. 아니면 이 나무는 무엇을 보여 주고 있을까? "실재하는 다양한 종들은 고대의 공통 종에 이르기까지 연속된 이분법에 의해 상호간 연결되어 있다. 이 이분법은 균등하게 종들을 분출하는 매듭들이어서 자손이 없이는 가계는 절멸한다. 분기와 변이가 독특한 시간의 흐름을 따라 이어진다. 즉 지질학적 시간 속에서." 여기에서 파스칼 타시의 간결한 설명을 인용하는 것이 좋을 듯싶다. "그것은 역행할 수 없는 시간이다. 지질학 지층은 저마다의 모습을 한번밖에 보여 주지 않는다. 심층으로 내려갈수록 먼 고대로 거슬러 간다. 그러므로 W에서 Z까지의 종들의 역사는 유별나다. 그것은 고대의 보통 종들이 살아 있던 당시에 시작되어 W, V, Y, Z와 같은 다양한 종들을 관찰할 수 있게 된 시기에 와서 완성된다. 다윈의 모형은 처음으로 같은 형상 속에서 시간과 혈통을 배합시킨다."[62] 다윈의 선택은 추상적인 식

---

60) 프랑수아 자코브, *ibid.*, p.181.
61) 찰스 다윈, *op. cit.*, tome I, p.122-123.
62) 파스칼 타시, 《시간을 거슬러 오르는 나무》, *op. cit.*, p.45.

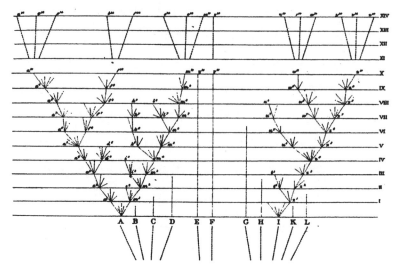

찰스 다윈의 《종의 기원》의 나무(1859).

물 도안에 따른 운용의 특성과 4장 마지막까지 길게 발전된 풍부한 영상의 의미론 사이에 가는 마디를 보여 주고 있다. "그들은 때때로 커다란 나무의 그림으로 같은 강 계열의 모든 존재들의 친화성을 표현해 왔다. 나는 이러한 영상이 개체들간의 관계를 매우 올바르게 보여 주고 있다고 믿는다. 가지들과 싹들은 존재하는 종들을 나타낸다. 앞선 몇 해 동안 생겨난 가지들은 멸종한 종들의 긴 연속을 나타낸다. 성장의 각 시기마다 모든 잔가지들은 굵은 가지들을 사방으로 밀어내려 애쓴다. 같은 식으로 종과 종의 집단들은 어느 때이건 존재를 위한 위대한 투쟁 속에서 다른 종들을 정복해 나간다. 기둥의 분기는 굵직한 가지들이 갈라지면서 보다 덜 굵고 수적으로는 많은 가지들과 함께 나누어 가지며 이루어지지만, 예전에 나무가 젊었을 적에는 자그마한 잔가지와 싹들밖에는 없었던 것이다. 오래된 싹들과 뻗어 나가는 가지 위에 돋아나는 싹들 사이의 관계는 다른 집단에 종속된 집단에서 멸종했거나 살아 있는 모든 존재들의 분류를 표현하고 있다. 나무가 아직 관목에 불과할 때, 솟아나는 저 수많은 잔가지들 중에서 단지 두세 개만이 오늘의 굵은 가지로 변할 것이리라. 그렇게 살아남아서 후속의 가지치기를 준비할 것이다. 이와 마찬가지로 까마득한 지난날로부터 흘러온 지질학의 시간 속에서 살아왔던 수많은 종들은 실로 극소수의 살아 있거나 변이된 후손들을 남겨 놓은 것에 지나지 않는다. 나무가 최초로 자라날 적부터, 적어도 하나 이상의 가지가 죽거나 떨어져 나가야 한다. 어쩌면 잘려나간 저 두드러지게 굵은 나뭇가지는 목과 과와 유 전체를 나타내는지도 모른다. 더 이상 살아 있는 존재가 아닌 그것, 우리에게 그것은 화석으로밖에는 알려질 수 없다. 마찬가지로 우리는 여기저기에서 몹시 얇고 불규칙한 크기를 가진 가지들이 갈라지고 있는 나무들을 본다. 열등한 분기를 하고 있는 그들이 나중에 운 좋은 환경을 만나게 되면 여전히 살아남아서 여렸던 가지들이 나무의 꼭대기에 이르는 걸 본다. 그때 우리는 우연하게 몇몇 동물들을 목격하게 되는데, 오리너구리나 폐어류 물고기 같은 동물들은 문이라는 두 개의 커다란 조직 관계 아래서 그 친화력에 서로 끌린 채 살아간다. 그렇게 고립된 상황에서 살아가는 것은 필경 그곳을 벗어나는 대로 치명적인 경쟁이 기다리고 있음을 알고 있기 때문이리라. 마찬가지로 싹들은 새로운 싹들을 만들어 내며, 그것들이 기운차다면 사방의 모든 연약한 가지들을 제거하는 가지를 만들어 낸다. 나는 인간의 세대가 인생이라는 거대한 나무에서 같은 모습을 보여 준다고 믿는다. 죽거나 부러진 가지들은 지표면 아래의 지층 속에 묻혀든다, 언제나 살아 있는, 쉼없이 새로워지는 저 현란한 가지 뻗기가 대지를 뒤덮는 동안."[63]

이러한 계통발생학적인 수목의 표현은 1859년 《종의 기원》이 출판되면

---

63) 찰스 다윈, *op. cit.*, tome I, p.142-143.

서 더욱 열렬한 지지를 받았다. 도표와 그림을 곁들인 단순한 표현 양식에 구상 개념을 매우 설득력 있는 문체로 풀어나간 것이었다. 수목 체계의 도안이 매우 분명하게 계통의 현상을 나타나게 했던 까닭에 다윈은 "종종 독자가 새로운 통찰의 눈길을 그림에 던지는 광경을 상상해 보았다. (…) 그는 바라보리라……."[64] 계통수 형태의 중요성은 작품 속에서의 기능에 의거한다. 나무는 분류의 기반을 드러낸다. 그것은 유·과·목·강의 분류 체계를 드러내면서 이들 구분의 이편에서 공통의 원천으로, 모든 개체를 펼치고, 늘리고, 다양화하고, 분배했던 조상으로 거슬러 올라가고자 한다. 나무는 분기의 유희를 통해서 하나로 되는 끈을 소개한다. 그것은 "계통학 요소는 자연주의자들이 자연적 체계라는 이름으로 찾아왔던 숨은 끈이다."[65] 나무는 비추고 보여 준다. 4장의 중심적인 내용으로 저작에 대한 논쟁과 분석이 함께하는 것도 그 독특한 위치에 비롯한 것이다. 다윈은 이 구상에 있어서 자신이 직접 조정자의 역할을 맡을 것이라고 주장했다. "고상하고 오래된 과의 헤아릴 수 없는 후손들 사이의 혈통 관계를 포착하는 일이 무척 힘든 것처럼 계통수의 원조 없이는 거의 불가능에 가까운 일이다. 한 사람의 자연주의자가 그림의 도움이 없이는 자연의 거대한 같은 계층에 속한 막대한 수의 살아 있는 개체들과 절멸한 개체들 사이에서 그가 분별하고자 하는 다양한 친화력을 묘사한다는 것이 얼마나 어려운 일인지를 이해할 수 있을 것이다."[66]

진화론에 가장 열성적이었던 선전자는 에른스트 헤켈이었다. '계통'이라는 용어도 그에게서 시작된 것이었으며, 두 그루의 유명한 계통수 역시 그로부터 비롯한 것이었다. 첫번째의 것은 '개체의 단일 계통수'라고

---

64) 찰스 다윈, *ibid.*, tome II, p.488, 496.
65) 찰스 다윈, *ibid.*, tome II, p.511.
66) 찰스 다윈, *ibid.*, tome II, p.509.

명명된 것이다. 그것은 개체의 일군이 어떻게 '단일 계통'이라는 유일한 근원으로부터 유래하는지를 보여 준다. 여기서 파스칼 타시의 적합한 분석을 재인용해 보자. "이 나무의 영상은 우리 숲의 나무들에서 두터운 기둥이나 무성한 가지들로의 정확한 이동이 아니다. 계통수의 형상으로 근원에 보다 가까운 그 수목성의 구조는 무엇보다 분기의 연속을 취한다. 수많은 정생의 점들로 구현된 다양한 개체들을 설명해 주고 있는 분기 말이다."[67] 이러한 조망이 다윈의 논문 이후 6년이 지난 1866년 베를린에서 출판된《생물체의 일반 형태》제2권의 최초 도판의 내용을 이루고 있다. 이것을 11년이 지난 1877년 베를린에서 출판된《인류 기원》속에 제시된 '인간 계통수' 그림과 비교해 보자. 이 영상이 실로 나무와 닮은 것은 "뿌리(단층)로부터 정상(유인원)까지 가느다랗게 되는 두툼한 줄기로 해서이다. 이와 마찬가지로 근원에 닿아 있는 무성한 가지들은 맨 꼭대기에서 규칙적으로 일정하게 가늘어진다. 이런 표현의 양식은 일관성으로 무겁다. 이것은 정생점들보다 더욱 조밀한 후손의 가계를 엿보게 해준다. 그러면서 이것은 고대 집단의 역사 속에 다양한 세분화를 보여 주는 실질적인 잔가지들이──기둥과 가지의 두께 속에서 솟아오른 체절들──자라나고 있었음을 생각하게 만든다."[68]

　19세기에 성공적인 결과를 낳았던 계통수의 형상도 수목학이라는 과학의 대상이 되기 전까지는 나무 비슷한 역할밖에는 맡을 수 없었다는 것을 감출 수 없다. 하지만 계통수는 여전히 표현의 세상 속에 속해 있었다고 말할 수 있는데, 그것은 부각된 두 개의 인쇄판으로 이루어진 그 도안

---

67) 파스칼 타시, *op. cit.*, p.55.
68) 파스칼 타시, *ibid.*

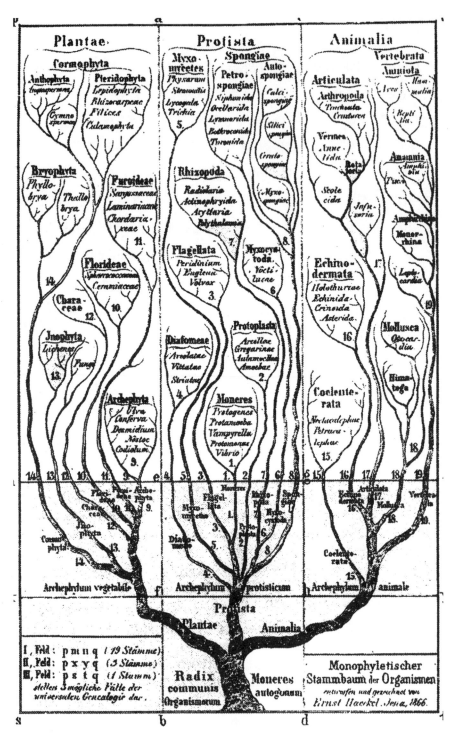

'개체의 단일 계통수' 에른스트 헤켈

《생물체의 일반 형태》, 베를린, 1866)

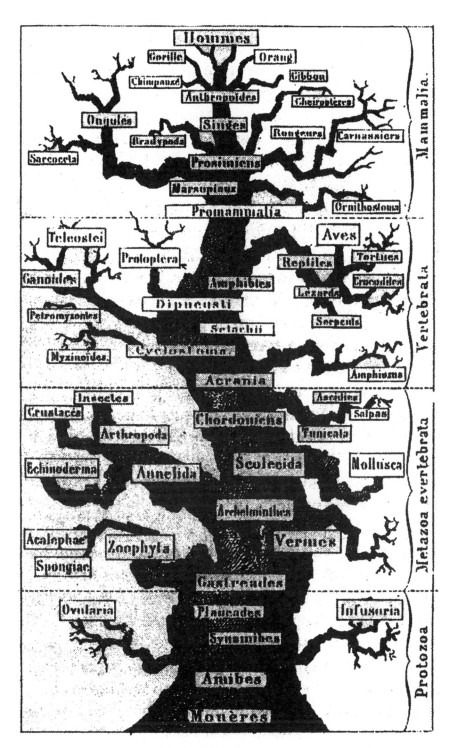

'인간의 계통수' 에른스트 헤켈

《인류 기원》, 베를린, 1877)

에 새겨진 생물지리학 나무가 책 속의 공간에서는 싹틔울 수 없을 것이기 때문이었다. 나무는 풍경으로 나가야만 했다. 흙과 기후의 특성으로부터 자신들의 본질적인 근본 기능을 되풀이하는 나무들의 계시적인 힘을 민감하게 주시했던 사람들은 근대 최초의 여행자 겸 관찰학자들이었다. 식물적 존재로서, 나무는 그렇듯 지표로 기능한다. 존재 그 자체 속에서 모든 일련의 관계들을 해석하기 때문이다. 합리적인 식물지리학에 관한 직관을 가졌던 최초의 저자가 베르나르댕 드 생 피에르라는 것이 놀랍지만은 않다. 정작《우주》의 상권에서 알렉산더 폰 훔볼트라는 충실한 필명으로 불려지고 있으니까.[69] 그가 또한 아라라트 산에서 투른포르가 관찰했던 것에 관해 언급하고 있는 것은 사실이다. 투른포르는 이탈리아, 파리 근교, 스위스 등지를 여행하면서 경사면에 자생하면서 고도의 영향으로 단계별로 층이 진 식물들을 탐구하였다.[70] 그럼에도 불구하고 1784년 지구 표면에서 나무의 합리적인 분포에 관한 개념을 던지는 사람은 역시 베르나르댕 드 생 피에르이다. "그들의 강들은 위도에 따른 여러 대들에 분포되어 있다. 남프랑스에는 종려나무들이, 북부에는 전나무들이 분포되어 있다. 그리고 그들의 종들이 각 대의 영토에 분포되어 있다. 들판과 산과 암석 지역과 습지에, 그리고 전나무 · 소나무 · 가문비나무 · 낙엽송 · 삼나무들이 북프랑스의 영토를 나누어 가지며 분포하는 동안 종려나무 강에 속한 바다 연안의 야자나무, 모래톱의 라타니아, 바위산 밑의 대추야자, 산악 지역의 캐비지야자들이 열대의 여러 지역에 분포하여 자라고 있다."[71] 이론의 여지가 없는 이러한 단순한 보기들에 만족하지 못한 채,

---

69) 알렉산더 폰 훔볼트, 《우주》, tome I, Paris, 1848, p.418.

70) 알렉산더 폰 훔볼트, *ibid*. 한 세기 앞서서 이미 린네가 투른포르의 관찰에 관해 논급한 바 있다.(《자연의 균형》 참조. Vrin, p.37)

71) 자크 앙리 베르나르댕 드 생 피에르, 《자연의 탐구》, étude n° 1, Paris, 1784, p.61.

베르나르댕 드 생 피에르는 식물의 형태론에 관한 정보와 식물들이 그들 상호간에 맺고 있을 뿐만 아니라 토양 및 기후와 맺고 있는 관계들을 동시에 제공해 주는 식물들의 분포에 관한 새로운 표현 양식을 상상하기에 이른다. "각 식물들을 각자의 자연적인 장소에 위치시키면서 편성되는 이 질서는, 우리에게 다시 한 번 그들의 모든 부분들의 용도를 인식하는 수단을 알려 준다. 그리고 감히 강조하여 말할 수 있다면, 질서는 그것이 각각의 위도에서 태양과 바람과 물과 대지와 더불어 포함하고 있는 놀라운 적절성을 발견하게 만들면서, 형식을 변화시키고 같은 유에 속한 수많은 종들을 창조해 내면서 자연을 결정짓는다. 이런 조망에서 우리는 어느 날에는 지리학이 식물학 연구의 바탕 위에서 뻗어 나갈 수 있다는 것을, 그리고 반대로 태양의 조명을 받은 식물학이 지리학을 밝혀 줄 수도 있다는 것을 얼추 예상할 수 있다. 누군가가 식물학적 도표를 만들면서 각 나라에서 고유하게 별도로 성장하고 있는 식물을 일정한 색깔과 기호로써 그 중심과 변방을 결정하면서 표현한다고 하면, 우리는 우선 각 지역의 토양에 적합한 다산성을 일별할 수 있을 것이며…… 또한 다양한 강의 식물들은 우리의 기압계나 온도계 같은 물리적 기구들이 따라붙을 수 없는 정확함으로 각각의 지역에서 습도나 건조 상태의 변동이나 한파와 더위의 오르내림을 보여 줄 것이다."[72]

베르나르댕 드 생 피에르의 개념은 사반세기 후에 알렉산더 폰 훔볼트가 1807년 파리에서 출판한 소책자《식물의 지리학에 관한 소론》을 통해서 진전을 보게 된다. 이 책은 '적도 지역의 물리적 도판'이라는 제목이 붙은 놀라운 판화를 수록하고 있다. 도판 이상으로 분명한 영상을 보여

---

72) 자크 앙리 베르나르댕 드 생 피에르, *op. cit.*, p.61-62.

주는 이 판화는, 안데스 산맥에서 가로 좌표를 따라 주어진 토양과 일정하게 구분된 표고의 거리를 따라서 분포된 식물들의 종을 표현하고 있다. 소묘는 두 개의 산봉우리를 나타내고 있는데, 뒤쪽의 그림은 화산을 그린 것이다. 나머지의 다른 하나는 첫번째 도안의 전면을 차지하고 있다. 왼쪽 측면의 절반은 눈에 덮인 정상까지 이어진 암석 지대에 층층이 서 있는 나무들을 그린 것이다. 오른쪽 부분에서는 소묘가 왼편에 그려진 분포에 일치하는 중요한 개체들의 이름에 자리를 내주기 위해서 사라졌다. 판화는 왼편에서 열한 개의 기둥으로, 오른편에서 아홉 개의 기둥으로 둘러싸여 있다. 그것들은 각각 표고, 지층의 높이에 따른 전기적 현상, 지구의 다양한 부분별로 상대적으로 비교되는 높이, 중력의 감소, 청도계로 측정한 하늘의 상태, 소쉬르의 습도계로 측정한 대기 중 습도의 정도, 대기압, 그 온도, 대기의 화학적 구성, 표고별로 살아가고 있는 동물 사다리, 높이마다 다른 물의 비등점, 지질학적 전망…… 등이다. 이렇듯 뛰어난 표현은 베르나르댕 드 생 피에르의 생각과 완벽하게 일치하는 것이었다. 하지만 그 표현은 수량적이면서 체계화된 수단을 동원한다는 의미에서 더욱 적극적인 차원을 끌어들인다. 가령 식물의 유형과 분포를 결정짓는 매개 변수들(온도 · 습도……)과 이들이 의존하는 공간적 여건(위도 · 표고)을 모두 표현하고 있는 것이다. 훔볼트는 실로 식물학적 지리학이라는 새로운 과학을 구축했다. 그의 시도는 견고한 사례에 의해 뒷받침되어 빛나는 일종의 실현 같은 것이다. 진정한 학자로서, 그는 지식에 대해 범분야적이며 복잡한 의식을 갖고 있다. 그리하여 그는 지구의 역사에 관한 어떤 가정들을 지지할 수도 있다. "우리가 지구 최초의 물리적 상태까지 몇 가지 확신을 갖고 거슬러 오를 수 있는 것은 식물지리학의 도움 때문이다. 조개껍질처럼 주름진 바위가 풍요와 동요를 증언하는 물의 세상이 물러간 뒤, 지구의 전 표면이 동시에 다양한 식물들로 뒤덮인 것인지, 아니면 다양한 부족의 전통에 부합되게 휴식에 들어간 지구가 특정한 한 지역에 우선적으로 식물을 생장하게 했던 것인지, 흘러가는 대양이 세기를 두고 거듭하여 점진적으로 식물의 종자들을 가장 멀리 떨어진 장소로 옮겨다 주었던 것인지를 결정하는 것이 식물지리학이다."[73] 이밖에도 훔볼트는 계통학의 조망에서 식물의 발달을 생각하고자 식물지리학에 관한 흥미에 사로잡혀 있다. 이 주제는 30년 후에 다윈이 비글호를 타고 탐사 여행에 나섰을 때 그의 관찰을 통해서 입증될 것이다. "이 과학은 식물 형태의 무한한 변화를 거쳐서, 인간이 몇몇의 원시적인 형태를 인식할 수 있는지, 아니면 종의 다양성은 시간 속에서 항구적인 세대에게 일어난 단지 우연적인 변화에 지나지 않는지를 검토하는 것이다."[74] 사람들은 '식물의 이주에 관한 중대한 문제'를 생각하면서 기후의 역사와 부대끼게 될 것이다. 왜냐하면 "식물지리학은 지구의 내부로부터 내려온 것이기 때문이다. 그것은 우리 행성의 최초 식물군의 무덤이라고 할 수 있는 화석화된 숲이나 지면 아래 목탄층 같은, 자연이 석화 작용을 통해 남겨 놓은 고대의 기념물들을 취급한다."[75] 마침내 훔볼트는 식물학적 지리학과 문명의 역사. 사이의 관계를 분석하기에 이른다. 그는 식물의 풍경 속에서 그곳에 살아가고 있는 인간의 특징적 원인들을 찾으면서 여전히 자신의 개념을 세련되게 다듬을 것이다. "양식의 영향은 열정의 특성과 힘에 많거나 적게 자극적인 영향을 끼친다. 그처럼 항해와 투쟁의 역사는 식물의 영토를 쟁탈하기 위해 치르는 노고인 것이며, 식물지리학에 연관된 소재가 인간의 정치적 · 도덕적 역사와 이어지는 것도 무리는 아닌 것이다."[76]

---

73) 알렉산더 폰 훔볼트, 《식물지리학에 관한 시론》, Paris, 1807, p.20.
74) 알렉산더 폰 훔볼트, *ibid*.
75) 알렉산더 폰 훔볼트, *ibid*., p.22.
76) 알렉산더 폰 훔볼트, *ibid*., p.29-30.

수목학적 도안을 만들어 내는 것이 문제가 아니며, 변신하는 나무의 특성에 힘입어 현상을 표현하는 일이 더 이상의 문제도 아니다. 나무 자체가 지표가 되었으며, 자기 자신 이상의 것을 설명하고 있기 때문이다. 나무는 새로운 형태의 지식을 촉발하고, 차후로는 살아 있는 개체들을 상호의존적인 요소들이 복합된 전체로서 간주하며 새로운 접근을 하게 만들 것이다. 헤켈은 용어를 벼려서 다듬고, 훔볼트는 초벌 그림을 그리고 방법을 실천에 옮겼다. 그리하여 "훔볼트에서 바닝에 이르기까지, 마치 식물학적 지리학의 가지처럼 인식되었던 생태학이 근원과 공통의 역사 위에 구축된 살아 있는 세상의 단일성으로부터──생물권의 관념에 의해 해석되어──개념의 형태를 보여 주는 것과 동시에 점진적으로 나타난다."[77] 나무가 여전히 합리적으로 이해되지 않은 증거로(나무에 관한 과학의 입장이 초보적이어서 그런 것은 아닐 것이다) 우리는 사람들이 얼마나 많이 그것을 거쳐서 생각하는지를 보여 주었다. 나무는 계급적인 강에 논리적 범주뿐만 아니라 과학의 틀까지도 제공하였으며, 개체에 관한 계통학적 개념들을 용이하게 해주고 생태학이라는 새로운 과학의 형성을 낳았다.

19세기 전체를 통해서, 사람들이 차후로는 나무의 기능을 합리적으로 알 것이었기 때문에 나무는 분류자의 추상적인 구상 이상의 것은 기여하지 않았다. 이따금씩 유전학자들 덕분에 자신의 고풍의 역할을, 하지만 탈신성화된 그것을 재발견하면서 범세계적인 개체로서의 나무의 전체적인 기능을 확인하곤 했을 뿐이었다. 생명의 나무가 한편으로 30억 년 전 해조류에서 지금의 우리에게 이를 때까지 개체들의 예외적인 모험을 표

---

77) J.-M. 드루앵, 《생태학과 그 역사》, Flammarion, coll. Champs, 1993, p.84-85. 이 시론에서 저자는 익명의 다수 식물 애호가들을 알기 위한 일환으로, 그가 '식물학의 경기병' 이라고 명명한 그들에게도 본질적인 자리매김을 할 수 있는 정당하고 분별 있는 생태학을 창시할 것을 제안한다. 다른 한편으로 그는 식물지리학의 두 창설자, 알렉산더 폰 훔볼트와 오귀스탱 피람 드 캉돌의 역할과 중요성을 강조한다.

명하기 위해서 성서 지면의 에덴을 떠났던 것처럼, 그리고 다른 한편으로는 토양과 기후와 나라의 생생하고 충만한 종합이 되고자 자신의 의미와 도안의 지위와 단호하게 결별했던 것처럼. 다윈·헤켈과 더불어, 훔볼트·캉돌과 더불어, 나무는 책으로부터 탈출하여 인간이 느리게밖에는 발견하지 못했던 놀라운 합리성을 스스로 펼쳐 보인다.

IV

식물학자들은
왜 나무를 좋아하지 않는가

개 요

— 나무는 신성하게 여겨지고, 인간의 욕망을
통합하여 보여 주고 있기는 하지만, 고대 이집트
에서 식물이 학자들의 관심을 끌었던 이후로는
이론적 지식의 대상이 되지 못했다.
— 우리는 그토록 늦게까지 살아남은 역학적
인 모형이 어떻게 한 세기도 되지 않아서 발견의
도움이 되는 힘을 고갈시킬 수 있었는지를 이해
하려 노력하고 있다.

나는 유미즙이 각 식물의 특별한 효과의
원인이 무엇인지 이해할 만한 어떤 단서의 빛도
줄 수 없다고 결론지었다.
마리오트(1620-1684)

나무의 과학, 혹은 삼림의 식물학은 그것이 탐구하는 대상과 사람들이 그것으로부터 선취하는 기술적인 결과들로서 식물학의 내부에서 독특한 자리를 점유한다. 그것은 때로 집단적인 군락을 이루어 살아가면서 총림이나 큰 숲을 형성하는 선형의 식물들을 연구한다. 그것의 주요 대상은 물론 나무들이다. 게다가 삼림식물학은 임학으로 이어지게 되는데, 다시 말해 활용적인 가치로 전환되어 숲의 개간과 목재의 이용에 관한 것까지 모색하는 것이다. 우리는 이러한 활용적 국면이 17세기말까지의 사회적 구조와 기능의 틀 안에서 보다 이론적인 탐구를 더디게나마 시동시켰던 것을 보여 주고자 한다. 왜 그토록 더딘가? 그것은 식물학자들이 나무를 사랑하지 않으며, 그것들을 등한히 하는 경향이 있기 때문인 듯하다. 식물 채집하는 사람들은 그들을 저버리는데, 관찰하기가 쉽지 않으므로 해서이다. 너무 높거나 너무 두꺼워서 그것을 '딴다'는 것은 힘들고, 일반적인 약용 식물들처럼 손쉽게 운반할 수도 없기 때문에 최소한 1년 중 어떤 시기에만 열매들을 수집하는 실정이다. 그뿐만 아니라 나무들은 오래 살기 때문에 우리의 관찰에 저항한다 하여 "우리는 초목이 태어나고, 성장하고,

꽃 피우고, 열매 맺는 것을 본다." 왜냐하면 "그들의 생은 단순한 지속보다도 덜 실감나는 생으로 비치는 까닭에서이다"라고 샤를 보네는《자연에 관한 사색》에서 적는다. 분류학자들은 드물게 나무에 몰두한다. 식물 도감은 너무나 적은 수의 잎사귀들만을 보여 주고 있을 뿐이다. 실질적으로 전문 자료라고 할 만한 것은 존재하지도 않는다. 여기서 장미(Rosa)와 조팝나물(Hieracium)의 꽃말인 저버림과 관심의 대조를 지적하지 않을 수 없다. 확실히 린네의 방법이 가진 꼼꼼한 관찰은 숲 속에서 힘겹게 배역을 발견한다──뷔퐁이 저서《자연적 역사》에서 그를 비난하게 되는 것은 그 때문이다. "나무를 재인식하기 위해서는 손에 현미경을 들고 가야 한다(…); (…) 명백히 드러난 모든 부분들은 더 이상 아무것에도 도움이 되지 않는다."(제1권, 19쪽) 마침내 나무는 구조가 풀보다 훨씬 복잡하기 때문에 쉽사리 무시되었다. 극도로 드문, 소수의 저자들만이 18세기말까지 나무의 생리학이 제기하는 문제들에 접근했었다. 그렇게 나무에 관한 합리적인 인식은 뒤늦은 18세기에 이르러서야 뷔퐁과 뒤아멜 뒤 몽소의 주도로 나타났지만, 매우 느리게 전진하였을 따름이다. 이어서 1824년 낭시의 삼림학교에서 행한 실제적 훈련과 오귀스트 마티외[1]의 교육 덕분에, 나무는 풍경과 체제의 질서 속에서처럼 지식의 질서 속에서 점점 더 중요한 자리를 차지하게 된다. 그 자리는 오늘까지도 커져 가기를 멈추지 않는다. 이러한 상황의 판도는 하나의 질문을 되던지게 한다. 나무의 인식은 애초부터 느릴 수밖에 없는 것일까? 우리는 서양적 상상 속에서 나무의 주요 역할을 보여 준 바 있다. 고대부터 테오프라스토스 · 플리니우스 · 콜루멜라 같은 유명한 저자들만 예로 들더라도 그들은 아름다움과 활용의 방면에서 나무를 다루었다. 한편으로 나무는 많은 문헌들을 통해 어렵지 않게 확인할 수 있듯이, 베르길리우스에서 롱사르를 거쳐 루소에 이르기까지 문화 속에 잘 반영되어 왔다. 그것들은 환기되고 경작되면서 문화의 기둥을 이루었다. 그것들이 단번에 이성적인 지식의 소재를 건네주지 않았다는 사실을 어떻게 설명할 수 있을까?

첫번째의 이유는 그들의 증거에 비롯한다. 인문의 여명 무렵부터 그들은 안식처와 양식을 제공해 주었다. 실질적으로는 19세기까지 문화의 존재 조건을 구성하였다. 나무와 사람 사이가 거의 동질동체인 협소한 관계를 주목하지 않으면 안 된다. 수천 년 동안 그들은 인간의 몸을 덥게 해주는 장작과 주거지의 재료를 제공해 왔다. 신석기 시대부터 숲은 경제적·사회적 장치의 중요한 구성 요소로 자리잡아 왔다. 가스통 루프넬[2]은 그의 저서 《프랑스 전원의 역사》에서 숲에 연관된 자연적이거나 문화적인 역

---

1) 오귀스트 마티외, 《삼림 식물》지, 1858. 낭시 삼림학교의 자연과학 교수에 의해 처음으로 창안된 이 저작은 큰 성공을 거두었다. 1858년과 1898년 사이에 네 번에 걸쳐 출판되었던 이 책은 실로 여러 저서들의 모범이 될 만한 것이었다. 오귀스트 마티외는 여러 식물학자들의 식물지와 결렬하고, 여러 영림관들에게 연설하기를, 그들에게 계절에 관계없이 나무를 제대로 인식할 수 있는 모든 내용들을 건네주길 바랐던 것이다. 식물학자들이 보기에 그가 습관적으로 싹이나 껍질뿐만 아니라 다양한 요소로 이루어진 나무의 환경과 구조의 특별함을 간과하는 것도 그 때문이다. 그는 삼림식물학에 여하히 이바지할 수 있는가에 관해서 무척 고심하여 마지않았다, 그의 저서 초판에 수록된 서문에서 발췌한 다음의 인용문을 통해서 알 수 있듯이. "그것이 그렇게 내가 몸소 개혁해야 할 점인 것이며, 앞으로는 식물학의 서술에서 더 이상 소홀히 할 수 없는 것이라고 믿는다. 모든 경우에 있어서 언제라도 목질의 나무가 중요한 관건일 것이다. 나는 나무가 건네준, 그리고 그것을 구성하고 있는 다양한 조직·섬유질·맥관·사출 등의 배열이 건네준 성격에 관해 이야기하고 싶다. 고유한 종의 거의 모든 나무들을 주의 깊게 검토한 결과, 그들의 구조는 모든 유에 대해서 변함없이 남아 있으며, 그것이 참으로 자연적일 경우에는 가계의 모든 유에 대해서도 마찬가지로 남아 있다는 것을 알려 주었다. 나는 방법들이 이러한 질서의 성격 속에서 완벽함의 강력한 보조를 찾아내리라는 확신에 차 있었다. 그밖에 이 구조는 가장 흔하게 나무의 질과 용도를 관할하며, 이것을 위한 것인지 저것을 위한 것인지 서로간에 구분하기 쉽도록 해주며, 그리고 나무의 역사적 부분은 내가 그것을 간과하기에는 나의 주제에 너무나 내밀하게 결부되어 있다." (p.X)

2) 가스통 루프넬, 《프랑스 전원의 역사》(Grasset, 1932), p.69. "우리들의 각 공동 경작지는 근본적으로 문화적인 숲 속의 빈터이다. 그리고 그 경계들은 나무와 숲의 가장자리이다. 제기되는 최초의 문제는 이러한 고대 경계들의 흔적을 다시 찾는 일, 가장 최근에 형성된 나무의 윤곽과 더불어 최초의 경계를 식별하는 일로 돌아가는 것이다."

사에 대해 언급하고 있는데, 그 역사 위에서 몹시 복잡한 경계가 구체화된다고 하였다. 경계란 무엇인가? 그것은 풀이 무성하거나 경작되고 있는 지표면이 나날이 늘어가는 추세와 숲의 저항 사이에서 언제나 다시 시작되는, 전투가 벌어지고 있는 이동하는 전선을 말한다. 신석기 시대 이래 전답과 방목지의 공간은 끊임없이 숲을 정복해 왔으며, 뒤를 이어서 끊임없이 경계의 대체가 이루어졌다. "우리 시대로부터 4천 년을 거슬러 올라가서 중부 및 남부 유럽의 숲들은 농민의 문명과 함께한 순간부터 짓이겨졌다……. 최초로 밭이 숲을 점유해 들어가기만 하면 목재를 골조로 하는 여러 집들이 생겨나고, 도자기 산업이 발전하는 식으로 이어진다. 각각의 활동에서 신석기 시대의 정착민들이 숲과 대치하고, 급기야는 파괴한다. 건축이나 연소의 재료로 이용되는 목재는 그때부터 중요한 삶의 원천이 된다."[3] 이러한 나무의 소비는 인구의 증가와, 문명의 발달과 더불어 늘어나기를 그치지 않는다.

페니키아인 · 이집트인 · 아테네인 · 카르타고인 그리고 로마인들은 여러 작업의 재료를 공급하기 위해서 가능한 대로 수많은 벌목을 필요로 했으며, 그들을 통해 수천 번의 항해가 이루어졌다. 항해의 요청에 지중해의 광활한 개간지를 추진하는 건축가들과 사업가들의 노고가 더해진다. 플라톤은 이미 그것의 해로운 효과에 대해 《비평》에서 지적하였다. 철학자는 고풍의 아테네 지방을 떠올리며 이야기한다. "그 도시는 산 위에 광대한 숲을 이고 있는데, 지금도 여전히 수림을 눈으로 확인할 수 있다. 현재로서는 그 산이야말로 꿀벌을 먹여살리고 있는 유일한 존재라고 하겠거니와, 그리 오래되지 않은 이전 사람들은 커다란 건축물을 덮고자 나무들을 베어냈던 것이다. 그 지붕들은 여전히 고스란히 남아 있지만 말이다."[4]

---

3) 폴 아르놀 · 미셸린 오트야 · 로랑 시몽, 《유럽의 숲》, Nathan, 1997, p.85.

나무의 파괴를 향한 항의는 그렇게 고대로부터 일어나서 증폭되기를 멈추지 않는다. 로마 문명은 그들이 지배했던 유럽을 벌채하여 마지않았다. 오늘날에 와서, 특히 독일의 어떤 전문가들은 열 시설을 가열하는 데 필요한 목재의 양을 산출하기 위해 애쓰고 있다. 우리가 지중해의 둘레에 관해 생각해 볼 때, 또한 골·브르타뉴·게르마니아 지역들을 돌아볼 때, 그곳의 각 도시들이 배치하고 있는 압도적인 규모의 온천장들을 떠올리지 않을 수 없으며, 그들이 마련하고 있을 나무의 재고량이 어느 정도일지는 어렵지 않게 상상해 볼 수 있다. 단적으로 그것은 거대한 규모이어야만 할 것이다. 나무들은 고대 문명의 토대를 구축했으며, 그 재료가 없이는 지속하지 못하고 꽃필 수도 없었을 것이다. 프랑수아 다고네 숲이라는 형태 아래서 나무의 예외적인 위치가 언어학적 자취를 남겼다고 지적한다. "어째서 나무가 한편으로는 실(직물)이나 돌, 아니면 땅보다도 가치 있게 간주되고 있을까? 우선 어휘가 속임수를 쓰지 않는다. '나무(le bois)'는 곧바로 정확하게 물체(matière)나 어머니(mère)와 동일화된다. materia, materies materiarius 같은 투박한 언어의 용어들은 싹의 생산자로서의 '나무줄기'를 규정짓는다. 넓은 의미에서 나무의 단단한 줄기는 표피와는 대치적인 구성물로서 목질(장작과 같은 용도로 불태우는 나무)뿐만 아니라 특히 건축 자재(사자의 지팡이가 아닌 물질적 나무)를 위한 것이다……. 라틴어로 materia는 그리스어의 hyle에 상응하는데, 나무의 밑동, 나무를 가리킴과 아울러서 근원·원인·기반·물체·본질 등을 의미한다."[5] 이러한 구체적인 말들이 철학적 개념을 제공했던 것은 일상의 생활 속에서 나무의 중요성을 증언하고 있는 것과 동시에 투명한 개념화 작용을 통해 정

---

4) 플라톤, 《비평》(111b)(로뱅 역), Gallimard, coll. La Pléiade, t. Ⅱ, p.532.
5) 프랑수아 다고네, 《자연》, Vrin, 1990, p.110-111.

작 나무를 망각하게 만드는 존재의 증거를 보여 준다.

　두번째 이유는, 사회가 나무에 관해 갖고 있는 실리적인 시각 때문이다. 나무는 도구적인 이유에서만 흥미를 불러일으킨다. 예를 들어 올리브 나무나 무화과나무의 수익성을 높이기 위해서 꺾꽂이나 접목 같은 기술을 통해서 해결책을 모색하는 농부들은 최초로 나무에 주의를 집중하는 의사들이라고 할 수 있다. 고대의 플리니우스가 저서《자연적 역사》제12권에서 나무를 논급할 때, 그는 잎사귀나 뿌리로 탕약을 끓이는 과정에서 열매의 치료학적 효과에 관해서 언급하고 있다. 16-17세기까지 식물학은 일반적인 국면에서 의학의 보조적인 지식으로서밖에는 자신의 의미를 찾지 못하고 있었다. 풀과 나무들은 약전의 기본적인 물질이 되었다. 식물학이 고전 시대에서밖에는 스스로 해방되지 못했던 이유가 거기에 있다. 이집트인과 그리스인의 전통에서 유래한 나무의 치료학적 효능에 관한 지식은 오직 경험에 의지하여 방법을 모색하는 참으로 '원시적인 생각' 을 드러낸다. 그 지식은 식물적 요소와 치료학적 효과를 긴밀한 관계로 묶는다. 예를 들자면 떡갈나무는 그 잎새가 몸의 부기를 치료하기 때문에 귀하게 여겨졌다. 껍질은 시력을 좋게 할 뿐만 아니라 머리카락을 검게 하는 데도 좋았다. 떡갈나무의 견과는 강판으로 갈아서 가루를 내어 먹으면 치은염, 구강 궤양, 치통을 완화시켜 준다. 식물학은 부분적으로 상상에 의존하는 이런 식의 표현에 반발하여 가장 정확한 식물의 표현과 체계적인 분류를 추구한다. 식물학은 그들의 분석을 좀더 잘 진행하기 위해서 자의적으로 식물의 다양한 약학적 용도를 잊어버린다. 고전 시대의 식물학자들은 전통과 마법, 경험적 관찰과 순진한 믿음이 뒤섞여 있는 오래된 잡동사니를 합리적인 식물계의 도판으로 대체하고자 애썼다.

하지만 의학이 식물을 향해 시선을 돌렸던 유일한 대상은 아니다. 경제 자체 역시 나무와 복잡한 관계를 맺고 있었으니, 그들이 문화의 진행 과정에 물질적 조건을 공급했기에 그럴 수밖에 없는 것이다. 더한층 사실인 즉슨 "나무와 숲이 18세기 초반의 경제를 지배했던 실체로서, 수많은 일터와 화랑에서 생활의 재료가 되어 주었던 것이다."[6] 그러므로 이렇게 단정하는 것이 가능하다. "18세기의 문명은 식물적이며 자연적인 기반 위에 식물과 그 활용의 문화를 설치했다."[7] 난방을 위한 목재의 양이 인구 통계의 비약에 따라서뿐만 아니라 석회용 화로, 기와용 화로, 대장간 화덕, 목탄구이 가마들이 필요로 하는 열량에 따라서 끊임없이 늘어났다는 사실을 납득하기는 어렵지 않다. 욕구가 늘어나기를 그치지 않으면서 경계가 물러나고 두터운 숲은 엷어진다. 실제적으로 "나무는 불을 지피고, 별도로 연소 재료와 작업 재료를 공급한다. 항해를 위한 널판자와 통, 매우 희귀한 재(잿물과 비슷한), 열매들, 뿌리들…… 표피를 보호하는 황갈색의 탠피 성분, 햇불용 수지, 배의 널빤지 틈을 메우는 송진. 대부분의 동업조합이 숲에 의존하고 있다. 토탄 채취업자, 세공품 상인, 통제조공, 선반공, 테 장수, 수레 제작자, '나무꾼' 모두는 《백과전서》를 장식하고 빛내는 이들이다."[8] 주요한 원천으로서, 나무는 이제부터 12세기와 13세기의 수도회가 덜어 버리려고 애썼던 넘을 수 없는 모순의 한가운데 자리잡는다.[9] 한편에서 농업의 욕구가 경작 가능한(모든 산업적 욕구가 때때로 막대한 양의 나무를 베어내도록 강요하듯이) 새로운 땅을 얻기 위해 개간에 참여하는 동안, 다른 한편에서는 식물 보호 지구를 확보하기 위해 숲을 지켜야 할 일이 생겨나는 것이다. 나무의 부족에 대한 강박 관념이 유럽 문화

---

6) 프랑수아 다고네, 《생의 목록》, PUF, 1970, p.17.
7) 프랑수아 다고네, *ibid.*
8) 프랑수아 다고네, *ibid.*

의 전 역사를 통해 드리웠는데, 사회의 존재 자체를 위험에 빠뜨릴 수 있기 때문이었다. 사람들이 '나무 기근' 이라고 일컫는 사건이 17세기 이후 정치적 문제로까지 대두되었다. 콜베르가 1669년 저 유명한 법령을 공포한 지 반세기 후에, 수학자이며 물리학자인 레오뮈르가 1721년 《숲의 쇠퇴를 막고 가치를 높이기 위하여; 왕국의 숲 상태와 예방에 관한 고찰》을 출판한다. 이 소책자에서 레오뮈르는 경제적인 개념을 지지한다. 쓰러진 나무는 새로 태어나야 하며, 임업의 개념을 숲의 관리 기술로 이해해야 한다는 것이다. "대장간, 용광로, 유리 공장의 수는 늘어나고 국가의 관심이 나무를 보존하기 위해서 이 설비들의 수를 줄이기를 바라는 데 있다고 하는 것은 잘못된 것이다. 국가의 관심은 소비가 증가하는 동안 적어도 나무의 수는 줄어들지 않는다는 데 있다." 화랑과 공장들을 없애기 위한 반작용적 개념이 아닌 보상의 이론이 문제의 관건이다. 온갖 종류의 나무들에 대한 요구가 늘어 가는 것에 부응하여 나무들을 심는 것을 예측할 수 있어야 한다. 우리는 몇 장 앞에 가서 우리의 해석을 확인한다. "그 문제에 대해 좀더 생각할수록, 어느 날인가 왕국이 숲을 박탈당하지 않았으면 하는 두려움에 사로잡힐 것이다. 그곳에 있는 밤나무들이 우리들에게 떡갈나무의 역할을 대신하여 경종을 울려 주기에 적합하다. 저들이 우리의 가장 큰 교회들의 골조를 세울 때에만 하더라도 왕국에는 얼마나 많은 밤나

---

9) 숲의 소재에 관한 중세 수도사들의 작품에 관한 우리들의 판정을 다시 판단하는 데 크게 기여했던 미셸 드베즈의 작업들을 언급해 보자. 개척자로서의 수도사 영상을 가진 미셸 드베즈는 수도원에 필요한 나무를 조달하기 위해서 숲의 보존과 관리에 염려를 하던 끝에 수도사의 숲으로 대체하여 버린다. 그의 논문 〈16세기 프랑스 숲의 일생〉(국립인쇄소, 1961)의 머리말에서 역사가는 다음과 같이 서술한다. "수도사들은 분명히 숲 전체를 파괴하지 않았다. 그들은 그렇게 많지도 않았을 뿐더러 증여 증서에는 개간의 한계에 관한 사항들이 명시되어 있었다. 실질적으로는 수도원 주위에 심어진 거대하고 드넓은 존재, 믿을 만한 가장 강력한 대상을 확보하기 위한 일들에 지나지 않았다. 그들이 숲의 일부를 파괴한다고 할지언정 그것은 나머지를 더욱 잘 보호하기 위한 배려에서이다."

무들이 들어차 있었던가. 몇 세기를 지나는 동안 그다지도 아름답고 신성하게 교회를 받쳐 준 그것들은 마치 오늘에 와서 새롭게 단장한 것만 같다! 그동안 밤나무는 도처에 무성했으리라. 그때 저들이 나무를 보전하였다면, 오늘 우리들이 덕을 보게 될 것이다."[10] 삼림지를 합리적으로 개척할 필요가 있다는 깨달음은, 핀셋으로 집듯이 임업이라는 것을 나무들을 유용하게 재배하는 기술로 이해하게끔 만들었다.

이러한 경제 공황의 틀 속에서 한편으로 레오뮈르의 교사를 받으며, 처음에는 친구였다가 나중에는 경쟁자로 바뀐 위대한 두 정신이 나무를 향해 시선을 돌린다. 동물의 세계에 관한 연구로 사람들에게 이름을 알린 뷔퐁과 이론적 원리는 언제나 기술적 사고에 이어진다 할지라도 임업에 있어 이론의 여지없는 초석이 된, 나무에 관한 위대한 논설을 완성했던 뒤 아멜 뒤 몽소가 그들이다. 먼저 뷔퐁의 생각을 알아보도록 하자. 보편적이면서도 호기심으로 가득한 정신의 소유자, 수학에 열정적으로 빠져들었던 뷔퐁은 왕립과학원에 제출했던 비망록에서도 밝히고 있듯이 1745년에 이를 때까지 나무 재배에 관한 유용하고 기술적인 연구를 추구하기 위해 그 자신의 모든 시간과 정력과 재산을 바쳤다. 뷔퐁은 논설에서 나무에 대한 서리의 효과와 '나무의 내구성과 강도와 수명을 늘리기 위한 방법'에 대해 설명하고 있을 뿐만 아니라, 대기중에서의 건조와 '물속에서의 흡수성' 그리고 '숲의 경작과 개관'에 관해 논급하고 있다.[11] 그의 연구는 표현된 모든 용어의 의미에 있어서 흥미롭다는 것을 지적하자. 한편으로 뷔퐁은 해양부장관 모르파의 요청에도 부응하여 과학원에서 건축용 목재의 내구성을 개선하기 위한 연구를 착수하게 하였다. 다른 한편으로

---

10) 르네 앙투안 페르쇼 드 레오뮈르, 《왕국의 숲 상태에 관한 고찰》, 1721. 박물관 서고 C.C.38 측면에서 보관중인 1723년판 원본의 284쪽과 289쪽에서 발췌한 두 개의 인용문.

그는 자신의 몽바르 성 주변의 숲의 소유자로서 영지의 수확을 늘리기 위한 가능한 모든 노력을 다하였다.[12] 그렇게 뷔퐁은 10년간에 걸쳐 현실에 유용한 활동을 할 수 있는 영지에서 나무를 재배하는 법을 알기 위해 실험적이고도 합리적인 정신의 노력을 기울였다. 그가 젊은 학자로서 1735년 영국에서 크게 평판을 얻고 있었던 스티븐 헤일스의 저작《식물정력학과 대기 분석》(1727)을 번역하여 출간했다는 것도 잊어서는 안 되겠다.

18세기에 사람들은 단지 목차를 읽는 것만으로도 명확한 사실을 알 수 있는 위의 저작의 실험적인 성격에 굵은 밑줄을 그었다. "식물이 추출하고 증산하는 액체의 양에 관하여; 식물이 더불어 습도를 조절하는 힘에 관하여. 우기의 계절에 포도덩굴 수액의 힘에 관하여. 수액의 측면 이동과 맥관에서의 측면 교차에 관하여. 수액의 순환과 비순환에 관한 몇 가지 실험. 식물은 숨을 들이마시는 흡기에 의해 다량의 공기를 흡수한다는 사실을 증명하기 위하여. 동물과 식물과 광물의 개체들 속에는 다량의 공기가 들어 있다는 것과, 이로 인해 개체들이 커다란 자유와 더불어 활력을 유지하는 것이며, 개체의 용해나 부패시에는 공기가 흩어진다는 사실을 입증하기 위하여." 헤일스의 책은 풍부한 관찰로 가득하기도 하지만, 그 자신이 젊은 시절에 공부했던 내용이기도 한 동물의 혈액 순환과 식물

---

11) 레슬리 행크스는 정확하고 철저한 그의 저서《자연적 역사 이전의 뷔퐁》(PUF, 1966, p.275-276)에서 1737년과 1745년 사이에 뷔퐁이 앞서 학회 연구 보고서에 발표하였다가《자연적 역사》보충판 제2권에서 가필 교정했던 아홉 개의 보고를 왕립과학원 앞으로 제출했다는 것을 알리고 있다. 거기에서 뷔퐁은 기술자로서 같은 두께의 목피층을 얻기 위하여, 서리에 의해서 발생하는 질병으로부터 경제적으로 나무를 보전하기 위해서, 숲의 보전과 번식을 위하여, 그리고 나무의 저항력과 물에 담갔다가 빼낸 뒤 공기중에서의 건조 상태를 측정하기 위한 방편으로 식목을 취급하고 있다.

12) 1989년 Fayard에서 펴낸 뷔퐁의 전기 속에서, 자크 로제는 이 위대한 학자의 출세주의와 몽바르에 있는 지방 영지의 토지 소유자로서의 취향에 관해 주의를 기울이고 있다.

의 수액 순환 사이의 유사성을 강화하기를 원하였기에 이론의 여지없이 탁월한 것이다. 뉴턴의 지지자로서 그는 식물생리학의 현상에다가 움직이는 수액에 가해지는 힘에 관한 기계론자의 모형을 적용하고자 했다. 뷔퐁은 까다로운 합리주의자로서 여타의 물리적 모형을 넘어서 아직도 거의 분석된 일이 없는 현상계들을 통합하기 위한 그 노력 말고는 다른 것에 관심이 없었다. 그뿐 아니라 뷔퐁은 자신의 저작에서 몇 장에 걸쳐 언급하고 있듯이 헤일스에 관한 번역을 주의 깊게 읽고 사색하였다. 특히 일부 나뭇잎들의 역할에 관한 것이라든가 '증산 작용' 같은 열에 관한 내용, 식물이 건조기에 생존하는 방식, 어떤 아지랑이의 원인들에 관한……숙고들이 뷔퐁의 문장 속에 반영되어 있다. 그런데 헤일스의 구조는 대기의 분석에 나타난 것처럼 식물 특유의 복잡성과 마주치고 있다. 어떤 의미에서는 물질의 수인으로서, "헤일스는 식물적 개체와 합체하는 고정된 채 끌어당기는 공기와 개체들을 해방하는 자유롭고 활력 있는 공기를 구별하였다." 자크 로제가 강조하고 있듯이, 참으로 "그는 세기를 두고 발전해 가고 있는 식물의 호흡에 관한 연구의 길을 열었으며, 《대기 분석》은 라부아지에의 새로운 화학을 탄생시킨 산실이 되었다."[13]

하지만 뷔퐁은 모든 종극 목적론과 뜻밖의 해석에 반대하면서, 헤일스의 독서를 통해서 뉴턴 이론의, 특히 인력과 반발력이라는 상반된 모형의 타당성을 재발견한다. 장차 그는 《자연적 역사》의 일부 내용을 개진하면서 물질의 이론이라는 이름으로 인력−반발력의 원리를 동원할 것이다. 그는 지혜면에 있어서, 그리고 '창조자, 그 신성한 건축가'가 보여 주는 선의에 있어서 헤일스의 신념으로부터 거리를 두고 물러난다. 그렇게 함으

---

13) 자크 로제, 《뷔퐁》, Fayard, 1989, p.49.

로써 그는 자신을 연구가 종교를 튼튼하게 할 뿐인 18세기 식물학자들의 공통된 위치와 차별화시켰다. 콩도르세는 얼마나 식물학자들이 자연신학을 강화하는 데 기여했는지에 관해 지적하고 있다. "몇몇 사람들은 과학의 역사를 접하고서 학자들이 일구고 있는 다양한 형태의 인식을 좇아가면서 그들 사이에 많든 적든 경건한 신앙심이 퍼져 있는 것을 발견했다고 믿었는데, 그 중에서도 식물학자들이 그들에게는 첫번째로 믿음이 깊은 사람들로 비쳤다. 사실 그들이 구상과 관점 간의 더 많은 통일을 발견한다고 여겼던 것은 식물의 영역에서였다. (…) 식물계의 관찰은 더욱 강렬하게 최초 원인의 개념을 상기시키는 것 같았다. 우리는 흔히 그 혜택을 누리면서 가장 자연스럽게 우리 자신의 영혼을 인식 앞으로 가져간다."[14] 우리는 뉴턴 물리학과 함께 데카르트 이후로 복잡하게 세분화된 기계론자의 모형이 뷔퐁에게서 모든 생기론과 경이로운 생의 신비에 관한 내용을 보전하고 있다고 생각한다. 식물의 현상은 헤일스가 보여 주듯이 기계적 구상으로 환원될 수 있다. 원인 질서는 살아 있는 개체에서와 마찬가지로 비조직화된 물체에서도 작용하고 있으며, 원자와 분자는 같은 동력에 순응하고 있다. 따라서 우리는 이 과정의 전체적 효과를 인식할 수 있다. 뷔퐁의 생각은 헤일스의 저서를 번역하여 서문을 첨가할 때부터 뚜렷하다. 관찰된 모든 사실들의 일체를 체계화하는 종합의 희망이 그것이다. "당장 오늘일지라도, 자연의 역사를 공부하면서 독특한 방식으로 정확한 묘사를 하려고 애쓴다거나 유별난 사실만을 추구할 필요는 없다는 것이다. (…) 그보다는 좀더 큰 것, 우리가 몰두해야 마땅한 어떤 큰 대상을 위해 애써야 한다. 그것은 (…) 개별적인 결과들은 가장 일반적인 결과에 달

---

14) 장 앙투안 니콜라스 카리타 드 콩도르세, 《M. 뒤아멜에 부치는 찬사. 한림원 회원에 부치는 찬사》, Paris 1799, t. III, p.194.

려 있다는 것을 판단케 하는 높은 수준의 인식에 다다르기 위해 애쓰는 것
이다."[15] 다르게 말해서 뷔퐁은 헤일스의 영향을 받아 거창한 이론의 야심
을 포기하는 일이 없이 실용적이며 경험적인 방법을 채택하고 있는 것이
다. "자연의 체계는 어쩌면 다수의 원리에 달려 있다. (…) 다른 어떤 것보
다도 자신의 상상의 안내가 없이 어떻게 신비의 장막을 벗겨낸다고 감히
장담할 수 있을까? (…) 실로 일어나는 것을 아는 일이 중요하다. (…) 결
과의 인식은 우리들을 어느 결에 원인의 인식으로 이끌어 갈 것이며, 그
결과 모든 체계를 특징짓는 것처럼 보이는 불합리한 모순에 빠져들지는
않을 것이다. (…) 그러므로 항상 경험을 모으고, 가능하다면 모든 체계로
부터 거리를 유지하자. 적어도 우리가 알고 있는 것까지는. 우리는 어느
날인가는 확실하게 이 재료들을 정리하는 법을 찾아낼 것이다."[16] 지금으
로서는 뷔퐁은 건축 목재의 견고성을 향상시키는 방식으로 경험들을 운
용한다. 사실상 1733년부터 그는 몽바르 주변의 자신의 숲 속 나무들의
껍질을 벗기면서 헤일스의 번역을 준비한다. 이 야심 가득한 학자는 한편
으로 과학원에 가입하고자 자신의 생각을 사람들에게 알리면서, 다른 한
편으로 왕국의 행정부에 걸맞은 자신의 경력을 내보이기를 바랐다. 그는
해양부장관이었던 모르파에게 나무가 얼마나 전략적으로 중요한 문제인
지를 잘 알고 있었다. 이러한 이유 말고서도 뷔퐁으로 하여금 1732년부
터 이미 과학원의 임원이었던 식물학자 앙리 루이 뒤아멜 뒤 몽소와 협력
하여 작업하라는 장관의 요청도 있었다. 몽소는 그보다 1년 앞서서 나무
의 재질에 관한 연구에 참여해 왔었다. 1737년 과학원에 공동 보고서를
제출한 이후로 두 학자는 서로 멀어지면서 그들의 생의 말년까지 서먹한

---

15) 뷔퐁, 《식물통계학》에 부치는 서문, Paris, 1735, p.VIII.
16) 뷔퐁, *ibid.*, p.IV, V et VI.

적대자로 남는다.[17] 하지만 뷔퐁은 1747년 이후 나무에 관한 연구를 접어 두면서도 두 사람이 함께했던 시간들을 잊지 않는다. 헤일스의 논설에 부치는 서문 속에서 밝혔던 올곧은 생각에서 알 수 있듯이, 뷔퐁은 수목 재배에 관한 거시적인 논설 속에 자신의 경험과 관찰을 결집하기를 바랐다.[18] 이 작품은 끝내 빛을 보지 못하고 만다. 오히려 임업을 일으킨 위대한 논설은 뒤아멜 뒤 몽소가 출간하게 된다.

임업과 나무의 과학을 창설했던 자를 복권시키는 것으로 시작해 보자. 콩도르세는 "그는 오십에 접어들면서 과학의 모든 분야에서 유럽에서 가장 잘 알려진 사람들 가운데 한 사람이었다"고 회고하였다. 뷔퐁에 대한 평판은, 1892년 프랑스어로 번역 출판된 유명한 저서 《식물학의 역사》를 집필했던 율리우스 폰 작스가 바라본 시각으로는 특별한 재능도 없이 편집자의 역할까지 해냈던 뒤아멜 뒤 몽소의 명성에 가려졌다. 뒤아멜 뒤

---

17) 이러한 대립을 자크 로제는 다음과 같이 설명한다. "뒤아멜은 어쩌면 정당해진 입장에서 뷔퐁이 공동의 발견의 공로를 자신의 공으로 놀렸다고 하는 감정을 갖고 있었다. 뷔퐁에 대한 진술의 마지막에서 뒤아멜은 그에게 말한다. '나의 친애하는 동료여, 그대는 기억력이 좋군요.' 이에 대해 뷔퐁이 대답한다. '나는 자신이 발견하는 대로 도처에서 좋은 것을 이용할 줄을 알고 있습니다.'"(《뷔퐁》, *op. cit.*, p.67)

18) 《자연적 역사》 속에서 개진되고 있는 여러 가지 내용들은 삼림식물학자와 자연주의자 이면의 수목재배자를 드러내고 있다. 1749년에 출판된 제2권은 첫번째 장에서 동물과 식물을 비교한 내용을 수록하고 있다. 뷔퐁은 두 권으로 된 첫번째 저서에서 종종 지금껏 출판된 적이 없는 '식물에 대한 강론'으로 복귀한다. 뷔퐁이 그의 이론 '일반 재생산'(t. II, p.18-41)을 발전시키고 있을 때, 그는 또한 식물계만큼이나 동물계도 취급하고 있었다. 하지만 그가 분석하기 위한 보기를 선택했을 때, 그것은 느릅나무였다. 마찬가지로 생의 또 다른 극단에서 그는 인간의 노화와 죽음을 다루기 위해서 유추적으로 나무를 논급한다.(t. II, p.557-579) 비록 그는 나무에 관한 위대한 논설을 잘 이끌어 가진 못했지만, 임업에 관한 그의 다양한 작업들로 인해 폄하되는 일은 없었다. 오히려 자크 로제의 말을 믿는다면 그는 독창성을 보여 주었다. "뷔퐁은 숲을 더 이상 나무들의 집합으로서가 아닌 자아 속의 실체로 생각했다. 동시에 개인들이 특별한 관계 속에서 밀접하게 연관되어서 서로에게 반응하는 집단으로 생각했다. 간단히 말해서 오늘날 우리가 생태계라고 부르고 있는 것을 알려 주는 어떤 존재로서의 숲인 것이다."(《뷔퐁》, *op. cit.*, p.68)

몽소는 그의 식물학자로서의 작업을 사프란의 '죽음'의 신비를 밝히는 일부터 시작했다. 이어서 그는 독창적인 관찰과 경험으로 균류처럼 꽃도 열매도 없이 사프란의 구근에 영양분을 공급하는 유해한 독성의 기생 식물에 관해 다루었다. 이에 관한 저서를 과학원에서 출판한 1728년 같은 해에 그는 과학원의 임원으로 지명되었다. 몽소는 정확한 시각으로 겨우살이의 형성과 번식을 연구하고, 투른포르와 린네의 오류들을 바로잡았다. 하지만 그는 무엇보다 나무의 성장이 보여 주는 신비에 흥미를 느꼈다. 어떻게 해서 나무는 여전히 부드러운 백목질로 되어 있는 껍질 아래의 층이 새로이 형성된 층에 의해 뒤덮여서 단단해지기를 반복하면서 해마다 새로운 나무로 태어나는 것일까? 이 신비가 과학원에 가입하여 접목을 연구하던 중에도 뒤아멜의 머릿속에서 떠나지 않았다. 그는 10년 후에 뷔퐁과 합류하여 공동 작업을 하는 차에 새로이 똑같은 문제에 부딪쳤다. 그들이 제시한 최초의 문제는 숲 속의 나무들이 벌채된 이후의 상태를 관찰한 것으로부터 나왔다. 나무줄기를 수평으로 잘라냈을 경우, 우리는 중심으로 향한 편심 목피층을 확인할 수 있다. 이 현상을 설명하는 것으로서 전통적 이론이 이어져 왔는데, 그것이 추론적이고 모순적인 것은 어떤 사람들은 남쪽에 자리잡은 층이 가장 두껍다고 하는가 하면, 어떤 사람들은 북쪽의 층이 그렇다고 주장하고 있기 때문이다. 뒤아멜과 마찬가지로 뷔퐁은 40그루의 잘려진 나무들을 관찰하면서 그러한 전통적인 이론에 반박한다. 주어진 절단부의 전개는 어떤 경우를 막론하고 편심에 일치하며, 주어진 편심은 규칙적으로 가장 큰 뿌리와 가지의 방향에 일치한다는 것을 그는 명확하게 보여 주었다. 한편 뒤아멜은 같은 길이의 대칭적인 뿌리를 가진 나무는 사방으로 균일하게 성장한다는 사실을 관찰한다. 이러한 관찰에 따라서 뷔퐁과 뒤아멜은 편심의 원인을 규명하기에 이른다. 뿌리는 섬유 다발을 양육하는데, 뿌리가 강할수록 더 많은 수액을 다발에 공급하며, 다발이 더 많은 수액을 받을수록 나무는 더욱 자라난다. 이 연구가 1737년 과학원에 제출한 최초 관찰 기록의 주제를 이루었다. 그로부터 석 달 후에, 두 학자는 '겨울 서리와 봄 서리가 식물에 미치는 다른 영향들'이라는 제목의 두번째 관찰 기록을 작성한다. 그들은 이 관찰로부터 혹한기에 불리하게 작용한다고 알려진 습기의 역할을 제거하였다.

이 연구에 이어서 뷔퐁과 뒤아멜은 각자 독립적인 탐구의 길로 나아간다. 뷔퐁은 역학적인 문제의 측면으로 방향을 바꾸어서 나무의 힘에 관해 연구한다. 뒤아멜은 나무줄기가 보여 주는 성장의 신비로 되돌아가 거기에서 봉착하는 세 가지 이론들을 판가름하고자 모색한다. 가장 오래된 이론으로는 1675년 말피기가 만들었던 것이다.[19] 이 마지막 학자에 따르면 수액은 껍질 내부 층의 섬유(혹은 인피)가 뿌리에서 가지까지 끌어올리는 것이며, 새로운 섬유에 누적된 수액은 우선 백목질로 변했다가 나무로 변하는 층을 이룬다. 그로부터 50년 후 헤일스는 저서 《식물통계학》에서 어린 나무는 내부에서 외부로, 원심력의 이동으로 형상을 갖춘다는 것을 설명하였다. 마지막으로 뒤아멜은 젤라틴질의 즙으로 이루어진 부름켜 혹은 형성층——목질과 껍질 사이에 형성되는——에 관한 세번째 이론[20]을 파악하는데, 이것이 경화 과정을 거쳐 새로운 나무의 생산자가 되는 것이다. 뒤아멜은 참된 이론을 검출하기 위해 방패 모양의 순상엽(싹과 껍질의 조각으로 이루어져 있다) 접목을 하던 경험을 되살린다. 그는 특히

---

19) 마르첼로 말피기, 《식물해부학》, Londre. 1675.
20) 이 이론이 최초로 형성되었던 것은 1719년 무렵부터 과학원을 상대로 나무줄기의 직경이 성장하는 동인이 다름 아닌 싹이라는 것을 주장했다. 왜냐하면 그들의 기저로부터 껍질과 목질 사이에 위치한 부름켜층에서 끌어오는 섬유질이 시작되기 때문이며, 이 섬유질은 해마다 새로운 목질층을 만들어 내는 것이다. 이 이론은 1809년까지 망각 속으로 사라졌다가 관찰에 뛰어난 식물학자 뒤 프티 투아르가 1809년 파리에서 출판했던 《싹의 발육을 통해서 본 식물에 관한 소론》에서 다시 취하면서 완성한다.

자두나무에 복숭아나무 순상엽을 접목시켰다. 이 순상엽은 기질적으로 자두나무에 붙지 않고 복숭아나무의 껍질만을 생성해 냈다. 뒤아멜은 그렇듯 헤일스도 지지하는 것처럼 이미 형성된 나무는 어린 나무를 생성할 수 없다는 증거를 소지한다. 그는 다양한 경험들로부터 다른 증거를 취하기도 하는데, 가장 결정적인 것은 인피 내지는 껍질의 내부에 은색의 실을 위치시키는 일이었다. 몇 년이 지나서 은색의 실은 목질의 두터운 층으로 덮이게 된다. 인피는 목질로 변한 것, 껍질 내부의 섬유층이 조금씩 새로운 선형층을 이루면서 해마다 연이어서 생성되는 목질층이 첨가된 것이라고 결론짓기는 쉽다. 여기서 헤일스는 이미 형성된 나무가 어린 나무의 층을 분비한다는 왜곡된 주장을 했다. 그렇지만 뒤아멜은 풍부한 경험을 갖고서도 더 멀리 진전하지는 못했다. 어린 나무 상태에서 변질하는 유동성의 부름켜는 그를 매혹시키는 동시에 방해하기도 했다. 이 유동성의 물체 속에서 세포질의 유관 속 조직의 씨실을 발견하기 위해서는 강력한 현미경으로 관찰하지 않으면 안 되었다. 1백 년이 지나서 미시적 해부학이 이 문제를 마침내 해결해 주었다. 경험에 따라서 지지할 수 있었던 것의 한계를 넘어서지 않았던 뒤아멜의 지성적 엄정성을 재인식해야만 하겠다.

뒤아멜은 뷔퐁처럼 기술적 연구를 추구한다——우리는 사프란의 '죽음'에 관한 그의 최초 기록을 앞에서 논급하였다. 그는 1750년과 1761년 사이 《대지의 문화에 관한 논설》이라는 제목으로 첫번째의 실용적인 저서를 출판한 직후 해양부 감독관이 되어서는 선박의 선체에 소용되는 재료 일체를 향상시키고, 좋은 돛대를 선별하기 위해 나무에 관한 연구에 몰두한다. 그의 탐구는 두번째 저서 《선박 건조 요건 혹은 실용적 선박건조론》에 긴요한 자료를 제공한다. 66세에 접어들던 1767년, 그는 '나무의 수

송, 보전, 효능에 관하여'라는 기술적인 논문을 발표한다. 여기에서 갖가지 선입견과 오류로 점철된 선대의 관습을 모두 거부하고 엄정한 비평적 정신으로 해결책을 제시한다. "나는 선창이나 큰 화랑에서 일반적으로 신망을 얻고 있는 의견들이 분분하게 오가는 것을 듣는다. 그것들에 대해 사람들은 확신에 차 있었기에 한번이라도 의심을 품는다는 것은 조롱거리밖에 되지 않는다. 하지만 그들의 의견들을 감히 심화시켜서 돌아볼 때는 언제나 예외 없이 증거가 결핍된 것을 발견했다. 그것들은 애매한 추리에 기대고 있었다. 어떤 논증이나 어떤 정확한 경험 위에서도 성립되어 있지 않음에도 불구하고 사람들은 물리적 존재로 간주하여 말하고 있는 것이다. 나는 곧바로 사람들이 다량의 나무를 소비하는 장소들에서일지라도 얻어낼 빛이 없다는 사실을 알아차렸다. 반대로 나는 내 자신에게 성취하라고 종용하는 목적과는 동떨어진 먼 곳으로 끌고 갈 수도 있을 흐름에 저항하기 위하여 의지할 기점을 찾아야만 했다. 사람들은 자연적으로 이미 개척해 놓은 길을 따라가는 경향이 있기 때문이었다."(1767년판 서문) 다르게 말해서 뒤아멜은 까다로운 합리주의자로 남는다. 심지어 기술적인 문제에 사로잡혀 있을 때조차도 그는 자신이 성취해 낸 것에 만족하지 않고, 그러한 효율성의 이유에 대해 이해하고자 했다. 하지만 무엇보다 뒤아멜은 그의 나무와 숲에 관한 총론이 증언하고 있듯이 나무의 과학을 정립한 위대한 창설자로 남을 것이다. 그의 총론은 두 권 분량의 네 논설로 구성되어 있으며, 그 내용은 각각 노지에서 재배할 수 있는《소관목 및 나무에 관하여》(1755),《나무의 물리학》(1758),《숲의 경작》(1764),《과수론》(1768)에 관한 것이다. 이러한 대규모의 저작은 18세기의 마지막 시점에서 사람들이 나무에 관해 알 수 있는 모든 내용을 보여 주는 참다운 백과사전이라 할 수 있다.《나무의 물리학》에 진정한 가치를 매기기 위해서 기술적인 저서들은 유보해 두자. 이론적인 이 저작은 해부학과 생리학을 보여 준다. 세포 조직·맥관·섬유질·고갱이에 관한 묘사를 통해서 뒤아멜은 식물의 복잡한 구조를 보여 주고, 자신이 입증했다고 믿는 수액의 순환과 상승과 하강을 통한 그들의 기능에 관해 설명한다. 그는 결정적인 예증의 부족으로 인해 나뭇잎의 호흡 기능에 관한 사항은 논급하지 않는다. 그는 자신의 시대가 가졌던 지식의 한계에 부딪쳐 있었다.

레오뮈르·뷔퐁 그리고 뒤아멜 뒤 몽소, 그들이 나무에 관심을 가지고 추진했던 것은 실용적인 염려에서였다. 용도에 따라 차별된 이해로서 모든 나무의 재배를 합리화하면서 '나무의 기근'을 해결하는 시도가 필요했다. 수레 만들기에는 느릅나무·보리수 혹은 물푸레나무가 제격이며, 건축물의 골조에는 다른 나무들(전나무·밤나무)이 적합하고 통 만들기에는 또 어떤 나무(떡갈나무)가 적합하다는 식으로 차별적으로 이해하는 것이다. 하지만 나무의 재질만큼이나 나무의 성장 속도를 이해하려는 시도가 필요하다. 때문에 "18세기는 들보와 장선의 저항을 향상하는 수많은 기록 자료들을 제출하며 숲의 연구와 각종 경험들에 열병처럼 빠져들게 된다. 나무의 조직을 개선시키는 일은 곧 나무의 경제성을 살리는 일이다. 재질이 수량에 영향을 미친다."[21] 나무의 물리학은 실용적인 전후 관계에서 나타난다. 아니면 나뭇잎의 역할이나 나무줄기가 두꺼워지는 방식을 이해하려는 시도와 나무의 저항을 여하히 개선하고 그 내구력을 측정하느냐 하는 문제는 같은 것이 아니다. 그런데 수목학 이론을 정립하는 당사자들과 태어나고 있는 임업을 실천적으로 해결하기를 제안하는 사람들은 같은 학자들이다. 프랑수아 다고네가 증언하고 있듯이 "임업은 시작 단계의 즐겁고 서술적인 식물학에 활력을 불어넣고 새롭게 한다. 수액

---

21) 프랑수아 다고네, 《초록 혁명에 관하여》, Hermann, 1973, p.23.

혹은 내면의 생명의 흐름 속으로 침투할 필요가 있으며, 나뭇잎의 우연적인 영향을 알아차릴 필요와 뿌리의 역할을 이해하고 성장과 개화의 영역을 판단할 필요가 있다. 여기서 하나의 교과목이 제기된다. 나무와 소관목의 역학이 그것이다."[22] 역학이라는 용어가 제기하는 것이 있다. 그것은 나무의 물리학이 얼마나 많이 데카르트파와 아리스토텔레스파 사이의 결렬을 가져왔는지를 가리키고 있는 것이다. 뷔퐁과 뒤아멜이 의지하고 있는 그루, 말피기 · 헤일스의 작업들이 일정한 거리를 두고 있는 나무에 관한 고대 지식의 주요 골자는 그것이다.[23] 이런 의미에서 우리의 두 이론가는 실로 갈릴레이의 우주에 속하는 존재들이다. "중력의 중심은 흔들렸다. 별과 별똥별들이 계산을 설명하는 역학의 법칙에 순응하는 우주 속에서. 그때부터 하나의 자리를 살아 있는 개체들에 배정하고, 그들의 기능을 설명하기 위해서는 양자택일의 방법밖에 없다. 말하자면 존재들은 형상과 크기와 움직임만으로 간주해야 하는 기계들과 다름없는지. 그것이 아니라면 존재들은 역학으로부터 빠져나오는 대신 세계 내에서의 모든 통일성과 모든 일관성을 포기해야만 하는 것인지. 이 선택 앞에서 물리학자들도, 의사들도 망설일 이유가 없다. 모든 자연이 기계적이다, 기계가 자연적이듯이."[24] 나무의 조직을 이해하려는 탐구는 그것을 역학적 모형에 동일시하려는 의도, 달리 말해서 익숙한 관습을 통해서 그것을 이해하고

---

22) 프랑수아 다고네, *ibid.*, p.24.

23) 뷔퐁, 《나무줄기를 수평으로 절단할 때 드러나는 목질층의 편심의 원인을 찾아서》(1737), "나무는 유기적인 기관임에도 그 구조는 지금도 여전히 잘 알려진 바가 없다. 그루 · 말피기, 특히 헤일스의 경험들은 진실로 식물 경제에 서광을 비추었으며, 사람들이 이러한 유에 관해 알고 있는 거의 모든 것은 그들에게서 힘입은 것임을 시인해야만 하겠다. 하지만 다른 모든 것에서처럼 이 유 속에서 사람들은 그들이 알고 있지 않은 보다 많은 것들을 무시하고 있다." 우리는 뷔퐁과 뒤아멜이 17세기의 선임자들을 언급할 때의 신중함을 높이 평가한다.

24) 프랑수아 자코브, 《개체논리학》, Gallimard, 1970, p.41-42.

자 하는 시도와 다르지 않다.[25] 이것은 《철학 원리》의 4부에서 발췌한 다음의 도발적인 지적이 가리키고 있는 것처럼 이미 데카르트적인 의미의 고찰이다. "시계가 이미 만들어진 톱니바퀴의 수단으로 시간을 가리킬 때, 그것은 나무가 과일을 생산해 내는 것만큼 자연스러운 일이다."[26] 이것은 여전히 뷔퐁과 뒤아멜이 하고 있는 연구 작업의 의미이다. 이밖에도 식물에 관한 이러한 기술적 개념은 이론적 관심과 실천적 관심이 어떤 식으로 갈라지고 다양화되든지간에 그들의 연구 속에서 뒤섞이게 되는지를 설명하고 있다. 그들에게 있어 나무는 기계 같은 것이며, 심지어 "그것은 장식용 이상의 실용적 대상이다. 그것은 살아 있는 개체라기보다는 경화시키고 변형하면서 가능한 한 최대한 연장하는 것이 중요한 섬유이다."[27]

실용적인 염려가 수목학에 관한 지식의 탄생을 짓누른다면, 이 지식의 조건이 식물학의 발전 속에 존재한다는 것을 지적하는 일이 필요하다. 17세기에는 식물을 방법적으로 질서 있게 분류하기 위해서 선별하고 연구했지만, 그들의 기능에 관한 연구는 더디게 진행되었다. 관련된 저서들로는 1675년 말피기가 출판했던 《식물해부학》과 그루가 1671년에 출판했다가 1682년까지 연속된 논설들로 완성시킨 정립된 《일반 식물 개론에서 시작한 식물해부학》이 있다. 우리는 뷔퐁과 뒤아멜이 이 두 저서와 함께 1727년 헤일스가 펴냈던 정태적 소론을 참조하였다는 것을 지적하였다. 식물

---

25) 이 점에 대해서는 조르주 캉길렘의 《과학의 역사와 철학 연구》, Vrin, 1970, p.306, '생물학 발견의 유형과 유추'를 참조하기를 바란다. "생리학은 우선적으로 오랫동안 생명을 주는 해부학으로 존재해 왔으며, 앞으로도 그렇게 남을 것이다. (…) 비슷한 용도의 도구, 아니면 상응하는 기관들의 조직이 가진 힘의 역학으로부터 기능의 인식을 끌어내는 해부학으로서."
26) 르네 데카르트, 《철학 원리》(1644), IV, §203, Garnier, tome III, p.520.
27) 프랑수아 다고네, *op. cit.*, p.24.

의 유기적 조직에 관한 연구는 더딘 작업의 결실이었다. 율리우스 폰 작스가 지적하고 있듯이, "식물들의 생애와 그 현상에 관해서 16세기와 17세기 초반에 갖고 있었던 인식은 그 다양성과 범위에 있어서 문명이 가장 후퇴했던 시기의 상태를 넘어서지 못하고 있었다. 농업·원예, 그리고 대상으로 식물을 갖고 있었던 실용적인 직업의 일반적인 취급 방식에 있어서."[28] 얄궂게도 동물의 신체와 인간의 신체에 관한 연구는 고대로부터 시작되었다. 의심할 것도 없이 인간에게 필수적인 내기로서, 신체를 좀더 잘 보살피기 위해서는 그것의 구조와 기능을 이해하는 것이 중요하기 때문이었다. 언제나 동물의 생리학과 해부학이 앞서고, 식물의 해부학과 생리학은 먼 뒷전에서 따라왔다. 기술적 모형은 자연스럽게 인간의 정신에게 동물의 기관을 이해하게끔 만들며,[29] 덜 다양화된 식물의 구성 요소들이라고 해서 그것들에 관한 유추적 지각을 쉽게 허용하는 것은 아니다. 데카르트와 라이프니츠 같은 고전 시대의 많은 사상가들은 지적하기를, 식물의 기관은 눈으로 확인하는 것보다 훨씬 복잡하다고 했다. 확실히 그것은 미세한 세계를 드러내고 있기도 하지만, 이곳저곳에서 역학적인 구조를 보여 주고 있다. 동물생리학은 하나의 모형으로서 식물생리학에 기여할 것이다. 그리고 물리학은 오히려 '동물-기계'의 모형에 상응한 '식물-기계'를 설명할 것이다. 그리하여 구조적 기능은 그루·말피기·헤일스 그리고 뷔퐁과 뒤아멜 뒤 몽소까지 모두의 식물 구조 연구를 지지하고 강

---

28) 율리우스 폰 작스, 《식물학의 역사》, Paris, 1892, p.371.
29) 조르주 캉길렘, 《생물학 발견의 유형과 유추》, *op. cit.*, p.306. "기존의 가장 친근한 형태와 기능에 대한 조직과 구조적 기능의 감소, 기술적·역학적 혹은 물리적 경험의 영역에서 빌려 온 기원적 유추의 생물학에서의 활용은 오랫동안, 그리고 지금도 여전히 그 고대의 특성에 곧바로 비례하는 확장을 알아 왔고, 알고 있다……. 우리는 서양의 과학 속에서 동물해부학 용어가 기관들과 내장, 아니면 은유와 유추를 설명하는 기능의 영역들에 관한 얼마나 풍부한 호칭을 갖고 있는지 그에 관해서는 충분히 지적하지 않았다."

화한다. 식물의 기관과 요소들을 묘사해 나가는 자는 그들의 기능으로부터 설명을 연역해 낼 수도 있다. 말피기나 헤일스를 읽으며 확인할 수 있듯이 생리학은 해부학으로부터 이끌어져 나온다. 조르주 캉길렘이 분석하는 동물생리학의 기계론자 겸 이론가들은 "심지어 (…) 은유적으로도 기관을 기계에 동일시하지 않는 그들은 이중의 믿음"을 공언한다. "무엇보다 기관은 연장들, 아니면 사전에 고려된 인공적 건축과 같은 질서의 종극 목적을 가진다. 그들의 기능은 유일하게 그들 구조의 검사로부터만 결론이 내려질 수 있다. 그것이 해부학적 연역이라 일컫는 것이다."[30] 생리학이 해부학과 차별화되기 위해서는, 양자 사이에 이어져 있으면서 조직으로부터 드러나지 않는 현상에 관한 연구의 대상으로 주어져야 한다. 하비는 피의 순환을 기계적인 국면으로 제시하는데, 그는 주어진 시간 동안 심장의 대동맥에 의해 전달된 맥박의 리듬과 피의 양을 보여 주고 있는 것이다. 18세기 중엽에 할러는 근육과 신경의 기능을 파악하기 위해서 감응성과 감수성에 관한 개념을 제시하였다. 결론적으로 말해서 구조적 기능이 생리학을 변동하는 해부학으로 이해하게 만드는 것처럼, 그것은 해부학적 구조와의 명백한 관계가 없이는 순수하게 생리학적인 특성을 이해하지 못하게 가로막는다. 이것은 동물생리학만큼이나 식물생리학을 개화시키는 새로운 과학의 탄생을 의미한다. "18세기 말엽의, 동물의 호흡과 발열의 원천에 관한 라부아지에의 발견은 이러한 새로운 생리학적 의미에 눈부신 확증을 가져다 주었다. 호흡의 기능은 폐와 심장의 해부학적 구조를 상기함이 없이도 설명되었다. 살아 있는 개체는 생리학자들에게 더 이상 기계론자의 작업장의 영상으로서가 아닌 화학자의 실험실의 영

---

30) 조르주 캉길렘, 《과학의 역사와 철학 연구》, *op. cit.*, p.227. '과학으로서의 생리학 정립.'

상으로 나타났다. 그것은 더 이상 기계가 아니라 도가니였다. 개체들에 대한 기능적인 관점은 이후로 구조적 관점으로 넘어갔다."[31]

나무의 물리학은 유독 18세기에서만 나타났다가 기계적 모형에 모호한 채로 남아 있던 것들을 설명할 수 있게 된 화학 앞에서 잊혀졌다. 그밖에 뷔퐁이 조롱했듯이 나무의 물리학을 제한하는 것은 현미경의 성능이 아니라 차라리 합리화의 논리였다. 사실 외관상 분명하게 드러난 식물적 구조의 단순함은 기관을 밝혀내는 것을 금했다. 반면에 고대인은 동물의 해부를 통해서 장기에 연관된 부분이며 관계들을 밝혀냈다. 그러나 기계의 모형이 동물의 그것처럼 나무의 기능을 밝힐 수 있다고 한다면, 식물의 기능을 끌어내기 위해서 동물의 모형을 취하는 것으로 충분하다. 그리하여 피의 순환은 유추에 의해서 수액의 순환을 이해할 수 있게 해준다, 기관들을 식물 속의 심장처럼 표시하기는 어려운 실정이지만. 그런데 폐라든가 호흡 기관으로 무엇을 말하려 함일까? 이 점에 있어서 뒤아멜 뒤 몽소는 만족스런 합리적 설명에 이르지 못한 채 나뭇잎의 역할에 대한 가설에 자신을 넘길 도리밖에 없다. 그것은 주름진 폐와 풀무 간에 버금가는 유사성을 나무의 어떤 요소와 비교해서도 찾을 수 없다는 이유 때문일 것이다. 통풍이 없기 때문에 호흡에 관해 언급하기가 힘들다. 뒤아멜은 근육의 운동을 바람 속에서의 나뭇잎과 가지들의 움직임과 비교하는 모험을 감행했다. 그들의 기능을 끌어낼 수 있는 뚜렷하게 가시적인 형태의 기관에 의지할 수 없는 처지에서, 사람들은 이성의 영역을 전적으로 떠나 은유와 시 사이에서 동요한다. 모색의 과정은 화학의 상태와 슈탈 이론의 양상에 의해 차단된다. 개체의 연소 원리를 구성하는 것, 다시 말해 그것들

---

31) 조르주 캉길렘, *ibid.*, p.227-228.

을 타오르는 것으로 간주하는 너무나 유명한 연소(phlogistique, 그리스어로 phlogistikon; 타오르다) 이론을 말하는 것이다.[32] "적어도 영국 학교의 연구 작업들은 인간의 정신을 대기의 어떤 '특성'을 테스트하는 좋은 소재로서, 이같은 특성이 연소를 유지하고 있는 동물의 호흡으로 간주하는 데 익숙해져 있다. 18세기는 다른 어떤 것보다 화학과 식물학을 칸막이하지 않으면서——나중에는 그렇게 되지만——식물들이 또한 생존하기 위한 최소한의 호흡에 필요한 것 말고서 '공기의 욕구'를 갖고 있다는 사실을 보여 주었음을 돌아볼 것이다."[33] 1771년 프리스틀리는 식물에 관한 흥미로운 관찰을 한 바 있다. 그는 숨을 쉬고 있는 동물과의 평행 관계가 완성되었는지를 알기 원했다. 새로운 공기가 유입되지 않는 밀폐된 공간에 놓여진 동물은 일정 시간이 흐르면 죽게 된다. 식물도 같은 과정을 보일까? 프리스틀리는 두 경우간에 어떤 공통점도 없다는 것을 확인한다. 박하의 새싹은 죽지 않을 뿐만 아니라 "공기가 동물이 숨쉴 만하게 남은 상태에서 싹은 계속해서 소진하며, 그와 같이 식물은 연소와 호흡에 부적절한 일종의 공기까지 '재생산'한다." 프리스틀리는 식물의 능력에 관한 이러한 계시적인 경험을 유감스럽게도 슈탈 이론의 틀 안에서 해석하고 만다. "연소에 부적합한 공기는 염소로 채워진다. 식물은 공기중의 염소를 흡수하고 나서 다시 채워넣는다."[34] 몇 년이 지나서 라부아지에는 대기를 구성하고 있는 가스를 분석하는 데 도움이 되도록 연소의 이론을 벗어 버린다. 모든 가스는 기본적인 물리적 특성들을 갖고 있지만, 그것들은 각각의 화학적 특성에 의해 차별화된다. 라부아지에는 우리가 숨쉬고 있는

---

32) 호흡 이론의 역사와 슈탈과 라부아지에의 상호적 역할에 관해서는 1993년 PUF에서 출판한 자크 피크말의 저서 《호흡에 관한 개념의 역사》의 내용을 참조하였다.

33) 자크 피크말, *ibid.*, p.141.

34) 자크 피크말, *ibid.*, p.145.

공기가 타요소에 비해 막대한 비율의 두 가지 가스로, 즉 산소와 탄산가스로 이루어져 있다는 사실을 보여 준다. 이 가스 이론으로부터 출발하여, 그는 호흡이란 느린 연소에 다름없다는 것을 보여 준다. 라부아지에의 공헌은 인식론의 전환점을 표시한다. '변화 화학의 폐허'(J. 피크말) 위에 펼쳐진 화합 화학의 탄생이었던 것이다. 게다가 호흡의 화학적 이론은 동물생리학만큼이나 식물생리학을 위한 새로운 명료함의 모형을 제시했다. 라부아지에와 더불어 "환기의 역학이 밝혀졌을 뿐만 아니라 그 기능이 또한 결론지어졌다. 그것은 잘 정리된 개념의 장 속에 주입되는 공기에 의해서 호흡이 규정되는 정도에 달려 있는 것이다. 환기의 설명을 이전에 존재했던 역학에 맡기는 대신 시각적인 지각 표현과의 결별은 차후에 완성될 것이다. 그 기능에 관한 화학적 용어의 표현들은 세부에서 단호하고 결정적인 것이 아니라, 문제를 제기하는 국면에서 번복할 수 없는 것이었다. 이제부터는 호흡을 O_2의 들숨과 CO_2의 날숨, 두 가지 견지에서 생각하기를 멈추지 않을 것이다. 기관의 거시적 구조로부터 끌어내기 불가능한 기능을 생리학에 도입한 것은 실로 이번이 최초이다."[35] 식물의 역학적 생리학에 관한 모든 원리는 이때부터 화학의 원리들 앞에서 제거되고 만다. 프리스틀리와 라부아지에의 작업으로부터 많은 것을 배웠던 얀 잉겐호우스, 그리고 뒤이어서 장 제네비어는 화학이 식물의 기능 설명에 관한 것을 돌이킬 수 없는 국면으로 흔들어 놓게 될 새로운 탐구에 참여한다.

우리는 나무의 과학이 그토록 더디게 나타났던 이유를 이해하고자 노력했었다. 그 결과 '나무의 물리학'이 걸어온 길이 1백 년 남짓한 시간에 지나지 않는다는 사실에 놀라움을 금치 못한다. 뒤아멜 뒤 몽소의 논고가

---

35) 자크 피크말, *ibid.*, p.171-172.

출판되었던 것과 아울러서 식물생리학의 역학적 모형은 20년간 그 영향력을 행사했었다. 혹은 이러한 생리학의 정립은 50년 동안에 걸쳐 이루어졌다고 할 수 있다. 17세기말까지 명맥을 이어 갔던 체계주의자 식물학자들은 나무의 영양과 개발을 책임졌던 사람들로서 빛과 열에 관해서는 일체 언급하지 않았다. 관찰한 사실과 실험들로써 식물과 나무들의 미세한 생의 역학을 이해하기 위해서는 1670년에서 1675년까지 기다리지 않으면 안 되었다. 마침내 이 풍요한 수확의 해들은 1727년 헤일스가 출판한 논설과 더불어 마감된다. 그것은 18세기 나무의 물리학에 길을 열어 준 50년간의 연구 결실이었으며, 수천 년의 관찰과 경험적 실천 위에 우뚝 솟아오른 창조적인 광명의 시기였다. 율리우스 폰 작스가 지적하고 있듯이, "아리스토텔레스에서 말피기에 이르기까지 극히 드물게 이어졌던 과학적 발견에 비교해서는 실로 어마어마하게 빠른 속도로 이루어졌던, 식물학자들이 60년 남짓한 시간 동안에 성취했던 진보의 속도를 증언하고 있는 것이 헤일스의《정태적 소론》인, 즉 그것이 함축하고 있는 인식의 총합과 더불어 등장했던 말피기의 출현에 앞서 과학이 도달했던 발전의 정도를 비교하는 일로 충분하다."[36] 우리가 뷔퐁과 뒤아멜을 통해서 보여 주었던 것처럼 18세기는 50년 동안의 이들 작업에 의해 양육되었으며, 그로부터 모든 것들이 실용적인 응용으로 방향을 잡았던 것이다. 한 세기 안에, 나무의 생에 관한 명료한 모형이 그것이 도달할 수 있는 합리적인 한계까지 자신의 타당성을 모두 퍼내어 고갈시켰던 것이다. 뒤아멜 뒤 몽소는 나무의 호흡을 나뭇잎을 통해서 가정했었다. 그는 이론적 장치의 부족으로 물리적으로 설명할 줄은 모른 채 그 시대의 지식의 한계 속에서 그렇게 의식의 한복판에서 침묵을 지키고 있었던 것이다.

---

36) 율리우스 폰 작스, *op. cit.*

V

사색적 식물학

개 요

— 나무를 철학적으로 생각하는 일은 그것의 예외적인 합리성을 조명하는 일이다.

— 거인증과 반복의 수목학적 전략은 동일성과 차별성을 배합하는 태도를 가져온다.

— 이러한 끝없는 유희를 통해서 나무는 인간의 정신에 일관된 다원론의 교훈을 건네준다.

세 개의 가지를 지닌 나무는
그것들과 더불어 한 그루의 나무를 이룬다.
하지만 (…) 각각의 가지는
그 자체가 하나의 나무이다.
헤겔(1770-1831)

 나무들은 다른 식물들 위에 우뚝 서서 저들의 영역을 탈취하면서 당당
하게 빛난다. 왕들로부터 보호받고, 왕들을 위하는 식물의 제왕, 그는 식
물의 표상이다. 그외에도 그들은 호전적이고 사냥의 기질을 갖춘 언어들
을 통해서 프랑스 혁명 이전 구체제의 숲이 고상하고 눈부신 중세 선조들
의 혈통을 물려받았다는 사실을 오랫동안 상기시켰다. 수세기에 걸쳐서
나무들은 그들의 큰 키와 당당한 풍채의 나뭇잎들로 인해서만 가치를 가
지고 있을 뿐이었다. "수사슴의 가지는 동물의 왕을 가리키지 않을 것이
며, 기사의 투구 장식은 그것을 둘러쓰고 있는 자의 용맹을 알리지 않을
것인가…? 전사의 투구, 동물의 무기 장식, 대수림의 정상은 아리스토텔
레스의 문명 속에서 존중받았던 우두머리의 영상을 돌려보내고 있다."[1]
이러한 조망에서 나무의 계통학을 이야기해야 할 것인데, 그것은 30억 년
전부터 세상을 점유했던 석탄기의 숲에서부터 시작하여 13억에서 6억 5

---

1) 앙드레 코르볼, 《구체제하에서의 인간과 나무》, Economica, 1984, p.242.

천만 년 사이 백악기의 경과 동안에 크게 번창하고 다양해졌던 속씨 식물의 세상을 지나, 제3기를 극복하고 넘어서 제4기의 결빙에도 불구하고 현재의 시대까지 이르는 참으로 기나긴 계통학인 것이다. 그러한 성공은 진화의 경쟁 속에서 나무의 우월성을 확보하기 위해 많은 '발명'과 '책략'을 필요로 했다. 전달 조직과 지지 조직의 발전, 직경의 성장이 늘어나고 목질 덕분에 강도가 강화된 나무의 형성, 계류와 양육을 동시에 보장하는 뿌리의 증식 등에 있어서. 나열된 이러한 것들은 모두 같은 의미를 갖는다. 단지 한발과 저온만이 장애가 될 수 있는 큰 키를 가진 식물을 개발하는 일이다. 가혹한 도태의 결실인 나무들은 빛 에너지를 끌어들이고, 흙속의 자양분과 수분을 길어올리기에 가장 적합한 모습으로 나타난다. 생을 위한 투쟁에 있어서 나무들은 가장 강력하고 가장 신속하게 침범하는 존재라고 할 수 있는데, 그들은 인간이 포기한 터전 위에서 잃어버린 대지를 다시 차지하는 것이다. 휴한지의 여기저기에서 조금씩 줄기들이 뻗어오르는가 하면, 이윽고 그 줄기들은 숲으로 변해 버린다. 하지만 나무들은 그들의 옆모습을 보여 주기 위해서 자신들끼리 투쟁하기도 한다. 고립된 나무는 집단으로 발육할 때와 같은 외관을 갖추지 못한다. 레오뮈르가 그 점을 지적한 바 있다. "나무들은 그들을 둘러싼 다른 나무들에 의해 압박을 받을 때처럼 잘 자라는 법이 없다."[2] 공간들 사이에서의 전투는 경쟁 관계의 공간을 소멸시킬 순간까지 이어질 것이며, 그리하여 응달을 좋아하는 너도밤나무는 햇빛을 좋아하는 떡갈나무에게 공간을 물려줄 것이다. 최악의 경우는 같은 공간의 내부에서 벌어지는 투쟁이 형제 살해로 진전될 수 있다는 것이다. 모리스 주느부아가 자작나무를 예로

---

2) 르네 앙투안 페르쇼 드 레오뮈르, 《왕국의 숲 상태에 관한 고찰》(1721), 박물관 서고의 C.C38 측면에 보존되어 있는 1723년 원본판 287쪽에 수록된 문장.

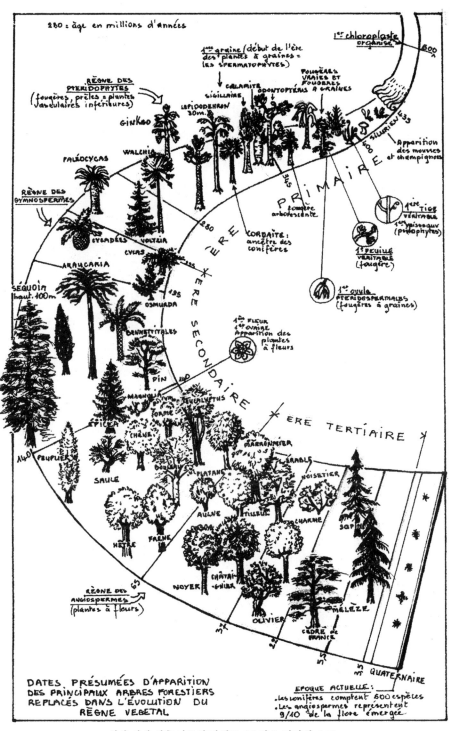

선사 시대 이후 나무의 탄생도, M.과 J. 캉팡의 소묘.
〈나무 알기〉, Nathan, paris, 1995의 저자 B. 피셰세의 구상에 따름.

들어서 말하고 있듯이. "우리는 자작나무 숲을 통과하기를 바랐다. 하지만 우리는 그곳에서 가혹한 전투를 치르고 난 그들과 함께 패배의 불공평과 기나긴 고뇌의 불행을 만나고 말았다. 그들은 너무나 많았으며, 모두가 생존할 수 없었다. 그럼에도 그들 모두는 하늘과 빛을 향해 똑같은 기력과 인내심어린 용기로 팔을 들어올리고 있었다. 식별할 수 없는 거리에 떨어져 있는 몇몇 나무들은 꽤 무성한 나뭇잎과 싹들을 품고 있는 듯했지만 곧바로 시야에서 사라져 버렸다. 그렇게 어떤 나무들은 갖은 노력과 완강한 집요함을 보여 주긴 하겠지만, 자유로운 생명의 공간에는 결코 다시 도달하지 못할 것이었다. 새로이 탄생하고 싶어하는 각각의 나무에서 수액은 소용도 없이 가지 끝에서 기대고 있었다. 하지만 이미 다수의 형제들이 그들을 침범하여서는 무관심한 채로 숨을 조이고 있었다. 모든 빛은 저들 강력한 무리를 위한 것이었으며, 신선한 빗줄기도, 잎새들이 숨쉬는 공기도 모두 저들의 것이었다. 그리고 그늘 속에서는 필사적으로 기지개를 켜면서 분전하고 있었다. 너무나 가냘픈 그들의 줄기는 조금씩 구부러지고, 가지들은 섬유의 탄력을 점차 포기하고 있었으며, 나뭇잎들은 질식할 지경으로 시들어 가거나 푸르스름한 빛을 띠면서 부식되고 있었다. 그리고 썩어 가는 그들 나무에서는 즉시로 원숭이의자버섯이 검은 혀를 늘어뜨리고 있었다."[3]

식물 세계에 있어서의 나무들의 강력한 패권이 그들에 관한 고찰을 필요로 하고 있다면, 그것은 그들이 귀족 계급을 형성하기 때문이다. 오직 생물학자만이 이러한 이론의 여지없는 승리를 이해할 수 있을 것이다. 식물은 수서 환경에서 빠져나오면서 새로운 구속에 부대껴야 했는데, 오직

---

3) 모리스 주느부아, 《이웃한 숲》, flammarion, 1952.

나무들만이 승리를 거두었던 것이다. 한번 넉넉한 공기를 맛보기만 하면, 모든 식물은 탈수화하는 경향을 보이는데, 공기 중의 습도가 변하는 까닭에서이며 낮과 밤의 교대에 따른 것은 아니다. 이 문제를 풀기 위해서는 공기 중에서처럼 흙속으로부터도 모든 수단을 활용해서 물을 끌어올려 조달해야만 한다. 이러한 최초의 구속에 다른 문제가 덧붙여진다. 물보다는 넉넉한 공기 속에서 더욱 중요한 요소로 급속하게 변하는 기온이 그것이다. 세포질의 생명체들은 투과할 수 없는 내벽으로 무장하여 저항하면서 자신들을 보호하기에 이른다. 무엇보다도 특히 식물은 수상의 장소를 포기하면서 아르키메데스의 부력 효과에 따라서 손쉽게 자신을 보호할 수 있는 물의 밀도의 혜택을 더 이상 받을 수 없었다. 그러므로 나무의 성장을 지탱하고, 잎사귀까지 자연 그대로의 수액을 전하는 저항력 있는 도관을 가공하기 위해서는 튼튼한 골격을 만들어야 했다. 나무는 물 밖에서 살아가기 위해 필요한 변화들을 탁월하게 종합하였다. 이런 의미에서 인간이라는 종의 세계에서 거두었던 문화적 수훈에 앞서 나타나는 자연적 수훈은 적어도 조건지어지고 모형화된 나무들을 만들어 냈다. 지도교사의 직무, 혹은 모형과의 관계 속에서 기울어지는 이렇듯 민감한 선행성의 이상스러움은 철학자를 의아하게 할 것이다.[4] 하지만 가장 기묘한 것은

---

4) 칸트가 인간을 인간답게 만드는, 다시 말해 그들을 고양하고 문명 시민으로 만들어 주는 과정을 이해하기 위해 두 차례에 걸쳐서 나무에 관한 논고를 작성했다는 사실을 기억하자. 이것은 그의 문헌들이 얼마나 상징적인 것들인지를 말해 준다. 하나는 숲에서 경험하게 되는 영상에 관한, 대화용 교재로밖에는 활용할 수 없는 교육적 내용을 담고 있다. "들판 한가운데 고립된 나무는 등을 구부리며 자라나서 그의 가지들을 멀리 뻗는다. 대신에 숲 속의 나무들은 그들 주변에서 죄어 오는 압력에 대해 저항하는 이유에서, 곧바로 자라나서 머리 위의 빛과 태양을 향한다."(《교육에 관한 성찰》(1765), Vrin, 1966, p.80) 나무는 문명의 역사적 과정에 관여한다. "그렇게 나무들은 숲 속에서 각자가 공기와 태양을 강탈하려고 애쓰는 것과 마찬가지로 서로가 서로에게 추월하려고 애쓰고 있다. 그리고는 곧바로 자라나서 아름다운 꽃을 피운다. 하지만 반대로 자유분방하게 취향대로 가지를 뻗은 나무들은 왜소하고 뒤틀리고 구부러진 모습으로 굳어 간다."(《세계주의의 관점에서 바라본 세계 역사의 개념》(1784), Gonthier, 1965, p.34)

이것이다. 즉 헤아릴 수도 없는 신화들이 나무들을 떠올리고 있는 데 비해서, 18세기 이전의 나무에 관한 극소수의 철학적 문헌들밖에는 존재하는 자료가 없다는 것이다. 우리는 수목학과 임업의 지연에 관해 설명하였으며, 수목형태학이 어떻게 이론적 사고에 분류와 조직의 모형을 제공했는지 보여 주었다. 그렇지만 나무는 이제껏 한번도 철학적 논설의 주제가 되지 못했다는 점을 확인해야만 하겠다. 헤겔은 분명 《자연철학》(1863-1866, 베라 역) 속에서 식물의 기능을 연구한다. 하지만 그는 식물성 사색의 요점보다는 적게 나무를 취급하고 있다. 그는 식물성을 육상의 기능에서 출발하여 동물의 기능 속에서 완성하려는 두번째 단계의 과정으로 보았다. 식물은 "자아를 위한 존재의, 자아에 대한 사유의 최초 단계를 구성한다."[5] 그것은 지상과의 관계에 의해서, 그리고 지상의 기관들의 일반적 생과의 관계에 의해서밖에 발전하지 않는다. 그러나 그것은 있는 그대로의 자신이 되게 하는, 말하자면 장미나무나 떡갈나무의 고유한 특성과 질적인 차이를 소유한다. 이러한 질적인 차이가 그들 식물을 지상의 추상적이고 불확실한 개체들과 분리시키며, 상반되는 상태 속에 위치시키기까지 한다. 그리하여 헤겔은 지상의 유기적 생명을 2부의 제1장에 배치시키며 출발하고 있다.[6] 지상은 출발의 시점과 생의 가능성을 이루는 까닭이다. 그렇지만 "지상의 유기체들은 (…) 아직까지 명시되거나 개별화되지 않은 추상적인 종속——generatio aequivoca——의 생애밖에는 도달하지 못하며, 자아로의 회귀, 참다운 생을 이루는 그러한 내면의 집중은 여전히 이루어지지 않는다. 유기적인 생각의 움직임은 정확히 말해서 이러한 상태를 즉시 포기하고 제거하는 데 있다. 그리하여 인간이 자

---

5) 헤겔, 《자연의 역사》(1842)(베라 역), Ladrange, 1865-1866, tome III, p.33-34.
6) 헤겔, *ibid.*, tome II, partie II, chap.I, §337-341, p.336-433.

신에게 돌아서는 것과 동시에, 이렇게 말할 수 있다면, 대지와 자연 모두가 그들의 합일 속에서 자신들의 존재를 되찾아 느끼는 것이다······. 따라서 식물과 또한 여전하게 동물은 그들의 외모를 통해 표현하고 있으며, 그들이 동화하고 소화하는 것은 바로 대지, 더 잘 표현하자면 자연 전체이다."[7] 식물을 통해서 전적으로 자발적으로 결정한 개체성이 일어난다. "살아 있는 유기체, (···) 스스로 자신의 수족을 만드는 주체이자, 순수하게 잠재적인 조직체의 한 부분과 보편적인 동시에 개별적인 물리적 자연으로부터 자신을 구분하고 분리하는 주체. 그러면서도 다른 한편으로는 이러한 능력 속에서 자신의 존재의 조건과 자극, 아울러 진전 과정의 재료를 발견하는 주체."[8] 달리 말해서 비조직적인 자연적 요소는 분리된 추상적 견지에서밖에는 존재하지 않으며, 조직체는 살고 성장하기 위해서 그 요소들을 흡수하여 통일성을 건네준다. 식물의 조직체 속에서 자연이 통일을 이루고 자진하여 결정하지만, 그러나 식물은 자신에게 돌아가는 이 과정 속의 한 단계에 지나지 않는다. 헤겔이 가리키듯이 식물에게 "여전히 잘못 굳혀진 생이 영향을 끼친다. 그것은 어린아이의 생, 아직도 내재적으로 구별되지 않은 상태의 생이다."[9] 헤겔의 모든 분석이 제3장 (350-377)에서 개진하고 있는 동물 기관의 분석에서, 식물 기관의 기능에 대한 매우 정확한 필치로 완벽하게 인증된 부주제를 기입하고 있는 것은 그 때문이다.

고전 시대 이래 사람들은 나무의 목질을 동물의 뼈에 비교했다. 헤겔은 이 유추를 다시 취하여 살아 있는 유기체의 형성 과정 속에 합류시킨다. "식물과 아울러 동물은 자신들의 존재를 내세워 대항하면서 끊임없이 파

---

7) 헤겔, *ibid.*, tome III, note de Véra, p.26.
8) 헤겔, *ibid.*, tome III, partie II, §342, p.1-2.
9) 헤겔, *ibid.*, tome III, p.38.

괴된다. 나무가 목질을 만들어 내는 것은 동물이 골격 체계를 갖추는 것과 다름없다. 이 마지막 체계는 동물 유기체의 관계를 형성하는데, 추상적이자 정적인 존재인 한에서 그 체계는 분비된 요소, 석회질의 요소를 형성한다. 식물은 균등하게 자신의 내부에 비유기적인 동체, 그만의 **뼈**로 이루어진 골조를 구축한다."[10] 그리하여 식물과 동물에게는 삶과 죽음이 병존한다. 살아 있는 존재 속에서 죽음의 요소가 머물고 있다. 식물 속의 재목, 동물 속의 **뼈** 체계처럼. 식물과 재목은 헤겔이 썼듯이 자신들의 존재를 내세워 끊임없이 죽음을 건네주면서 서로 파괴한다. 헤일스의 작업 이후로 수많은 연구의 주제가 되었던 식물이 갖고 있는 열에 관한 문제는 헤겔에게 식물과 동물 간의 다음과 같은 새로운 대치의 기회를 제공하였다. 나무에게는 "동물의 생명을 구성하고 있는 열과 연소가 (…) 존재하지 않는다. 그들은 나무에 구멍을 뚫고, 그 속에 온도계를 장치했다. 그리고 나서 그들은 바깥 온도와 내부 온도 사이에 뚜렷한 차이가 있음을 발견했다. (…) 하지만 그것은 목재가 불량한 열전도체라는 사실에서 온 것이고, 그처럼 나무줄기는 땅과 소통하고 있는 열을 그대로 간직하고 있었던 것이다."[11] 동물은 열기를 균일하게 전달하는데, 그건 그들 속에 피가 돌고 있기 때문이다. 그리고 그 원리는 17세기 아니면 18세기에 사람들이 어떻게 생각했던지간에 수액의 그것과는 실로 다르게 드러난다.[12] "동물이 피의 원리가 주도하는 그러한 자기를 띤 유체로서, 다양한 부분들 위에서

---

10) 헤겔, *ibid.*, tome Ⅲ, §346, p.30-131.

11) 헤겔, *ibid.*, tome Ⅲ, §344, p.56.

12) 얼마간의 기간이 지나서 헤겔이 초목의 형성 과정에 대해 사유하기 시작할 때, 그는 탁월한 표현으로 유추의 양식을 빌려서 수액의 기능에 관해 논급하기에 이른다. "이 수액은 초목의 모든 부분을 순환한다. 가볍게 끓어오르는 이 생명력은 초목이 살아 있기에 그들에게 속한 것이다. 살아 있는 시간 동안은 쉼없이 흘러갈 것이다. 그것은 초목 속에서의 피의 순환이다."(tome Ⅲ, §346, p.120)

각기 다른 부분들이 구축되어 열을 발산하는 동안 식물 또한 그러한 내부의 과정을 적잖이 간직하고 있는 것은, 그들은 단지 굳어지기 위해서 열을 내고 있는 까닭에서이다."[13] 식물은 직접적인 주관적 통일밖에는 표명하지 않는다. 느낄 수도 대체할 수도 없는 "그것의 개별성은 하나의 신경 체계로서, 동물에게서와 같은 외부 세계와 대면한 독립성을 소유하고 있지 않다……. 식물은 직접적인 조직적 개별성이다. 배자가 주도권을 갖고 있으면서 개체에 생기를 불어넣는 자아로의 회귀는 하지 않는다. 결과적으로 그것은 다른 무엇도 아닌 그 자신으로 남으며, 그로부터 자아의 감정을 찾을 수는 없다."[14] 나무는 잎새들과 가지들, 줄기와 뿌리들을 함께 이으면서 참된 실체를 이루고, 즉각적으로 수액의 순환을 나타낸다.[15] 그런데 이것은 반성적인 통일은 아니다. 프랑수아 다고네가 지적하고 있듯이, 헤겔의 나무는 "외재성과 떨어질 수 없는 강인한 일치가 최소한으로 배어든 내재성 속에서 자신을 지탱한다."[16] 나무는 각각의 사지가 서로에게 외재하는 유기적 형태를 보인다. 그러면서 나무는 통일로 귀결되지는 않는다. 주관적 통일보다는 차라리 공통의 바탕으로 남는다. 그리하여 싹이나 가지들 같은 식물의 한 부분은 전적으로 식물에 다름없다. 식물의 부분들이 보여 주는 차이는 표면상의 변형에 지나지 않으며, 그것들 중의 한 부분은 다른 한 부분의 기능으로 용이하게 대체할 수 있다.[17] 나무는 고로 각각의 존재가 나무 전체를 나타내는 개체들의 집합체처럼 나타난다. 그것은 참다운 개별성을 구성하지 않으며, 자신의 부분들을 동물이 그

---

13) 헤겔, *ibid.*, tome Ⅲ, §344, p.57.
14) 헤겔, *ibid.*, tome Ⅲ, §344, p.58-59.
15) 헤겔, *ibid.*, tome Ⅲ, p.123. "식물을 구성하는 다양한 개체들이 하나로 모이는 것은 식물 전체를 포용하는 이 순환에 의한 것이다."
16) 프랑수아 다고네, 《개체》, Bordas, 1988, p.32.
17) 헤겔, *op. cit.*, tome Ⅲ, §343, p.35.

들의 소재에 관해 통일성을 갖고 있듯이 유지하고 있지는 않다. 오히려 나무는 자신의 부분들을 그들 각자에게 내맡기면서 그들로 하여금 뚜렷한 개체성을 갖추도록 하고, 더 나아가서는 같은 개체성을 재생하게 한다. 나무의 부분들은 원만하게 결정된 식물 유기체들로 그것의 수족이 되어야 마땅하지만, 나무에게는 참다운 통일성이라고 할 만한 요소가 없는 까닭에 그 부분들은 역시 참다운 수족이라고 할 수는 없으며, 각각의 것들이 나무 전체를 이룬다. "단적으로 말해서 나무의 각 부분들은 완전한 개체처럼 즉시 존재할 수 있다. 폴립이나 다른 종의 전적으로 초보적인 개체들을 예외로 하고서는 통상적으로 대개의 동물에게 있어서는 가능하지 않은 사실이다. 적절하게 말해서 식물은 개체를 형성하는 개체의 집합이다. 하지만 그 부분들은 전적으로 독립적이다. 이러한 부분들의 독립성이 식물의 무력함을 조장한다."[18]

헤겔의 나무는 종을 풀어 주고, 그 부분들은 나란히 병렬되어 있을 따름이다. 여기에는 한 개체가 다른 한 개체 속에서 이루는 내부의 통일이 결여되어 있다. 부분들이 합병하는 동물은 시간으로부터 해제되어 나무와는 다르게 외재성으로부터 해방될 수 있다. 결론적으로 나무는 헤겔의 관심을 끌지 못한다. 공간에 순응한 채 남아 있기 때문이다. 우리의 독서가 보여 주게 될 것이지만, 그가 선호하는 것은 동작으로 공간을 부정할 수 있는 동물이다. "동물은 자유롭게 죽는다, 생의 중압으로부터 해방된 빛과 이상과 같이. 그 주관적인 실존은 공간의 조건에 더 이상 복종하지 않는다. 외부의 실재 위로 자신을 일으켜 세우면서, 그는 몸소 자신의 장소를 결정할 수 있다."[19] 헤겔을 강조한다고 한들, 결국 무용한 것은 그가

---

18) 헤겔, *ibid.*, tome III, §345, p.71-72.
19) 헤겔, *ibid.*, tome III, §351, p.198.

식물의 유기적 기능에 관한 장을 마련하기 위해서 구성했던 세심하고 놀라운 기록에도 불구하고 나무는 주제의 형성 과정 속에서 동물의 이편에 남아 있기 때문이다. 그것은 최초의 단계에 지나지 않는다.

헤겔을 떠나며, 두 개의 철학적 문장이 다시금 우리의 주의를 끈다. 그것은 1790년과 1976년의 것들로, 나무의 과학의 탄생과 발전을 틀에 끼고 있다. 첫번째의 것은 칸트, 그의 유명한 《판단력 비판》에 수록된 문장이다. 두번째의 것은 들뢰즈가 《근경》이라는 제명으로 발표했던 《앙티오이디푸스》의 잘 알려졌던 서문이다. 우리는 가장 최근의 것이 부득이하게 가장 타당하지 않다는 사실을 보여 주고자 한다. 들뢰즈는 조서로부터 출발한다. "나무는 서양의 현실을 지배하였다, 서양의 모든 생각들을. 식물학에서 생물학까지, 또한 인식형이상학·신학·존재론과 모든 철학들을 (…). 그리고 라신의 **땅, 뿌리, 기반**의 토대로서."[20] 우리는 '서양의 현실'이라는 말을 들을 때, 풍경과 지리 그리고 경제의 모든 면에서 이론의 여지없이 나무가 지배하는 것을 본다. 제4기의 빙하기 후에 진화해 온 그의 끈기는 유럽을 덮은 숲의 외투로 발전하는 것으로 명시되었다. 그것이 보장하는 다양한 용도의 증가에 관해서는, 나무는 서양 문명의 중심에 위치한다. 그러나 우리는 "나무는 서양의 모든 생각을 (…) 지배했다"고 단언하기를 거부한다. 특히 이 지배가 퇴화의 의미처럼 부정적으로 간주될 경우에는 더군다나 그렇다. "나무 혹은 뿌리는 우리들의 사고에 슬픈 영상을 고취시킨다. 중심 아니면 갈라진 부분들의 우세한 단위에 따라서 배수를 모방하기를 그치지 않는 영상을."[21]

우리는 이 명제를 이중적으로 비판한다. 우선 루소가 홉스에게 제기했

---

20) 질 들뢰즈, 《근경》, Minuit, 1976, p.53.
21) 질 들뢰즈, *ibid.*, p.46.

던 비난과는 역으로, 그것은 우리들을 문화로부터 자연으로 미끄러지게 할 뿐만 아니라, 빛을 향한 경쟁에서 나무의 승리를 도모하는 생물지리학적 구상으로부터 다른 사고의 형태들에 대한 나무의 지배를 도모하는 문화적 구상으로 넘어가게 만든다. 자연적 진화 과정 속에서의 나무의 위치와 문화적 질서 속에서의 그 위치 사이에는 아무런 관계가 없으며, 두 개의 구상을 지배하는 것도 없다. 예를 들어 우리는 서양적 상상 속에서 나무 형태론의 역동적인 기능을 보여 주었다. 이러한 다의적인 역동주의가 지닌 예외적인 상징적 조형성이 세속적인 정치의 명부에서만큼이나 이교주의 내지는 기독교주의의 신성한 명부 속에서 일하는 것처럼. 마찬가지로 수목의 구조는 '슬픈 영상'을 반향하며 사고를 지배하지는 않는다. 실로 그와는 반대로 수목은 최적으로 늘어난 상태로 분할과 분배의 논리를 제시한다. 더 낮게는 수목은 공간 속에서 같거나 다른 종의 다양한 형태와 변형을 구체적으로 조직한다. 나무는 이론적 구상과 마찬가지로 상징적 구상 위에서, 우리들의 눈앞에서 형상적 변이를 실현한다. 형태의 가변성에 의해서 나무는 매우 다른 영역 속에서도 적절하게 적응하는 행운을 실현한다. 단조로움을 가져오는 것과는 멀게 나무는 다면성 내지는 여러 가지의 가치를 펼쳐 보이는데, 이것은 늘어난 싹들과 반복되는 분지들로 그 자신을 재구축하기를 그치지 않음으로써이다. 그리고 나서 들뢰즈는 의심할 것 없이 생물학보다 더욱 사회적인 선언을 하기 위해서, 나무를 계급적인 구조로 몰아넣으면서 그것의 영상을 얼마간 왜곡시킨다. "수목의 체계는 계급적 체계이다."[22] 아니면 이것은 사실이 아닐 수도 있다. 나무는 그가 속해 있는 다른 식물의, 들뢰즈의 표현대로 계급적으로 조직화된 세계를 이겨내고 서 있는 것이기 때문이다. 어떤 수목들이 피라미

---

22) 질 들뢰즈, *ibid.*, p.41.

드의 세력 구조를 그려 보일 수 있는 것은, 그러한 독재적인 구조에 따라서 기능적인 나무밖에는 끌고 가지 않는 까닭이다.[23] 이로부터 두 세기가 지나는 즉시, 철학자는 나무의 기능 속에서 공화국의 그것과 아울러 유추를 들추어 냈다는 것을 상기하기를 주저하지 말자.

들뢰즈는 시대의 지식에 그토록 주의 깊었던 그였음에도 불구하고 나무의 소재에 관한 최근의 인식을 간과했던 것처럼 보인다. 예를 들면 그가 나무는 "둘로 되는 하나의 법칙, 이어서 넷으로 되는 둘의 법칙을 멈추지 않고 발전시킨다"[24]는 이론을 지지할 때이다. 식물수학에 관한 연구를 잠깐 일별한다고 하더라도 줄기 위에서 나뭇잎의 분포를 지시하는 것은 이진법의 논리보다는 훨씬 복잡한 논리라는 것을 알 수 있을 것이다. 그 논리는 전적으로 피보나치[25]의 정수에 따라서 1, 2, 3, 5, 13, 21, 34, 55, 89, 144, 233, 377, 610…… 식으로 편성된다. 이 연속에서 각 숫자는 앞선 두 개체의 종합에서 나온 것이다. 들뢰즈가 지적하였던 것보다 더욱 복잡한 이 배열을 표현하는 것이 가능해진다. 오리나무 · 떡갈나무 · 느릅나무 · 자작나무 등, 어떠한 경우일지라도. 그들의 잎들은 하나하나가 각각의 매듭에 끼워져 있다. 사람들

《식물수학》, 퀘벡대학교 출판부,
로제 장의 소묘, 1978.

23) 질 들뢰즈, *ibid.*, p.48-49.
24) 질 들뢰즈, *ibid.*, p.13.
25) 레오나르드 피스가 전하는 바에 의하면 13세기 이탈리아의 부유한 상인이었던 레오나르도 피보나치는 또한 유럽 세계에 인도 숫자(아라비아 숫자라는 이름으로 더 잘 알려진)와 대수학을 소개했던 수학자이다. 1202년에 출판된 저서 《산반서》는 시작이 매우 분명한 연속의 신기한 특성에 관해 언급하고 있는데, 다음과 같은 문제를 해결하는 것이 문제였다. "얼마나 많은 쌍의 토끼들이 한 해 동안 특정한 한 쌍에 의해 번식할 수 있을까, 각 달마다 각 쌍이 두번째 달부터 임신에 들어가는 다른 쌍을 관심 밖으로 돌린다면?"

은 그것들이 격리되었거나 교체되었다고 말하지만, 그것들은 되는 대로 줄기 위로 밀고 나온 것이 아니며, 순환의 질서 혹은 나뭇잎의 순환에 따르고 있는 것이다. "줄기 둘레에서 일어나는 운동으로 연속된 각 매듭을 지나고 있는 선은 나선형이며, 이 소용돌이는 식물의 개별적 진화에 관여하는 (…) 발생론 나선 혹은 개체 발생적 나선이라고 일컫는다. 같은 모태 생식 기능을 하고 있는 줄기의 바로 곁에서 다른 것은 드물게 나타나는 두 잎새들의 착생 사이에 뻗어 있는 나선의 넓이는, 일련의 나뭇잎들을 만나서 일정한 진화의 숫자를 표현하는 잎의 순환을 세례받았다."[26]

나뭇잎의 배열에 관련하여서는, 우리는 들뢰즈를 비판하고 있는 것보다 더욱 풍부한 합리성을 여전히 획득하고 있다. "잎의 순환은 자연적으로 다른 잎의 배치를 규정하면서 각각의 종에게는 변함없는 상수 역할을 하는 엽서의 분수 개념으로 이끈다. 5점 눈 혹은 5점형의 배치는 가장 보편적인 것이다."[27] 그리하여 나무들을 이러한 엽서적 분수의 기능으로 분류하는 것이 가능하다.

엽서적 분수	종
1/2(이열생)	느릅나무 · 보리수
1/3	오리나무 · 너도밤나무 · 개암나무 · 자작나무
2/5(5점형)	떡갈나무 · 자두나무 · 벚나무 · 살구나무 · 사과나무
3/8	포플러 · 배나무
5/13	버드나무 · 편도나무

가지의 분지 과정과 나뭇잎의 배열에 관한 이러한 두 가지 예를 가지고서도 들뢰즈가 나무에게서 제시하는 빈곤한 영상을 거부하기에 충분하다. 들뢰즈는 자신의 입장을 변호하기 위해서 나무를 풍자화하는데, 이는

---

26) 로제 장, 《식물수학》, Presses de l'université de Québec, 1978, p.32-32.
27) 로제 장, ibid., p.32.

통일성 있고 계급적인 구조를 부여하기 위함이었다. 그는 나무에 의해서 간략하게 상징된, 현재 실행되고 있는 이러한 독재 앞에 다른 모형, 즉 근경을 대립시킨다. 근경 혹은 뿌리줄기는 배열을 증가시키고 차이를 나열하면서 즉각적으로 어떤 하나의 점을 다른 어떤 하나의 점과 연결한다. 이때 나무는 더욱 돋보인다. "근경은 계급적인 전달과 미리 설정된 관계에 집중된 체계에 대항하는 비계급적이고 무의미하며, 일반적이지도 않고, 형성체의 기억이나 중추적 자동 장치도 없는, 순환 상태에 의해서 독특하게 규정된 구심적 체계이다."[28] 들뢰즈의 분석을 따라가면서 나무는 세력의 편을 들고, 근경은 무정부의 편을 든다. 이러한 대치는 우리에게 만족스럽지 못하다. 우선 "근경은 나무의 논리를 부수지 않기 때문이다. 오히려 논리를 완성하고 다원적으로 결정한다. 그것은 수평적으로, 혹은 비스듬히, 심지어는 수직적으로 낮게 깔려서 퍼져 나간다. 그것은 측면으로 싹을 내보내며, 싹들은 땅 밖으로 나와서 해마다 꽃을 피운다⋯⋯. 뿌리줄기를 총생의 다발이나 천공성의 곧은 뿌리(축)의 모습으로 대치시키지 말자. 그것들이 줄기와 나뭇잎들을 부활시킬 것이기 때문이다. 사람들이 근경을 뿌리에 비교한다고 해도 놀라운 일은 아니다."[29] 근경은 나무를 땅속에 묻으면서 보호한다. 그리고 그것이 나무의 논리를 깊이 존중한다고 할 수 있는 것은 "축재와 방어의 극치를 나타내고 있기 때문이다. 결빙될 것이 두려운 그것은 땅속에서 사방으로 퍼져 나간다."[30] 들뢰즈의 반대 의견에 이의를 제기하는 이러한 첫번째 이유에 두번째 이유가 추가된다. 즉 나무는 뻣뻣하게 경직된 계급적 구조가 아니라는 것이다. 그는 여러 조직체들로 분절된 구조를 알지 못한다. 그럼에도 그는 상이한 요소

28) 질 들뢰즈, *op. cit.*, p.62.
29) 프랑수아 다고네, 《자연》, Vrin, 1990, p.141.
30) 프랑수아 다고네, *ibid.*, p.142.

들의 일체를 유지하고 있다. 요소들은 상호적으로 연결되어 있으면서 서로가 성장하고 죽는 한 개체로서 남아 있도록 끊임없이 도와 주고 있는 것이다. 이러한 이상한 기능은 칸트가 《판단력 비판》의 제64장에서 정확하게 분석하였듯이, 놀라운 개체로서의 나무를 이루고 있는 것이다.

1790년도에 있어서 뷔퐁과 뒤아멜 뒤 몽소의 작업은 순수하게 기계적인 접근이었다는 사실을 돌이키자. 그때 나무의 과학은 여전히 더듬거리는 수준이었고, 과학의 지원 없이는 개발시킨다는 것이 거의 힘들었다. 이러한 판도에서 칸트는 나무의 일부와 나무 전체 간의 관계를 보여 주기 위해서 부분적으로나마 접목을 실천한다. "이 창조물의 한 부분은 그 자체가 한결같이 한 부분의 보전이 다른 한 부분의 보전에 상호적으로 의존한 것과 같은 종류의 관계를 생성한다. 다른 나무의 가지에 접목된 나뭇잎 눈은 낯선 밑동에 그의 고유한 종의 식물을 키우며, 그처럼 다른 나무에 접목한다."[31] 우리가 동물의 접목을 생각하며 같은 종의 동물로부터 전해지는 모든 조직을 거부하는 매우 강력한 개별화의 이유만으로 그것이 얼마나 힘든 일인가를 생각할 때, 그것이 식물의 구조 속에서는 보다 유연하고 유순하게 나타난다는 사실을 주목하는 것은 흥미롭다. 게다가 접목은 나무라는 특별한 총체의 기능을 드러내 준다. "우리가 같은 나무의 각 가지들과 각 나뭇잎들을 단순히 그 나무 위에 접목하거나 눈접한 것이라고 간주할 수 있는 것은 그 때문이다. 그것은 말하자면 자신을 위해 존재하는 나무, 단순하게 다른 나무에 붙어서 기생충처럼 양분을 빨아먹는 나무이다. 나뭇잎이 나무의 생산물이라는 것은 사실이다. 그러나 나뭇잎들은 그들 차례로 나무를 보호한다. 사실 나뭇잎이 반복해서 떨어져 나

---

31) 이마누엘 칸트, 《판단력 비판》(1790), Vrin(A. 필로넨코 역), §64, p.190-191.

간다면 나무를 죽이고야 말 것이며, 그의 성장은 기둥에 붙어 있는 나뭇잎에 운명이 달려 있다."[32] 칸트는 64장에서 개진한 유기체에 관한 분석을 65장에서 재차 다루면서, 부분들은 그것들을 함유한 모든 것과 함께하는 단위 속에서가 아니고는 존재할 수도, 기능할 수도 없다고 했다. 이러한 전체성은 모든 부분들의 형태와 관계를 결정하는 관념처럼 기능한다. 그렇지만 이 관념은 구상이나 계획이나 예술의 개념이 아니다. 왜냐하면 이 경우에 유기체는 자신의 원인을 자신 밖에서 찾으려 할 것이기 때문이며, 신성한 건축가나 기계 기사로 인식될 수도 있을 것이다. 이러한 관념은 나무라든가 고양이를 판단하는 자를 안내하는 인식의 원리에 지나지 않는다. "칸트는 유기체를 **모사** 없는 **원형**, 계획 없는 작품처럼 규정하고자 시도하고 있다. 그것은 예술 작품으로부터 근본적으로 유기체를 분리하는 일이 될 것이다. 그러므로 그것은 (…) 자신을 조직하는 조직된 존재이다."[33] 들뢰즈가 다소 빠르게 공언하고 있는 것처럼 나무에게는 작품에서 발견할 수 있는 총괄적인 힘이 존재하지 않는다. 하나의 시계를 조립하기 위해서는 배열에 관한 개념, 톱니바퀴에 관한 정확한 계획이 그의 작업의 기술적 과정을 강제적으로 명령한다. 이러한 인위적 계획으로부터 왕이 왕국을 통치하듯이, 영혼이 신체를 지배하는 유기체로부터 정치적 개념을 제거하기는 쉬웠다. 개체를 지나친 이 개념이 곧 들뢰즈가 비판하고 있는 것이다. 칸트는 근대적 수목학에 관한 인식을 준비함이 없이, 개체의 기능은 인간의 정치적 행위의 범위를 제시할 수 있다는 영상을 예리하게 간파했다. "우리는 직접 지정된 자연적 목표와 함께 유추에 의해서, 현실보다는 이상을 통해 만나는 일이기는 하지만 어떤 관계를 밝

---

32) 이마누엘 칸트, *ibid*.
33) 알렉시스 필로넨코, 《칸트 연구》 중 〈칸트와 생물학적 철학〉, Vrin, 1982, p.127.

힐 수 있다. 제정의 위대한 사람들이 최근 기획하고 있는 변신의 시도를 맞이하여, 우리는 가끔 행정 관제의 설립이나 제정 전체의 기관을 위해 매우 적절한 방식으로 '기구'라는 용어를 이용한다."[34] 칸트는 1789년의 프랑스 혁명과 새로운 형태의 국가 설립 과정에 관한 이 언급 후에 다시금 유추를 취하는데, 그는 생물학적 사유가 공화국 내의 시민들의 관계들을 이해하는 원천이 되었다고 했다. "사실상 그러한 상황 속에서, 나라의 모든 일원들은 단지 수단이 되었던 것이 아니라 동시에 목적이 되었다. 그 사실은 모든 가능성에 이바지할 뿐만 아니라 자신의 차례로, 각자의 위치와 기능에 관련하여서 모든 이상에 의해 결정되었던 것이다."[35] 유추에 의거하여 칸트는 나무의 살아 있는 전체와의 연계를 이룩했다. 나뭇잎·가지 그리고 뿌리는 동시에 나무를 위한 수단이면서 목적이며, 모두 나무 안에서 결정된 역할을 완벽하게 실행하고 있다. 참으로 이것은 유추 이상의 것이다. 역사적·정치적 과정은 생물학적 과정으로 귀착할 수 없다. 이러한 근본적인 차이가 칸트의 목적론적인 분석적 정신에 머물고 있다. 공화국 같은 존재가 되지 않고서도 최고의 상징인 나무는 정치적 기능을 더욱 환하게 비출 수 있는 것이다. 나무는 우리들 "각자가 개인으로 남아 있도록 끊임없이 도와 주고 있는 인간 공동체에 관한 개념을 환기하는"[36] 총체의 면전에 서 있게 한다.

19세기 들어 과학에 주안점을 두기 시작하면서 나무의 기능을 밝히기 위한 노력이 줄곧 이어졌으며, 우리가 보여 주듯이 그 발견들은 칸트가 제기한 유추를 충분히 정당화했다. 모든 것에 앞서 나무는 상이한 여러 요

---

34) 이마누엘 칸트, *op. cit.*, note du §65.
35) 이마누엘 칸트, *ibid.*
36) 알렉시스 필로넨코, *op. cit.*, p.121.

소들의 집합으로 나타난다. 독특한 목질의 줄기에 의해서——기둥——그것은 히드 혹은 덤불 모양의 소관목 같은, 바닥에 목질의 잔가지가 뻗어 있는 초목과 구별된다. 그밖에 그것의 키는 실제로 자신의 잎사귀들을 태양 앞에 드러내 놓기 위해서 하늘 높이 우뚝 선 거인이다. 빛을 쟁취하기 위한 경쟁 속에서 나무는 목질의 골격 덕분에 다른 나무로 가지를 멀리 드리워서 여유 있게 자신의 개화를 펼칠 수 있다. 기둥의 본래 구조는 다른 식물의 나무와 구별되는데, 수목의 두 전략을 조건짓는 것이 바로 그것, 거인증과 반복이다. 거인증은 기둥의 단단함과 내구성에 의해서밖에는 가능하지 않다. 초본 식물의 경우에 있어서는 줄기의 규모가 정생아(頂生芽)에 의해 결정된다는 사실, 다시 말해 꽃눈이 주줄기의 꼭대기에 위치한다는 사실을 우리는 알고 있다. 확실히 각 2차 줄기, 각 뿌리는 정생아에 의해서 결정되는데, 이것은 분열 조직이라고 일컫는 매우 활발한 세포 구역으로 구성된 성장 조직을 포함하고 있다. 하지만 정단 정생아만이 줄기의 규모에 적절한 일정한 세포들을 생성할 수 있다.

정단 정생아
2차 정생아

2차 줄기
주줄기
액생아

흙

뿌리 체계

B. 피셰세르의 《나무의 인식》(Nathan, Paris, 1995)에 수록된 M. & J. 캉팡의 소묘에서.

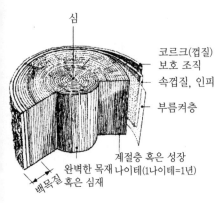

심

코르크(껍질)
보호 조직
속껍질, 인피

부름켜층

계절층 혹은 성장
완벽한 목재 나이테(1나이테=1년)
백목질 혹은 심재

나무의 연속층들. 장 파레,《나무》, Actes Sud,
1995에 수록된 장 클로드 세네의 소묘.

기둥의 직경이 식물의 각 계절마다 늘어나는 것은 나무가 표면상으로 살아가기 때문이다. 부름켜라고 불리는 분열 조직 세포들로 이루어신 중심주는 불침투성의 껍질의 보호 아래 둘레를 따라 발달한다. 몹시 활동적인 세포들로 이루어진 이러한 생식층 덕분에 나무는 인피의 형성으로 껍질 측면을 늘리고, 활발한 세포와 기능적인 맥관을 가진 백목질의 형성으로 내부 측면을 늘린다.

나무가 덩치를 늘릴 수 있는 것은 둘레를 따라 발달하기 때문이다. 만약 발아력이 있는 층이 중심에 위치하기라도 한다면 모든 게 부서질 것이다. 각 해마다 부름켜는 가지각색의 조직으로 이루어진 고리를 추가한다. 사람들은 이러한 성장의 고리를 나이테라고 부른다. 약 20년 후에 버드나무의 유조직 세포들은 죽고, 중요한 화학적 변이를 받아들인다. 그들은 탄닌에 배어들고, 그들의 전도성 요소는 막히며, 그들의 벽은 목화된다. 그들은 심재 아니면 적목질에 뒤섞인다. 견고한 목질의 지지 조직이 그렇듯 느리게 형성된 것은 나무의 높이를 설명한다. 세쿼이아나 유칼리 같은 1백 미터 이상의 높이에 이르는 거상을 가리키고 있는 것이다. 나무는 지극히 고유한 유형의 발달을 자체적으로 이룩하는 데 성공하기에 이르렀다. 나무를 특별하게 하는 구조는 거인주의를 낳았다. 유럽에 퍼져 있는 가문비나무·전나무·떡갈나무들이 빈번하게 25미터에서 40미터에 이르는 높이를 가지는 것을 돌이켜보자.

이렇게 나무에 적합하게 두께로 성장하는 최초의 배치에 모든 나무에 공통된 두번째의 개성적인 배치가 추가된다. 잔가지 끝, 아니면 뿌리 말단에 돋아오른 눈들 속에 위치한 분열 조직에 의해서 모든 방향으로 뻗어 가는 성장이 그것이다. 그런데 이러한 성장 유형은 나무에게 그 반복으로 수목의 두번째 전략을 유별스럽게 만든다. 사실 나무는 잎사귀를 달고 있는 잔가지의 체계, 이전의 잔가지 위에 각각의 눈들을 마련하는 성장의 단위이다. 눈, 그것은 배아 상태의 잔가지이다. 혹은 단지 잔가지들만이 잎사귀를 달고 있기 때문에, 나무는 새로운 잔가지들을 생성하고 자라도록 하는 선고를 받았다. 막 피어나는 눈들은 잔가지 끝에 접목된 것 같은 새로운 작은 식물을 형성한다. 그렇게 나무는 반복적인 죽음의 원리를 회생의 원리로 변신시킨다. 나무는 몇 살을 먹었을지라도 완벽한 발달 계획을 갖고 있는 초보적인 작은 식물의 구조를 반복한다. 이런 의미에서 나무는 다수의 개체를 양산하고, 이것에 의해서 취락 구조를 이룬다. 각각의 눈들은 씨앗으로부터 솟아오르는 새로운 식물만큼이나 젊다. 그리하여 나무는 늙음과 젊음의 예외적인 변증법을 철학자에게 보여 준다. 새로운 싹들의 연약함은 가장 오래된 견고한 지주를 함축하고 있다. 한번 돋아난 잔가지는 더 이상 길이로 성장하지 않고 기둥처럼 두께로 자란다. 그것은 소유자의 기능을 맡을 수 있을 것이다. 나무는 한번 재생산 능력을 잃고 난 뒤에는 새로운 역할로서 자신을 특별하게 한다. 그러한 수목의 반복적 전략은 또한 특수화 과정을 끌어들인다. 나무는 "분열 조직이 앞서 특별하게 준비를 갖춘 상태에서만 싹을 돋아나게 할 수 있다. 분열 조직의 성장, 다만 몇 지점에서의 국한된 성장은 새로이 형성된 조직이 지나치게 섬세한 나머지 자체적으로 유지하기가 불가능한 데서 생겨난다. 그들은 이미 돋아나서 단단해진 부분들에 의해서 지탱되어야만 한다. 그리고 지지받는 부분들은 자체적으로 재생산할 능력이 없다. 나무에게 일어나는 특수한 과정은 벌집에서의 특수한 과정과 얼마간 닮은 데가 있다. 재생산과 밀접한 분열 조직은 여왕벌과 마찬가지로 그 자체가 재생산 능력을 상실한 특수화된 후손에 의해 유지된다."[37]

식물학의 관점에서 볼 때, 이러한 두 가지의 특수한 성장 유형은 나무에게서 별도의 존재를 이룬다. 성장한 어른의 키를 어린 상태와 비교해 볼 때면 나무는 더욱 유별나게 나타난다. 그것이 달고 있는 열매들은 말할 것도 없다. 실제로 우리는 숲 속을 거니는 동안 다른 초본 식물 주변과 다르지 않게 떡갈나무의 어린 묘목들이 흩어져 있는 광경을 목격하게 된다. 그와 같이 한 나무의 종자는 다른 한 나무의 종자와 전혀 다를 것이 없다. 그런데 나무의 두드러진 성장은 맹아였을 적과 그것이 자라나서 가지 품에 안겨 있는 열매들을 생각해 볼 때 실로 믿어지지 않을 정도이다. 나무가 이루는 위업을 좀더 잘 특징지을 수 있는 것은 공기와 물과 흙으로부터 끌어낸 무기물 요소들로서 지극히 다양한 유기체를 생산하는 능력을 고려하는 경우이다. 가지와 잎사귀와 뿌리와 기둥이 커다란 덩치를 이루고 있는 수백 년 수령의 떡갈나무는 족히 몇 톤은 나가리라, 불과 몇 그램에 지나지 않는 도토리에서 출발했던 그것이. 그 위업은 순간적인 소산이 아니다. 수십 년, 아니면 수백 년이 걸리는 일이다. 일찍이 대수림을 보호해 왔던 삼림 간수들은 언제나 그 사실을 자각하고 있다. 시간은 천천히 우아하게 나무의 형상을 조각한다. 또한 그러한 오랜 생의 지속은 힘 있는 보호 장치를 필요로 한다. 확실히 풀들은 그들의 환경을 침입해 오는 것들에 대해 무관심한 것이 사실인데, 흔히 섬유소로 구성된 뻣뻣한 피막이 그들 세포를 둘러싸고 있기 때문이다. 하지만 이러한 내벽은 껍질의 성벽을 형성하는 불침투성의 조직, 코르크와 비교할 수는 없다. 인피를 둘러싸고 있는 층에 의해서 공들여 만들어진 내부의 성벽은 피막과 죽어서 말라 버린 인피의 파편들로 이루어져 있다. 코르크는 침투해 들어갈 수 없

---

37) 피터 S. 스티븐스, 《자연 속의 형태들》(장 마트리콩 · 도미니크 모렐로 역), Le Sueil, 1978, p.143.

는 지방성 물질의 코르크질이 배어 있는 세포들의 더미이다. 이 세포들은 급속히 죽어서 공기로 채워진다. 그리하여 코르크는 갑작스러운 온도 변화로부터 나무를 보호하는데, 그것은 완벽한 단열재이자 방습제로서 빗물을 차단한다. 하지만 그것은 또한 기둥의 가장 바깥층(인피 · 백목질)을 순환하고 있는 많은 양의 물이 증발하는 것을 막아 주기도 한다. 코르크는 기둥의 살아 있는 세포들과 외부 사이에서 군데군데 가스의 교환이 이루어지도록 기공을 갖고 있다. 주검이 생생한 보호막이 되다니, 철학자에게 새로운 강의이다. 목화되는 나무의 심층부는 성장을 위한 토대를 이룰 뿐 아니라 껍질은 개체를 보호하기 위해 한결같이 죽은 부스러기들을 순환하여 사용한다. 껍질의 표면이 부서져 갈라지는 것은 두께로 성장하는 기둥의 압력 때문이다. 껍질이 확보하는 이 저항에 탈수를 막아 주거나, 가을이 오면 무용한 나뭇잎들을 떨구도록 하는 생리학적 역학이 더해진다. 그렇게 헐벗고서는, 남아 있는 모든 나뭇잎들은 식물의 휴식으로 들어간다. 그들은 메마름과 겨울의 한파와 얼음을 보다 잘 지탱해 낼 수 있다. 떡갈나무 같은 어떤 나무들은 그들의 세포 속에 많은 양의 탄닌을 간직하여 외부로부터의 공격에 거리를 두고, 모두 회복과 유착의 역량을 갖추고 있다. 나무 장수는 동물과는 달리 서 있는 자리에서 도망할 수 없는 그곳에서, 외부로부터 가해져 오는 공격으로부터 몇 세기를 두고 자신을 보호하게끔 하는 복잡한 저항 체계를 마련하지 않고서는 가능하지 않은 일이다.

우리는 기둥과 가지밖에는 고려하지 않았다. 하지만 그들의 성장 가능성은 적어도 두 가지의 근본적인 기능을 채우는 뿌리 기관에 달려 있다. 우선적으로, 뿌리는 땅속 깊이 파고들면서 땅 위의 나무를 견고하게 균형 잡는다. 가문비나무나 자작나무 같은 어떤 종들은 뿌리가 훨씬 원활하게 그들의 역할을 맡고 있는데, 그들은 기둥 아래서 수평으로 밀고 나가기 때문이다. 그 결과 나무들은 태풍을 잘 이겨내지 못한다. 대부분의 종들은 땅속에서 뿌리가 가지의 전체에 비등하거나 그보다 큰 규모로 뻗어 나간다. 줄기 중간에서 접기만 한다면 가지와 뿌리가 완전히 일치하는 상과 하의 놀라운 대칭이 생겨나는 것이다. 이렇듯 기묘한 배치는 철학자에게 합리적인 것을 나타낼 수밖에 없다. "힘차게 뿌리내리고 넉넉하게 전개된 이중적 상태는(분명하게 보여 주기를) 견고함과 풍요함이라는 대조적인 두 극단을 여실히 나타내기 위해서, 한편에서 기초를 다지고 다른 한편에서 발달을 도모해야만 한다는 것이다."[38] 가지와 뿌리라는 두 장치는 서로 보충한다. 잔가지와 나뭇잎들로 넉넉하게 펼쳐진 전개는 지면에서 든든한 정박이 이루어지지 않고서는 가능하지 않을 것이기 때문이다. "두 운동은 서로 지원한다. 뿌리박기는 무성함의 조건이다."[39] 뱃짐으로 균형잡기와 같은 이러한 물리적 기능 외에, 뿌리는 수분과 광물질 염분을 포획하기 위해서 땅속을 탐사하는 장치로서의 두번째 기능을 이행한다. 뿌리는 다양하게 변하고 가지를 치면서, 나무의 기능에 필요한 원초적 물질들을 찾고 공급하기 위해 그들의 역량을 극대화시킨다. 앞서 나뭇잎들이 공기와 빛을 포착한다는 것을 설명한 뒤에, 이번에 우리는 비록 위와 아래에서 다르게 작용하고 있기는 하지만 지속적으로 반복해서 일어나는 이중으로 기능적 관점을 취한다. 이러한 반복은 정신이 두 가지의 동등한 식물적 재생산의 현상, 즉 흡지의 발생과 휘묻이를 관찰할 때 혼란밖에는 주지 않는다. 최초의 경우, 나무의 뿌리는 기둥에서 얼마간 떨어진 지점에서 새로운 싹을 틔우고 자라게 한다. 흡지라 일컫는 이 현상은 모태 뿌

---

38) 프랑수아 다고네, *op. cit.*, p.139.

39) 프랑수아 다고네, *ibid*.

리의 화학적 변형에 의해 분리되어서 자신의 고유한 뿌리를 자립적으로 내고자 하는 것이다. 흡지를 내는 나무들로는 흰 포플러 · 아카시아 · 느릅나무 · 초록 떡갈나무 · 오리나무 · 야생 벚나무 등이 있다. 휘묻이의 경우에 있어서는, 그것은 낮고 유연하게 지면을 접촉하는 가지가 뻗어 나가며 뿌리를 이루는 현상으로서, 수십 년이 지나는 동안 본래의 나무와는 분리된 새로운 나무를 만들어 내는 것이다. 가문비나무에게는 자연스러운 현상일 뿐인 이러한 재생산 과정은 원예에 의해 인위적으로 촉발할 수도 있다. 수지를 맞추어 보자, 뿌리가 가지로 되는 경우에 있어서와 가지가 뿌리로 되는 경우에 있어서. 참으로 나무는 "이중적 존재를 이룬다, 대지의 부분과 대기의 부분으로서. 두 영역은 흔하게 하나가 다른 하나를 투사하며 절묘한 일체를 이룬다. 인화형은 가시적인 조화를 반복한다."[40] 이러한 놀랄 만한 특성은 특히 베이컨 같은 르네상스 시대의 식물학자들에 의해 식별 표시되었다. "모든 식물은 그들의 부분들을 사방으로 펼치면서 아래위에서 새싹을 밀어올린다. 하나는 땅속에 묻혀서 뻗어 나가고, 다른 하나는 공기 중에 펼쳐져 태양을 향하는 것이 아니라면 우리는 뿌리와 가지의 다른 차이를 알아볼 수 없다. 생기 있는 부드러운 가지는 휘어져서 지층을 파고들기도 하지만, 땅에 밀착하지는 않는다. 당신은 가지뿐만 아니라 뿌리가 자라나는 광경을 보게 될 것이다."[41] 나무가 철학자의 영혼을 흔들어 놓는 것은 상하의 분리를 결합시키고, 공간적 펼침과 기능 간의 일체성을 꾀할 것이기 때문이다. 나무는 그에게 "그렇게 본보기를 보여 준다. 차이 속의 동등이라는."[42]

---

40) 프랑수아 다고네, *ibid.*, p.140.
41) 프랜시스 베이컨, 《신기관》(로르케 역), Hachette, 1857, p.124.
42) 프랑수아 다고네, *op. cit.*, p.140.

예외적인 나무의 합리성은 다른 식물의 그것과도 크게 구별된다. 실질적으로 초본과는 다른 나무는 공간 속에서 밀집한 생태로 살아가야 하는 까닭에 자신의 고유한 문제를 풀어야만 한다. 연역한 줄기를 부여받은 풀들은 이러한 어려움을 알지 못한다. 그들은 몇몇 잎사귀의 생태를 이해할 뿐이다. 나무는 물리적 체계의 상호 작용으로 내부의 직경과 힘이 작용하는 흐름의 법칙과 최적의 배열과 공간 점유의 법칙을 결합하면서 발달한다. 그렇게 기둥에서 출발하여, 큰 가지는 무수하게 자잘한 가지들을 분지한다. 사람들은 이러한 분지 체계가 어떻게 추상적인 계획과 수학적 분석을 통해서 설명될 수 있는지 보여 줄 수 있었다. 그러한 분석들은 번개만큼이나 강줄기에 잘 맞고, 나무에게서만큼이나 혈액 순환 기관의 분맥에 잘 적용되는 것이었다. 마치 그러한 규칙적인 형태가 모든 존재가 필연적으로 순응하는 질서를 해석해 주기라도 하는 것처럼. 다시 톰프슨은 생명 및 비생명의 자연이 지닌 여러 가지 형태를 극단주의와 최상주의의 원리로 설명하면서 분석하였다. 그 원리들은 나무의 구조와 성장에 관한 이해를 필요로 했다. 문제는 최대한 가능한 대로 공기중의 나뭇잎들 못지않게 땅속의 뿌리가 주변 환경과 접촉하고 있는 면적을 늘리는 것이었다. 그리하여 그들은 뿌리의 말단을 덮고 있는 흡수모가 뿌리의 표면을 열 배로 늘릴 수 있다는 것을 계산해 냈다. 마찬가지로 나뭇잎 표면의 진열은 빛의 포착 부위를 늘린다. 다른 면에서, 커다란 잎을 가장 자그마한 잎새들로 세분하는 것은 빛을 위한 투쟁에 유리하게 작용할 수도 있다. "작은 잎사귀들의 이점은 분명하다. 그들은 커다란 나뭇잎들보다 훨씬 조밀하게 밀집된 형태를 이룰 수 있으며, 쉽게 상하지 않고 더욱 용이하게 대체할 수 있다. (…) 그들은 또한 나무가 다른 환경에서 다른 상태의 성장 구조를 받아들이게끔 해준다."[43] 나무는 우연에 따라 불규칙하게 싹을 내미는 것이 아니다. "그들은 규칙적이며 비타협적인 방식으로 자신들을 무성하게 하며, 마지막에 이르러서밖에는, 다시 말해 질병이나 생존을 위한 투쟁이 그들의 세를 미리 징수할 경우를 빼놓고는 불규칙함을 나타내지 않는다. 나무들은 반복적이거나 '변조'된 방식으로 싹을 틔운다. 주어진 종 안에서 각각의 싹들은 다른 모든 싹들과 동일하며, 개화의 순간에 각자의 싹들은 같은 양식으로 이웃들과 연계된다."[44]

나무의 놀라운 합리성이 언제나 같은 방식으로 이해되었던 것은 아니었다. 우리는 역학적 모형이 어떻게 나무의 생리학을 자극했는지 보여 준 바 있다. 이에 관한 좋은 본보기는 수액의 순환에 의해 주어졌다. 17세기 초엽에 하비가 시도했던 피의 순환에 관한 설명은 합리주의자들의 정신을 납득시켰다. 그 점에 관해서 데카르트는 《방법서설》 제5부에서 하비의 모형을 논급하면서 그의 관점들에 관해 논평을 가하고 있다. 하비는 반복된 확실한 경험을 통해서 명확한 어투로 피의 순환은 심장의 펌프가 있는 방향으로, 닫혀진 회로 속에서 이루어진다는 것을 밝혔다. 그처럼 피의 양은 일정하다. 그것은 회수 저장고를 통해 순환하기를 멈추지 않는 물처럼 언제나 '같은' 피이다. 이 모형의 성공은 나무에 응용하기를 시도했을 때 그대로 이어졌다. 그들은 유체의 요소가 나무 기둥 안에 존재한다는 것을 알고 있었다. 어느 해인가는 한번 잘려 나가는 나무의 그루터기에서 다량의 수액이 흘러넘치고, 잔가지에서 떨어져 나간 잎사귀의 자리에서 방울져 떨어지는 것을 바라보지 않았던가. 이러한 경험적 관찰에 덧붙여 목질의 조직과 내부 구조를 현미경으로 관찰해야 할 필요가 있다. 액체는 나무 속에서 순환하고 있지만, 정작 어떤 것이 어떻게 흐르고 있는 것일까? 실

---

43) P.S. 스티븐스, *op. cit.*, p.141.
44) P.S. 스티븐스, *ibid.*, p.125.

질적으로 농부들이 매일 주고 있는 물이 뿌리에 흡수되어 나뭇잎에 이르고 건기에 그들을 보호해 준다는 사실을 생각하게 한다면, 이 물이 가지와 줄기와 이어서는 뿌리로 돌아가는 수액이 되는 것인지를 이해할 일이 남는다. 물리학자 마리오트는 이 순환을 명시할 방법을 모색했다. "나무의 뿌리로 돌아가는 수액에 관한 이러한 견해를 확증하기 위해서, 나는 다음과 같은 실험을 하도록 했다. 몇 그루는 짝을 이뤄 껍질을 맞대고 서 있는 크고 강한 소사나무들의 군락에서 팔뚝만한 두께를 가진 두 개의 줄기를 선택하여, 그 중 하나를 껍질의 결합 지점 밑으로 약 1피트 반 정도에서 톱으로 켰다. 그리고 뿌리로부터 올라가는 수액이 절단된 부분들과 만나지 않도록 작은 돌판을 그 사이에 끼워 놓았다. 이 작업이 이루어졌던 때는 2월초였다. 곧이어 다가온 봄에 줄기의 접합부 아래 있었던 측면의 가지들에서는 자그마한 새순들에 이어서 나뭇잎들이 솟아오르기 시작했다. 마찬가지로 그 위의 가지들에서는 드문드문 엄지손가락만한 굵기의 나뭇잎들이 솟아올랐다. 그것들은 절개 부위의 반 피트 위에, 그리고 껍질의 접합부 아래로 약 1피트 반 지점에서 올라오고 있었다. 나무들은 8월에 접어들면서 수액을 머금은 새로운 싹들과 잎사귀들을 내밀었으며, 이듬해 봄에는 수액을 내뿜었는데, 마치 그들은 여전히 뿌리로부터 양분을 받고 있는 듯이 보였다. 이것은 다른 나무로 올라온 수액이 잘려진 나무의 껍질을 타고 지나가서, 압력을 받으며 잘려진 줄기의 밑동까지 내려갔다는 것, 그리고 그곳에서 측면의 가지들 속으로 역류했다는 가정을 하지 않고서는 설명할 수 없는 일이다."[45] 이 실험은 수액의 오가는 흐름을, 달리 말해 종의 순환을 성공적으로 증명하였다. 나무 속에 사람 신체의 심장과 대등한 펌프가 부재한 상태에서 어떻게 수액이 순환했는지를 이해

---

45) 마리오트, 《초목의 식물성에 관한 최초 시론》, 1679, p.85-88.

하는 일이 과제로 남았다. 헤일스는 포도나무가 액즙을 흘릴 즈음 포도덩굴을 타고 올라오는 수액의 힘을 이해하기 위해서 열에 따른 물리적 설명을 제시한다. 실제로 우리는 물이 어쩌면 대기 중으로 쫓겨야겠기에 데워질 때 얻어 가지는 힘을 알고 있다. 식물의 수액은 물과 공기와 기타 활동성의 요소들의 복합체에 지나지 않기 때문에, 태양열 효과와 같은 법칙에 근거하여 그것이 나무의 맥관과 세포들의 내부를 격렬하게 관통하고 있다는 사실을 이해하기는 쉽다. 18세기에 샤를 보네는 나뭇잎으로 수액의 순환을 설명하고자 시도했었다.[46] 뒤아멜 뒤 몽소는 이런 의미에서 풍부하지만 역학적인 관점에서 신비는 그대로 남아 있다.

이 신비를 독일 과학자 마이어가 광합성 과정으로 밝혀 보고자 했던 것은 19세기 중반의 일에 지나지 않는다. 샤를 보네는 나뭇잎의 역할을 강조하는 일이 얼마나 옳은 것인지 짐작할 수 없었다. 철학자에게 나무의 기능 중에서 나뭇잎이 차지하는 중요성은 역설적으로 얼마나 가장 연약한 부분이 가장 견고하고, 가장 미세하며, 가장 거대한 것을 조건짓는지를 드러낸다. 단순한 요소라는 것과는 멀게, 나뭇잎은 우리에게 세 가지 상이한 나무의 기능, 즉 호흡·발한·광합성을 한꺼번에 보여 준다. 나무는 나뭇잎으로 숨을 쉬며, 내면은 숨구멍이라고 일컫는 자잘한 기공들이 체처럼 박혀서 가스를 교환한다. 살아 있는 모든 개체들처럼 나무는 공기 중의 산소를 흡수하고 탄산가스를 내뿜는다. 한편으로 나무에게는 수액의 순환을 위해 필요한 만큼의 물이 관류하고 있다. 물은 유익한 성분들을 전달하고 나무의 다양한 부분들 사이의 관계 그물을 유지하며, 체액은 고체화의 중재 역할을 하면서 부동의 나무 속에서 물질의 이동을 확고하게

---

46) 샤를 보네, 《나뭇잎의 유용성에 관하여》, 1754.

책임진다. 그런데 이것이 가능한 것은 열의 효과 때문인데, 나뭇잎의 숨구멍을 통한 증발이 증가하면서 솟아오르는 수액의 강력한 흡인성 흐름을 만들어 내는 것이다. 이 증발은 나무 내부를 채우고 있는 수액의 관들을 끌어당기고, 뿌리에서 나뭇잎까지 세포벽을 적신다. 수액이 올라오는 속도는 나무와 기후 조건에 따라서 시간당 60미터를 오간다. 나무는 자신의 잎으로 발한하면서 수액의 순환을 조절하고, 어떤 펌프도 없이 수액을 인상적인 높이까지 끌어올리는 유별난 위업을 성취한다. 이 힘은 나무에게 적절한 것이다. 왜냐하면 다른 식물들 역시 숨쉬고 땀을 흘린다고 하지만, 오직 나무만이 그러한 순환을 통해 다량의 액체를 움직이고 있는 것이다. 사람들은 12미터 가량의 키를 가진 나무가 가령 따뜻한 봄날 하루에 길어올리는 자양분 수액과 광물질 요소의 양이 2백25리터에 이른다는 것을 측정하였다. 이것은 5백 년 묵은 너도밤나무 숲이 하루에 발한하는 양이 헥터당 50만 리터에 달한다는 것을 말해 주고 있다. 이윽고 나뭇잎은 생물학 공장처럼 기능한다. 그것은 태양 에너지를 끌어모으는 색소――엽록소――를 가진 덕분에 유기체 분자에서 비유기체 분자(CO_2, 광물성 이온)까지 합성하는 능력이 있다. 이러한 클로로필 색소를 갖고 있는 식물의 독특한 특성이 이 지구에서의 생의 조건을 이룬다. 사실상 식물만이 유일하게 빛(나뭇잎이 끌어모은)과 탄산과 물(뿌리가 길어올린) 덕분에 유기적 물질을 생산할 수 있는 능력을 갖춘 개체이다. 이같은 비범한 능력에 관여하는 연구들이 1857년부터 강화되기 시작했는데, A. 그리스가 〈클로로필의 현미경적 연구와 그 발달〉이라는 연구 논문을 출판하면서부터였다. 먼저 '엽록소'(1818)라는 명사를 처음 소개했던 조제프 카방투를 인용하도록 하자. 이어서 특히 율리우스 로베르트 마이어를. 그는 1845년부터 식물이 빛 에너지를 화학적 에너지로 바꾸면서 합성을 한다고 설명하였다. "자연은 지구에 도달하는 태양 광선 속에 포함된 에너지를 저장하는 수단을 발견했다. 그것은 화학적 형체의 저장고로 햇빛을 이용하는 지상의 유기체들의 껍질을 품고 있다." C. R. 반스가 이 과정을 '광합성'이라고 불렀던 것은 불과 1898년의 일이었다. 우리는 20세기의 나무에 관한 생각을 전복시켰던 이러한 발견의 혁명적 중요성을 강조하지 않을 수 없다. 이제 우리는 어째서 나무가 인간의 상상으로부터 줄곧 떠나지 않고 있었는지를 합리적으로 이해한다. 그것은 신화와 상징이 신비하게 언급할 수밖에 없는 탁월한 특성을 숨기고 있다. 오늘날 우리는 나무가 근본적으로 다른 식물과 다르지 않다는 것을 알고 있다. 그렇다, 나무는 근본적으로는 같은 초록색 외투막에 속해 있으나 현실적으로 그들에 비교할 수 없는 위대한 광합성 능력을 갖고 있다. 백목질의 맥관들을 통해 올라오는 무기질 수액은 뿌리가 흙속에서 걷어올린 물과 광물질 염분을 나뭇잎으로 흘러가게 만든다. 엽록체는 태양의 힘을 빌려서 분자를 부수면서 산소를 풀어 주고, 대기로부터 흡수한 탄소와 결합시키기 위해 수소를 간직하면서 그렇게 분자를 살아 있는 개체로 만든다.

낮 동안 엽록소의 활동은 호흡 활동보다 왕성하게 이루어진다. 나무의 나뭇잎들은 탄소이산화물(CO_2)에서 탄소를 고정시키고 산소를 내버린다. 개체들의 호흡에 이득이 되는 이러한 화학적 현상은 숲을 초록색 허파로서 자격을 갖추게 했다. 1백 년 수령의 너도밤나무 잎사귀들의 표면이 대략 1천2백 평방미터를 포함한다고 알고 있는 경우에서, 1입방미터 체적의 공기는 3백50입방센티미터 체적의 이산화물을 함유하고 있을 뿐인데, 이것을 시험해 보이려면 아주 강한 집중력을 동원하지 않으면 안 된다. 한번 분자가 엽록소 세포에 의해 합성되기만 하면, 그들은 합성할 능력이 없이 기다리고 있는 엽록소가 빠진 부분들까지, 인피의 구멍들이 체처럼 나 있는 관들의 내부에서 만들어진 수액의 형태로 내려온다.

나무의 광합성 능력은 태양에 노출된 잎사귀들의 거대한 표면에 견주어 보더라도 상당한 것이다. 그것이 독특한 것은 오직 나무만이 그 자신의 조직과 구조를 구성하는 유기적 요소들을 생산하기 때문인 것이다. 나무는 고로 지상에서의 생의 조건을 이루며, 개체들의 토대를 구축한다. 나아가서 나무는 나뭇잎에서 증발하여 빗물로 다시 떨어지는 수분의 일부를 흙속에서 길어올리는 것처럼 보인다. 뿌리가 광물질 요소의 형태로 떨어진 나뭇잎의 잔해들을 부식토 속에서 찾아내듯이. 그렇게 나무는 대지를 비옥하게 가꾸면서 무한한 주기 속에서 자신을 가꾸어 왔었다. 과학과 생물학의 조명 아래서 철학자는 어째서 나무가 생을 상징하게 되었는지를 직관적으로 이해할 수 있다. 그들이야말로 단순한 비유기체적 요소를 복잡한 유기체적 요소로 변환할 수 있는 유일한 개체들인 것이다. 인류가 지구와 화성 사이를 떼어 놓은 공간을 2년 동안에 주파하길 원하고 있다면. "산소를 전적으로 재생산하는 우주선 속에서 양분을 생산하는 능력을 갖춘 광합성 생물 반응로"[47]를 인공적으로 제작할 필요성은 얼마나 멋진 교훈일 것인가. 엽록소 존재의 무기 영양 생물은 심지어 생명의 뿌리에도 존재하는데, 그들은 단순한 요소로부터 시작하여 그들의 고유한 물질을 제조할 능력이 있으며, 우리 인간과 같은 종속 영양 존재에게 유기적 요소를 제공하기 때문이다. 그처럼 동물계는 식물계에 종속된 양상으로 나타난다. 이 사실은 철학자들이 오히려 칸트 같은 재능을 타고난 사람을 보여 주고자 했던 우리들보다 크게 나무를 주목하지 않았다는 사

---

47) 앙투안 트레몰리에르는 설득력 있는 저작을 광합성의 찬사에 바쳤다. 그는 과학-허구의 계획으로 인간에게 우주 속에서의 광합성을 가져다 주는 '생물 반응로'의 제작에 봉착한다. "반응로의 주요 부분은 자그마한 해초 마름 같은 초록빛 섬유들로 구성될 것이다. 수상체(spiculine)라고 불리는 그것은 사람이 소화할 수 있는 뛰어난 단백질 및 지방질을 함유하고 있다……." 우주비행사들에 의해 생겨난 폐기물들을 우리의 지상에서와 똑같은 조건이 갖추어진 박테리아 격리실에서 재순환하여 이용하게 될 것이며, 광합성 작용시에 탄산가스를 다시 활용할 것이다. 과학자들은 정확하게 위대한 생물학적 주기를 재구축하는 데 몰두해 있다……. 우주 속으로 옮겨가기 위한. 《초록색 외투》, Nathan, 1996, p.177.

실을 반증하고 있다. 칸트는 세번째 《비평》의 목적론적 분석학에서 중요한 특징을 포착했던 것이다.

과학에 이어서 분자생물학은 칸트적 유추에 논쟁거리밖에는 가져오지 않았다. 즉 나무는 생물-논리학적 총체로 기능한다는 것에 관한 논쟁이었다. 요소들은 모두 저마다의 고유한 기능을 보존하면서 상관 관계에 놓여 있다. 뿌리는 나뭇잎에게 필요 불가결한 것이며——그것은 나뭇잎에게 광물성 요소를 공급한다——나뭇잎은 유기체적 요소로 변형된 요소들을 뿌리에게 재분배하는 까닭에 후자에게 필요 불가결하다. 이러한 상호의존에 나무 형태를 이루는 각 요소의 역량이 더해지는데, 나뭇잎은 뿌리를 취할 수 있고 뿌리는 싹을 틔울 수 있다는 것이다. 칸트는 접목에 비추어서 어떻게 매년 봄이면 새로운 나무가 이전의 나무에 더해지는 것인지 알아보았다. 나무는 그와 같은 유희를 무한히 반복하며, 다른 형태의 변화일지라도 같은 반복을 할 수 있다. 이러한 유희의 가장 우아한 표현은 풍부함에도 불구하고, 가능한 모든 위치를 스스럼없이 혼란도 없이 차지하기 위해 스스로 분열하면서 펼치는 형태 속에서 전개된다. 진화적인 선택의 사건이나 결과가 어떠하든지간에 분지의 현상이 보여 주는 놀라운 끈질김이다. "나무의 부분들이 다양한 기능들을 펼치고 있다면, 분지는 나무 전체에서 일어나는 것이다. 기둥과 굵은 가지들은 주간이나 횡목 같은 골조의 역할을 하며, 뿌리는 삼차원의 그물을 형성하는데, 그 안에서 가장 작은 분지 내지는 어린 곁뿌리들이 침적물에 의해 보호를 받으면서 곧바로 뿌리를 내보낸다. 나무의 상부는 햇빛에 넓은 표면을 노출하고자 편편하게 펴는 나뭇잎의 보호피막의 내부와 닮아 있다. 종류별로 다르기는 하지만 나무의 각 부분들은 중심의 커다란 요소에 주변의 작은 요소들이 접목하는 방식으로 갈라진다."[48] 다양성과 동일성을 조합하는 특성이

다른 식물과의 관계에 대한 나무의 끈질김과 승리를 설명한다. 극단적이 리만큼 다양한 종들은 언제나 같은 성장의 원리를 들추어 내고 있다. 기둥에 비해 가지의 구조가 어떠하든간에, 꼭대기만 남기고 가지를 자른 나무의 측면 그림자가 어떠하든간에,[49] 나무를 인식하는 것이 수월한 것은 그 때문이다. 쌍자엽 식물에 관해서만 생각해 볼 때, '나무'의 형태에 대한 거의 형상적인 변용들은 진화가 모든 가능한 방향으로 동시적으로 이루어졌다는 사실을 보여 준다. (종려나무 같은, 단자엽 식물에 속한 몇몇 나무들은 이 가정을 확인시켜 준다.) 단자엽 식물과 쌍자엽 식물 간의 거대한 분할은 나무를 조직화하는 두 가지 양식을 보여 준다. "그들은 같은 양상으로 자라지 않는다. 첫번째의 식물은 중심에서 출발하여 한껏 위로 올라가는 반면, 두번째의 식물은 두께로 밀고 나갈 것이다(특별한 수평축을 따라서). '살아 있는 부분'은 하나가 다른 하나에 대해서 거꾸로 자리하게 될 것이다. 하나는 중심에(단자엽), 다른 하나는 외곽에(쌍자엽)."[50] 가능한 나무 구조에 있어서 최적인 이러한 배치는 단순함에서 복잡함으로, 단일에서 다수로, 나뭇잎의 형태학적 변용의 거대한 사다리를 확인하여 준다. 프랑수아 다고네는 나뭇잎의 형상에 관한 값진 독서의 기회를 주었다. 그 글은 모든 변형을 반복하면서 "식물이 한 개체에서 갈라지고, 이어서 조각들을 연결(접합)하고, 반대 방향으로 이동하면서 연결했던 것들을

---

48) P.S. 스티븐스, *op. cit.*, p.138-139.

49) 프랑수아 다고네, *op. cit.*, p.136. "우리가 보기에 나무는 일종의 행복한 분배의 산수를 실행하고 있다. 이런 의미에서 그는 극대화된 점유 공간을 펼치는 것에 성공하고 있다. 이와 똑같은 문제에 부대끼는 각자 종들은 그들 나름대로 분열(분기)하고 분지하는 특성을 갖추고 있다……. 기저에 있는 단순한 연결밖에는 생각하지 않을 때, 우리는 어려움 없이 기둥의 가지를 잇는 것(분기점)을 볼 수 있다. 모든 우발적 출현이 이루어져서 어떤 가지의 각은 매우 날카롭거나, 보통 정도이거나, 직각 아니면 무딘 정도를 보이고 있다. 그것들은 출구를 돌아오거나, 곧바로 올라가든가, 수평으로 뻗어 나가든가, 곧바로 내려오든가 한다. 이탈리아 포플러에서 가문비나무에 이르기까지."

50) 프랑수아 다고네, 《생의 목록》, PUF, 1970, p.61.

흩어 놓는(재분열) 모든 수단들을 펼치게 만드는 잠재적인 결합'[51]을 포착하고 있다. 그러하듯이 각 나무의 가지와 나뭇잎의 도면만이 아니라 종의 도면에 있어서 진화는 수목의 형태로 진행된다. 나무의 나무, 그것은 모든 경우를 개척한다.

나무에 대한 이러한 철학적 접근 속에서 우리는 프랑수아 다고네에게 얼마나 많은 것을 빚졌는지 결코 충분히 말하지 않을 것이다. 그런 한편 발레리는 정신의 기능과 나무의 그것과의 유추밖에는 제시하지 않았다 ——"명상한다는 것, 그것은 질서 속에서 깊어지는 것이 아닌가? 여러 갈래의 팔을 달고 있는 눈먼 나무가 어떻게 자신의 주위로 대칭을 이루며 자라나는지를 보라."[52]——프랑수아 다고네는 확언하기를, 나무가 없이는 "사고는 심지어 나타나지도 않을 것이다. 우리에게 조회와 지표와 정확한 분할을 식별해야 할 필요가 없을 것인가? 그것은 이러한 견습을 수월하게 하는 인간과 유사한 외양에 의해서 특징지어진다. 우리에게 비례하는 수직성 말고서도 나무는 무엇보다 굳건하게 박혀서 심어져 있다. 그는 열매를 간직할 추가 조항과 결과들이 접목하는 원리의 양식으로 존재한다."[53] 강력한 모형제작자로서의 나무는 정신의 그것과 동등하다. 그의 탁월하고 놀라운 조형성은 놀라운 끈기와 한결같음을 말해 주고 있다. 그리하여 우리는 프랑수아 다고네가 나무에 관해 논하고 있는 정신에 관하여 이야기할 수 있을 것이다. "그것에 있어서는 모든 게 당혹스럽고 혼동되어 있다. 그것은 언제나 같은 식으로 자연을 구체화하지만, 갱신과 변

---

51) 프랑수아 다고네, 《개체의 지배》, Hachette, 1988, p.70. 우리는 〈나뭇잎의 형태학; 단편적 독서〉라는 제목이 붙은 작은 논고를 참조하였다. p.50-70.

52) 폴 발레리, 《나무의 대화》, 1943, 《전집》, Gallimard, coll. La Pléiade, tome Ⅱ, p.193.

53) 프랑수아 다고네, 《자연의 지배와 보호》에 수록된 〈지배하는 것을 왜 보호하는가? 나무에 관한 성찰〉, Champ Vallon, 1991, p.263.

신의 능력을 갖추고서 예상외의 결과를 가져오기도 한다."[54] 나무는 우리에게 이론적 도면만큼이나 생물학적 도면에 있어서 대체할 수 없으며, 필요 불가결한 존재로 간주된다. "변함없는 동시에 별나게 흔들리는 그 존재"[55]는 인간의 정신에 일관성 있는 다원론의 훌륭한 교훈을 주기 때문이다. "우리는 그것과 함께 생각하거나 그것을 통해서 생각한다."[56] 프랑수아 다고네가 우리를 앞질렀던 것은 나무를 철학적 대상으로 다루면서 가치를 부여했기 때문이었다. 그는 그것이 없이는 우리의 육신도, 정신도 존재할 수 없을 나무의 조건을 만드는 '비상식적인 가정'을 거쳐서 더 멀리 나아간다. "부디 다음의 작용을 받아들이기를. 내일이 오면, 공기는 규칙적인 거리에 놓여 있는 강력한 '역학적 기계'(그것은 탄산가스를 들이마시고 복잡한 물질로 전환하는 동시에 대기를 산소로 재충전할 것이다)에 의해서 처리될 것이다. 이와 병행해서 대지를 부여잡고 불거짐을 보충하거나 다듬고, 또한 물의 흐름을 규칙적으로 만들어 줄 수 있는 거대한 공사의 진행을 부디 인정하기를! 하나가 다른 하나에서 나오는 비할 데 없이 용이한 조형에 의해 섬유소의 대체가 이루어지는 것을 또한 받아들이기를! 조급한 질문이 나선다. 광물질로 민둥민둥해지고 균질화된 그런 세상에서 살게 되진 않을까? 식물이 없이, 풀들뿐만 아니라 특히 숲이 없다면 우리는 어떻게 될까?[57] 무엇이 우리들을 그리워할 것이며, 표시할 것인가?" 대답은 몇 장을 더 지나가서 주어진다. 만일 나무들과 식물 세계가 사라진다면 "우리는 (그들과) 함께 사라질 것이다."[58] 우리는 이 공식을 수정해야 하겠다. 엽록소의 존재가 사라지면, 그와 함께 동물의 세상도 사

---

54) 프랑수아 다고네, 《자연》, *op. cit.*, p.115.
55) 프랑수아 다고네, *ibid.* p.143.
56) 프랑수아 다고네, *ibid.* p.143.
57) 프랑수아 다고네, *ibid.* p.136.
58) 프랑수아 다고네, *ibid.* p.143.

라져 버리고 말 것이기 때문이다. 그것은 강요적인 것이 아니라 필요에
의한 것이다. 그것은 조건이 아니고 미래이다. 나무들이 사라지면 우리
는 멸망한다.

VI

나무의 통치

개 요

　— 나무, 그것은 자신을 심었던 시간을 지나쳐
야 할 생의 시간을 필요로 하기 때문에 공화국의
간섭이 이어진다.
　— 그것은 프랑스의 예를 통해 국가의 탄생을
재해석하기 위한 길잡이 실을 건네준다.

숲이 헐벗은 나라에서는 살 수 없다는 것을
느낄 수 있지 않은가?
뒤아멜 뒤 몽소(1700-1782)

드넓은 원시적인 숲에서 사람들이 조금씩 그들의 자리를 베어 나가고
있었을 것이라고 상상하는 것은 순진한 발상일 것이다. 적어도 유럽에서
는 나무들이 최초의 인간 사회를 앞지른다. 사실 뷔름의 말에 따르면, 다
른 무엇보다 앞서서 소나무와 자작나무를 위해서, 이어서 떡갈나무와 느
릅나무와 보리수들을 위해서 대초원이 점차적으로 자리를 내주고, 이어서
온대기가 찾아오기까지는 제4기의 5차 및 마지막 빙하기까지 기다려야만
한다. 예수 시대 이전 5천 년 동안 조밀한 숲이 유럽을 뒤덮는다. 그리하
여 샤토브리앙의 말이 정당화된다. "숲은 사람들을 앞선다." 이러한 선행
관계는 또한 양육자의 관계를 포함한다. 신석기 시대의 사람들이 수확하
고 사냥하는 모습을 실습하기 위해 돌아가는 일 없이, 나무들은 지중해 연
안을 따라 융성했던 가장 오래된 고대 제국들에게 신의 섭리에 의한 대상
이었다는 것을 돌이켜보자. 그들은 기둥과 조각과 다리와 선박이 되었으
며, 또한 장작과 분탄이 되었다. 농업 용지를 얻기 위해서 끊임없이 시행
되었던 개간 사업에 거대한 규모의 벌채가 더해졌던 일은 서양의 가장 비
옥한 지방을 침식하는 계기가 되었다. 데이비드 애튼버러가 지적하고 있
듯이 "그렇게 숲은 지중해를 따라서, 유럽의 북부까지 번창했던 고전 시

대 동서 제국들의 도래와 더불어 사라졌다."[1] 문명의 발달은 삼림의 파괴와 불모의 토양을 대가로 치르고서야 이루어진다. 최초의 조서를 더욱 비극적인 두번째의 조서로 완성했던 낭만적 허무주의자 샤토브리앙은 설명한다. "숲은 사람들을 앞서고, 사막이 그뒤를 따른다." 세계 7대 불가사의의 하나로 꼽히는 에페수스에 있는 아르테미스 신전 지역의 운명은 주변의 구릉을 덮고 있었던 참나무 숲의 개간이 가져온 그러한 생태학적 재난을 상징한다. 흙의 개간은 황폐의 흐름을 가속화해서, 예수 이전 9세기부터 선박의 바닥짐(밸러스트)을 진흙으로 메우는 일은 실행 불가능한 것이되었다. 야생적이고 신비한 숲과 풍요의 여신 아르테미스의 도시국가는

육지로부터 5킬로미터의 해상에서 태양의 열기에 짓눌린 채 쇠퇴해 갔다. 에페토스의 변화는 문명이 나무와 이루고 있던 관계에 기구한 빛줄기를 비추었는데, 저들의 정치적 팽창의 한가운데서 나무들을 발견했기 때문이 아닐런가.

역설적이게도, 단단하게 뿌리박은 나무는 물의쟁취를 위해서 필요한 보조를 드러낸다. 기둥은정교하게 구성된 선체를 이루기 위해 세심하게잘려지기 앞서 카누가 되는 것이다. 그밖에 19세기 중반에 접어들어 쇳조각들을 활용하기에 이르면서 나무는 기술적으로 선박의 수명을 좌우하게 된다. 로마인의 갤리선은 포르투갈의 쾌속 범선이나 루이 14세 시대의 범선에 비교되는데,

함선에 쓰이게 될 나무의 형태
(《해양사전》, IV권, 1783-1786)

1) 데이비드 애튼버러, 《최초의 에덴: 지중해의 세계와 인간》, Boston, Little Borum and co., 1987, p.117.

어떤 것도 길이가 70미터를 넘지는 않았다. 나무는 광대한 삼림 지구를 소유한 국가의 권력 쟁취자들에게 재료를 공급했다. 페니키아인들은 레바논의 삼나무를 활용하였으며, 타우리스의 숲을 고갈시켜 버렸다. 그리스인들은 크레타 섬의 잣나무와 펠로폰네소스의 소나무와 마케도니아의 참나무들을 베어냈다. 해전의 영향으로 가중된 나무 베기는 에게 해 연안에도 전파되어, 그 지역은 오늘날까지도 민둥민둥하지 않은 곳이 드물다. 이 현상은 아드리아 해의 연안에서 재현되었는데, 베니스의 부유한 공화국이 시행했던 계획으로서 병기 창고가 탐욕스러운 목재의 소비자 역할을 도맡았던 것이다. 언제나 나무를 찾아 헤매고, 언제나 재료 조달에 위협을 느껴왔던 지중해 주변의 나라들은 하나같이 그들의 영토로부터 멀리 떨어진 숲을 정복하기로 나섰다. 현대 고고학자들은 로마의 갤리선이 이탈리아 반도에서 자라나는 느릅나무 아니면 참나무로 제작되었다는 사실을 알아냈다. 그런데 그들 중에는 매우 멀리 떨어진 북쪽에 위치한 산으로부터 옮아온 전나무들도 있었다. 그 수지류 나무는 반듯하게 잘려져서 들보 같은 용도로 쓰이곤 했는데, 그들은 오랫동안 그와는 다른 용도로——범선의 돛대로 이용해 왔던 것이다. 중요한 다른 사례가 그들 국가 체계의 가장자리에서, 서아프리카 연안을 따라서 제작되고 있는 사략선들을 통해 발견된다. 그들에게 있어서 해양용 목재를 조달하는 일은 풀기가 매우 어려운 문제였는데, 강력한 농지 개발이 예수 이후 최초의 시기부터 그때까지는 비옥했던 대지를 고갈시키기 시작했기 때문이었다. 그들은 잉글랜드와 프랑스에 대항하여 전쟁을 진행하면서 껍질뿐인 나무까지도 교환·조달하고자 17세기 동안 줄곧 네덜란드 및 덴마크와 휴전을 협상한다.

　나무는 국가간 정치 전략의 중심에 등장하였는데, 그것이 곧 그들의 정복적 기도의 수단이자 목적이었으며, 혹은 교환이었기 때문이다. 나무를 탐구하면서 우리는 적어도 18세기말까지 어떤 분야에서 이룩했던 승리와 어떤 분야에서 실패로 돌아갔던 일을 좀더 잘 이해하게 된다. 영국의 해양 세력이라는 것은 그의 식민지 제국의 숲 속에서 무엇을 개발하고 불리는가에 달려 있었다. 그건 차라리 부분적인 일이다. 그들은 나무로 된 작품을 띄워보내는 궁리에 사로잡힌 나머지, 급기야 영어권 사람들이 버지니아의 정복을 시도하게 했던 것이다. 미합중국의 주들은 한번 독립을 얻어내기만 하면 역사적 아이러니에 의해서, 그들의 조선소를 비롯하여 이웃 주들의 조선소까지 합류하여 19세기말까지 목선들을 유럽에 공급하였다. 이러한 몇몇 예들은 우리에게 역사적인 조망 속에서 나무와 국가 간의 관계를 돌아보게끔 자극한다. 우리는 유럽의 나라들을 총체적으로 다룰 수 없어 우리의 시도를 프랑스에게만 국한시켰다. 프랑스가 우리에게 흥미로웠던 것은 그 영토에 다채로운 본질들이 풍부하게 존재하기 때문이며, 정치적으로는 전통적으로 대륙을 바라보고 서 있는 이 나라가 해상 정치를 꾀하고자 해왔기 때문이었다. 마침내 우리는 우리가 그다지도 크게 기대고 있는 뛰어난 역사가들의 작품을 마음대로 배열하고 있는 터에 프랑스를 택했다. 나무에서 출발하여, 프랑스의 역사를 각각 제도적 변형을 표명하고 있는 세 개의 다른 시기들로 또박또박 박자에 맞추어 말할 수 있다. 그 시기들은 나무 앞에서 이런저런 이유들로 점점 더 복잡하고 유식한 정치적 관계들을 구체화할 따름이다.

기원 후 5세기에 프랑크 살리족이 골 지방으로 남하하던 때와 맞추어 클로비스의 치세와 위그 카페의 도래 사이에서 왕국과 나라의 파란 많은 탄생이 시작된다. 우리는 5세기경 프랑스 왕국의 피로 얼룩진 출산을 괴롭혔던 끊임없이 바뀌었던 국경들, 수를 헤아릴 수조차 없는 전쟁, 혐오스러운 살육들을 추적하진 않을 것이다. 세 개의 왕조, 즉 메로빙거 왕조, 카롤링거 왕조, 이어서 카페 왕조가 여전히 동요하고 있는 체제를 구축하고 굳건히 하기 위해서 잇따라 등장한다. 그들은 전사로서 손에 무기를 들고 세력을 쟁취한다. 영주와 왕자와 왕들 간의 갈등은 이러한 초창기 세력의 축적 기간에 만연되어 있었던 것이다. 자산가의 진영에서, 보루 안에 안주한 수령을 따르고 있는 매우 기동성 있는 군대는 흘러가는 대로 전투에 임하면서, 수령이 부여한 토지에서 일하고 있는 자유롭거나 종속된 농로들과는 거의 관계를 맺지 않으려 했다. 유럽의 북쪽과 동쪽에서 연속적으로 침범했던 사람들이 남아 있는 로마 제국의 속국들을 절멸시켰던 사실을 돌아보자. 도시들이 약탈당했던 것만이 아니라 광활한 농지가 버려져서 황무지가 되었다가 숲으로 변했다. 그렇지만 문제들에도 불구하고 로마 제국으로부터 물려받았던 대농지제는 대규모로 감행된 침략 후에 악만큼이나 선을 이어받았다.[2] 저택이 수천 헥타르의 땅을 포함할 수 있다는 사실을 상기해 보자. 그것은 두 부분으로 구분되어 일부는 자산의 보호 지구로 이루어지고, 나머지는 작은 소작지의 구획들로 나누어지는데, 이곳에서는 노예는 아니지만 영지에 종속된 자유 소작인들의 가족이 경작을 하고 있었다. 이러한 대저택과는 별도로 공통적으로 주변의 숲과 밭과 목장을 개척하는 자유로운 농부들의 마을이 있다. 지배자 로마인들은 개인 농지제를 선호했다. 개간이 시작될 때면, 숲의 구분은 개간 예정림의 반을 반드시 로마인들에게 부여하도록 되어 있었다. 경작지의 증가와 마을의 설립과 팽창이 경계선을 물러나게 하고 있었다. 라틴계 자유 소작인들의 도끼 아래서 나무들은 거침없이 무더기로 쓰러졌다. 어떤 면으로는 골 지방을 침략했던 이방인들은 땅을 숲으로 만드는 데 기여했다.

프랑크인들이 침범하는 것은 숲이 우거진 땅이며, 전쟁이 수급의 필요

---

2) 퓌스텔 드 쿨랑주, 《봉건 시대 자유지와 시골의 왕령》(1889), 《게르만인의 침입과 제국의 종말》(1891).

성을 제거하지 못하는 것처럼 휴한지의 땅을 재차 취하여 기존의 소유자를 제거하고, 정복된 사람들을 부려서 덤불숲과 방목지를 지출하는 대신 밭의 경작지를 늘려야만 할 필요가 있었다. 12세기까지 시행되었던 개간 계획은 이방의 지주들에 의해서 적잖이 군사적인 방식으로 실시되었는데, 하지만 수도사와 촌민들이 맡아서 진행하기도 했다. 그것은 정지와 화전의 실행을 통해서 나무에 대항하여 치러진 전쟁이었다. 비옥한 토지는 그렇게 숲의 야생적인 공간 위에서 얻어졌다. 개인 자산을 강화하는 이러한 정복적인 계획에 각자 전담의 보충적인 특정 지구로서 모든 이에게 개방된 숲의 공동체 개념이 뒤섞였다. 이러한 개념에 흥미롭게도 숲의 분할 불가를 지지하는 침략자들의 관습이 겹쳐지는데, 그들은 또한 숲을 개인적 욕구에 따라 이용할 권리가 있다고 간주하면서 나무의 생산물은 공공의 몫으로 돌아가야 한다고 생각했다. 하지만 이것은 농부의 정신 속에서 나무를 이익의 견지에서만 생각하도록 만들면서 숲의 위치를 감소시키는 결과를 가져올 것이다. 나무는 난방용 목재, 건설용 목재, 야생의 과일, 버섯 등을 건네주고, 그리고 특히 도토리 덕분에 인간의 자양분의 기초가 되어 주는 반-야생의 돼지를 키울 수 있는 수단까지 건네준다. 농촌의 사람들을 끌어당기기도 밀어내기도 하는 경계선으로서의 숲은 농민의 상상 속에서 자유로운 방랑의 삶을 꿈꾸게 하기도 한다. 따서 주워 모으고 사냥하는 일이 힘겨운 농사일을 대신하는 그런 생활을. 숲은 탈주의 선을 열고, 지상의 구획된 질서의 한계를 폐기시키며, 농사일의 지루한 운율을 끊어 버린다. 전적으로 임박한 문제는, 한때 디오니소스의 숭배를 펼치고 드루이드파의 예배 의식을 올리던 피난처 역할을 했던 거대한 나무들로 뒤덮인 숲이 농민들에게 무질서의 유혹을 던진다는 점이었다. 5세기경부터 농업의 세상은 무질서한 숲으로 대체되기 시작했다. 바슐라르는 그 점을 완벽하게 이해했다. "경작 행위는 땅에서보다는 그루터기 위에서 훨씬 더 이루어진다."[3] 북쪽에서 내려온 미개한 사람들에 의해서 존경받고 있었던 숲의 나무들은 경작지에 몸을 수그리고 있는 농민들을 유혹한다. 그들은 자유로운 삶을 약속하고, 쉽게 포만하게 하며, 모든 걱정으로부터 놓여나게 하기 때문인 것이다. 이것은 18세기 중엽에 루소가 갖고 있었던 고풍의 몽상과 일맥상통한다고 하겠다. 그는 물질적 자산에 앞선 상태를 생각하기 위해서, 자연 상태에서의 인간의 생이란 어떤 것일 수 있는지를 그려보기 위해서 발길을 돌렸던 것이다.[4]

한 곳에 눌러앉은 불행한 사람들의 바깥에서, 무장한 부대가 수령과 왕자와 왕 주변에 모여들어 그들의 경쟁자들과 싸움을 벌이며 마을을 불과 피로 물들게 하고 있었다. 백작과 공작과 왕들은 도시와 영토를 위해 전쟁을 벌이고, 때로는 전략적 이익을 좇아서 교제하거나 배반했다. 머뭇거리는 역사의 끊임없는 반복은 7백 년의 장구한 세월에 걸친 봉건군주제를 분만했다. 그렇게 무장한 사람들에게 숲의 나무는 우선 보조 군대로 비쳤다. 숲은 사람들 사이의 전선으로 이용되었는데, 밀집한 수풀은 매복과 함정을 쉽게 만들면서 수많은 군인의 전진을 차단하는 것이다. 고대부터 숲은 장애물이었다. 숲들은 오랫동안 그들의 행진 특성을 보존하였다. 토이토부르거발트 숲에서 아르미니우스파의 케루스키족 전사들이 바루스의 보병군단에게 자행했던 대학살의 기억은 생생하게 남아 있다. 2만 5천 명의 남자들 중에서 오직 한 무리의 병사들만이 라인 강변의 그들의 숙영지로 돌아왔던 것이다. 너무나 많은 제물에 수치심을 느낀 바루스는 자신의 검 위에 몸을 던졌다. 숲은 강력한 제국을 격퇴시킬 수 있다.

---

3) 가스통 바슐라르, 《대지와 의지의 몽상》, Corti, 1948.
4) 장 자크 루소, 《인간 불평등 기원론》(1755).

거기에서 역사는 다시 한 번 표명할 것이다. 게르만인에 대한 평판은 아르미니우스의 승리를 통해 군사적 교훈을 얻게 될 프랑크 군대에게서 잊혀지지 않았다. 그리하여 처음에는 프랑크의 수령이, 이어서는 메로빙거가(家)와 카롤링거가의 왕들이 그들의 강화된 주둔지를 설치하고자 숲에 면한 장소를 선택한다. 이러한 숲의 군사적 기능은 제1차 세계대전 당시까지 효력을 유지하면서 실로 군대에 의해 야기되는 많은 파란과 부침을 겪게 되지만, 그것은 한편으로 카페가 왕국의 수도로서 파리의 선택을 설명하기도 한다. 실제로 옛날의 파리, 루테시아는 거대하고 찬란한 숲들로 가득 차 있었다. 그러했던 것이 오늘날에는 주변의 공공 명칭들 속에서 간간이 흔적을 남기고 있을 따름인 것이다. 그 시절 숲의 환경에서 루브르는 무엇보다 사냥터의 별채에 지나지 않았다.

전쟁 외에 왕들과 대영주들의 또 다른 일이 있었다면 그것은 사냥이었다. 처음에는 유용하게 이루어지다가 곧이어서 농사 활동을 방어하는 수단으로 인식되기에 이르렀다. 숲을 개간하는 것으로 충분치는 않았다. 쟁취하여 재배한 지표면에서 맷돼지를 보호해야 할 필요가 있었다. 그런가 하면 늑대의 무리를 쫓아내지 않으면 안 되었다. 제후들은 군대의 모형에 따라서 소수의 병사 집단을 구성하여 그들을 영림관과 수렵관으로 임명하였다. 유별난 이 전사들은 지방의 농민으로서 대지와 마을을 보호하는 자신들의 유익한 임무에 임하고 있었다. 그러나 그 기도들은 매우 빠르게 목적이 변질되어, 모두가 사냥의 쾌락을 쫓기 시작했다. 사냥은 세력 있는 귀족 계층이 누리는 호전적인 유희가 되었다. 그들에게 사냥은 전쟁의 관심을 이편으로 돌려서 그것을 수행할 때 필요한 모든 요소들을 주입하여 쫓는 하나의 기술이었다. 그들은 농사를 위해 동물들을 제거하기보다 보호하려는, 농민으로서는 커다란 부담이 되는 근심에 사로잡혔다. 그럴

즈음 전혀 다른 나무와의 관계가 농민의 고풍스런 정신 구조의 전면에서 시작되었다. 새로운 영림관의 권리가 숲의 공유를 제한했다. 실바(sylva) 혹은 살투스(saltus)는 박탈당한 토지로 해제되지 않은 숲의 규모를 나타내는 용어로서 공동체 역할을 하면서——그렇게 분할되지 않은 채로 남아 있었다. 롬바르디아 법률이나 샤를마뉴 대제의 법령집에 나타나는 법률적인 용어 삼림(foresta)은 왕이나 고관들의 특별한 용도로 배정된 숲의 규모를 가리키고 있었다. 그것들은 사냥의 관점에서 보면 프랑크 군주 체제가 보전하고 있었던 것으로서, 그곳에는 숲을 파괴하는 행위를 금지당한 탐욕스러운 사람들로 넘쳐났다. 방어의 피난처로 남아 있는 덜 중요한 듯한 숲은 언제나 귀족들의 소유가 되지 않으면 중요한 세력가들의 수중에 떨어졌다. 그것들이 한번 공동 자산의 성격을 잃어버리기라도 하면, 힘 있는 사람들이 오랫동안 이름을 올리고 있었던 토지에 대해서 시효에 의한 소유권 취득의 형태로 자신의 권리를 주장하기는 더욱 쉬웠다. 숲과 사냥의 권리는 영주권의 불가피한 전유물이었다. 왕들은 자신들이 가장 좋아하는 쾌락을 누리는 특권의 질투에 서로 사로잡혀 있었다. 사냥 애호가였던 샤를마뉴 대제는 그의 조상이 게르마니아에서 가져왔던 열정을 물려받았다. 대제는 그것을 계승자에게 물려 주고, 이윽고 877년 법령집이 증언하고 있듯이 샤를 르 쇼브가 《숲공영》이라는 제목의 매우 긴 강령을 편찬하는데, 거기에서 그는 아들이 사냥하는 것을 금지한다. 숲의 양도가 왕들간에 일치되어 이루어지는 일은 드물었다. 다만 성직자들이 그들의 교회와 사제관 아니면 수도원을 건립하기 위하여 토지를 취득하곤 했었다. 오직 군주에게만 삼림을 돌보다(forestare) · 식림하다(afforestare) 혹은 벌채하다(inforestare) 같은 동사들을 규정하는 삼림(foresta)법을 펼치고 실행할 권리가 있었다. 궁정의 영주나 공작 혹은 궁중 감독관이 삼림법을 실행하기를 바랄 때면, 심지어 개인 소유의 숲일지라도 현실적인 농민들에 의해 황폐화되는 것을 막고 야생의 생명력을 유지하게 하기 위해서, 그는 군주의 허락을 얻어야만 했다.

군주들이 숲의 황폐를 막으면서 사냥거리를 보전하고 사냥의 쾌락을 두고두고 누리기 위한 일환으로 기울였던 배려는, 존 맨우드가《숲의 강령에 관한 논집》이라는 제목으로 펴낸 한 법학자의 책을 통해서 기묘한 설득력을 발견한다. 1592년에 작성된 향수어린 그 책은 식림과 자연의 보전에 관련한 고대 법률을 상기시키는데, 오래전 잉글랜드가 엘리자베스 1세 치하에 있을 당시와 프랑스가 앙리 4세 치하에 있던 당시로부터 더이상 존중받지 못했던 사항이었다. 맨우드는 군주가 혼란의 와중에서도 숲을 완벽하게 성스러운 존재로 규정하면서 위상을 구축했던 모호한 시절을 향해 관심을 기울이고 있다. "숲은 나무로 둘러싸인 풍부한 목장, 야생의 숲 속 짐승들과 새들이 보전되는, 사냥과 사냥터가 왕의 쾌락을 위해서 그의 승인과 보호 아래서 평화롭게 공존하는 장소이다. 특권적인 이곳은 지명으로 경계와 한계가 그어지고, 변하지 않는 규정을 포함하고 한정하면서 고문서와 약정으로 인정되고 등재되는 땅이다. 숲은 사냥 대상의 수많은 야생 동물들과 푸른 수풀 속의 숙소들을 갖고 있으며, 앞서 말한 수많은 동물들의 쾌적한 보금자리들을 갖고 있다. 이 장소를 허벅지 살과 기름살과 함께 보호하고 유지하기 위해서 다른 분야들을 제쳐두고, 오로지 이 분야에 적합한 삼림 관리원과 규칙과 특별한 권리가 존재한다. 근본적으로 숲은 초록 잎새와 기름진 살과 법과 특별 관리원의 네 가지 요소로 구성된다. 이 모든 것은 왕과 왕자들의 도락을 위한 장소인 숲을 보전하기 위한 조처들이었다."[5] 왕은 식목을 실행하면서 나무를 사유화하려는 농민들의 시도를 억누르고, 특히 숲을 보호하면서 문명의 진입에 대한 성벽을 쌓았다. 로버트 해리슨은 상당한 타당성을 갖추고서 궁정 세력의 이중적 역할에 관해 논급하고 있다. "나라의 초월적인 최고의 주권자로서, 군주는 자신의 왕국을 펼치게 될 자연적인 세상에 몰두해야 할 책임이 있었다……. 주권자는 자신의 왕관 및 특권과 더불어 이중의 책임을 상속한다. 즉 그는 자신의 왕국에서 고용된 자들을 통치해야 할 뿐 아니라, 숲의 경계를 한정하고 그 너머 야생의 공간을 보전해야만 한다."[6]

로버트 해리슨은 맨우드의 논고에 대한 주석에서, 지상권의 원리로서 나라의 순수한 권력을 표시하는 왕의 면모를 제거하고 있다. 뭇시선에 대한 피난처인 깊은 숲 속에서 주권자는 사냥의 의식을 행하며, 그가 이룩할 왕국의 원천이 되어 주는 야생의 힘과 더불어 상징적으로 새로이 거듭나고 있는 것이다. "왕은 역사를 개화시키는 힘을 구현하고 표명한다고 하지만, 그는 군주의 주권에 의해서 자연보다도 더 심한 비사교적인 거칠음을 가진다. 이러한 근본적인 특성이 없이는 그는 자신의 왕국을 보호할 수도, 통치할 수도 없을 것이다. 그는 나라의 통치자로서 야생의 국토를 지배하는데, 그것은 천성적으로 그보다 더 야생적인 존재는 없기 때문이다. 그의 이중적 성격에 의해서 왕은 궁정만큼이나 긴밀하게 숲과 연결되어 있다."[7] 숲은 사람들이 자신을 안일하게 사용할 수 없도록 적절한 거리를 취하면서, 통치자가 사냥을 통해 그의 힘을 다시 활발하게 하는 일종의 활력의 보고로서 거듭난다. 그러나 이러한 후퇴는 야생의 자연과 문명 사이에 벌어지는 분리와 보충적 관계성을 보여 주기도 한다. 잘려지지 않은 나무, 인간의 산업에 의해 변형되지 않은 나무, 그의 굳건한 발로 서 있는

---

5) 로버트 해리슨의 저작 숲들, 《서양적 상상에 관한 소론》, Flammarion, 1992, p.114에 인용된 문장.

6) 로버트 해리슨, op. cit., p.116.

7) 로버트 해리슨, ibid. p.117.

나무는 인간이 본질적으로 사귀기 힘든 모호성을 간직하고 있다. 숲 속에서 인간은 자신의 인간성을 잃어버리고 야만스러워진다. 나무들의 미로 속에서 살아남기 위해서는 여기저기에 인간의 조건을 심어 놓아야 한다. 이런 의미에서 사냥꾼 왕은 격렬한 사냥 의식을 통해 자신의 차별성을 표현하면서, 로마가 사라진 세상을 이어 갈 국가 수립의 원리로서의 순수한 폭력을 펼친다. 그 어두운 시간들은 오늘의 역사가들이 보는 관점에서도 숲의 신성화를 통한 최초의 국가 설립에 관한 비밀을 간직하고 있다. 폭력은 문명의 숨은 얼굴로 나타난다, 자신을 정당화하면서. 고전 시대의 철학가들은 사냥꾼 왕을 맹렬한 동물 중에서도 맹렬한 짐승으로 기억할 것이 틀림없다. 사자·여우·늑대·리바이어던 혹은 하마(Behemoth) 같은 현실적·상징적 동물들이 베일에 가려짐 없이 정치적 세력의 가혹한 비밀을 털어놓으면서 군주를 가리킨다.

최초의 카페 왕조의 도래를 마감한 최초의 메로빙거 왕조와 카롤링거 왕조의 집정에 이어서 필리프 오귀스트로 대표되는 마지막 카페 대제들과 더불어 두번째 집정이 시작된다. 이 시기에 약탈자의 군사적 국가는 행정적 국가로 변신한다. 최초로 숲의 법령을 포고했던 사람이 필리프 오귀스트 대제였다. 1219년 기소르가 기안했던 내용에 근거하여 제정한 법령에 의해서, 이 군주 국가는 레즈 숲의 삼림 감시원의 권한과 나무의 판매를 조정한다. 그는 공동 소유림이나 국유림의 벌목에 관련한 문건을 수집하는 행정을 실시했다. 이러한 행정은 13세기 동안 줄곧 중요성을 가지고 있게 된다. 단려왕 필리프 4세는 1291년 8월 법령을 공포하면서 국가 행정과 숲에 연관된 권한과 힘을 규정한다. 숲의 권한을 기초잡았던 이 법령은 효력이 1790년의 혁명까지 이어졌던 유별난 행정의 기원을 표시하고 있다. 왕국의 법령은 주요한 원리에만 따르기 위해서 1322년, 1397년,

1519년, 1669년, 연속적으로 반복하여 비슷한 수준에서 다듬어졌다. 그것들은 대수림의 나무를 보호하고 사냥을 금지하였으며, 벌채와 방목의 권한을 제한하고, 이러한 금지 사항을 위반하는 농민들을 벌하기 위한 벌금을 책정했다. 역사가들이 보여 주듯이, 국가와 숲에 관한 법령의 발포는 그 서두부터 왕국의 세습 재산인 숲을 위협하는 오용과 착복을 예방하려는 의지로 정당화되었다. 감시하고 벌하는 것, 그것이 순경과 대법관과 지방 판관과 지도자의 소임이었다. 1669년까지의 법령을 보면, 평민이 사냥을 할 때에는 죽음까지도 감수했어야 한다는 사실을 잊어서는 안 되겠다. 왕은 그렇게 오직 특권적인 사람들의 사냥 전용으로 숲을 보호하면서, 목재로 된 구조물들에 필요하기 마련인 대수림의 거대한 나무의 벌목으로부터 구제하였다. 그 이후로 공공의 힘의 영향력은 법을 통해 끊임없이 확장되었고, 책임을 맡은 사람은 공동체 촌민의 관습과 이용을 희생으로 해서 그러한 사실을 존중하도록 만들었다. 사냥이라는 고풍의 특권을 유지하는 일은 나무가 가지고 있는 또 다른 활용 가능성을 나타내 준다. 국가는 대수림을 차지하면서 그것이 마련하는 물질적 이점으로 나무에 대한 보호 정책을 강화했다. 국가는 나무들이 촌민들과 가축들에 의해 천천히 소비되도록 방치하는 것보다는 직접 그로부터 얻을 것이 더욱 많다는 사실을 알았다. 1669년 대법령의 조항이 밝히고 있듯이 군주 국가는 때때로 숲의 국가임을 천명한다. 목재를 비축하는 부문에서 프랑스의 독립에 몰두해 있었던 콜베르는 그의 유명한 말 "프랑스는 나무의 부족으로 멸망할 것이다"라는 표현처럼 나무의 정치적 가치를 지목하고 있다. 콜베르의 정치적 재능은 13세기 이래 공표되어 왔던 삼림 법률들을 편집한 것 이상의 일을 해냈다. "소유 자산을 공개적으로 가장 좋은 작품들로 공급하는 일은 정확한 목표로 삼림 제품을 생산하고, 숲을 재편하기에 이르는 관리 방법들을 통합하게 해주었다. 그때까지도 근심스럽게 숲의 남용을 억

제해 왔던 국가는, 차후로 그것들의 방지에 근본적으로 역점을 두게 되었다. 관리의 면모는 점차적으로 사법적 결말로 옮아가고 있었다."[8]

사냥을 하거나, 나무들을 분별하여 표시하고 보호하자면 숲 속을 편안하게 순회할 수 있어야 한다. 그로 인해 웅대한 숲 한가운데로 여러 갈래의 길이나 밭고랑이 나지 않으면 안 되었다. 그밖에도 기마 수렵이 종종 벌어지는 콩피에뉴 혹은 레츠 궁정 대수림 같은 곳에는 진짜 사냥길이 열려야 할 필요가 있었다. 이러한 최초의 커다란 통로들은 프랑수아 1세가 정리하였다. 지면의 그물을 정비하면서 숲 속으로 난 미로를 가리키는 지도와 명세표들이 제작되었다. 그 일은 특히 사냥꾼들이 나무를 분별하는 것을 그치고 직접 현대적 지도 제작에 참여하게 하는――그렇다고 데카르트에게서 빠져나오는 것은 아니다――나무 때문이었다. 확실히 실현은 언제나 의도했던 높이로 이루어지지 않는다. 1669년의 법령을 마련하기 위해서 21명의 위원들이 무려 8년 동안 지방으로 파견되어 숲을 방문했던 고초가 증명할 수 있듯이. 관리인이자 개척자였던 그들은 거대한 숲을 탐색하면서 불평을 털어놓지 않을 수 없었다. 일찍이 콜베르가 과장해서 만들었던 여러 면에서 불충분한 지도를 가지고서는 숲의 실정을 구술하는 데 불확실하였기 때문이다. 종종 희화적인 방식으로 사냥을 위한 목적으로 만들어진 지도를 가지고서는 막 탄생하는 임업의 욕구를 만족시킬 수 없었다. 앙드레 코르볼은 콜베르가 봉착했던 이러한 장애를 분석하고 있다. "확실히 왕가의 사냥터로 애호받고 있는 파리의 바생 숲이나 발드루아르 숲은 가장 유명한 측량기사와 예술적 기술을 간직한 판각사의 성급한 염려로부터 혜택을 보았던 게 사실이다. 유감스러운 것은 기질적

---

8) 앙드레 코르볼, 《구체제하에서 인간과 나무》, Economica, 1984, p.131.

으로 그리도 강한 산림 개발 종사자의 정신이 매력적이지만 계획에는 소용없는 음영 투시도와 사냥 우회로와는 맞는 바가 적다는 것이다. 숲의 요정들이 문제를 일으키지는 않을 것이다. 그녀들은 나무 아래서 본질의 특성과 반출의 능력만을 바라보고 있을 뿐이니까. 국유림을 표현하는 일에 있어서의 이러한 틈이 공유림의 경우에 있어서는 얼마나 벌어지겠는가!"[9]

오늘날과 같은 상세한 지도의 전신이 될, 왕의 사냥 나들이를 위한 유명한 지도가 편찬되었던 것은 콜베르의 사후 33년째 되던 해인 1716년에 이르러서였다. 나무 베기를 어떻게 합리적으로 실행하는가에 관한 염려는 통나무의 반출을 용이하게 하고, 작업을 조종하기 위해서 정확하게 벌목 구역을 그리는 노력으로 이어졌다. 간략한 언어와 측량사의 기하학적 그림이 분명한 그물 속에 뒤죽박죽인 숲을 가두어 놓고 있었다. 측량사는 숲의 배열과 탐사를 좋아한다. 실재를 지도에 옮겨 놓으면서 그는 숲의 신비를 합리적으로 설명하고, 태곳적의 모호성을 밝히는 데 크게 기여한다.[10] 그리하여 나무는 교통망을 발전시키고, 그 실현을 이루게 한다. 그러한 기여에 덧붙여서 원통형의 통나무는 바퀴의 개념을 건네준다는 어떤 기술적 역사가의 의견에 따라서 나무들이 즉시 운송을 위한 수단으로 이용된다는 사실을 돌이켜보면, 교통의 재료로서 그들의 역할은 근본적인 것이 아닐 수 없다. 일단 경계가 정해지고 인정된 숲은 국가의 영향권

---

9) 앙드레 코르볼, *op. cit.*, p.5.

10) 앙드레 코르볼은 1669년 법령에 명시된 조항에 따라서 측량사의 개척자 역할을 주장하며 현대성을 도입했다. "1670년 이전까지는 도면에서 5퍼센트만이 벌목 구역을 차지하고 있었음에 반해서, 1730년 이후에는 83퍼센트를 차지한다. 공간의 소유자를 보증하고 있는 이러한 행위의 변천은 일시적인 독립을 전제한다. 기하학적 언어의 승리……. 인간적 척도의 표시들은 사라지고 수학적 보편화가 자리를 잡는다." *op. cit.*, p.17.

에 소속되고, 그에 관한 행정은 사용권에 대한 투쟁에 보다 효과적으로 관여할 수 있게 되었다.

　나무는 지상의 교통 수단으로 유리하게 작용하면서 이것을 보충하는 두번째 망을 이루는 하천과 큰 강의 활용을 이끈다. 삼림이 1차 산업의 부흥을 가져왔던 것은 중세 시대 숲 속에 대장간과 벽돌 제조소와 유리 공장들이 들어서면서부터였다. 이러한 작업들은 접근할 수 있는 숲 속에서 화덕에 들어가는 값싼 재료 덕분에 왕성하게 이루어졌다. 18세기에 들면서 제작소의 지도와 숲의 지도는 완벽하게 일치한다. 다른 한편으로 사람들이 마을 근처에 위치한 잡목림에서 아무런 어려움 없이 난방용 목재를 구한다고 할 경우, 마을마다 같은 방식으로 이어지는 것은 아니어서 밀어붙이기식 인구 통계 효과와 도시 문화의 유혹 아래서 13세기부터 18세기까지 잡목림의 수는 규칙적으로 늘어났다. 도시로 집중된 난방을 해결하기 위해서는 막대한 양의 목재를 비축하여야만 했다. 가격을 올리지 않고 어떻게 하면 숲에서 각 가정의 난로까지 나무들을 나를 수 있을까? 여기서 나무와 수로 사이의 새로운 관계가 생겨난다. 우리는 나무가 19세기 중반까지도 항해의 중요한 요소로 남았었다는 사실을 알고 있다. 그 이후부터는 강들이 나무를 도시까지 운반할 것이었다. 강을 통해 운반하는 데는 두 가지 방법이 있다. 물의 흐름을 이용해 통나무를 띄워서 하류로 운반하는, 지금은 사라진 통나무 띄우기가 있다. 이러한 통나무 띄우기는 16세기부터 모방에서 출발하여 욘 강과 아르망송 강을 타고 파리까지 목재를 공급하였다. 주로 난방용 목재를 운반하던 이러한 방법 외에 원목을 묶어서 끌고 가는 운송 방법이 있다. 이것은 뗏목 형태의 벌류(筏流)로서, 나무 기차라고 불리기도 한다. 막대한 나무의 활용은 일부 강들을 정비하면서 운하를 파게 만들었다. 밑둥치에서부터 온전한 것이든 중간에서 잘려진 것이든 간에, 나무는 지상의 순환을 거쳐 대중의 공간에 참여하는 것만큼이나 생산의 장소들에서 탐욕스러운 마을까지 흐름의 순환을 거쳐 사람들 앞에 나타났던 것이다. 연결망의 확장이 으레 횡령과 절도, 강가의 토지 소유자들이 매기는 요금 등을 유리하게 만들며 나무의 운반을 취약하게 할지라도, 그것은 대중의 경제적 생활에 활력을 불어넣고 행복한 삶의 영위에 이바지하였다. 13세기부터 18세기까지 군주제에 의해 시행되었던 나무의 정치는, 왕국의 여러 지방들에 이르는 길들을 대폭적으로 늘리면서 중앙 집권을 강화하는 계기가 되었다.

국가가 사냥을 위한 국유림의 경계를 정하기 위해 즉시 간섭해야 한다고 하면, 싸움의 압박은 선대의 권리에 대한 투쟁까지 강요한다. 그 권리의 이름으로 모든 비천한 민중은 숲 속에서 그들의 생존에 필요한 자양을 채우며 일해 왔던 것이다. 잉글랜드나 스페인이나 네덜란드의 뗏목들과 경쟁하기 위해서는, 국가는 우스꽝스럽게도 해군의 병기고를 나무로 채워야 할 판이었다. 그리고 대수림의 키 큰 나무들로 자라도록 숲을 보호하여야만 했다. 이런 목적에서 1561년 공표되었던 샤를 9세의 법령은 벌채한 나무들의 3분의 1은 왕령에 속한 것으로 간주하여 보전한다는 조항을 기입하였다. 똑같은 명시가 공동체의 숲에 대해서도 성직자에게나 속인에게나 동시에 적용되었다. 그로부터 2년이 지난 1573년에 접어들면서부터는 보호 수림의 규모가 4분의 1로 줄어드는데, 어쩌면 그런 식의 가차없는 방법으로 약탈당하고 있다고 느꼈던 소유자들의 저항 때문이었거나, 아니면 반드시 연소해야만 하는 절박한 필요와 압박감에 따른 것인지도 모른다. 그것이 국유림과 공유림으로 이루어진 네 개의 숲의 기원이 되었다. 1583년 앙리 3세는 보호림에서 큰 나무로 키우도록 예정된 나무에 붓꽃 문양을 박아 새기는 일을 소임으로 하는 망치-관리인들을 조직했다. 나무에 망치질하기는 정치적 행위를 포함하고 있기도 했는데, 그 것을 통해서 대중 세력은 그들의 주권을 표시하면서 특정한 개인의 이익에 대한 대중의 이익의 승리를 거두고 있는 것이었다. 그렇듯 나무에 표시하기는 숲을 취급하는 하나의 양식을 포함하고 있었는데, 즉 복합적인 벌채림으로 간주하는 것이다.[11] 망치는 정치적·사법적 제정을 진행한다.

루이 드 프루아두(1759), 《궁정 나무의 판매에 관한 지시》에서 발췌한 삽화.

그것은 상자 안에 소중하게 보관되면서 남용을 막기 위해 망치-관리인에 의해서만 이용되어야 하며, 여기서는 삼림과 수산을 담당한 관리자의 출석하에서만 가능하다. 망치는 주권의 손가락이 가리키고 있는 것을 구현한다. 그런데 그것은 "매우 평범한 도구에 지나지 않는다. 휴대용의 작은 도끼, 예리한 것과는 정반대의 부각된 인장. 감독자와 궁정 삼림 관할권자가 이용하게 되어 있는 이 돋을무늬는 세 개의 붓꽃으로 둘러싸여 있다. 날은 '표백'이라고 일컫는 대로 사각의 껍질을 벗기면서, 관인이 편편한 나무 위에 찍히도록 되어 있다."[12] 망치는 상업적인 낙찰인의 탐욕스러운 절단으로부터 나무를 보호한

---

11) 앙드레 코르볼, *op. cit.*, p.188. "망치로 표 찍기는 복합적인 벌채림을 목표한 대상을 좇아서 탁월하고 선명한 대수림으로 진화시키는 일종의 문화적 형상화 같은 섬세하고 본질적인 작업이다. 결과적으로는 조림에 있어 두 가지 수직적 분포층이 문제가 된다. 사람들은 지배받는 분포층에서 향후 절단하는 과정에서 면제되어 보호림이 될 대상자들을 선별한다. 지배하는 분포층에서 사람들은 최상의 소재를 보호하고 다른 순환을 이룹게 하지 않을 것들을 포기한다. 과잉으로 베어져 떨어지는 줄기의 수량은 대수림이 자라도록 지정한 지역에서 더욱 늘어나는데, 한번 군락을 이룬 대수림은 결정적인 개간 때까지 고스란히 수령을 더해 간다. 복합적인 벌채림에서 측량주 설치는 보충적인 요구와 그 체제의 두 계급의 대별되는 반대자를 대상으로 하는 미묘한 외과학으로 나타난다."
12) 앙드레 코르볼, *ibid.*, p.192.

다. 공동체의 농민들은 그것을 최고의 나무를 보전하는 방패로 여긴다. 그 도구는 "숲에 관련된 언어를 나무에 새기는 의미 있는 망치이다. 기입된 표시는 곧 주제를 의미하며, 주어진 이름대로 피보호자를 뜻한다. 거주자들은 상인들과는 다르게 망치의 예방의 덕목을 느낄 것이다. 그 기능은 보잘것없는 도구를 초월하는 것이다."[13]

오로지 대중의 힘만이 숲을 처리할 수 있을 것이다. 절단과 함께 1백 년, 1백50년, 혹은 보라, 2백 년에 걸쳐 긴 혁명을 수행하는 저 나무들을. 숲은 같은 비율의 벌목 구역으로 구분되어 있었으며, 정기적으로 행하는 식목 조림을 준수하면서 연속적으로 개간되었다. 그러나 국가는 역시 중요한 일에는 간섭하고 나서야만 했다. 오직 수령이 몇백 년 되는 참나무나 밤나무들만이 이따금 흰 목재를 얻기 위해 인위적인 방향으로 성장을 유도할 필요가 있을 때, 작품에 맞는 재질의 나무를 제공하기 때문이었다. 1669년도 법령의 조항은 잡목처럼 취급받고 있는 다른 모든 나무들 위에 참나무의 자리 등급을 매길 것을 배려하고 있다. 이러한 사실은 참나무가 12세기말에 너도밤나무의 자리를 빼앗으면서 "귀족적인 참나무 아래 위치하는, 2차 서열의 중심이 되었다는 것을 말해 준다. 하지만 역시 방해가 되는 잡목들, 가령 버드나무·호랑버들·붉은 산유수·오리나무·딱총나무·노간주나무 혹은 금작화 같은 것들보다 훨씬 상위를 차지한다."[14] 나무는 평범한 것들과는 다른 유익한 것이며, 가치를 찾기 위한 개별적 인간의 생의 시간을 능가하는 생의 시간을 요청하기 때문에, 대중의 힘을 발휘하는 어떤 존재가 사라졌다는 것과는 관계없이 권위자들이 유지하고 있

---

13) 앙드레 코르볼, *ibid.*, p.192.
14) 앙드레 코르볼, *ibid.*, p.108.

는, 오직 국가만이 대수림의 관리를 합리적으로 운영할 수 있다. 왕들이 세습 자산으로 이어받은 숲을 해칠 수 있는 남용을 바로잡기 위해, 즉시로 숲에 관련한 법률을 제정하였던 것도 그 때문이었다. 전쟁과 농민 폭동은 종종 절도와 남용을 되풀이하여 이끌면서 왕국의 법률을 무색하게 하고, 고갈시킨다는 것을 숨길 필요는 없다. 그밖에도 국가는 빈번하게 국고가 바닥나면서 종종 애초에 주창했던 의지와는 모순된 위치에 이른다. 국가는 숲에 대한 사용권을 너무나 쉽게 양도해 버리고 마는데, 그것은 재정상의 원천을 늘리는 수단이었다는 설명이다. 마찬가지로 숲을 보다 효율적으로 행정 관리하기 위해 새로운 직책을 만들면서 국가는 다시 한 번 목적을 배반하는데, 임금에 비해 비싼 대가를 치르고 있는 대부분의 관공리들이 강탈과 횡령으로 보상하고 있기 때문이다. 13세기부터 법률 조항이 끊임없이 되풀이되었던 것은 숲에 관한 제도가 빠져들어야만 했던 혼란을 충분히 보여 준다. 8년간의 조사 끝에, 마침내 많은 가치를 갖고 있었던 1669년도 법령은 콜베르로 하여금 모든 지방을 위해 가치 있는 배치를 단일하게 표준화하는 일에 있어서 장애가 되는 것들을 배열하게 했다. 이러한 나무 정부의 급진적인 통제 경제 개념은 약탈당한 많은 이권에 영향을 미쳤으며, 저항을 불러일으키지 않기 위하여 세력가들을 이용하는 지나친 남용에 대한 구제책을 갖고 있었다. 국가는 궁정 숲의 경영을 도맡았을 뿐 아니라, 1669년 법령에 의거하여서 공동체의 숲이나 사적인 숲의 문제에도 관여하였다. 한 예로 제3조 26절의 내용을 살펴보면, 10해리에 위치했거나 운항하는 강에서 20리에 위치한 대수림의 소유자는 정부가 해상용 목재를 그곳에 보존할 수 있도록 6개월 전에 벌채 계획을 통고할 것을 명시하고 있다. 1669년 법령은 수를 헤아릴 수도 없는 금지 사항을 수반한 경찰 규정을 부과하면서 독재적인 의지주의자의 정치를 설명하고 있다. 그렇지만 강제적인 군대가 나무의 정부를 명령하는 경우에는 달리 조정할 방법이 있을까? 혁명주의자들은 삼림수산 주권자의 세력과 결별을 하고 나서 1792년부터 1793년 사이에 페르피냥과 콜리우르를 방어하기 위한 일환으로 나무를 쓰러뜨리기 위해 예외적인 방책에 호소하지 않았던가? 보나파르트에 관해서는, 그는 1803년부터 1805년의 트라팔가르 해전의 패배까지 자신의 해군에 소용이 되는 나무를 위한 강력한 개발 정책을 추구했다. 국가의 힘의 팽창은 나무를 거쳐야 한다.

나무는 모든 왕정의 역사 속에서 굉장한 사회적 · 정치적 내기로 나타났다. 콜베르의 법령은 밭과 가축과 나무들이 공존하는 것의 문제에 대한 농민들의 오래된 관념과 갈등을 빚었다. 법령은 모든 남용의 가능성을 열어 놓고 있는 숲의 그토록 다양한 이용과 부딪쳤다. 그로 인해 구전(口傳)의 모호함에 반하여 기록된 언어의 의미를 요약할 필요가 있었다. 예를 들면 '벌채권(affouage)'이라는 용어는 때때로 난방(ad focum)을 목적으로 한 나무의 사용이라는 의미로 통용되었는데, 때로는 가사 용도로 나무를 베는 일을 의미하기도 하면서 사람들이 자가용 목재 벌채권(maronage) 혹은 이회토 시비(marnage)라고 일컫는 작업을 위한 나무의 이용과 벌채권의 혼동을 가져왔다. 이러한 어휘상의 문제들은 불명료한 점들이 온갖 암거래를 감추고 있는 관습과 부딪쳤다. 그야말로 '나무의 언어'가 국가에 대항하여 차용된 시기였으니 말이 갚아 줄 것이다! 법령은 오래된 찬탈과 투쟁하고 있었으니, 관습은 기억에도 없는 소유가 명의를 대신할 수 있다고 인정하면서 그것을 보호해 왔던 것이다. 사용자들과 귀족 세력의 숲 소유자들은 서로 부당하게 박탈당했노라고 주장했다. 그들은 자신들의 소유권이나 임대권을 전쟁으로 인해 파손되어 기록 문서가 남아 있지 않다는, 기억해 낼 수 없는 용익권으로 정당화했다. 삼림수산관리부는 군주 국가의 균형을 깨뜨리는 모순의 한가운데 있었다. 그 부처는 혁명이 벌어지면서 농민 대중의 첫번째 표적이 될 것이었다. 지금으로서는 공동체 숲의 4분의 1을 징수하는 이유로 농민들의 원한과 적의가 커져 가고 있었다. "4분의 1이라니! 어찌하여 그들이 나머지 앞에서 미치지 않을 수 있다는 말인가. 그들은 그 면적이 기둥을 세우고 불을 때는 데 충분한 나무를 건네줄지 묻고 있다. 연합한 두 개의 말투가 이러한 실로 귀중한 대상에 밀착된, 생명에 연결된 치명적인 기능들을 감추고 있다."[15] 농부들은 장차 국방의 명령을 일으키는 대수림의 4분의 1 구역에 접근하는 것을 금지당하게 되며, 그곳에서 이삭을 줍거나 가축을 풀어서 풀을 뜯어먹게 할 권리를 갖지 못한다. 국가는 사용의 명목으로 반항하는 사람들 앞에서 큰 나무들을 보호한다. 관습법에 물든 그들의 시야에서 숲에 관한 법률 조항은 어떠한 의미도 없었다. 한편에서 국가 공무원들이 조선소를 위한 목재의 부족으로 인해 강박 관념에 싸인 채 부심하고 있는 반면에, 다른 한편에서 다수의 가난한 촌민들이 선조의 권리를 지키는 데 그들의 생존을 걸고 있었다. 현존하는 이러한 두 가지의 힘에 세번째의 것, 즉 16세기부터 이어져 온 부유한 기업가들이 나무들을 가지고 상업을 하게 되는데, 달리 말해서 목재 상품을 통화로 정하는 것이다. 상인들은 사용권과 공동의 관리 경영 사이에서 적정한 거리를 유지하면서 이따금씩 촌민의 몫 전체를 탈취하는 데 성공하기도 했다. 그들은 선대의 공동체를 파괴하면서 나무를 변신시켰다. 나무는 신성한 가치관과 고풍의 수호신 역할에 의해서 농민들로부터 존경을 받다가, 왕국의 방어와 관계된 정치적 가치를 위해서 상업적 가치로 전환되어 시장의 규칙에 따라 현금화하거나 투자할 준비를 마친 자본으로 변모했다.[16] 비록 상인들은 그들 나름대로 불

15) 앙드레 코르볼, 《숲 속의 인간, 17세기에서 20세기까지 인간과 숲의 관계의 역사》, Fayard, 1995, p.196.

행한 중개업자들이었지만, 그들은 무엇보다 격분한 국민의 땀방울을 닦아 주었던 삼림수산 관리인들이었다. 농민들은 종종 과격한 절망에 사로잡힌 나머지 상인들의 힘을 우롱하면서, 심지어 국가의 권위까지 신비한 과거의 이름으로 의심했다. "나무가 결정적인 역할을 하는 모든 반란 속에서 절대자유주의의 무정부주의 언어와 마주친다. 그것은 밤새우는 사람보다 더한, 참을 수 없는 속박을 표현하고 있으며, 참을 수 없는 까닭은 그것이 최근의 일이기 때문이다. 그때 과거는 자연이 그의 아이들에게 풍요한 젖을 내주었던 행복한 시간들, 저 부드러운 색깔의 황금 시절을 비춘다."[17] 때로 '푸른 외투' 들이 국가의 폭정에 저항하는 일은 우스꽝스러운 양상을 띤다. 1765년 르두브 지방의 쇼 숲은 농민들의 접근이 금지되어 있었는데, 숲을 빼앗긴 그들이 반항했다. 그들은 여장을 하고서 스커트 밑에 도끼며 낫도끼 같은 도구들을 감추고 각자 개별적으로 숲에 도착한다. 그곳에서 그들은 도발적으로 가장 아름다운 나무들을 잘라내고, 대신 그 자리에 목공예가 · 제재업자 · 나막신 제조업자들의 작업실을 설치한다. '처녀들의 전쟁' 이라는 이름으로 유명한 반란을 진압하기 위해서는 2개 중대의 정예군을 파견하여야만 했다. 궁정의 숲과 공동체 숲, 그리고 대중의 이익을 위한 명분으로 박탈당한 숲 전체에 대해 삼림수산관리부가 행사하는 지배력과 더불어 나무는 삼각 갈등의 중심에 놓이게 됐다. 우선 독재적인 국가의 병사들과, 때때로 탐욕스러운 중개 상인들, 마지막으로 다수의 가난한 계층이 갈등의 주인들이었다. 그들은 하나같이 쉽게 얻어지는 돈의 유혹에 넘어가고, 공익에는 민감하지 못하며, 관리들에게 적대적이고, 부족함에 대한 두려움을 모르고 욕망의 결여를 모르는,

---

16) 전통의 퇴락과 숲의 재료를 취급하는 상인들의 세력 성장에 관해서는 앙드레 코르볼의 분석을 참조하기 바란다. 《구체제하에서의 인간과 나무》, *op. cit.*, p.542-550.

17) 앙드레 코르볼, *ibid.*, p.194-195.

아무것에도 유익하지 않은 존재들인 것이다. 혁명은 민중의 압박과 서두름 속에서 삼림수산 관리 제도를 폐지하고, 콜베르의 귀중한 큰 나무들을 그야말로 파괴적으로 절단내고서 차후에 첫번째로 찾아온 자들에게, 세기말의 혹독한 겨울을 감내하고 있는 촌민들에게 숲을 열어 놓는다.

전원 문화의 모형 위에서 나무의 정치학을 끌고 갈 수 있다고 믿었던 독재적인 국가에 이어서 임업과 풍경을 염려하는 국가가 뒤를 따랐다. 병사 국가가 교육자와 기술자 국가에 자리를 넘겨 주었다. 19세기 전반기 중에 이루어졌던 이러한 변화의 정확한 날짜를 지적하기는 어렵다. 하지만 이 시기에, 태동하고 있는 화학이 나무와 숲에 관한 합리적 인식의 발달을 가속화하였다는 사실을 주목하자. 과도기적 변화는 나폴레옹 1세가 자신의 해양부장관이었던 드크레를 위해 준비했던 선박용 목재를 대상으로 한 거대한 각인 계획이 유산되는 시점부터 1824년 낭시에 임업학교가 설립되는 시점 사이에 이루어진다. 두 가지 사건은 각자 나무의 정치학에 관한 의미를 갖는다. 첫째는 국가의 방어에 등을 기댄 억압적인 통제 경제 정치의 종결을 가리키고, 둘째는 교육으로 지지되는 임업 정치를 지향하는 신호인 것이다. 오직 나무만이 물의 순환을 조절할 수 있는 개체이기에 그것을 향한 참다운 숭배를 맹세하는 일종의 '생물-권력'을 제정하는 일은 산업화된 도시의 오염된 공기를 정화하고, 일에 지친 노동자에게 원기를 회복하여 활짝 피어나게 했다. 19세기에 어떤 체제가 들어섰던지 간에 국가는 강력한 재식림 정치를 실시하였으며, 그 결과 숲이 뒤로 물러나는 일은 멈추었다. 실로 이유가 정당한 이 전향적 국면에 우리는 두 가지 특전을 부여하고자 한다. 우선 혁명이 일어나는 동안 삼림수산의 개별적 종사자들에게 표현되었던 최근의 기억에 관한 것. 대중은 종종 거만한 거동으로 그들을 격렬하게 비난했었다. 차후로 그들은 교육자와 충고자의 입장으로 변해야만 한다. 그러기 위해서는 숲의 법규에 명시된 사항을 이해하는 일에서 좀더 나아가, 나무를 격리된 하나의 주제처럼 받아들이는 것이 아니라 같은 본질과 변화된 본질을 타인과 더불어 나누고 있는 복합적인 관계 속에서 이해해야만 한다. 임업에 관한 인식에 기여한 것이 우리가 특전을 부여하고자 하는 두번째 이유를 이룬다. 뷔퐁은 임업을 해결해야만 하는 어려움을 완벽하게 점찍어 냈다. "숲은 자연의 선물처럼 나타나기 마련이어서 손아귀 밖으로 빠져나가는 것을 받아들이는 것으로 충분하다. (…) 그것을 즐기는 태도는 그다지 자주 반복된 경험 위에 이룩된 것이 아니어서, 우리들은 숲을 보전하고 생산물을 늘리는 가장 간단한 방법조차 모르고 있는 것이다."[18] 숲의 종사자들에게 교육을 실시하게 되면서 숲의 공간을 성역화하기 위한 이유로 초창기 임업을 마비시켰던, 나무에 관한 지나치게 신중하고 방어적인 정부의 생각이 멈추었다. 나무가 성장하는 법칙과 풍요한 상호 작용의 환경인 숲을 잘 이해할수록 다른 모든 요건들은 별도로 하고서도 콜베르의 정치적 떡갈나무와 결별하게 된다. 단단하게 뿌리박혀 있으면서 무지를 드러내고 있는 생각, 여전히 더듬거리는 수준에 머물고 있는 임업의 지체. "그리고 어쩌면 거기에 위험한 상황이 기다리고 있다. 2차적 본질과 죽은 숲은 떡갈나무를 개발하는 꿈에만 젖어 있는 법전이 전혀 고려 대상에 넣은 적이 없다. 그것은 만일 숲이 우리들의 밀밭 이상으로 자연스러운 것이 아니라고 한다면, 근본적으로 조금도 다를 것이 없다는 사실을 망각하는 일이다. 떡갈나무의 일모작은 미끼새의 환상이다. 그것을 유지하는 일은 역시 다른 종들에 결부되어 있다. 선별은 소극적이어서는 안 된다. 그것은 떡갈나무의 우세함을 확고부동하게 할 뿐만 아니라, 이 나무의 우수성을 알맞은 방식으로 교육

---

18) 뷔퐁, 《일반적·개별적 자연의 역사》, Paris, 1775, 보완판 t. Ⅱ, p.272.

하는 일에 있어서도 적극적으로 실행되어야 한다."[19] 삼림학교는 공동체나 개별 소유자들 주변에서 나무에 관해 설명하고 안내하며 조언하는, 능력 있는 간섭자를 양성한다. 확실히 이 학교는 이공계 대학과는 달리 공화주의자들을 갖고 있지는 않은데, 무엇보다 이 학교가 제국의 몰락에 따른 희미한 반응의 한가운데서 태어났기 때문이며, 모집 대상은 하층 중산계급을 겨냥한 것도 아니었고, 국민의 품 한가운데서 찾았던 것도 아니었으며, 다만 지대를 받고 살아가는 토지 소유자들 사이에서 찾았기 때문이었다. 사실 등록 비용과 수업료는 사회 초년생의 미약한 월급으로 책정된 것이 아니라 오직 유복한 가정만이 보장할 수 있는 막대한 투자를 필요로 하였다. "아니다, 학교의 입학은 부에 대한 열망은 물론 명예의 갈망으로도 설명할 수 없으며, 철두철미 단순하게 나무에 대한 사랑으로 이루어져야 할 것이다. 순정적인 사랑을 이루기 위해서 가난할 필요까지는 없다."[20]

이 학교의 설립은 나무에 관한 새로운 정책의 두 가지 성격을 특별하게 드러내고 있다. 한 부분은 학교가 가장 반동적인 전통과 더불어 갱신하였다는 것인데, 대부분 부유한 지주들 사이에서 선발된 특수 학급의 학생들은 "농민들에 대해 격세 유전의 불신을 갖고 있었다. 그들에게 농민은 봉건적 권리의 무덤을 파는 인부, 격렬하게 토론에 몰두하는 불량 고객, 불량 지불인이었다."[21] 다른 부분으로 학교는 19세기를 거치며 발전을 거듭하게 될 숲 속의 나무에 관한 생물학적 · 화학적 개념에 활로를 열었다는 점이다. 학생들을 양성하는 것과 아울러 학교는 임업기술주의의 출현에

---

19) 앙드레 코르볼, 《구체제하에서의 인간과 나무》, *op. cit.*, p.109-110.
20) 앙드레 코르볼, 《숲 속의 인간》, *op. cit.*, p.262.
21) 앙드레 코르볼, *ibid.*, p.263.

기여한다. 나무의 정책은 독재적인 전통의 유산인 동시에 더 이상은 권력과 권리의 기반 위에 버티고 있는 힘에 의해서가 아니라 지식에 의해 정당해지는 것이 되었다. 숲 행정은 사회에서도 가장 반동적인 계층에서 사람들을 전적으로 모집한 이후로 관할의 권위자가 되었다. 따라서 그들이 1669년의 콜베르 법령에서 크게 고무받은 1827년도 삼림 법전에 찬동했던 이유를 이해하기가 쉬워진다.[22] 이 법전은 숲에 관한 국가관리론자의 개념으로 결말이 지어진다. 숲의 개간에 대한 농민들의 판단을 낮게 평가하면서, 법전의 개념은 전면에서 시골 사람들을 공박하고, 구제도의 관여하에 농업 공간과 임업 공간 사이에서 상충을 일으킨다. 법전은 국가가 국유림의 나무들을 직접적으로 간섭할 것을 종용한다. 이 의미에서 그것은 모든 공공 영역에서 가장 수익성이 좋은 방향에서 이익을 도모해야만 하는 고전적인 국가의 사명을 재확인하고 있다. 긴 혁명 동안 달리 어찌할 수도 없이 대수림을 보호하는 일만이 가능할 터여서, 몇 세대에 걸쳐 그로부터 어떤 수익도 끌어내는 일 없이 그대로 자라게 놓아두는 것이다. 나무 도매상인의 자유주의적 압박에 대항하여 재확인한 이러한 전통적 책무에, 법전은 지방의 시·읍·면 같은 자치 단체들이 공동체 숲을 관리하고 있는 것을 통제함으로써 나무에 대한 두번째 형태의 실력을 추가한다. "권한을 갖춘 행정부는 벌채 구역의 표시와 산판의 감시, 잡다한 생산물의 처리를 맡을 것이다. 오로지 그들은 구체제가 재산을 상속시킬 수 없는 사람들에 대해 실행했던 것처럼 거두어들인 소득의 대차 계산, 비용의 공제를 자신들에게 되돌릴 것이다. 이런 점에 있어서 적어도 17세기 중반 이후로 변한 것은 아무것도 없다. 농촌 사람들은 그들 자신에게 어떤 것이

---

22) 앙드레 코르볼, *ibid.*, p.257. 역사가는 '숲의 보전은 특별한 보호 조치를 필요로 한다는 사실을 느낀 (…) 장관의 지휘 아래 편찬된,' 1669년도 법령을 참조하고 있는 1827년도 법전의 서문을 인용하고 있다.

가장 나은 것인지 구분할 능력이 없는 상태에서 소수자의 사회적 위치를 벗어나지 못하고 있으며, 그들의 행복을 이루어 준다고 주장하는 결정들을 강요적으로 따르고 있을 따름이다."[23] 마침내 법전은 박탈당한 숲에 대한 행정적 통제를 허가한다. 하지만 토지 소유주들과 자유주의자들을 자극시키지 않기 위해서, 조항은 군사적 명령이나 경제적 필요에 의해서 박탈당한 토지에 국가가 참견하는 일을 정당화하지 않고, "박탈당한 숲을 집단에게 돌려 줌으로써 그 유용성이 어쩌면 저들의 생산을 능가하도록 하는 간접 업무에 의한 것을 정당화한다."[24] 이 법전은 이론의 여지없이 16세기부터 삼림수산이 누려 왔던 힘을 회복하고 있다. 숲의 나무는 규제되고, 보호되고, 통제되면서, 나라의 한가운데서 낯선 방문객들처럼 살고 있다. 주변의 촌민들은 용의자로 취급받고 있다. 마을 사람들과 주위 숲의 나무들 간에 형성되었던 친숙함은 사라져 버렸다. 그렇듯이 샤르트르 대수도원에서 나무를 자르고 있는 사람들은 이탈리아 출신의 제재업자·절단공·나무꾼의 조원들이다. 한번 적재되기만 하면 나무는 산업체나 멀리 떨어진 작업실에 재료를 공급하기 위해서 멈춤 없이 국토의 각 지역을 통과하며, 공동체는 입찰 가격을 한마디 던지는 것으로 만족한다.

화학·지질학, 그리고 생태학적·풍토적 지리학의 발전은 행정부의 시선을 나무로 돌리게 했다. 그것은 나무들을 더 이상 자발적으로 가혹한 규제의 보호 아래 밀어넣지 않겠다는 대단한 의지의 시간이었다. 그보다는 나무들을 길들이고, 품질을 개선할 필요가 있었다. 하지만 그러자면 무엇보다 앞서 다시 식림을 하여야만 했다. 18세기말 몇 년의 간격을 두

---

23) 앙드레 코르볼, *ibid.*, p.259.
24) 앙드레 코르볼, *ibid.*, p.260.

고 자연주의자 여행가들, 아니면 이론가들이 세습 재산인 숲을 대상으로 한 통제되지 않은 횡령으로 인한 부정적인 결과를 강조했었다. 1769년 리옹의 피에르 푸아브르는 산림 벌채의 위험성을 조목별로 열거하고, 그 것이 가속시키는 침식을 지적한 바 있다. "그 섬에서 자행된 가장 큰 실수는 재배의 성공 여부에 가장 크게 영향을 끼치는 숲을 불로 개간해서 주변 어디에도 나무 한 그루 남겨두지 않았다는 것이다. 그 섬의 유일한 개량 수단이자 땅이 받아들일 수 있는 가장 나은 것, 비조차 숲을 쫓아 사라져서 개간된 땅 위에 빗방울 한점 뿌리지 않았다. 거기에다 그 땅은 수시로 농작물을 해쳐 놓는 광포한 바람 앞에 아무런 보호처도 갖지 못했다…… 프랑스의 섬은 (…) (나무로) 덮여 있었건만 우리의 소작인들이 그 모든 것을 파괴시켰던 것이다."[25] 그로부터 30년이 지난 1797년 토목기사 파브르가 《격류와 강물의 이론에 관한 소론》을 편찬하는데, 거기에서 그는 산림 벌채의 폐해에 대해 논평하고 있다. 루지에 드 라 베르제리는 1801년 농업협회에서 서신으로 실시한 조사의 결론을 출판한다.[26] 같은 해에 로슈는 내무성에 자신의 작품 초안을 보내는데, 이듬해에 《수상 식물과 기상의 조화》가 출간된다. 시적이면서 열광적인 동시에 전투적인 이 작품 속에서 로슈는 산림 벌채로 인해 야기된 수많은 재난의 전례들을 열거하고 있다. "인간이 숲 속에서 불경한 도끼와 호전적인 횃불을 집어들기가 무섭게 동물의 영토가 줄어들면서 마침내는 저들의 양식과 수가 줄어들고, 생명의 열기가 끊임없이 순환하는 식물계는 파괴되고, 대지에 고유한 불의 입자들이 소멸하면서 그것의 열기와 생식력이 변질되기 시작

<hr />

25) 피에르 푸아브르, 《철학의 여행, 혹은 아프리카 · 아시아 · 아메리카 민족의 풍속과 예술의 관찰》, Londres, p.31.

26) 루지에 드 라 베르제리, 《개간의 남용과 나무와 숲의 파괴에 관한 관찰과 기록》, Paris, 1801.

하였다. 드러난 대지의 옆구리로 생기를 주는 태양의 시선을 급작스럽게 끌어당기면서, 바람을 최초의 원시적인 기능으로 되돌리면서, 그때부터 고통과 메마름이어야만 했다. 마침내 인간은 새로운 유성에서 생명의 원리를 대체하기에 이르렀다, 온도와 계절까지 바꿀 수 있을 만큼."[27]

이 주제를 강하게 자각하고 있었던 삼림 간수들은 19세기 후반기 동안 산의 흙을 고정시켜서, 들판으로 흘러 내려오는 재난을 막기 위해 재식림에 관한 대규모 계획을 줄곧 발표했다. 1841년 출판된 알렉상드르 쉬렐의 저서《알프스 고산 지대의 급류 연구》는 그러한 계획에 대한 결정들을 강화하고 있다. 그들은 책 속에서 새로운 논쟁을 폈다. 저자는 자오선상의 알프스 토양 황폐가 산사람들과 그들의 무리들이 경솔하게 저지른 개간과 벌채에 기인하는 것임을 밝힌다. 그러므로 전통을 영속시키면서 살고 있는, 식물계 생물학의 진보에 관해서는 여전히 무지한 상태에 있는 국민들을 먼저 납득시켜야 할 필요가 있다. 국가는 한편으로 유리한 세금 정책과 다른 한편으로 벌금 덕택에 자발적으로 산에 재식림하는 일에 참여한다. 이 노력은 소지주들과 공동체들의 저항이 아니라면 산 위에서 무기력해지고 만다. "행정부의 구상에 따르는 개인들에 동의하여 도움을 준다고 해서 그들이 열렬한 투사로 변하는 일은 거의 없다. 그러므로 산사람들이 더 이상 나무를 가축의 적이나 국가의 상징으로 간주하지 않기를

---

27) 로슈,《수상 식물과 기상의 조화》, Paris, 1802, t. I, p.19. 이 작품의 전개부에서 로슈는 뷔퐁의 협력자 중 하나인 벡송 신부를 인용하고 있다. "이 숲을 파괴하고, 우리들의 평원에서 사라져 버리게 한다면 여러분은 자연의 가장 아름다운 장식물을 뽑아 버리는 셈이 될 것입니다. 그때 여러분은 날씨를 말려 버리고, 농업의 원천은 빈곤하게 되어 버릴 것입니다. 상업은 무기력해지고, 산업은 약화되며, 사람들에게서 그들의 가장 간절한 소망을 만족시키는 수단을 없애 버리는 결과가 될 것입니다. 비옥한 고장에서 행복하게 모여 살던 여러분은 토양을 메마른 불모의 땅으로 만들며, 말라 버린 액은 극소수의 허약한 인간들과 풍부함을 잃어버린 지상의 불행한 나라들밖에는 부양하지 않을 것입니다."

기다리며 참는 편이 낫다."[28] 그런데 군주제이건 공화제이건 제정이건 간에 국가는 나무를 배려하는 참다운 개선 운동을 취한다. 쉬렐의 저서는 정치·정신과학원에 제출하기 위해 1843년 출간된 블랑키의 저서 《산림의 벌채》와 일치한다——그 역시 행정부에 의해 자주 인용될 것이다. 그는 쉬렐과 같은 길에 들어서 있는데, 어조는 다르다. 양식의 질문, 기질의 질문. 선행자들이 긍정적이며 합리적인 태도를 보였던 데 반해, 블랑키는 단테의 영상을 선호한다. 그는 '목초지와 벌채의 남용으로 풀과 나무가 헐벗은' 토양이 쓸려 나가 침식되면서 대재앙을 맞이한 산악 지역의 풍경을 쓰다듬고 있다. 무지함에서 비롯한 촌민들의 분별없는 처신은 자연의 균형과 아름다움에 대한 훼손으로 드러난다. 심각한 과오로 점철된 이러한 소행은 복수자의 체벌을 이끈다. 비옥한 지층이 "그 즉시 검고 누르스름하며 불그스름한 용암 형태로 변하거나, 자갈의 격류로 변하거나, 아니면 심지어 거대한 덩어리째로 끔찍한 소란통 속에서 튀어오르며, 거역하지 못할 흐름 속에서 낯설기 짝이 없는 아연실색할 광경으로 계곡 바닥으로 처박히는 거다." 그렇듯 자연은 배은망덕한 탐욕과 어리석음 속에서 약탈하는 성향이 있는 우리들로 하여금 나무에게 존경을 돌리도록 상기시킨다.[29] 자연은 행정부의 강연에도 참관하여, 산악 주민들이 파괴적인 행위를 포기할 것을 종용하는 동시에 또 다른 영상을 건네주기도 한다. 자연은 더 이상 그 품에서 벌받지 않고 길어올릴 수 있는 자애로운 어머니가 아닌 것이다. 나무를 베고 가축에게 뜯어먹히게 하는 일은 심각한 행위이다. 대재앙의 결과로 끌고 가기 때문이다. 자연의 생산물을 가치매김하는

---

28) 앙드레 코르볼, 《숲 속의 인간》, *op. cit.*, p.359.

29) 혁명의 초창기 시절에 사람들이 숲의 남용에 대응하여 강론했던 것에 의해 개발된, 자연에 대한 응징과 재식림의 개선에 관한 주제에 관해서는 앙드레 코르볼의 《숲 속의 인간》, *op. cit.*, p.288-291에 수록된 분석을 읽어보길 바란다.

것과 마찬가지로 자연의 섬세한 균형을 이해할 필요가 있다. 밤나무의 꽃을 피우기 위해 몇 세기에 걸쳐 일하는 미묘한 상호 작용이 몇 분간의 도끼질로 공허해지고 만다.

국가는 나무와 신성한 조약을 맺고서도 나쁜 길로 빠지곤 한다. 흔히 나무가 다량의 빗물을 조절할 수 있다는 것이 증명되지 않은 터에는 다리와 교차로가 끼어들어오는 것이 재식림보다는 효과적일 것이라는 생각에서 벌어지는 것이다.[30] 하지만 19세기초에 시작된 팽창의 추억과 대중의 견해 속에 널리 퍼진 나무의 유익한 풍토적 역할에 대한 믿음은 삼림과 수산에 관한 계획들을 배려하며 촉진했다. 생활의 풍은 나무에게 속해 있었으며, 중산층이 그것을 사들였다. 그들은 공공의 안녕을 위생적으로 보장하는 작업에 참여하고, 해묵은 귀족 제도에 경쟁하며, 자신들의 특권을 도모했다. 삼림행정부는 산촌 사람들의 지역에 산림벌채권을 부여하기로 결정하고 밀고 나가는데, 그것을 따라서 농민들의 집단 이동이 이루어지

---

30) 식물·생물학자들과 생태학자들에게 비판을 받게 될 이 주제는 개념상으로나 지식인들에게 커다란 성공을 거두었다. 이것은 1802년부터 로슈의 풍부한 은유적 형식으로 "매일마다 대기의 모든 영역을 대체하는 경이로운 수질 덩어리를 사용하는 것을 전혀 모르고, 어떻게 해서 놀라운 관계들 속에 있는 자연이 규칙적으로 그들 최초의 저장고로 이끌 수 있는 것인지 까닭을 모르고 있는 것을 방어하고자 했다. (…) 특히 오늘날에 와서는 가장 아름다운 자연의 장식물을 이루는 살랑거리는 장중한 숲이 몹시 긴밀한 친밀성을 갖고 있는 모든 물기 있는 대기 현상에 대해 가장 강력한 힘을 행사한다는 사실을 더 이상 의심하지 않는다. 숲은 그 존재 방식에 있어서 식물계를 동물계에 연결하는 모든 협화음(sic)을 취하고 있는 것처럼 보인다. 나무들은 구름과 대지를 중개하는 흡관 같은 존재로 간주할 수 있다. 매혹적인 지붕으로 나무들은 멀찌감치 대기 중에서 떠도는 수분들에게 그것들을 보호하는 자신의 손안에 떨어지도록 명령한다. 그리하여 그들로 하여금 뿌리의 샘을 채우고, 관들 속에 수액을 흘러가게 하며, 너른 들판을 신선하게 물들이며, 대지에 맡겨진 씨앗들을 싹틔우게 만든다. 그들은 숨쉬는 뿌리들로 대지의 상호적인 품속에서 드높은 영역까지 풍부한 유체를 전달한다." *op. cit.*, p.9-10. 로슈는 "식물과 수질의 대기 현상의 상관 관계를 입증하기 위해 모색하는 할러에게 영향을 미치게 될 실험적 방식에 의지한다."

기도 했다. 불행하게도 이러한 의지주의는 식물군의 층계의 법칙에 부딪칠 것이다. 어떤 고도에서 나무들은 더 이상 수액을 밀어올리지 못하고, 단지 풀이 무성한 초본만이 성장할 뿐이다. 19세기 전반기에 받아들여졌던 맹목적 이론과는 반대로, 그것들은 무지한 사람들에 의해 파헤쳐진 옛 숲의 잔류물이 아니라 그 장소에서의 상승 효과에 의한 자연적 생성물이다. 국가의 삼림 정책이 산악 지역에서 부분적으로 실패하는 일은 흔하기 마련이지만, 솔로뉴 지방이나 랑드 지방에서는 성공을 거두었다. 게다가 임업의 실패는 국가로서는 어쩌면 인구 통계의 성공으로 이어진다. 보호림의 식목은 힘겹게 살고 있는 불행한 촌민들에게 혜택을 주는 계기가 되는 것이다. 가난한 촌민이 더불어 공범의 관계를 지속해 왔던 나무는 일단 보호를 받으면서부터는 그들의 경쟁적 승리자가 된다. 나무는 다윈이 1859년 《종의 기원》을 통해서 설명하였던 생의 투쟁을 위한 모형 위에서 산사람들을 제거한다. 나무를 상징하는 새로운 합리성이 앙드레 코르볼의 강렬한 표현을 취하기 위해 시대에 뒤진 존재가 되어 버린 종을 제거하는 것이다.[31] 그럼에도 불구하고 숫자는 이러한 재식림 정책을 변호하고 있는데, 16세기부터 18세기 말엽까지 프랑스의 숲은 1천5백만 헥타르에

---

31) 앙드레 코르볼, 《숲 속의 인간》, *op. cit.*, p.366-367. "농촌 인구의 도시로의 집단 이동은 산악 지역의 위기에 대한 처방으로서 이중으로 정당화된다. 이것은 일종의 포기한 자리에서 회복하는 방식으로, 각자의 직종에서 남아 종사하는 이들의 삶의 수준을 향상시킬 뿐만 아니라 거주자의 수적인 수축으로 인해 불행의 원인 자체를 없애 버릴 것이다. 높은 곳의 거주자들은 전원적인 이유만큼이나 농업적인 실행으로 인하여서도 닦여진 경사면의 원주민들은 아니다. 헛되이 소모하는 것은 많고, 가져오는 바는 적은 그들이 아니었던가? 경제적인 삶의 모든 분야에서 기술적인 진보는 일자리의 교환과 종사자들의 이동으로 대가를 지불한다. 그러므로 논리는 오랫동안 거대한 경제의 흐름에서 떨어져 있었던 토지에 마늘을 심도록 명령하는 것이며, 그리하여 지금은 저들의 손길에 의해 일구어지고 있다. 여기서 나무는 새로운 합리성을 상징한다. 그것의 승리는 인구 통계의 초과분의 희생을 암시한다. 유지하는 일은 개혁의 과정을 지체시키고, 그 출현을 강제적으로 수반하는 갈등을 더욱 부추길 것이다."

서 8백만 헥타르로 줄어들었던 것이다. 19세기에 나무를 위해 취했던 행동들은 오늘날 확인하는 것처럼 숲의 면적을 1천4백만 헥타르 이상으로 올려놓았다. 적어도 삼림 보호 지구는 절실히 요구되는 대상이 아닐 수 없었다. 까닭인즉 용광로를 가동하기 위해 석탄을 이용하고 있는 제철업자들의 압력에 못 이겨, 재식림 작업은 우선적으로 침엽수부터 시작되었기 때문이다. 그들은 큰 나무를 가공 처리하여 광산의 수갱을 지지하기 위한 목재를 낮은 가격으로 공급하면서, 신속하게 갱도에 목재를 대고 바닥에 침목을 깔고 철로를 놓을 수 있었다. 경제적 속박은 통계상으로 상층부의 밀도를 줄어들게 했을 뿐만 아니라 풍경 자체도 지속적으로 변하게 만들었는데, 이전에 나무들이 있던 자리에 수지류 식물들이 자리잡기 시작했다. 이목을 끌지 못하는 나뭇잎들을 달고 있어서 화가들로부터 멸시의 눈길을 받고 있는 매력 없는 이 나무들이, 떡갈나무나 느릅나무 · 밤나무들에 비해 습기와 기생충에 의한 병에는 강한 저항력을 보인다.[32] 가문비나무, 더글러스 전나무, 웨이마우스 소나무의 유용성이 이 나무들을 가공인의 큼지막한 망치 곁으로 쫓아 버린다. 우리들의 땅에 19세기 이래 이주해 왔던 이 나무들은 미학적으로 떡갈나무와 견줄 수 없다. 수지류는 톱밥과 땀의 틈바구니에서 고상한 가문을 보여 주기에는 너무 역한 냄새를 풍긴다. 비록 오늘날에는 결점 많은 나무로 여겨지고는 있지만 적어도 생태학을 특징지을 수 있다는 이유에서, 또한 다른 경제적 질서에 있어서 국가는 나무를 계획의 노예로 만들면서 삼림 풍경의 역사를 기록했다. 지질학 시대를 거치면서 기후의 변화에 따라 오래전부터 느리게 이어져 온 식물 외투의 변화가 인간의 행위에 의해 실로 엄청나게 도발된 불안정성

---

32) 앙드레 코르봉은 침엽수에 대한 단조로운 시각과 그들 생리학에 관한 무관심을 멸시한 뒤에, 어떻게 해서 풍경화가들이 수지류 식물과 고지의 숲으로부터 영감을 받았는지 설명하고 있다.

으로 대체되었다.

보호자이자 재식림자이며 능력자인 국가는 20세기 들어서 나무에 관한 정책을 수정한다. 1898년의 수리에 관한 국가의 조절 기능은 신화적인 것으로 나타났을지언정 나무는 1845년 발견된 엽록소 기능으로 고대-기술 마을[33]의 거주자에게 그을음에 더럽혀지고 연기에 질식된 허파로 남아 있다. 도시 한복판에 나무들을 늘리고 숲을 신성화하기 위한 투쟁으로 시작했건만, 이번에 숲은 공중에 열려 있는 것이다. 향후에 나무들은 공중의 세습 재산을 들추어 내고, 국가는 더 이상 그들이 사냥과 해양 활동에 유익하다는 이유가 아니라 생물학적 기능을 위해서 보호한다. 나무들은 도시의 오염된 대기를 정화하고, 탄산가스를 저장하며, 오늘날 전문가가 지지하고 있듯이 탄소 우물을 구성하고 있다. 국가는 또한 미학적으로 몰두한다. 기를 내세우는 권력은 이제는 더 이상 그의 그늘진 공원이나 테라스에서 오만한 귀족 정치를 표방하는 것이 아니기 때문이다. 이제부터 공화국은 느릅나무 · 플라타너스 · 큰밤나무 · 보리수들로 마을 광장을 장식하고, 대로 및 산책로의 가장자리를 두를 것이다. 영토를 경영하는 현대적인 배려가 변함없이 헌신을 다해 나무를 보살피도록 특별히 책임맡은 행정부를 움직일 것이다. 그토록 소중한 나무는 공중의 보물이 될 것이다.

1964년 국립삼림청(l'ONF)이 옛 삼림수산부를 대체했다. 1천4백만 헥타르에 이르는 숲에서 l'ONF는 국가와 공동체에 소속된 4,5백만 헥타르의 숲밖에는 관리하지 않는다. 1천만 헥타르에 달하는 나머지 3분의 2는 개인들에게 속해 있다. 이러한 최근의 제도는 농경부와 환경부의 이중 감

---

33) 《기술과 문명》(드니즈 무토니에 역)(Le Seuil, 1950)에서 루이스 멈퍼드는 기술의 세 시대를 구분한다. 고대 기술은 기계 발달의 두번째 단계, 즉 석탄업과 제철업이 풍경을 일그러뜨리고, 마을을 추하게 하며, 지상에서 처형된 자들을 위한 지옥을 광산과 공장들에 설치하는 것을 가리키고 있다.

시를 통한 새로운 통치 방식을 이끌고 있다. 이 부서는 세 개의 사명을 띠고 있다. 첫번째는 콜베르의 생산적 관심과 함께하는 것인데, 순수하게 상업적인 목적을 위한 것, 즉 나무를 생산하고 판매하는 일이다. 두번째와 세번째는 세번째 유형의 숲의 국가가 완벽하게 명시하고 있기는 하지만, 우리는 다시 그것을 특징지어 보고자 한다. 즉 전적으로 풍경을 보전하며 환경을 보호하면서, 또한 대중의 접대를 고려하는 일이다. l'ONF가 전담 부서를 설치하여 수백 년 수령의 프랑스 숲을 매년 찾아오는 수백만의 방문객들에게 개방하였던 것도 그같은 이유에서이다. 긴 산책로, 숲 속의 경주로, 환영 마당, 안내판들……. 이처럼 여가적 측면에서 숲을 경영하는 일은 일부의 특별한 나무 과학자들로부터 이의를 불러왔다. 그러한 경영은 "상상에 대화하는 숲을 대중 공원의 외관으로 바꾸어 놓기"[34] 때문이 아닐 것인가. 하지만 그것은 삼림 국가의 새로운 기능과 일치한다. 베르나르 칼라오라와 앙투안 사보이에의 작업들이 보여 주었듯이, 공원의 설치와 숲의 운영은 더 이상 그렇고 그런 이유를 감싸기 위한 명분으로 설명할 성질의 것이 아니다. 모든 종류의 나무들, 풀들, 동물들이 공생 관계로 살고 있는 장소를 방어하는 것이어야만 하는 것이다. 시민은 카롤링거 왕과 동등하게 화살표로 표시된 숲 속의 미로를 통과할 수 있었으며, 국립지리연구소(IGN)에서 발행한 축적 2만 5천분의 1 지도에 의지해서 자신이 어디에 있는지를 파악할 수 있었다. 그것은 심상에 의한 사냥놀이를 가능케 했다. 베르나르 칼라오라는 적절한 비꼼을 가지고 예술가들과 숲의 '요정' 드느쿠르의 압력 아래서 박물관으로 변해 버린 퐁텐블로 숲의 생성-기념물을 분석했다. "그 오솔길들은 (…) 유추의 방식으로 박물관의 회랑을 가리키고 있다. 작품에 의미를 주는 방법적이고 일관된 경로이

---

34) 프랑수아 테라송, 《자연의 공포》, éd. Le Sang de la Terre, 1988.

면서 방문과 산책의 강요된 여정을."[35)]

l'ONF가 세번째 사명을 수행하는 양식에 대한 비평에 이어, 그들의 생산주의자 방식에 대한 가장 혹독한 비평이 추가된다. 생산적 방식은 1999년 12월 26일과 27일에 벌어졌던 격론이 보여 주었던 것처럼 환경(두번째 사명)과 수익(첫번째 사명)의 보호를 피폐시키고 만다. l'ONF는 1997년도 나무 수확의 3배에 해당하는 양(농경부 조사에 따르면 1억 1천5백만 입방미터에 달하는 나무)을 뿌리뽑거나 베어냈다. 그러한 재앙은 수지류의 이익을 위한 활엽 낙엽수의 퇴보, 제초제의 과도한 사용, 작은 토지의 분할 등에 관해 다시 한 번 생각하게 하였으며, 또한 l'ONF는 폭풍으로 인한 파괴의 효과를 반박할 여지없이 증폭시켰던 '수지화'와 큰 나무의 규칙적인 식목의 위험성을 인식했다. 숲의 경로 속에서 안내인의 역할을 맡도록──그리고 체적 계산을 하게 하여 40퍼센트의 나무는 프랑스에서 팔도록──국가가 명한 이 위대한 행정부는 수익에 의해서 필요해진 수지화 운동을 전도시키기 시작했다. 두 가지 예를 들어 보면 1987년부터 국립농학연구소(INRA)와 l'ONF는 유럽 사람들 거의 전체를 죽였던 기생충병에 저항할 능력이 있는, 유전적으로 변이된 느릅나무의 새로운 다양성에 관해 연구 정리하는 책임을 맡았다. 지금도 여전히 놀라운 또 다른 예를 들자면 보주 지방의 물결무늬 단풍나무의 복권을 들 수 있다.[36)] 1997년 4월 7일 미르쿠르에서 프랑스 현악기를 애호하는 프로모피협회

---

35) 베르나르 칼라오라,《탐구들, 나무가 존재하는 한》, 1981, 45호, p.100에 수록된 〈초록의 살롱, 마을에서 숲까지의 노정들〉.

36) 누구도 어떤 작용으로 일부 단풍나무들이 물결무늬를 이루고 있는지 알고 있지 않다. 다시 말해 섬세한 파도무늬를 그리고 있는 섬유질이 바이올린 · 첼로 · 콘트라베이스의 공명상자에 매우 특별한 특징을 주고 있는 것이다. 흰빛과 진주모빛이 뒤섞인 이 나무를 배나무나 너도밤나무로 대체해 보고자 하는 시도들은 모두 무효화되었다. 바이올린의 목, 동체 바닥, 횡판을 위해서는 1백50년 묵은 나무가 필요한데, 첼로를 만들기 위해서는 최소한 3백 년 묵은 나무가 필요하다.

는 l'ONF와 모든 물결무늬 단풍나무를 우선적으로 현악기 제조인 협회에 팔도록 하는 역사적인 조약에 서명했다. 그것이 역사적인 조약이었던 것은 두 가지 이유에서였다. 그것은 귀중한 진수를 보호하는 배려를 가리키고, 국가 소유의 모든 나무를 경쟁에 따르도록 강요했던 콜베르에서 시작된 규칙과 결별한다. 그리하여 더글러스 전나무는 l'ONF 관리의 수중에 있지 않고, 국가가 1988년부터 철학자이자 위대한 나무 애호가――앞에서 그를 소개했던 그대로[37]――의 목소리에 귀를 기울이며 많은 것을 배우게 될 것이었다. 그는 요청들(상자 제조, 종이와 마분지 산업, 건축, 판자를 필요로 하는 모든 산업)에 의해 유발된 수지류 나무의 공급을 위해서 균형을 깨뜨리는 일의 위험성을 강조했었다. "이익들은 화재 사건들과 조를 이룬 소방대로 인해서 무효화되기 시작한다. 한편으로 토양의 산성화(그 나무들은 몇 해가 지나서야 해체되는 단단한 바늘잎밖에 포기하는 것이라곤 없다), 초본 식물의 죽음, 벌채림의 종말, 토대의 약화, 그리고 돌풍에 뒤지고 마는 조림의 취약성들을 억제하기에 무력한 채로. 혼성 형태의 재식림이 우리들을 보다 잘 보호해 줄 것이라는 점을 기억하자. 그밖에 우리는 토양을 풍부하게 만들면서 침엽수의 성장을 촉진시키기에 이르는 상조작용(너도밤나무 숲-전나무 숲)의 이점을 명백한 증거로 예시했었다…….우리는 그러한 추천――특히 단풍나무·밤나무·자작나무들의 고유한 몫을 돌려 주는 일――을 논급하지 않으련다. 그보다는 지나치게 특수한 임업에 반대하는 제동을 걸고자 한다. 우리는 다만 현재에 과거를 희생할 수는 없다. 다양과 혼합의 중요성을 생각한다면."[38] 1987년 태풍이 독일

---

37) 프랑수아 다고네의 분석에 상당량 힘입고 있는 V장과는 별도로 "기운 나무의 명인 '다고'라는 논제로 벌어졌던 브장송의 토론에서 우리가 나누었던 대화에도 많이 힘입었다. 의사록은 1993년 Synthélabo에서 편집한 '자유로운 생각의 방해자들' 총서 중에서 로베르 다미엥이 감수한 《프랑수아 다고네, 의사, 인식론자, 철학자. 철학의 업적》으로 출간되었다.

의 숲과 아울러 브르타뉴 연안의 나무들을 휩쓸어 버린 이후, 철학자는 다원성과 이종 교배가 "인구 증가에 찬성하는 사람만큼이나 새로운 세포질에"[39] 얼마나 유리한 것인지를 국가에게 환기시켰다. 그는 갖가지 종류의 나무를 개선시키는 보충 역할을 하는 조림 작업을 촉구하고, "일시적으로 사이를 떼어 놓은[40] 여러 나무들의 생장을 보전할 것을 권고했다." 우리는 1999년 12월에 발생했던 엄청난 규모의 피해로부터 국가가 충분히 교훈을 얻어 가졌기를 바랄 뿐이다.

우리는 나무를 통치하는 세 가지 양상을 통해서 프랑스의 역사를 세 시기로 조망해 보고자 시도하였다. 지금으로서는 나무를 향한 국가-섭리의 간섭의 의미를 충분히 정리하기에는 너무 이르다. 하지만 한 가지 사실만은 분명하다. 이 생명-권력이 산림 벌채를 종결지었다는 것인데, 1999년에 프랑스는 새롭게 중세만큼이나 조밀한 숲을 완성시켰던 것이다. 폭풍은 숲의 정책과 함께 l'ONF의 사명을 재고하게 만든다. 지난 두 세기는 우리들을 초록박물관을 거쳐서 임상학교로 이끌었다.

---

38) 프랑수아 다고네, 《개체의 지배》, Hachette, 1988, p.192-193.
39) 프랑수아 다고네, *ibid*.
40) 프랑수아 다고네, *ibid*.

프랑스 역사 속에서 세 단계 나무 통치의 요약 일람표

시 기	5-12세기	13-18세기	19-20세기
국가 형태	•격동의 탄생 과정	•군주제 •중앙 집권화 과정	•군주제, 제정, 혹은 공화정 •중앙 집권화
권력 형태	•순수 권력 •일부 법: 최초의 권력 축적	•법의 테두리 안에서 감시하고 응징하는 권력	•법과 지식: 생명-권력
국유림의 특성	•경계가 없이 광활 •금지	•한계를 설정중 •금지	•재식림의 시기 • '자연 공원' 으로 성역화
누가 나무를 통치하는가?	•영주들, 백작들, 왕들	•삼림수산부 •사법적 혹은 강제적 권위자	•삼림수산부 •정부 권위자 혹은 관활 책임자
어떻게?	•야생의 상태로 유지하면서	•조사하고 차별하며, 선별하고 이용하며	•보호하며 수익성을 높이고 수량을 늘리며
왜?	•전쟁 •사냥 의식	•난방 •건축 •조선	•광산의 갱도 부목 •철로의 침묵 •위생 효과 •풍경 보호

VII

회화 속의 나무

개 요

　— 나무가 마침내 회화적 표현의 공간을 획득
했을 때, 그것은 자신의 파괴를 거든다.
　— 그러나 영상들을 넘어서 현대성은 장차 자
신의 존재를 겨냥할 것이다.

그림 속의 나무와 같은 존재가 되어야 한다······.
모든 것이 상대적으로 돋보이는.
디드로(1713-1784)

우리는 서양의 회화 속에서 나무라는 주제가 거두었던 참으로 점진적인 승리에 놀라지 않을 수 없다. 그 시기를 18세기 말엽으로 추산할 수 있는 것은, 특히 19세기에 접어들면서 나무가 낭만적 양식, 자연주의 양식, 사실주의 양식, 인상주의 양식으로 변화할 것이기 때문이다. 이 시기에 앞선 회화들 속에서는 나무가 존재하지 않았다고 단언하는 것은 우리 의지와는 멀찌감치 떨어진 일이다. 사실 우리는 프레스코화·유리 장식·세밀화 등을 통해서 나무들을 발견하는데, 우리가 보여 주고자 하는 것은 그것들이 나무를 빼놓고서밖에는 의미를 취하지 않는다는 것이다. 그 작품들이 신화적이거나 종교적인 문장의 출전이건, 역사적인 것이거나 성서적인 회화의 공간을 창출하기 위해 단순한 조형적 수단으로 활용된 화면이나 미끄럼 홈이든 간에 거기에서 나무는 의미가 없었다. 우리는 나무가 화판 받침대로 출현했던 때부터 중요한 물질적 역할을 담당했던 것을 강조하면서, 자율적인 표현에는 그토록 느리게 도달해야만 했었던 점을 의아해한다. 나무가 화포 위에서 승리하는 것은 산업이 일종의 부인 속에서나마 화가들을 갖추는 시기부터이다. 나무들은 그림 제작소에서 더 이상 표현되지 않는 이상으로 표현되었다. 이러한 최초의 놀라운 사실에

왼쪽에서 오른쪽으로. 위에서 아래로. 루벤스(1577-1640), 발랑시엔(1750-1819),
몬드리안(1872-1944), 세잔(1839-1906), 디아즈 드 라 페냐(1808-1878),
렘브란트 (1606-1669), 밀레(1814-1875), 뒤러(1471-1528)

다른 하나의 미학적 역설이 보태진다. 채색된 나무는 밑그림된 나무와 같은 진화를 하지 않는다는 것이다. 전자가 최초의 구상 속에서 원경의 기초를 이루기까지는 몇 세기에 걸쳐 변화를 거듭하여 왔던 데 비해, 후자는 르네상스 시대의 소묘 형태 거의 그대로 오늘날에 이르고 있다. 역사의 형식에 접혀 들어가는 나무와 영속적인 외관을 유지하는 나무를 어떻게 동시에 생각할 수 있을까? 전적으로 역사적이면서 한편으론 탈역사적인 나무의 형상을 어떻게 한꺼번에 생각할 수 있을까? 의심할 것 없이 채색된 나무에서 도안된 형상을 차별하면서이다. 현대인에 의해 가치 평가되고 감정된 소묘는 수세기 동안 화실에서의 예비 작업 단계로밖에는 간주되지 않았다. 뒤러·브뢰겔·로랭·로이스달 어느 누구도 약화의 중요성을 수긍하지 않았으며, 그리지도 않을 것이었다. 아니면 이렇게 말할 수도 있다. 뒤러에서 세잔, 브뢰겔에서 몬드리안에 이르는 그들의 시선을 건너뛰었던 것은 나무 소묘의 깜짝 놀랄 영속성이어서 적합한 형식을 발견하기가 불가능했다고. 믿을 수 없으리만큼 동시대적인 것으로 나타나는 그 소묘는 언제나 현대적이다. 이 사실을 납득하기 위해서, 앞 페이지에 나열된 각각의 소묘들과 그것들을 그린 화가들의 이름으로 이루어진 자그마한 한 벌의 자료를 참조토록 해보자. 그 하단에 주어진 이름들은 우리들을 깜짝 놀라게 하지 않을 수 없다. 설명이 따로 필요 없는 화가들이 한편에서 소묘의 기술 자체로, 다른 한편에서 나무가 관찰하는 이의 눈에 남겨 놓는 매혹적인 인상으로 야릇한 공정 증명을 하고 있다. 소묘는 가벼운 기술을 상정한다. 종이와 연필 몇 자루. 손쉽게 운반할 수 있는 이 재료들을 갖고서 수세기 동안 화가들은 작업실을 나가서 전원의 숲을 돌아다니면서 마디 많은 기묘한 줄기를 찾거나, 계곡을 덮고 있는 떡갈나무의 우아한 꽃송이들을 찾았던 것이다. 소묘의 신속성은 단어들로 표현하는 것보다 낫게 형태의 음영을 표현하거나 조형적 인상을 담을 수 있다. 풍경 속에서의 나무의 함축성은 나무가 풍경에 던지는 시각적 운율로부터 온다. 여기 화포에서는 편도나무의 가공적인 꽃불이 푸른 하늘 한가운데 펼치고 있는데, 저 바깥에서는 추상적이면서 은총어린 가지들이 겨울 하늘의 회색 화포를 할퀴고 있다. 상상력이 결코 창조해 내지 못할 가지의 교착이다. 화가들은 여행할 때 항상 소묘 수첩을 간직하고 떠나는데, 그것은 자신들을 매혹시키는 예사롭지 않은 형상들을 고정시키기 위함이다. 그리하여 그들은 로마나 베네치아 혹은 시에나의 거장들 주변에서 맡은 바 소임을 완성하려고 플랑드르나 부르고뉴를 떠난다. 그곳에서 그들은 가문비나무나 전나무들의 밑그림을 그리는데, 몇 년 후 그들 화실의 화폭 속에서 완성될 그림들인 것이다.[1] 마찬가지로 이탈리아에서 보게 되는 잣나무며 해송(海松)·종려나무들은 17세기의 항해자 겸 식물학자들이 발견하였던 그 이상으로 몹시도 이국적인 모습을 나타낸다. 알렉산더 폰 훔볼트는 헨트 대성당의 명작 〈어린 양에 대한 경배〉(1426-1432) 속에서

---

1) 다윈에 앞서 일렉산더 폰 훔볼트는 심미적인 주제들을 다시 새롭게 할 수 있는 수단으로 발견의 실험실 역할을 하는 여행에 관한 관심에 대해 언급하였다. "보다 다양하고 정확하게 자연의 개별적 형태들을 표현하기 위해서는 (…) 지리학적 인식의 범위가 확대되어야 할 필요가 있다. 그럼으로써 먼 지방으로의 여행이 보다 쉬워지고, 감각이 식물의 다양한 아름다움과 그들을 자연의 가계의 집단으로 묶는 공통 특질을 포착할 수 있을 것이다……. 그렇게 해서 합쳐진 모든 요인들은 화가들로 하여금 다수의 이국적인 놀라운 작품들을 친숙하게 제작토록 할 것이며, 열대 세계에 대한 시야 내지는 관념까지 건네줄 것이다."《우주》, 1848, 제2권, p.95. 풍경의 포착에 있어서 화가의 중요성을 최초로 인식했던 훔볼트는, 심지어 열대 자연의 풍성함이 상상력이나 어떤 재능의 결핍까지도 보상할 수 있을 것이라는 생각까지 하고 있다. "아니발 카라슈와 푸생 이후 클로드 로랭을 거쳐서 에베르딩겐이나 로이스달까지 연속적으로 이루어진 나무의 발전을 연구해 보면, 우리는 이 예술이 그 소재에도 불구하고 대지에 묶여 있지 않다는 것을 느낀다. 우리는 저 대가들을 통해서 그들이 서 있는 협소한 경계들을 엿볼 수 없다. 하지만 그들을 통해 알아야 할 것이 있다면 지평의 확장, 보다 크고 고상한 자연적 형태의 인식, 열대 세계를 활기 있게 하는 쾌락적이고 풍성한 생의 감각들이 풍경 화가에게 이중의 특권을 부여하여서, 어쩌면 충만하게 타고나지 못한 예술가의 감각과 상상력을 보다 풍부한 재료로 보다 활발하게 만든다는 것이다."《우주》, 1848, 제2권, p.101-102.

어떻게 얀 반 에이크가 "그지없이 음울한 위용 위에서 눈에 띄는 일체가 장중하고 고양된 기운을 전해 주는 경이로운 충실의 오렌지나무 · 대추야 자 · 잣나무들로 풍경을 장식했는지"[2] 분별 있게 지적하였다. 플랑드르파 화가는 1428년 포르투갈을 향한 여행중에[3] 이제껏 알려지지 않은 우아 한 이 나무들에 매혹당했다. 강으로 귀환하는 중에 곳곳의 장소에서 그려 진 소묘들은 유명한 장식 병풍의 소재가 되었다. 소묘는 시각적 인상들을 해석하며, 마치 망막을 사로잡는 대상이 손의 동작을 가동하기라도 하듯 이 소묘 화가의 지각에 나무의 각인을 새긴다. 어떻게 보면 현상학적 지 향성과는 반대되는 것이다. 여기서 우리는 나무 소묘의 탈역사적 실재의 이유를 취하고자 한다. 나무와 소묘 화가의 관계를 보자면, 나무는 화가 가 그리는 주제로 데려다 주는 대상이다. 절실히 요구되는 대상을 스스로 과하는 일은 형식을 특징짓는 일관된 변형의 모든 놀음을 제거시켰다. 푸 생이나 렘브란트의 소묘들이 마치 어제 그려진 것만 같고, 형식의 역사와 는 낯선 현대적 집단이 우리들에게 난처함을 주는 것은 그 때문이다. 그들 은 충돌하는 일 없이 코로나 루소의 작품들과 나란히 이웃한다.

나무와 유채화 사이의 기묘한 관계가 우리들에게 가져다 주었던 최초 의 놀라움으로 돌아가 보자. 하나의 영상이 되기 전에 그림은 다양한 재료 로 구성된 물체라는 것, 여타의 소재들 중에서도 석재[4]와 결합제의 조합 속에 들어가는 모래와 산화물로부터 뽑아낸 색소로 이루어진 것이라는 점

---

2) 알렉산더 폰 훔볼트, *ibid.*, p.91.
3) 얀 반 에이크는 포르투칼의 왕 주앙 1세의 딸과 결혼하기 위해서 선량공 필리프를 동반했다.
4) 색깔 제작 과정의 역사에 관해서는 1999년 갈리마르사가 데쿠베르트 총서의 한 권 으로 출판했던 색의 재료를 참조하길 바란다. 화학자인 프랑수아 들라마르와 물리학자 인 베르나르 기노가 공동으로 집필한 자그마하지만 매우 뛰어난 책이다.

을 떠올리자. 영상을 완성하기 위해서는 건조제와 방습제를 첨가해야만
한다. 사전에 세밀히 준비함으로써 섬세한 작품의 연작을 낼 수 있고, 화
면의 질과 영속성이 결정되는 것이다. 회화의 제작은 수세기에 걸쳐서 산
업이 다채로운 물감과 용매와 도포용 바니시를 발명할 때까지 나무를 필
요로 하였다. 그랬던 것처럼 틀에 팽팽하게 당겨진 화포는 판이 넓을수록
값싸면서 다루기는 더욱 쉬워지는 이유로 18세기 중심에 이를 때까지 조
금씩 목재 화판을 대체하기에 이른다. 오늘날 우리에게 전해지는 수많은
명작들이 증언하고 있듯이, 나무는 15세기 이탈리아의 예술 운동 당시부
터 지지물의 재료가 되어 왔다. 나무라는 것만은 확실하다. 그런데 어떤
나무였을까? 첫번째의 기술적인 문제가 제기되었다. 사용할 수 있는 모
든 나무들 중에서 어떤 긴요한 것을 선택할까? 화가들은 그 즉시 수지류
침엽수들을 손꼽았다. 사실 소나무판이나 가문비나무판은 마른 상태에서
도 섬유질 속에 수지류를 갖고 있다. 해가 갈수록 나무가 '변질하면서'
섬유질은 죄어들고 송진 방울을 분비하게 되는데, 이것이 방습제임에도
불구하고 회화 작품의 색채에 직접 해를 끼치게 된다. 떡갈나무·호두나
무·너도밤나무들은 송진이 없는 이유로 채택되었다. 한번 이 문제가 해
결되자 두번째 문제가 대두되었다. 그것은 사람들이 나무줄기를 자르는
방식에 따라 좌우되는 널빤지의 구조에 관련된 것이었다. 고전적인 절단
(그림 1), 이것은 오늘날까지 제재소에서 활용하고 있는 유일한 방식으로

서 나무줄기의 길이 방향으로 톱을 켜는 것이다. 이 기술은
원목의 맨 바깥 널을 잘라내는 배판 절단이라 일컫는다. 이
절단은 몇 가지 불편한 점을 드러내고 있다. 무엇보다 중심
이나 중심 근처를 지나는 절단 널들만이 우선적으로 선택된
다는 것이다. 다른 것들, 즉 섬유질로 여전히 부풀려 있는 백
목질을 지나간 절단면은 제거되는데, 그것들은 건조 과정에

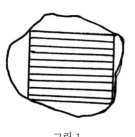

그림 1

서 너무 빨리 변질되면서 화면을 휘어 놓으며 균열을 가져 올 수도 있기 때문이다. 다음의 문제는, 나무의 재질이 어떠한 것이든지간에 선별된 판자들은 한결같이 중심으로 갈수록 메마르고 단단한 구조를 지닌다는 점이다. 가운데 부분은 적신이며, 양 측면은 백목질이기 때문이다. 이 부분은 말라 가면서 줄어드는 반면, 중심 부분은 변치 않을

그림 2

것이다. 이러한 불균형 상태의 경과는 널빤지를 단시간 내에 휘어 버린다. 결국 변형은 대기(습기·건조)의 주고받음이 준비되지 않고 채색되지 않은 널에 미치는 영향만큼이나 중요하다. 15세기 이탈리아 예술 운동 당시부터 대부분의 나무들을 활용해 오던 화가들은 나무줄기를 절단할 때부터 비롯하는 이같은 심각한 결점을 일시적으로나마 대처하고자 시도했다. 그들은 배판을 켜는 것보다 더욱 힘들고 고비용이 드는 기술을 시도했다. 그것은 생산량을 감소시킬 것이었다. 그러나 적은 양의 널빤지를 생산할지언정 그들은 보다 균질의 섬유로 이루어져 있으면서 노화에 강한, 균형이 잡힌 널빤지를 구할 수 있게 되었다. 여기에는 두 가지 기술이 적용된다. 사등분 원리의 절단(그림 2)과 실용적 사등분의 절단(그림 3)이 그것이다. 그리하여 사람들은 아무리 중요한 나무일지라도, 어떤 경우에도 임의로 절단할 수 없었다. 일단 널빤지가 작업실로 옮겨지면, 화가는 완벽하게 매끄러운 표면을 얻기 위해서 정성을 들여 사포로 문지르고 나서 동물의 기관(뼈·연골·힘줄)에서 얻은 점착성 아교풀을 바른다. 수세기 동안 화가들은 자신들의 작품에 영속성을 주기 위하여 여러 세기를 살아온 떡갈나무와 너도밤나무 숲 속에서 손수 자신들의 노고를 들여 톱질을 하면서 그 재료들을 채취해 왔다. 이런 관심은 더욱 부서지기 쉬운 캔버스의 경쟁에도 불구하고 19세기 끝까지의 나무의 성

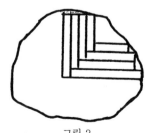

그림 3

공을 설명해 준다.

　나무가 지지물의 재료를 공급하였다고 한다면, 그것은 또한 색채 안료의 부드러우면서도 탄력적인 접합제 생산에도 기여했다. 우리는 바사리가 옹호하고 있는, 유채화의 발명가 얀 반 에이크가 이룩했던 전설적인 주제로 되돌아가지는 않으련다.[5] 다만 사람들이 약 11세기부터 유화 물감 녹이는 법을 배우기 시작했음을 설명하는 문헌을 역사가들이 찾아냈다는 사실을 말하고자 한다. 16세기 말엽까지, 유럽의 화가들은 점차 아마인유로 대체하게 될 호두유를 활용하고 있었다. 이것은 화학 산업이 19세기에 접어들면서 그 두 가지 기름을 사라지게 할 때까지 지속되었다. 아무튼 여전히 호두나무는 그 열매에서 나오는 기름 덕택에 물감 제작에 중요한 원료가 되고 있었다. 그들은 18세기까지는 아마인유에 대한 탁월성을 알게 되는데, 그것은 바탱의 말을 빌리면 "공기 중에서 아마인유보다 더욱 아름다운 빛을 내고, 증발하면서는 마치 템페라 물감에 뒤섞은 것처럼 색채가 순백으로 변하는 호두유를 기꺼이 사용해야 한다."[6] 호두나무가

---

　5) "사람들은 얀 반 에이크가 응용했던 결합제의 특성에 관해 많은 토론을 했다. 그것은 건조유의 바닥에 알 수 없는 물질로 남아 있었는데, 기름에는 용해되었으나 유제는 만들지 않았다. 자동차만큼이나 참으로 오래전부터 알려져 왔던 기름은 드물게 활용되었는데, 사람들이 그것을 색에 혼합하여 적잖이 단단한 물감을 얻는 법을 알지 못하였기 때문이다. 거기에는 희석하는 물질을 첨가하여야만 했다. 금세기초에 어려운 화학 공정을 대체하며 들어간 증류의 실행은 송진을 취급하는 일을 용이하게 해주었다. 얀 반 에이크가 회화 표현에 완벽을 기하고, 그러한 표현 방식을 급작스럽게 일반화시켰던 것은 단지 이러한 정제된 기름을 응용하는 기술을 터득하였기 때문은 아니었을까?" 자크 라세뉴, 《플랑드르의 회화. 반 에이크의 세기》, A. Skira, 1957, p.49.
　6) 바탱, 《바니시를 응용하는 기술 혹은 회화 기술》(1772). 1년 후에 바탱은《화가, 금도금공, 바니시칠공의 미술》(1773)에서 아마인유와 호두유에 비교한 상대적인 장점을 제시한다. 첫번째의 것이 "지방을 제거하기가 더욱 쉽고, 결과적으로 건조시키기가 쉬우며, 그것도 신속하게 건조시킬 수 있고…… 값이 저렴한 데 비해서"(제3장, p.54) "호두유는 아마인유에 비해 밝은 광채를 띠지만, 역시 쉽게 건조되지 않는다."(제3장, p.55)

접착제를 제공한다면, 수지류 나무는 회화 재료에 있어서 침엽수의 그늘에 가리어 있다가 설욕을 하게 되는데, 그들은 희석제와 바니시의 생산을 가져오기 때문이었다. 오늘날에도 여전히 활용되고 있는 테레빈유의 실체는 송진을 증발시켜서 얻은 것이며, 반-액체 상태의 수지는 해송으로부터 흘러온 것이다. 매번 보름에 한번꼴로 수지 채취업자는 나무줄기에 뚫어 놓은 구멍 밑에 고정시킨 단지 안에서 내용물을 수거해 간다. 그렇게 수거한 송진은 콜로포늄을 따로 분리하기 위해 증류한다. 열 효과로 인해 순수한 성분은 증류기의 증류솥 안에서 증발하였다가, 냉각 부분을 지나면서 액체로 변한다. 콜로포늄은 찌꺼기처럼 남아 있게 되는데, 하지만 이것 역시 바이올린 제조업자들에서는 중요한 가공 재료로 활용된다. 알코올이나 에테르 · 기름 등에 녹일 수 있는 다른 수지들은 한번 용해되기만 하면 그것을 다시 건조시켜서 생산품을 만들게 되는데, 가령 투명한 필름이나 기후적인 위협으로부터 회화를 보호하는 데 이용되는 바니시를 만들기도 하는 것이다. 우리는 19세기가 화학 산업이 물질적인 생산과 영상 지원을 위해서 편리하게 나무를 대체했던 시기였을 뿐만 아니라, 나무가 회화의 중요한 동기로 자리잡았던 시대였다는 것을 말하고자 한다. 물질의 상태에서 영상의 상태로 이동하는 것을 가능하게 해주었던 그 시대에 일종의 향수어린 감사의 표시를 보내야 하지 않을까?

19세기에 나무가 거두었던 눈부신 승리를 만나기 앞서, 우리는 서양의 회화 속에서 그것이 출현하기까지의 느리고 복잡했던 역사로 돌아가 보고자 한다. 참으로 나무라는 동기의 전개는 필연적으로 창세기의 풍경 속에서 등장하고 있지만, 우리는 나무에 관해 독특한 방식으로 명료하게 말할 수 있다. 나무를 따라서 풍경의 역사 속으로 되돌아가노라면 19세기로 이어지는, 그리고는 표현의 위기로 이어지는 세 개의 커다란 단계를 발견하게 된다. 맨 먼저 프레스코화 · 태피스트리 · 채색화 · 장식창 등의 나

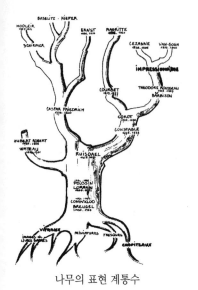

나무의 표현 계통수

무보다는 상징에 그다지도 큰 취향에 물들어 있던 중세는, "영적 가치의 상징 내지는 성스러운 역사의 삽화처럼"[7] 간주되었다. 15세기 이탈리아의 예술 운동과 더불어 두번째의 단계가 열린다. 공간에 대한 새로운 이해와 우주와 인간의 관계에 대한 다른 개념이 나무를 이론의 사명으로부터 해방시킨다. 우리는 이 시기에 플랑드르인과 이탈리아인, 두 유럽인 화가들이 어떻게 만나는지를 보여주고자 한다. 나무가 본질적인 역할을 맡고 있는 로랭과 푸생의 이상화된 풍경을 알아보면서, 20세기까지 이들을 흠모하게 될 화가들을 분석하고자 한다. 16세기의 종교적 회화의 쇠퇴기에 풍경은 신화적 장면을 장식하는 일밖에는 하지 않았어도 새로운 풍경으로 나타난다. 가에탕 피콩이 묘사하듯이 "그들은 고전적 전통이 장면의 장식이나 이상화 같은, 작품으로 종합된 형태로서밖에는 풍경을 인정하지 않는다는 것을 알고 있다."[8] 컨스터블에서 출발하여 우리의 세번째 단계로 들어가게 될 터인데, 자연주의자의 풍경과 나무의 동기가 바르비종파 화가들과 합류하기 위해서 낭만주의로부터 빠져나온다. 그렇게 해서 나무는 현대 회화의 출현 한가

---

7) 케네스 클라크, 《풍경의 예술》(앙드레 페리에 · 프랑수아 팔콩 역), G. Monfort, 1994 p.9. 저자는 다음의 개념을 지지한다. "중세의 풍경은 어떤 방식에서는 기독교 철학의 표현이다. 지상에서의 우리들 삶이 단명하고 참다운 삶의 불행한 일화에 지나지 않는 것이라면, 우리가 살고 있는 세상은 우리의 주의를 끌 만한 가치가 없다. 감각이란 아무것도 아니며 유일하게 사고만이 신의 영상을 투영하고 있기에 감각적 세계의 표현은 상징적이어야만 하며, 우리의 감각으로 지각하는 자연은 원죄의 영상일 수가 없다."(p.8-9)

8) 가에탕 피콩, 1863.《현대 회화의 탄생》, Gallimard, 1988, p.119. 이 비평가는 다비드의 작품 속에서 풍경의 중요성이 적은 점을 지적하고 있다. 앵그르의 작품들에서는 '단한 작품(그의 옥창 밖으로 보이는 뤽상부르 공원),' 들라크루아의 작품들에서는 '로마를 배경으로 한 작품들을 제외한, 이탈리아를 배경으로 한 세 개의 소품.'

운데 자리하게 된다. 나무들이 그 자체로 어떤 다른 목적도 아닌, 그토록 암시적이며 매력적인 건축 재료로서 대접받기까지는 19세기 중엽이 다가오기를 기다려야 했다. 풍경이 자치령을 확보하고, 나무들이 모든 상징주의에서 해방됨과 더불어 "현대 회화의 (…) 주제적 역사가 시작된다."[9] 컨스터블과 영국파의 풍경화는 샤토브리앙에게 1795년의 전경에 관한 유명한 사색적 편지를 쓰게끔 하였으며, 프랑스에 돌아와서는 역사 화가들이 주도하고 있었던 계급주의적 미술계를 공박한다. "보다 직접적으로 접근하는 것이 낫다면 그건 바르비종파이다. 코로는 별도로 하고. 특히 테오도르 루소가 프랑스 일주를 시도해야 할 첫번째 사람이다. 오베르뉴 · 노르망디 · 쥐라 · 방데의 작은 수림 · 크뢰즈 · 피레네 · 가스코뉴 · 바스크 지방 등지로, 비록 그가 퐁텐블로 숲에 대해 특별한 애정을 간직하고 있다고 할지언정."[10] 나무는 바르비종파를 계기로 그것을 그리는 화가들에게 커다란 상업적 성공을 가져다 주었다. 실질적으로 중산 계급이 이러한 숲의 소품들 앞으로 ·몰려들고 있었다. 그것들이 한번 살롱에 걸리면, 도시의 소란스러운 생활 따위는 잊게 만드는 마술적 세계를 향한 창이 열리는 것이다. 도시를 전원에 내다 놓을 수는 없어서, 사람들은 벽에다 나무들을 그린 화포를 걸어 놓고 도시 속의 공원을 만들어 낼 것이었다.[11]

19세기에 있어서 나무의 계시적 역할을 좀더 잘 이해하기 위해서는, 그 발전의 세 단계를 다시 추적해야 한다. 죄의 관점에서 자연을 대면하는 중세의 정신으로부터 출발해 보자. 그 정신은 이교의 자취를 간직하고 있어

---

9) 가에탕 피콩, *ibid*.
10) 가에탕 피콩, *ibid*.
11) 우리는 제6장에서 국가가 보상적이고 위생적인 차원에서, 도시 조직 내에서 나무를 심고 보호하는 일에 나서게 된 정치적 전환기를 논급하였다.

《비길리아누스 약전》(927)

서 위험한 사고밖에는 산출할 수 없다. 그 시대의 프레스코와 태피스트리가 표현하고 있는 것은 극장의 장식 소품들처럼 간략하게 떠올린 바위나 나무들이다. 그것들은 나무의 표현이 아니라 나무의 상징들이다. 그러한 상징들은 그것들이 비추고 있는 성스러운 문장과의 관계 속에서만 의미를 가질 따름이다. 스페인에 보관중인 《비길리아누스 약전》(927)의 원죄의 영상을 예로 들어 보자. 그것은 양식화된 나무를 보여 주고 있다. 가지들이 세 개의 쪽잎을 달고 퍼져 나간 왕관 아래서, 창자루처럼 곧은 줄기의 둘레를 거대한 뱀이 휘감고 있다. 양쪽에는 아담과 이브가 있다. 이 영상은 현실을 재현하려는 것이 아니며, 〈창세기〉의 문헌을 구성하는 기의의 기표에 지나지 않는다. 그러므로 묘사된 나무를 인식하길 바라는 것은 헛된 일일 뿐이다. 생명의 나무와 함께 에덴의 중심에서 발견하는 선과 악의 인식의 나무를 상징하는 것이라면 몰라도. 우리는 이와 똑같은 주제를 힐데스하임 성당의 문에서 발견한다. 베른바르트 주교가 청동으로 두 개의 문을 주조했던 것이 1015년이었다. 우리가 예로 드는 이유는, 그것이 시편집과 미사용 복음 초록의 장들과 닮아 있기 때문이다. 그것 또한 난폭하고 타락한 세상에 빠져 있는 인간에게 신성한 가치를 가르치도록 결정지어진(실제로는 부각된) 영상을 보여 주고 있다. 두 문짝은 각각 악과 선, 절망과 희망, 죄와 구원을 전시하기 위한 것이다.[12] 좌측

힐데스하임 성당의
청동 장식 출입문(1015)

문짝의 중간 상판은 원죄의 장면을 나타내고 있다. 그것은 《비길리아누스 약전》의 영상과 달라서 극단적으로 약화된 세 그루의 나무들 사이에 아담과 이브가 서 있고, 오른편의 나무를 뱀이 휘감고 있다. 성서 속의 일화를 참조하지 않는다면, 그 나무들은 로마네스크 양식 교회의 기둥머리 아니면 미사 경본의 채색된 여백에서 수없이 볼 수 있는 장식의 주제에 지나지 않을 것이다. 중세 시대에 나무는 다채로운 다양성으로 신성한 세상을 반영하는, 성서의 상징이나 장식의 주제로 이용되었다. 이상과 같은 두 문의 그림들은 상상의 노력을 요구한다. "중세기 인간에게 마찬가지로 설득력 없는 나무와 산의 그림들을 어려움 없이 수용하게 했던 것은 바로 그렇게 자발적으로 관념을 대상으로, 대상을 관념으로 대체할 수 있는 가능성이었다."[13] 그림 속에서 신성한 문장을 포착하는 이러한 추상적인 독서는, 케네스 클라크가 설명하듯이 상징적 세계에서 장식적 세계로의 이동을 용이케 한다. "물질적 외관에서 대상의 모방이 흥미를 적게 불러일으킬수록 그 형태상으로는 우리들을 더욱 끌어당길 수 있으며, 상징의 예술은 언제나 장식적 언어를 창조하

파치노 다 부오나기다, 생명의 나무.
나무에 템페라화(1300년경)

---

12) 조르주 뒤비, 《중세의 유럽》, Flammarion, 1990, p.37. "아담의 역사, 예수의 역사 ──그리고 두 개의 전도된 움직임. 왼편의 위에서 아래로는 적나라한 타락과 퇴폐와 전락의 이야기이다. 오른편의 아래에서 위로는 선한 하녀의 이야기이다. 여기서 그는 도래할 부흥을 선언하고 있으며, 지하를 흐르던 강물이 다시 나타날 것을 알리고, 따라가야 할 승천의 길을 보여 주고 있다." 기독교도의 전언을 전달하기 위한 기계, 교훈적인 도구이다. "그것도 로마에서 멀리. 문명화된 시대의 극단적인 한계들에 맞서서. 스칸디나비아 이교의 성전들과 인신 제물들의 바로 곁에서. 신의 백성이 암흑에 맞서 싸워야만 하는 최초의 전선에서."(ibid., p.40)
13) 케네스 클라크, op. cit., p.10.

고자 한다."[14] 태피스트리의 가장자리 장식이나 기도서의 여백은 당초문과 장식 잎사귀들로 뒤덮여 있다. 그것들은 그들의 고유한 아름다움 말고서도 나무들보다는 포도덩굴 같은 기어오르는 식물을 떠올리며, 그렇듯 숲보다는 정원을 연상시킨다. 마지막으로 우리는 이번에는 나무를 천국의 나무의 상징, 생명의 나무로 수용했던 13세기에서 예를 찾아본다. 오늘날에도 우피치 미술관에서 볼 수 있는 것인데, 파치노 다 부오나기다가 수도원에 증정하기 위해 템페라로 그렸던 사실적인 나무가 문제의 관건이었다. "피렌체에서 파치노 다 부오나기다는 우리들에게 대지의 표피를 뚫고 솟아오르는 생명의 나무를, 태초의 과오의 무대를 보여 준다. 복음주의자들이 교회가 내린 계율에 따르며 군림하는 하늘에서 길을 잃고, 그러면서도 각 가지들은 규율의 정당성을 인정하는 일화들에 붙박여 있다."[15] 화가는 인간들 사이에서의 신의 행위를 보여 주기 위해서 다른 장소와 다른 순간들을 표현해야만 한다. 파치노 다 부오나기다의 생각은 공간과 시간을 조합하는 나무의 형상으로 바닥에서 꼭대기까지, 앞에서 뒤까지, 모든 것을 계층화하려는 것이었다. "십자가의 그 비유는 또한 그려진 공간의 단일성과 상상의 장소의 다원성 사이의 극적인 대치를 상징한다. 위상이 변해 버린 공간, 시간적 일화에 매여 있는 인간 운명을 요약해서 표현하고 있는 상상의 장소와는 반대되는 공간 속에 위치한 영상의 분명한 현존. 유혹 혹은 전락의 장면과 나무의 바닥이나 상부에 위치한 신의 조망은 또 다른 덧없는 특질이어서, 일화적인 삽화들이나 절대적인 시간의 연속은 신념과 작품을 증명해 보이는 데 필요한 인간의 상대적인 인생의 시간에 대치된다."[16] 회화는 힐데스하임의 문에 부각된 영상처럼 나

---

14) 케네스 클라크, *ibid*., p.10.

15) 피에르 프랑카스텔, 《예술의 사회학 탐구》, Danoël-Gonthier, 1970, p.78-79.

16) 피에르 프랑카스텔, *ibid*., p.107.

아간다. 그렇게 문맹의 인간에게 일종의 시각적 책을 건네준다. "아마도 1300년 직후의 일이었을 것이다. 제단 뒤의 그 장식화는 성 보나벤투라의 자비가 가득히 찍힌《생의 나무》를 영상으로 표현한 것이다. 예수의 생과 열정이 십자목에 꽃이 피어나는 것으로 상징적으로 표현되었다. 예술가는 십자가의 이 부분 저 부분으로 소용돌이치며 뻗어 가는 포도덩굴손에 깃들인 칠보 원형무늬에 일화 속의 유명한 장면들을 배열하였다. (…) 위대함의 척도는 순수하게 지성적인 것이어서 시각적인 제약에 이끌리지 않는다. 부오나기다는 뛰어난 장식가였으며, 그의 장식화는 공들인 수사본의 한 장 같은 모습을 보여 주고 있다."[17] 나무의 표상들, 정신적 가치를 가리키는 책 같은 나무들, 그러한 중세적인 형상은 모든 자연적 자취를 지우는 신성한 의미에 있어서밖에는 나무 속에서 파악되지 않는다. 자연의 어떤 감흥도 이 영상 속에서 측정될 수 없으며, 우리는 추상화할 것밖에는 가지고 있지 않다. 같은 시기(1296-1299)로 거슬러 올라가는 아시시의 성 프란체스코 대성당의 프레스코화를 참조해 보는 경우에도, 우리는 조토가 무성한 두 그루의——그 중 하나가 오른편 전면을 차지하는——나무에 깃들인 새들을 '불쌍한 빈자'로 비유하여 설교했다는 것만을 알 수 있을 뿐이다. 유감스럽게도 절실한 필요에 의해 축소된 이 나무들은 조형적 이유로서밖에는 정당화되지 않는다. "조토가 그랬듯이 위대한 행위와 표현의 관찰자는 나무나 꽃들이 그에게 영감을 주는 경우가 아니고서는 어떤 인상의 중요성에도 얽매이지 않는다."[18]

시모네 마르티니와 로렌체티 형제가 신성에 관한 모든 언급에서 벗어

---

17) 글렌 A. 안드레스 · 존 M. 허니색 · A. 리처드 터너,《피렌체의 예술》, Bordas, 1989, vol. I, p.218.
18) 케네스 클라크, *op. cit.*, p.13.

나 그들의 작품 속에서 자연적인 아름다움의 감정을 표현하는 것은 14세기초, 시에나 쪽에서의 일이다. 선정의 비유를 예로 들어 보면, 시에나의 공회당에 그려진 프레스코 중 일부는 〈시골에 대한 선정의 결과들〉 속에 표현되어 있다. 사람들은 그 프레스코의 전면에서 골짜기와 들판이 드러나고, 나무들이 점점이 박힌 드넓은 풍경의 바닥에서 펼쳐지는 농경과 사냥의 장면들을 본다. 시에나 사람들에게 무질서하고 위험한 자연의 영상은 웃음이 넘치고 보다 행복한 영상에 자리를 물려주면서 멀어진다. 아비뇽 영주의 방 프레스코에서는 "프리드리히 2세가 신성모독을 즐겼듯이 세상의 유희를 따르고 있다."[19] 그 프레스코는 나무줄기들이 공간에 박자를 맞추고, 무성한 나뭇잎들이 하단을 뒤덮은 가운데 사람들이 사냥을 하거나 고기를 잡고 있다. 거기서 우리는 "파리 신학자의 합리주의적 기독교주의와 조토 흠모자의 금욕적 기독교주의"를 만날 수 있을 뿐인, 세속적이고 행복한 자연에의 접근을 발견한다.[20] 이러한 새로운 감수성에 귀족 계급의 압력하에서 태피스트리나 세밀화에 사냥의 주제가 보태져 나타난다. 하나의 양식으로 발전하는 그같은 격렬한 행위는 종교의 속박에 돌파구를 만들게 되는데, 역설적이게도 그 공격적인 맥박을 통해서 인간은 자연적인 생명과의 심오한 일체를 깨닫게 되었던 것이다. 사냥하는 권리는 여전히 평민으로부터 귀족을 분리하는 잣대였다.[21] 특히 사냥은 나무

---

19) 조르주 뒤비, *op. cit.*, p.220.

20) 조르주 뒤비, *ibid.*

21) 조르주 뒤비, *ibid.*, p.232-233: "사냥은 아마도 최초의 귀족적 '예술'이 아니었을 듯싶다. 그것은 아무튼 오래된 기술이어서, 메로빙거가의 가장 젊은 왕들이 이미 그것을 유희로 삼아 즐겼다. 푸아의 백작 가스통 페뷔는 오래전 프리드리히 2세가 쓴 것과 같은 사냥에 관한 논술을 직접 쓰기도 했다. 사냥은 왕자들의 놀이였기에 그들에게 가르쳐야 할 규칙들이 있었다⋯⋯. 그것에 의해서 당대 귀족들의 영상이 선명하게 드러난다. 울창한 숲 속에서 모험을 하고, 길을 잃어버리는 일. 신체가 탈진하도록 즐기는 거친 유희. 또한 위험하기 짝이 없는 것이어서, 과도하고 무모한 추격중에 얼마나 많은 귀족들이 목과 팔다리를 부러뜨리고 피땀으로 얼룩진 채 죽어갔는지."

의 표현을 주도했는데, 가스통 페뷔의 《사냥에 관한 책》(1405-1410)에 실린 그림들이 그것을 잘 보여 주고 있다. 그러나 풍경을 예술로 뒤바꾸어 놓는 것은 다른 작품, 신성하면서도 세속적인 요소가 혼합된 《베리 공작의 귀중한 성무일과》에 있어서이다.[22] 광인왕 샤를 6세의 삼촌으로서, 프랑스에서도 사치스럽기 그지없는 왕자의 기도서는 한편으로 1414년에서 1416년 사이에 림뷔르흐 형제가 만들었던 예술품이기도 했다. 그들의 세밀화는 책력에 따라 들판에 벌어지는 일들을 담은 것이다. 푸아티에 성 앞에서 7월에 거두어들이는 수확, 방센 숲에서 12월에 곰을 뒤쫓는 사냥 등을. 나무들은 길가에 줄지어 달려가며, 숲 속의 빈터를 둘러싸고 햇살에 몸을 적신 채 살아 있다. 그들은 반세기 앞서 암브로지오 로렌체티가 그렸던 프레스코풍 벽화 위의 연약한 가지들의 음영이 아니다. 세련된 모든 장면들은 자연의 감흥들을 그리고 있을 뿐만 아니라 조형적으로 새롭게 갱신하고 있다. 그것들은 영상의 공간을 파고들어, 같은 눈부신 대기 속에서 응집된 것들을 일체화하기 위해서 중세적 장면의 요소들을 단념하였다. 그러한 전원 생활의 목록을 관찰하면서 "우리는 현실에 그토

---

22) 세밀화 《베리 공작의 귀중한 성무일과》와 그보다 80년 앞서서 장 퓌셀이 '벨빌의 성무일과서'(샤를 5세의 수중으로 들어가기 전에 그것을 소유하고 있었던 가족의 이름을 따라서)라고 칭했던, 두 권으로 된 유명한 책에 공을 들였던 채색 장식 사이에 유사한 점이 있다는 것을 부정할 수 없다. 파노프스키는 장 퓌셀이 달마다 그렸던 독창적인 방식을 지적하였다. 전통적으로 사람들은 그때마다 적합한 농사일로 각 달을 표현하는데, 성무일과서의 제1권에서는 이 전통이 "전혀 다른 원리들을 위해서 포기되었다. 달들은 더 이상 인간의 행위들로 표현되지 않고 자연이 변하는 양상에 따라 표현되었다. 큰 불을 지피기 위해서 나무를 베는 농부의 모습으로 표현한 9월을 예외로 하고서는, 전체적으로 인물들은 사라졌다. 우리의 시야에는 풍경밖에 들어오지 않는다. 1월의 헐벗은 나무들, 2월의 세찬 비, 3월의 가지에서 피어오르는 새싹들, 5월의 꽃들, 7월의 무르익은 밀밭, 가을의 달들 동안 떨어지는 낙엽들……. 초보적인 도안에 지나지 않을망정 그러한 작은 풍경들은 (…) 인간의 삶에서 자연의 삶으로의 참으로 혁명적인 관심의 전환을 통고하고 있다. 그것들은 세밀화 《베리 공작의 귀중한 성무일과》와 샹티이, 그리고 멀게는 P.브뤼겔의 《계절》 수수한 선조이다." 어윈 파노프스키, 원시의 플랑드르(도미니크 르 부르 역), Hazan, 1992, p.72-73.

록 세심했던 터라 중세의 상징적 전통은 거의 잊어버렸던 예술가의 시선을 느낀다. 10월의 풍경 속에서 루브르 궁 앞에서 파종하는 사내, 새들을 쫓는 허수아비, 센 강변에 늘어선 버들가지들, 강 건너편의 작고 희미한 풍경들, 그 모든 것들은 오직 브뢰겔만이 도달할 수 있는 객관적이고 사실적인 억양 위에서 이룩되었다."[23] 14세기에 들어서면서 그때까지 공간을 표현해 오던 방식을 흔들어 놓는 매혹적인 세밀화들을 통해 중세풍의 상징주의를 잊게 하는 새로운 양식이 출현한다. 그토록 주제적인 대담함은 그 참신한 형식미로 피에르 프랑카스텔이 지지하는 것을 증명한다. "르네상스는 조형이 잠자는 시대 속에서 생존하지 않는다. 그것은 그 출발에 있어서 드넓은 공간적 사색의 들판 위에서 다시 한 번 이룩한 기술적 발명 같은 것으로밖에는 나타나지 않는다."[24] 조토 혹은 아비뇽에서 다시 나타나는 시에나의 예술, 그리고 부르고뉴와 플랑드르의 세밀화들은 표현적 탐구의 다양성을 증명하고 있다. 우리는 얼마나 많은 나무의 표현을 세상에 관한 두 개념의 분절 속에서 발견할 수 있는지를 지적한다. 하나는 보이는 세상과 보이지 않는 세상에 연결된 중세의 상징주의를 설명하고, 다른 하나는 자연에 대한 새로운 시각과 다른 공간의 개념을 제시한다.

15세기 이탈리아 예술 운동과 더불어 나무의 회화적 탄생의 두번째 단계가 열린다. 19세기까지 표현을 주도하게 될 새로운 이 시각적 질서는 15세기 유럽의 회화 세계에서 두 개의 역학적 축을 마련하였다. 북쪽에서는 프랑스의 호화로운 궁전이 거느리고 있는 화가들이 활동하였고, 남쪽

---

23) 케네스 클라크, *op. cit.*, p.21-22.
24) 피에르 프랑카스텔, 《회화와 사회》, Gallimard, 1965, p.25.

에서는 로마가톨릭 교회의 엄격한 보호로부터 벗어나고 싶어하는, 도시 상인들에 의해 선발된 화가들이 활동하고 있었다. "14세기 궁정에서 그들은 서유럽에서 각자가 미래를 기별하도록 결정된 두 개의 문화 형태가 발전하는 것과 일치하여서 미학적 사고에 관한 두 개의 위대한 주기가 병행하여 발전하는 모습을 보았다."[25] 이러한 혁명적인 시기에 "토스카나의 화가들만큼이나 북프랑스의 화가들에게 제기된 체계의 문제가 마침내 만나는, 복잡한 형태적 규칙"이 주요 관건이 된다.[26] 피에르 프랑카스텔은 원근화법과 동시에 유클리드의 '이상적 표현으로서의 입방체'에 관한 개념을 분석하였다. 유클리드의 입방체는 1435년 알베르티가 이론화하였는데,[27] "그것은 너무나 친숙해진 나머지 점차로 그들의 극적인 광경을 표현하는 틀과 동시에 총체적인 시각으로서 선택할 것이다. 이러한 관점에서 그들은 그것이 세계의 '참' 모습과 일치한다고 믿기에 이를 것이다."[28] 인위적인 건축의 놀라운 긴 수명이 전적인 변화를 겪으면서 서유럽에서 4세기 동안 이어졌다. 그러한 기하학적 배열이 우리들의 사물에 대한 즉각적인 지각과는 어떤 관계도 없음에도 말이다. 이밖에도 피에르 프랑카스텔은 이상적 표현으로서의 입방체의 '닫힌 공간'과 무한한 넓이를 확보

---

25) 피에르 프랑카스텔, 《예술의 사회학 탐구》, op. cit., p.72.

26) 피에르 프랑카스텔, ibid., p.73.

27) 피에르 프랑카스텔, ibid., p.96. "1435년경에 씌어진 알베르티의 논고는 그후 오랜 시간이 지나서야 출간되었다. 1420년부터 1440년 사이에 특히 피렌체의 인문주의자 모임들 속에 광범위하게 퍼져 있던 생각들을 학술적인 용어로 전해 주고 있다."

28) 피에르 프랑카스텔, 《회화와 사회》, op. cit., p.112. "놀라운 르네상스의 개념이 위대한 비밀의 발견과 갱신에 기인한 것이라는 사실을 받아들인다면, 그 대신 우리는 15세기 이탈리아 문예 운동 초기부터 예술과 사고의 역사 속에 예외적으로 새롭고 풍요한 원리가 등장했다는 관념을 받아들여야 한다. 대중의 평범한 이해를 강요하는 것들을 급속하게 제한했던 일, 모든 시대의 사람들이 가질 수 있는 세상에 대한 현실주의적 시각을 표현하기에 전혀 유효하지 않은 구성의 도구를 쟁취함이 없이, 우주와 사회 속에서의 인간 정신의 자세를 결정짓는 세상에 대한 이해와 묘사 방식을 여러 세대에 걸쳐 실질적으로 심화시켜 왔던 사실을 받아들여야 할 것이다."

하고 '열린 공간'을 완성하기 위한 조형적 모색 사이의 긴장을 강조했다. 이것은 사물에 대한 선형 개념과 색채 개념에 대치되는 것이다. 사실 "회화는 선의 체계일 뿐만 아니라 색채의 얼룩 체계이다."[29] 다른 무엇보다도 나무의 주제는 두 체계를 이용하고, 상이한 부분들에 따를 것이다. 일부 화가들은 수목의 선형을 몬드리안의 추상이나 기타 인상주의 화가들까지 연계하여 강조할 것이며, 빛으로 넘치는 화려한 색채의 만개를 취사선택할 것이다. 하지만 15세기 이탈리아 화가들은 "풍경이 점진적으로, 그리고 부심하는 노력을 통해서 새겨지는" 새로운 회화의 모형을 찾는다.[30] 어떻게 공간의 무한성을 입방체의 차원 속에 축소할 것인가? 어떻게 하면 색채의 작업을 통해 세밀화 속에 제시된 것을 계산된 형태 안에 가둘 수 있을까? 15세기 이탈리아 화가들은 세상의 원경을 제시하기 위해서 두 가지 방법에 의지했다. "한 가지 수단으로 (그들은) 드넓은 공간에 몇 가지의 구상을 선별적으로 교묘하게 분할한 풍경들을 배치했다."[31] 이러한 구상 분리 체계는 "15세기 이탈리아 화가들이 즐겨 이용하던 것으로, 세상의 무한한 공간과 그 심오함을 표현하여 마침내 인간의 정신에 도달하고 영혼을 꿰뚫을 수 있도록 하는 가장 탁월한 체계이다."[32] 브뢰겔에서 로랭을 거쳐 로이스달에 이르는 화가들은 멀리 떨어져 있는 격리의 인상을 표현하기 위해서 홀로 서 있는 나무나 줄지어 선 나무들, 아니면 작은 총림을 활용하였다. 브뢰겔의 경우에는, 잎새를 떨군 채 대각선으로 줄지어 선 나무들이 왼쪽에서 중앙의 전면으로 사냥의 움직임을 강조하고 있으며, 또한 그것은 계곡의 위쪽에서 얼어붙은 호수가 있는 바닥

---

29) 피에르 프랑카스텔, *ibid.*, p.36.
30) 알랭 로제, 《풍경에 관한 소론》, Gallimard, 1997, p.65.
31) 피에르 프랑카스텔, 《회화와 사회》, *op. cit.*, p.44.
32) 피에르 프랑카스텔, *ibid.*, p.45.

브뢰겔, 〈눈 속의 사냥꾼들〉(1565)　　　　푸생, 〈사발을 던지는 디오게네스가
　　　　　　　　　　　　　　　　　　　　　　있는 풍경〉(1648)

의 평원으로 향하고 있기도 하다.(〈눈 속의 사냥꾼들〉, 1565) 푸생의 작품
에서는 전면의 왼편에 드리운 나무의 장막과 오른편에 드리운 나무의 장
막이 교대로 중첩되면서 그림 중간에 위치한 한편의 수면을 향하고 있
다.(〈사발을 던지는 디오게네스가 있는 풍경〉, 1648) 다른 한편 이탈리아
화가들은 다른 기법, 베두타(veduta)를 고안했다. "공간을 닫혀진 입방체
로 표현하는 일의 불충분을 수정하기 위해서 그들은 재빠르게 회화의 조
합 중에서 피상적인 부분을 따로 잘라내 창을 만들어서는 바깥의 열린 자
연 풍경이 자리잡게 하는 그 방법에 의존했다. 여기서는 크기의 통일성이
나 풍경의 각도의 일치 같은 것은 문제시되지 않았다. 베두타는 정확하게
말해서 닫힌 공간의 표현에 그것이 결여하고 있는 넓이를 첨가하기 위한
조치였다. 그 수법이 내벽의 면에 열린 창 같은 형태로 나타나자마자 말
들의 다리 사이라든가 성 세바스티아누스의 넓적다리 사이, 아니면 그저
단순하게 두 대상의 그림 사이에 나타났다."[33] 바닥 저편에서 녹음 속에
집이 깃들고, 왼편의 바위들과 오른편의 나무들 사이로 멀리 보이는 산들
의 전면에서 조르조네의 〈세 명의 철학자들〉(1506-1508)이 서 있는 풍경

---

33) 피에르 프랑카스텔, *ibid.*, p.46.

이라든가, 세 개의 반원 틀이 붙어 있는 창을 통해 원경이 펼쳐지는 구심적 구도 속에 반 에이크의 〈롤랑 대법관의 성처녀〉(1433-1434)가 있는 풍경이 그런 것들이다. 이러한 두 기법은 서양 풍경화의 표현을 조건짓는데, 그 구조는 이탈리아인의 것이지만 모든 풍경화의 역사가는 주제를 정하고, 그리고 풍경을 창조했던 것은 플랑드르인과 네덜란드인이었다고 확인했다.

무엇보다 그들은 부분적으로 "회화의 내면에 바깥으로 열린 베두타를 우선적으로 끌어들일 것이다. 이러한 의외의 발견은 전적으로 단순하게 말해서 서양 풍경화의 발명이다. 창은 사실은 회화 속에 격리된 채 끼워넣어진 틀로서 풍경을 펼치고 있다. 그러한 뺄셈——신성한 장면으로부터 세속의 세상을 추출하는——은 실질적으로는 덧셈이다. 나라, 지역, 고장을 뜻하는 Pays에 총괄적인 -age가 붙으면서 풍경이 되는 까닭에서이다."[34] 확실히 이탈리아인들은 원경을 묘사하기 위해서 이 방법을 이용했지만, 알랭 로제가 확인하듯이 종종 어설프게 이루어졌다. "사람들은 **대립된 추론에 의해** 플랑드르 화가들이 그린 창들 중의 으뜸이라고 간주한다. 거기에서 풍경은 자유롭게 펼쳐진다. 전면을 차지하고 있는 인물들에는 무심한 채. 그것이 풍경의 바닥보다 나은 것은, 창은 내 자신이 시작으로 제시하는 두 가지 조건, 통합과 속화를 결합한다는 점이다. 세밀화들 속에서 서양의 풍경을 획득하기 위해 아직도 끼워지고 있는 것처럼, 그렇게 회화의 공간을 팽창하는 것으로 충분하다."[35] 자연주의의 태도로 꽃들과 초본과 나무들을 꼭 집어서 정확하게, 하지만 산만하게 관찰하는

---

34) 알랭 로제, *op. cit.*, p.73.
35) 알랭 로제, *ibid.*, p.74.

것에 머물지 않고, 그들은 이어서 식물과 동물을 한 전체 속에 합치는 빛에, 그 균일성에 특히 민감하게 주목한다. 오토 페흐트가 설명하듯이 그러한 감수성은 북프랑스의 화가들에게, 풍경에 관해서는 이탈리아 화가들을 앞지르게 만들었다. "맹렬한 추격의 대가로 시각적 경험의 세계에 새로운 차원을 열어 준 그같은 예외적인 위업의 열매들을 거두었던 것은 이탈리아가 아니다. 피사넬로를 제외하고서는, 15세기 예술 운동 당시의 이탈리아 화가들은 식물과 동물이라는 거대한 원천으로서의 새로운 존재를 그저 장식을 다시 올리기 위한 호기심의 대상이나 2차적인 요소로 취급하면서 그들의 세계로부터 회화의 발견을 끌어내는 일은 드물었다. 14세기 이탈리아 문예 운동 당시에 북이탈리아의 예술가들이 발견하게 되는 묘사적이며 분할하는 자연주의의 함축적인 교훈들을 동화했던 이들은, 특히 북프랑스의 플랑드르 지방과 네덜란드의 화가들이었다. 그리고 그와 거의 동시에 동질의 자연주의자 형식을 만들어 냈던 것도 역시 그들이었다. 북프랑스 화파들은 전적으로 다른 각도에서 문제를 맞이하고 있었다. 그들의 학업이나 회화에 있어서 미술가들은 이탈리아의 전문가들이 하던 바와는 달리 식물 견본들을 분리된 대상으로 표현하지 않았으며, 동물이나 식물을 그들의 자연적인 환경, 그들의 살아 있는 공간, 그들의 장소와 분리할 수 없는 것으로 인식했다. 결과적으로 북프랑스에서는 자연의 발견이 풍경화 속의 발견까지밖에는 도달할 수 없었다. 이러한 성공에는 북프랑스 예술에 대한 신뢰가 뒷받침했다는 것은 이론의 여지도 없는, 모두가 동의하는 사실이다. 그런데 그림의 화풍이나 공간 표현의 발전과 함께 이탈리아의 공헌을 잊어서는 안 될 것이다. 사실 모든 편파성 없는 연구는 풍경의 장식들을 개체화시켰던 것이 이탈리아 화가들이었으며, 그들의 영향 아래서 북프랑스의 경우와 같은 유사한 경험들을 추구하고 풍경화가 독립적인 유파를 형성하게 되었다는 사실을 보여 줄 것이다."[36] 그밖

알트도르퍼, 〈다뉴브의   브뢰겔, 〈이스라엘인과 속물들의 전투〉(1562)
풍경〉(1520-1525)

에 플랑드르인들이 전통적으로 행하는 이탈리아 여행은 알프스를 경유해
야만 하였으며, 그런 와중에 장차 그들의 화실에서 구성하게 될 이역의
흥미로운 형태의 나무들을 만나게 된다. 우리는 최초의 침엽수 회화들로
서 알트도르퍼의 〈다뉴브의 풍경〉(1520-1525)과 브뢰겔의 〈이스라엘인
과 속물들의 전투〉(1562)를 발견한다. 이 작품들은 이탈리아의 명인에게
속해 있긴 하지만, 플랑드르의 화가들이 그들에게 자연의 사방팔방에 흩
어진 요소들을 끌어모으는 빛을 가져다 주고, 비록 미켈란젤로풍의 예술
적 이상주의는 신화적이거나 문학적인 정당화 없이는 풍경을 수용할 수
없었을지라도 이탈리아에 풍경의 취미를 불러일으켰다. 요약하자면 풍경
은 플랑드르인의 발명이다. 17세기 로마에서 큰 성공을 맞게 될 이상화된
풍경 속에서의 나무들의 역할을 분석하기에 앞서, 풍경의 부식토를 좀더
잘 이해하기 위해서 플랑드르 지방으로 되돌아가야만 하겠다.

사실 "16세기 중·하반기는 의심할 것 없이 풍경의 역사 속에서 가장 중

---

36) 오토 페흐트, 《이탈리아 예술 속의 풍경화》(패트릭 졸리 역), G. Monfort, 1991, p.66.

브뢰겔, 〈수확〉(1565)　　　　　　브뢰겔, 〈새알잡이의 격언〉(1568)

요한 진화가 이룩된 시간이다. 그러한 변화의 원천이 플랑드르 화가들이
며, 그들의 영향은 정치적 · 종교적인 이유에서 그들이 이탈리아 · 독일 ·
프랑스 등지에 분봉해야만 했을 때 유럽 전역으로 퍼져 나갔다……. 질
반 코닝슬로는 브뢰겔이 타계한 뒤부터 회화 자체의 목적이 되는 고전적
풍경을 추구하는 '가장 혁명적인 유파'(곰브리치)를 새로이 구축하는 기
반을 세운다."[37] 나무들이 정당한 그들의 자리를 차지하는 것이 이 유파
의 품속에서이다. 무엇보다 그들은 조형적으로 공간을 조직한다. 브뢰겔
의 〈수확〉(1565) 속에서, 농부들이 전면에서 둘러싸고 있는 나무는 공간
을 둘로 나누고 있다. 오른편은 수확을 마친 부분으로 단들이 쌓여 있고,
소관목의 막이 마을을 가리고 있다. 왼편에서는 밀밭 너머 멀찌감치 나무
들이 서 있는 전원 풍경이 펼쳐진다. 〈새알잡이의 격언〉(1568)에서 나무의
열은 오른편 멀리 농가를 향해 열린 공간을 만들어 내면서, 대각선으로 화
면 왼쪽 구석으로 박히고 있다. 나무의 열은 관객을 향해 수평으로 걸어
오고 있는 농부의 손에 들린 도끼와 교차하여 비스듬한 조망을 열고 있다.

---

37) 자크 라세뉴 · R. L. 들르부아, 《보스에서 루벤스까지 플랑드르 회화》, Skira, 1958,
p.103.

곧이어서 나무들은 플랑드르의 관찰자 시선을 설명하고 있다──질 반 코닝슬로는 나무들과 숲을 본질적인 시선으로 바라보고, 개들이나 사냥 꾼들은 상투적으로밖에 그리지 않았다. "참다운 인물들 (…) 그들은 장식 적 요소들처럼 인식된 나무들이 아니라, 그것들 주위의 사람들과 교감하 는 생생하게 살아 있는 대중으로서의 나무들이다. 그는 나무를 뒤틀린 뿌 리와 굵고 견고한 마디가 박힌 기둥에서 뻗어 나간 가지들, 그리고 두터 운 잎사귀층까지, 그 풍요한 전체로서 표현한다. 표면을 장식하려는 배려 에서 그는 만개한 꽃들을 그려서는, 선명한 짙은 신록의 잎새들 사이에 촘촘히 뒤섞어 놓았다. 어슴푸레한 숲 그늘은 환상적인 데가 있다."[38] 반 코닝슬로와 함께 카렐 반 만데르는 그의 작품 《화가들의 생애》에서 당대 의 뛰어난 풍경화가로서 자질을 인정받는데, 화면의 나무들은 로이스달 과 그에 이어 낭만주의 화가들이 즐겨 그리게 될 일종의 원시적인 야생의 생태를 표현하고 있다. 나무들은 더 이상 조형적 조직의 요소라든가 장식 적 동기가 아닌, 거의 회화 자체의 주제가 된다. 한 예로 〈까마귀가 먹여 살린 엘리〉를 보면, 오른쪽에서 왼쪽으로 흘러가는 풍경 속에서 인물은 전면의 오른편을 차지하는 인상적인 웅대한 나무들 속으로 사라진다. 벼 락맞은 그루터기, 구부러졌거나 우뚝 솟은 기둥들, 화면의 구성은 그렇듯 불안에 찬 나무들의 생을 보여 주고 있을 뿐이다. 그런데 나무에 관한 서 정적이고 환상적인 개념이 시작되는 것은 누구보다도 특히 알렉상드르 케이랑크를 통해서이다. 화가는 거대한 나무들 아래 지나가는 사냥꾼들 의 무리를 자그맣게 그려 놓고, 수직으로 힘차게 뻗은 나무들을 강조하기 위해서 종종 화면의 전면에 거대한 덤불이나 쓰러져서 송악의 잎새로 뒤 덮인 줄기들을 배치하고 있다. 그 특유한 상승 운동 속에서 활력에 넘치

---

38) 자크 라세뉴 · R. L. 들르부아, *ibid.*, p.110.

는 식물적 생명의 모든 생경함은 "선행자들이 구축해 놓은 지나치게 조밀하고 울창한 구성을 화가들이 종종 정돈하고 바람을 쏘여 주는 덕분에 수액으로 부풀어오르고 잎들 눈부신 수려한 나무들'에게서 벗어난다."[39] 〈사슴 사냥 풍경〉(1630)은 나무의 삶을 포착한 아름다운 예를 제공하고 있다. 관찰에 근거한 플랑드르 화가들의 개념은 브릴 형제를 필두로 한 여러 사람들에 의해서 로마로 전파되는데, 그들은 자신들의 개념을 로마 전원의 풍경이나 지중해 항구들의 조망에 적용시켰다. 17세기 초엽, 로마에서 이상화된 풍경을 출현시켰던 폴 브릴의 기여는 본질적인 것이었다.

풍경화의 전문가들로 여겨지고 있었던 북유럽의 화가들은 이탈리아가 그들의 문화적 배경을 구축하기 위해 모집했던 부름에 따랐다. 에른스트 곰브리치는 기록하기를 "북유럽의 화가들은 이탈리아에서 그들의 전통(…)이 지정한 전문가의 역할을 받아들이기만 하면 무리 없이 살아갈 수 있었다."[40] 하지만 놀기 좋아하는 이들 젊은 화가들은 한편으로 상업적 성공을 맞이하기도 하는데, 가령 네덜란드의 화가 밤보초(커다란 어린애; 피테르 반 라르의 별명)풍을 따르는 화가들인 '밤보차티'는 신화적 장면보다는 방 안의 벽에 진열하기에 훨씬 용이한 작은 형태의 풍경화들을 팔았다. 이상적인 풍경화를 창조했던 화가로 두 사람이 있는데, 그들 모두 프랑스인이었다. 클로드 로랭과 니콜라 푸생은 생뢱의 미술 서클에 드나들면서 브릴 형제와 '밤보차티'의 북유럽 양식을 통합한다. 우리는 이브 본푸아가 말했듯이 로마가 플랑드르의 경험론과 프랑스 고전주의의 종합을 꾀했다는 사실에 놀라움을 감출 수 없다. "어째서 전형적인 도시 안에

---

39) 자크 라세뉴 · R. L. 들르부아, *ibid.*, p.113.
40) 에른스트 곰브리치, 《영상의 생태학》(알랭 레베크 역), Flammarion, 1983, p.28.

있는 명료한 예술 한가운데서, 세이첸토(이탈리아 문학·미술사상의 17세기)가 선을 보일 때부터 그토록 많은 풍경화들이 만들어지고 있는 것일까?"[41] 풍경이 이탈리아의 예술적 이상주의의 맥락에서 해방되자면, 그것이 "종교적·역사적·시적인 주제를 보여 주는 가장 고상한 유형에 속하는 회화의 수준까지" 고양되지 않으면 안 된다. 그러한 결과는 이집트로의 탈출이나 에우리피데스의 이야기를 표현하는 인물들의 소집단을 단순하게 소개하는 식으로는 얻어지지 않는다. 그것은 회화의 일반적인 성격과 전체적인 분위기에 의해서 가능한 것이다.[42] 최초로 고용된 화가들로서 조르조네와 티치아노는 풍경화 속에 문학적이거나 신화적인 장면을 집어넣어서 이상화시켰다. 우리는 세 명의 철학자들에 표현된 나무와 바위들을 떠올렸으며, 뭐라고 의미를 집어낼 수 없는 〈폭풍우〉(1505)의 신비한 매력을 떠올린다. 초상화가로 널리 알려진 티치아노는 종종 자신의 그림 속에 나무들을 삽입했다. 그리하여 〈생의 세 시기〉(1515) 속에서, 죽은 나무줄기와 그 그루터기에서 잠을 자고 있는 강아지는 꽃이 활짝 피어난 나무와 그 앞 왼편에 인접해 있는 젊은 연인과 대조를 이루고 있다. 또한 우리는 〈오르간 주자와 강아지와 비너스〉(1548)의 중심에 자리잡은 나무가 늘어선 놀라운 산책길을 생각할 수 있다. 티치아노가 그의 베네치아 화랑에서 "풍경화의 기본을 그리도록"[43] 플랑드르 화가들을 받아들였다는 사실을 염두에 두자. 이러한 북유럽 화가들의 재능을 인식하는 일은 티치아노가 풍경의 해방에 큰 역할을 맡아 해냈다는 사실을 생각할 때 더욱 흥미롭다. "자연에 대한 티치아노의 열정은 그의 풍경화들 속에 감탄할 만한 충만을 부여하고 있다. 그의 나무들의 둥근 줄기와 잎새들 속

41) 이브 본푸아, 《로마》, 1630, Flammarion, 1994, p.120.
42) 케네스 클라크, op. cit., p.83-84.
43) 에른스트 곰브리치, op. cit., p.28.

에는 이제껏 한번도 제대로 설명되지 않은 유별난 무게가 느껴진다. (…) 클로드와 푸생에게 영감을 주었던 것이 이러한 식물의 영상이다."[44] 티치아노에게 풍경화를 고상하게 향상시키기 위한 시도를 열어 주었던 두 프랑스 화가들은 또한 고전적 맥락 속에서 자연으로의 감각적이고 시적인 접근을 설명하면서 나

클로드 로랭, 〈라로셸의 포위〉(1631)

무에 본질적인 자리를 부여하기도 했다. 로랭의 경우, 그의 최초의 중요한 화폭이라 할 수 있는 〈라로셸의 포위〉(1631)에서 수평으로 늘어선 병사들의 무리가 대기로 가득 찬 눈부신 풍경을 여는 가운데 전면에는 기사들이, 왼편에는 수직의 울창한 나무들이 서 있다. 나무들이 역사적 유형의 이 회화 속에서 3분의 1을 차지하고 있다는 점을 주목하자. 이밖에도 클로드 로랭은 그의 모든 작품들 속에서 나무들을 그리는데, 그들은 〈델포이로 향하는 제물 행렬〉(1645)에서처럼 그림 중앙에 있거나, 외눈 거인 〈폴리페모스가 노리는 아키스와 갈라테이아〉(1657)에서는 왼쪽에, 〈토비트와 천사가 있는 풍경〉에서는 오른쪽에 면해 있다. 나무의 표현은 공간의 완벽한 주도를 표시하기 위한 것만이 아니라 빛을 즐기는 만큼이나 형태들을 분배하고 균형을 꾀하기 위한 것이며, 그를 통해 회화에 시적 의미를 부여하기 위함이다. 예를 들어 〈모세와 타오르는 덤불숲의 풍경〉 속에서 외따로 서 있는 거대한 떡갈나무들은 성경 속의 두 인물, 다윗·모세와 일치하며, 뒤얽힌 야생의 버드나무들은 야곱과 라반, 그들의 딸이 있는 풍경에서 벌어지고 있는 신랄한 토론을 설명하고 있다. 그외에 다른 나무와 교차해 있는 아름답고 곧은 나무는 메르쿠리우스가 가축을

---

44) 케네스 클라크, *op. cit.*, p.83.

왼쪽에서 오른쪽으로. 위에서 아래로.
클로드 로랭, 〈델포이로 향하는 제물 행렬〉(1645)
클로드 로랭, 〈토비트와 천사가 있는 풍경〉
클로드 로랭, 〈모세와 타오르는 덤불숲의 풍경〉

도둑질하는 현장을 점찍고 있으며, 비틀린 두 그루의 나무는 아가르의 고통을 반영하고 있다. 클로드 로랭은 화실에서 조화롭게 구성하기 위하여 요소들을 선택하면서 풍경을 이상화할 뿐만 아니라, 일종의 나무에 관한 언어들을 만들어 내면서 회화의 도덕론을 전개한다. 차후에 나무들은 더 이상 조형적 역할을 하는 것에서 그치지 않을 것이다. 대기가 없이는 그들은 회화의 인물, 나름의 가치를 갖고 있는 동기들이 되어 버릴 것이다. 화가에게는 로마의 전원을 산책하면서 나무줄기와 나뭇잎들을 그리고, 나뭇가지라든가 한줌의 껍질을 화실로 가져오는 일보다 자연스러운 것이 있을까? 약화[45]가 보여 주는 섬세한 관찰은 화가를 거쳐 화폭에서 변형될 것이다. 가지들이 뒤섞이는 양상, 개화의 정도와 땅 위에 솟아나는 새싹들과 풀들 사이의 교류, 숲 속에서의 인상적인 빛의 역할, 빛 속으로 뻗치는 나무의 음영, 신성한 가지들을 달고 있는 고목나무의 원시적인 모습들의 모든 면에 있어서의 변형을 통해 나무로 탄생할 것이다. 클로드 로랭의 재능은 테오크리토스나 베르길리우스의 문장들을 영상화하였다는 데 있다. 그는 주제에 관해 직접 행한 연구를 활용하고, 그것을 통해 "프랑스 고전주의의 양식은 생기 없는 자연의 시를 제거하는 일에 쓰일 수 있다"[46]는 것을 보여 주면서, 조형적으로 문학적인 풍경을 창조했다고 믿었다. 로랭과 함께 풍경화는 그 빛과 나무들에 의해서 회화사의 가장 오래된 유파들만큼이나 미묘하고 다양한 유파가 된다. 이에 관해 새뮤얼 파머는 기록하기를, "클로드는 나에게는 능가할 수 없는 풍경화가로 비쳤다……. 나무에 관해서는, 그는 견줄 자가 없다"고 했다.[47]

견줄 자가 없다고? 그렇지는 않다. 푸생 없는 로랭을 떠올리기란 힘들다. 같은 프랑스 화가이자 친구로서 두 사람은 각자 소묘 수첩을 손에 들고 야외의 이곳저곳을 함께 돌아다녔다. 역사적이거나 신화적인 구성에 뛰어난 종교화가로서 푸생은 또한 티치아노에게서 부분적으로 교훈을 얻어 가졌다. 예를 들어 〈플로라의 승리〉(1627)에 표현된 나무들은 〈앙드리앵의 바쿠스제〉의 그것들을 생각나게 한다. 두 경우에 있어서 신화적인 주제는 자연의 출현을 막는다기보다 조장하며, 그에 따라 나무들은 신성한 축제에 참여한다. 조형적이면서 또한 의미론적인 부주제로서, 나무들

---

45) 클로드 로랭의 탁월한 소묘들이 1983년 그랑 팔레에 전시된 바 있다.
46) 앤소니 블런트, 《1500-1700년 프랑스 예술과 건축》(모니크 샤트네 번역), Macula, 1983.
47) 새뮤얼 파머, 1875년 5월 7일자 편지, Oxford, 1974, vol. 2, p.912.

푸생, 〈파트모스의 성 요한〉(1640)

은 비스듬히 이동하는 인물들의 움직임의 기반을 이루며, 범신론자의 우주를 통일한다. 풍요로운 꽃들의 피어남은 그것에 뒤섞인 육신의 개화를 메아리치고 있다. 푸생은 다시 한 번 그 자신의 성숙한 풍경화의 구성 세계 속에 나무를 끌어들인다. 〈파트모스의 성 요한 〉(1640)에서 성인은 폐허와 나무들 사이, 고독한 모습으로 앉아 있다. 땅 위에는 무너져 내린 벽들과 쓰러진 원목들이 나뒹굴고 있다. 반면 여러 그루의 떡갈나무들은 갱생과 약속의 의미로 하늘을 향해 치솟아 있다. 나무들은 삶의 성서적 상징으로서, 고대의 이교 문명을 잊게 하는 새로운 세상을 가져온다. 하지만 나무들이 푸생의 모든 풍경 구성 속에 성서적인 것, 신화적인 것, 고대적이거나 세속적인 어떤 것을 불러들인다고 할지라도, 우리는 그것들이 보다 신비로운 어떤 의미를 던지고 있다는 것을 말하려 한다. 나무들은 그들을 통해서 생을 사랑할 만한 충분한 이유들을 발견하는 스토아 철학의 금욕주의 정신을 전하여 준다. 나무는 풍경화를 완성함에 있어 인위적인 요소는 잊도록 하는 어떤 감흥으로 이상화된 풍경 한가운데 자리한다. 수직적이며 수평적인 영상의 구조들 사이의 모든 균형을 유지하면서. 여기서는 두 가지 예로 충분할 것이다. 〈뇌우〉(1651)에서는 한 쌍의 소가 길가에 서 있는 나무 쪽으로 쓰러지는 가운데, 나무는 가지들을 뒤흔들어 놓는 격렬히 회오리치는 바람 속에서도 꼿꼿한 수직의 자세를 취하고 있다. 번쩍이는 어두운 하늘 아래서 나무는 자신의 나뭇잎들을 흔드는 바람 소리를 듣고 있다. 두번째 예로 〈디아나와 눈먼 오리온이 있는 풍경〉(1658)에서, 거인이 걸어가는 위로 나무들이 활처럼 휘어지면서 먹구름에 이어지고 있는 예의 풍경은 인간의 연약성에 대비한

자연의 힘을 보여 주는 것이다. 화폭
의 전면에 자리잡은 그루터기는 거인
이 나무줄기를 손등으로 쳐서 쓰러뜨
린 것을 연상케 한다. 풍경 속에서 보
이는 그러한 실명과 완력의 유희를 신
비를 간직한 채로 남아 있는 나무들
이 침범한다. "풍경화도, 우화[작품]
도 절대적으로 생경한 것이 아니며,

푸생, 〈디아나와 눈먼 오리온이 있는 풍경〉(1658)

고전적인 구상을 배려하고 있지도 않다. 조망을 부정하고 터무니없는 신
체를 혼합하면서, 그 원시적인 자연은 마침내 해방을 맞이한다……. 오리
온은 풍부하고 놀라운 비유적 형상으로, 세상의 '난해하고 심오한 통일
성'을 말해 주는 유사성과 일치에 매여 있는 상형 문자의 하나로 읽을 수
있다."[48] 푸생이 이상화된 풍경에 기여한 바를 이해하기 위해서는 〈필레
몬과 바우키스가 있는 풍경〉(1625)과 루벤스의 〈겨울〉(1651)을 비교해 보
는 것으로 충분하다. 풍경의 한쪽에서는 역동적인 격류가 나무줄기와 그
루터기들을 휩쓸고 있는 가운데, 다른 한쪽에서는 무시무시한 홍수로 뒤
덮인 어두운 풍경 속에서 잎새들이며 껍질이 떨어져 나간 나무들이 바위
위에 걸쳐 있는데, 그건 마치 그들을 구출하기 위해 애쓰며 살아가는 남
자와 여자들의 헛된 노력을 말해 주는 증인들(베케트 같은?) 같다. 루벤스
의 자연은 우리의 시야에서 맹위를 떨치며 바로크적 운동의 의미가 극적
인 불행의 면모를 보여 준다. 푸생에게 기하학은 인간 행동의 무질서에도
불구하고 가차없이 상승하는 수면을 보여 주면서, 비극은 주제도 없이 설
정된다. 수면의 수평성은 수직의 바윗돌을 뒤덮고야 말 것이다. 루벤스

---

48) 알랭 메로, 《푸생》, Hazan, 1990, p.229.

푸생, 〈겨울〉(혹은 노아의 대홍수)(1651)

에게는 풍경의 역동성이 시야를 채우는 데 반해, 푸생에게는 비극의 추상이 사색을 흔든다.

우리가 로랭과 푸생의 대단한 흠모자이면서 브뢰겔과 루벤스의 뛰어난 후계자인 야코브 반 로이스달을 발견하는 것은 이탈리아를 포기하고, 다시 네덜란드로 돌아가면서이다. 이 화가는 매우 독특한 자리를 차지한다. 한편에서 그는 플랑드르 자연주의자의 전통과 다시 관계를 맺으면서, 다른 한편에서 북유럽 풍경화가들의 아르카디아풍 풍경화의 성공에 결별을 고한다. 그는 이상적인 풍경화의 이중적 논급을 단념한다. 고대적인 것과 균형의 이상을 알기 위해서였다. 로이스달에게 나무는 마디 많고 뒤틀린, 어떤 문학적이거나 종교적인 문장도 정당화하지 않는 존재로서 로랭과 푸생에게 그토록 주요한 인간 존재조차 흐려진다. 로이스달은 "우리들 앞에서, 우리들 주위에서, 언제나 그렇게 가까이 있을지언정 언제나 우리가 인간적인 이유로 지목할 수 있는 것을 넘어서 남아 있고, 남아 있게 될 자연을 향하는 풍경화"[49]를 보여 준다. 그가 숲 속의 산책자에게 비쳐지는 그 모습대로의 나무들을 관람자의 시선 앞에 가져다 놓는 것은 그 때문이다. 이렇듯 대담한 시도는 고전적 이상과는 반대로 틀에 박힌 화면 배치에서 벗어나 바라보는 시각을 여럿으로 늘리는, 자연적인 무질서의 미학을 지향한다. 큰 떡갈나무가 서 있는 〈산과 밀밭 풍경〉(1650)에서는 거인 같은 나무가 화폭의 반을 덮고 있다. 그렇지만 사람들은 그것을 깨닫지 못한다. 왼편에서는 자그마

---

49) 장 필리프 도메크, 《로이스달, 열린 하늘》, Adam Biro, 1989, p.70.

로이스달, 〈거대한 숲〉(1660)　　　　　　　　　〈숲 속의 늪〉(1660)

한 형상의 농부가 길 위를 걸어가고 있다. 오른편에서는 전면의 그루터기를 넘어서, 어린나무들을 향해 밀밭이 부드럽게 굽이쳐 흐르고 있다. 계곡이 오른쪽에서 화면의 중심으로 멀어지는 반면에, 거대한 떡갈나무들이 관객의 전면으로 나오고 있다. 이러한 위엄 있는 나무의 출현은 그 밑에 모여 있는 그 시대 사람들과 대비되어, 인간에게는 낯설고 무심한 식물의 생에 관한 수수께끼를 관객에게 떠올린다. 로이스달이 젊은 시절 만들었던 수많은 판화들은 뒤틀린 나뭇가지 형태와 소용돌이치는 나뭇잎에 대한 그의 취향을 말해 준다. 그는 네덜란드 풍경화의 진부함으로부터 멀리 떨어져서 나무들의 신비를 보여 주고자 시도했다. 원숙한 경지에 이른 그는 〈거대한 숲〉(1660)가에 앉아 있는 고독한 산책자를 짓누르는 생경한 숲을 그려낸다. 이어서 〈숲 속의 늪〉(1660)을 통해서는 물속에서 나타나는 생명을 마주하고 느끼는 당혹스러움을 복원한다. 옹이 진 줄기들의 뒤틀린 움직임을 완벽하게 표현한 그것은 낭패에 빠진 거인처럼 늪지에서 빠져나오려 애쓰고 있다. 원시적인 수렁에서 탈출하여 청명한 하늘을 향하는 고풍어린 장면, 이윽고 나무들이 승리를 향해 나아가는 고대의 전투. 그것은 장 필리프 도메크의 감수성을 자극했던 그림이다. "그는 물속에서 팔뚝 같은 가지를 뻗고 있는, 뒤틀린 줄기의 극적 요소로 들어갔다. 사실 필치는 경쾌하게 수액의 순환을 드러내고 있다. 그리고 두려움이라기보다는 모호한 매혹이 로이스달이 새겨넣은 눅눅한 열기로부터 발산되고 있다. 명백히 어떠한 인간적인 외형이 스며든 식물의 혼합, 생기의 혼합이다."[50] 나무와 숲은 저들의 화가를 찾았다. 그의 화폭에 미세한 인물들이 나타나야 한다고 하면, 숲의 우주 속에서 허용되지 않을 것은 아니다. 로이스달에게 있어서 나무는 다른 중요한 것들 중의 한 주제가 아니라 그의 주제 자체이다. 그리하여 그는 창작의 4분의 1에 해당하는, 1백40점에 가까운 그림을 오직 나무라는 주제에 바쳤던 것이다. 창공과 빛의 화가였던 그는 숲의 밀도와 불투명을 사랑하기도 하면서 여러 가지 새로운 미학상의 문제를 제시하였다. 시선을 방해하는 것을 어떻게 표현하면 좋을까? 나뭇잎들과 소용돌이꼴의 나뭇결과 가시덤불과 풀들의 혼합을 어떻게 표현할 수 있을까? 〈숲 입구 혹은 떡갈나무와 늪가의 총림〉은 이들 질문에 답하고 있다. 두 그림에서 로이스달은 가지가 부러져 나가고 부분적으로 껍질이 떨어져 나간 두 고목나무가 뒤엉켜 흐드러진, 이상한 숲 속에 외따로 서 있는 광경을 그리고 있다. 두 그림에서, 로랭과 푸생에게는 화면의 조연 같은 역할을 맡을 세부가 그림의 주요한 주제를 이루고 있다. 그러나 로이스달은 그들처럼 나무줄기를 분리하는 법을 알고 있었다. 단순하게 말해서, 그는 〈강이 있는 산의 풍경 속 나무 세 그루〉(1650)에서 보여 주고 있는 것처럼 나무들에게 최초의 역할을 부여한다. 전면의 오른편에 자리한 뒤틀린 나무와 살랑거리는 나뭇잎들은 고요한 풍경 속의 움직임을 나타내고 있다. 로이스달은 두 길의 교차점에서 오래된 선대의 수호자로 서 있는 거대한 〈떡갈나무〉(1652)를 상기함이 없이 생각할 수 없다. 이 그림은 진정 풍경다운 풍경을 보여 주고 있는데,

---

50) 장 필리프 도메크, *ibid.*, 58.

로이스달, 〈숲 입구〉   로이스달, 〈강이 있는 산의 풍경 속 나무 세 그루〉
(1650)

우리는 이것을 초상화처럼 바라보게 될 것이다. 다음에는 쿠르베가 그린 쥐라나 바르비종 부근을 어슬렁거리면서 그에 버금가는 분위기를 찾을 것이다. "거대한 떡갈나무가 그들을 위해 그려졌던 것처럼, 모든 인간적인 투사가 행해지지 않은 나무들이란 거의 드물다⋯⋯. 떡갈나무 밑둥치에 문장처럼 박힌 선명한 모래의 흔적은 우리의 주의를 끈다. 반사되는 상처 같은 그것은 길의 교차점에서 V자 모양으로 크게 벌어져 나무를 감싸듯이 돌아가고 있다. 그것으로부터 시선은 수직으로 옮아가서 몹시도 인상적인 큰 키의 떡갈나무를 향한다. 무성한 짙은 나뭇잎들에 의해서만이 아니라 그 전체의 무게로 나뭇가지들이 율동한다. 그들의 비틀림은 물활론자의 요소를 가진 것도, 비장미를 가진 것도 아니다. 거기에 있는 것은 오른쪽의 두 가지에 메아리치듯이 뻗어 있는 쌍갈래의 가지이다. 그것은 환하게 빛나는 구름의 소용돌이 위에서 끊겨 있다. 눈부신 빛의 초점에서 떡갈나무의 발치로 메아리치는, 우리의 눈길은 비스듬히 기운 수직의 풍경을 바라본다. 정상의 뒤틀린 가지는 어떤 극적인 효과를 갖고 있지도 않은 채, 다만 축으로서의 기둥에 달린 추 역할을 하고 있을 따름이다."[51] 이론의 여지없이 로이스달은 나무의 표현을 변형하고 있다. 그는 숲 속의 조망을 꿰뚫고 나뭇잎들의 여과지를 거쳐서 분산되어 퍼져 나가는 광선의 유희를 펼치는 모든 줄기와 가지들을 세부까지 정확하게 표현해야만 한다는 염려를 갖고 있다. 마침내 나무들은 그들 자체를 위해 회화로 표현되는 것이 마땅한 것으로 나타나지만, 오직 19세기만이 그러한 뛰어난 교훈을 취할 것이다. 사실 이상화된 풍경화는 네덜란드에서 그러했던 것과 마찬가지로, 끝내는 작품의 원천이 고갈되기에 이르렀던 로이스달의 성공에도 불구하고 17세기 말엽 쇠퇴의 길을 걷는다. 확실히 여기저기에서 나무를 볼 수 있는 것은 사실이다. 가령 와토 · 위베르 로베르 · 게인즈버러 및 알렉산더 커즌스와 존 로버트 커즌스 같은 화가들의 작품 속에서. 그러나 18세기는 보다 개화된 공원들을 위해서 로이스달의 원시적 숲을 저버린다. 뷔퐁과 뒤아멜 뒤 몽소 덕분에 나무를 과학의 대상으로 삼았던 시대는 그가 하였던 것만큼 회화를 변화시키지는 않았다.

19세기와 함께 나무의 회화적 탄생의 세번째 단계가 열린다. 지난 4세기에 걸쳐 그들은 유럽의 풍경 속에 자리잡아 왔던 것이다. 영국의 자연주의와 독일의 낭만주의는, 그들 나무들이 15세기 이탈리아 문예 운동 당시 시각적 질서 속에서 사라지지 않기 전 몇십 년 동안 그들에게 승리의 시절을 접하게 해준다. 사실 세기의 마지막 25년 동안, 표현의 질서를 흔들어 놓던 인상주의자들은 더 이상 숲에서 모험하지 않는다. 그들은 샤일이나 바르비종보다는 부지발이나 포르마를리를 선호하게 된다. 그들은 도시의 화가들로서 공원이나 정원을 사랑한다. 그들은 철도를 이용하면 노르망디나 프로방스의 빛을 만날 수 있는 것이다. 모네 · 시슬레 혹은 피

---

51) 장 필리프 도메크, *ibid.*, p.74.

사로 같은 화가들이 센 강변이나 루브시엔 혹은 아르장퇴유로 향하는 길가에 늘어선 나무들의 옆모습을 몇몇 그리기는 하였지만, 그들은 나무들을 하나하나 개별적으로 정확하게 표현하려고 하지는 않았다. 그들은 계절에 따라서 푸르거나 잿빛인 하늘에 노란색, 황토색, 아니면 초록색의 붓칠을 이용하여 나무들을 그렸다. 오직 세잔과 반 고흐만이 나무를 구성하는 일에 감각적으로 접근하게 될 터이지만, 그들 각자는 회화의 새로운 길을 열고자 인상주의와 결별한다. 나무의 회화적 표현의 승리는 짧은 기간 동안의 일이었다. 그들이 현대성이라는 이름의 태풍에 쓸려 갔을지언정 고전 시대 이후 회화 세계를 지배해 왔던 계급적 질서를 깨뜨리는 데 기여했다는 사실을 인정하도록 하자. 사실 19세기 초엽부터 낭만주의는 나무를 주요 주제로 삼았다. 그 이유를 설명할 것이지만, 우선 우리는 어째서 풍경화가 프랑스에 훌륭하게 설치된 아카데미즘, 즉 관학풍의 전통고수주의에 대항하는 전쟁의 기계가 되었는지를 보여 주고자 한다. 소수의 유파로 인식되었던 풍경화가 가장 크게 성취한 공식적 작품의 경쟁자가 되었다. 낭만적인 화가들은 "인물이 없는 단순한 풍경보다는 상승의 의미, 역사적 회화의 영웅적이며 서사시적인 의미를 수여하기를 바랐다. 그들은 풍경화가 천상의 숭고한 표현에 도달하기를 원했다."[52] 성공하기 위한 바람에서 그들은 로이스달의 독특한 작품을 모두 고려하여, 이상적 풍경화의 위대한 고전적 전통과 관계를 가지기 위해서 18세기의 생생한 회화적 표현에 지속적으로 반발한다. "17세기에 푸생이나 클로드 로랭 같은 풍경화가들은 고대의 복장을 한 사람들을 등장시킨 이상적인 풍경화를 그리면서 정신이 크게 고양되었다. 그들은 이따금씩 펠로폰네소스 중앙

---

52) 찰스 로슨 · 헨리 제너, 《낭만주의와 사실주의》(오딜 드망주 역), Albin Michel, 1986, p.55.

고지 '아르카디아' 지방의 풍경 속에 신화적 주제들을 신중하게 배치하였다. 낭만적인 화가들에게 상징적 의미는 유난히 자연의 외관이 책임지도록 되어 있다."[53] 풍경화는 역사적 회화에 생기를 불어넣는 모든 문화적·종교적 전통과 관계를 끊는다. 이후부터 나무와 바위들은 그들 자체로서 표현하게 될 것이며, 신화나 성서로는 더 이상 돌아가지 않을 것이다. 그들은 즉각적으로, 그리고 보편적으로 읽을 수 있는 존재가 될 것이다. 그리하여 낭만주의자들은 프랑스 혁명의 해방 운동 속에 모두 가담하면서 지식 계급의 정예주의에 맞서 싸웠다. "역사적 회화가 풍경화로 대체된 사건은 부인할 수 없이 18세기 말엽의 전통적인 종교적·정치적 가치들의 전도와 직접적으로 연결된 사상적 구상에 대답하는 것이다."[54] 풍경화는 더 이상 위대한 이야기의 매개로만 치부되지 않았기 때문에, 19세기의 풍경화를 돌아볼 때면 그 속에서 주제는 사라졌기 때문에 그것은 마치 음악이 청취자의 심금을 건드리듯이 관람객의 감수성에 각인을 새기는 것이었다. "조형 예술의 모형과 마찬가지로 음악의 문제는 주제의 철폐와 추상에의 시도와 그 망설임에 병행하여 풍경의 맥락 속에서 특수하게 자리

---

53) 찰스 로슨 · 헨리 제너, *ibid.*, p.55.

54) 찰스 로슨 · 헨리 제너, *ibid.*, p.55. 얼마나 많은 낭만적 예술가들이 이러한 정치적·종교적 내기를 의식하고 있었는지를 보여 주기 위해서, 저자들은 일부 예술적 작품들이 종교의 쇠퇴 속에서 가장 눈부신 성공을 거두었던 원인을 진단한 독일의 뛰어난 화가 필리프 오토 룽게의 문장을 발췌하여 인용하고 있다. "어떻게 하면 우리들은 단순하게 과거의 예술로 회귀하기를 부추기는 꿈을 꿀 수 있을까? 그리스인들은 그들의 신들이 멸망하던 순간에 형식과 형태에 있어서 미의 절정에 도달했었다. 현대적인 로마인들은 가톨릭교가 파괴되던 순간에 역사적 표현의 극치에 이르렀다. 우리들과 함께 새로운 어떤 것이 소멸하고, 우리는 가톨릭교에서 솟아오르는 모든 종교의 극단에 봉착한 우리 자신을 본다. 유추들이 소멸하면서 모든 것은 이전보다 더욱 눈부시게 빛나고 비물질화되었다. 모두가 풍경의 미술을 향하고 있으면서 불확실성의 한복판에서 확신을 탐색하고 있는 채로 어떻게 시작해야 할지를 모르고 있다. 그들은 부당하게 역사적(특히 성서의 인물로 장식된) 회화를 탈취하고, 갈피를 못 잡고 당황하고 있다. 새로운 미술——혹 여러분이 풍경화를 원한다면——속에 달성해야 할 고양된 가치가 없는 것은 아닐까? 옛날의 것들보다 아름다운 것들은 무엇일까?"

C. D. 프리드리히,
〈테첸의 장식화〉(1807)

C. D. 프리드리히,
〈겨울 풍경 속의 교회〉(1811)

잡는다. 낭만주의의 극단적인 두 시도——사실주의와 예술을 위한 예술 (지상주의)——가 화해할 수 있는 것은 풍경 속에서였다. 이러한 종합은 시대의 여러 유파들 중에서도 최고의 지배권을 풍경화에 부여할 것이며, 이윽고 역사적 회화를 물리칠 것을 고려하게 만들었다."[55] 풍경화가 장래 가 창창한 새로운 유파로 자리매김했다고 한다면, 마침내 나무는 19세기 말까지 회화 속에서 활짝 꽃을 피운다. 그것은 낭만주의자들에게 전격적 인, 무한히 열려 있는 상징주의를 제공한다. 예를 들자면 〈테첸의 장식화〉 (1807)[56]라든가 〈겨울 풍경 속의 교회〉(1811)에서 프리드리히는 전나무를 그리고 있는데, 언제나 싱싱한 그 초록빛 나무들은 고딕 성당의 첨탑처럼 하늘을 찌르고 있다. 십자가와 어울리면서, 그들은 영원한 생에의 희망을 상징하고 있다. 그런데 〈테첸의 장식화〉의 십자가는 풍경화의 그저 평범 한 요소로서만 인식되기 쉽다. 그것은 예수의 형상이 관객에게 정면으로 향하지 않고 저무는 해 쪽으로 등지고 있는 까닭에서이다——우리는 심

---

55) 찰스 로슨 · 헨리 제너, *ibid.*, p.37.

C. D. 프리드리히,
⟨숲 속의 사냥꾼⟩(1814)

C. D. 프리드리히,
⟨눈 속의 오두막⟩(1827)

지어 십자가 나무를 타고 오르는 송악을 볼 수 있다. ⟨숲 속의 사냥꾼⟩
(1824) 속에서 프리드리히가 표현하고 있는 것은 프랑스 군인과 마주쳐
서 애국적인 맹렬한 저항심으로 단결할 것을 독일인들에게 호소하는 전
나무들이다. ⟨눈 속의 오두막⟩(1827)에서 늙은 버드나무들로부터 솟아오
르는 새싹들은 겨울이 물러간 뒤 재생하는 자연의 힘을 보여 주고 있다.
새로이 태어나는 탄력적인 선들의 다발이 하늘로 솟구치면서, 나무의 그

---

56) 이 작품은 결국 건축되지 않은 테첸 성의 예배당을 위한 장식화였다. 이러한 목적
에서 프리드리히는 작품 속에 종교적 특징을 담고자 했다. 위쪽에서는 천사들이 장면을
응시하고 있고, 아래쪽에서는 밀의 이삭과 포도나무 가지가 선명하게 그리스도의 육신
과 피를 상징하고 있다. 이 그림은 성당 장식화의 주제로서 풍경화를 선택한 이유로 떠들
썩하게 소요를 일으켰다. 그들의 비난에 대해 프리드리히는 자신의 생각을 설명한다. "여
기서 십자가에 못박힌 예수 그리스도는 지는 해를 향해서, 다시 말하면 영원한 아버지의
영상을 향해 돌아서 있는 것이다. 해는 지고, 어스름에 잠겨 가는 세상에는 몇 줄기의 긴
여운들만이 남았다. 그때 저무는 둥근 황금 속에서 순수하고 고상하기 그지없는 금속 빛
깔의 구세주가 세상에 그 부드러운 광휘를 던지고 있다. 십자가는 예수 그리스도를 향한
우리들의 믿음의 영상을 따라서, 흔들리지 않는 바위산 꼭대기에 세워졌다. 늘푸른 전나
무들과 십자가는 인류가 십자가형에 처한 희망을 상징하고 있다." 헬무트 보쉬 수판 인
용, 《C. D. 프리드리히》, Adam Biro, 1989, p.80.

루터기에서 몇몇 죽은 가지들이 눈 덮인 땅 위에 곤두박질한 광경과 대조를 이루고 있다. 〈겨울 풍경〉 속에 묘사된 그루터기들과 두 그루의 헐벗은 나무들이 증언하고 있듯이, 화가는 한결같이 나무의 왕으로서 떡갈나무를 지목하여 그리면서 그 역시 죽어야 할 숙명이라는 사실을 보여 주고자 했다. 나무들은 다시 〈떡갈나무 숲 속의 수도원〉(1809-1810)에서 벽의 한 면을 앙상한 유령의 장막처럼 에워싼다. 몇 명의 수도사들이 관을 옮기고 있는 공허하게 얼어붙은 풍경 속에서, 고대의 이교도 의식의 증인으로서, 그리고 중세 기독교주의의 자취로서 고딕 양식의 폐허 가운데서 키큰 떡갈나무들의 윤곽만이 대기 중에 드러나 있을 따름이다. 나뭇잎을 죄다 떨군 떡갈나무는 다시 〈까마귀가 있는 나무〉(1822)에 나타나는데, 죽음의 상징인 새들에게 기묘한 모습으로 가지들을 펼치고 있는 것이다. 하지만 한겨울의 넘치는 자연의 힘을 잘 설명하고 있는 것은, 특히 얼어붙은 푸른 하늘에 가지를 풀고 있는 〈눈 속의 떡갈나무〉(1829)이다. 무수한 절단의 고통 속에서도 떡갈나무는 정수리가 잘려 나간 줄기를 수직으로 꼿꼿이 세우고 있다. 발치에 쓰러져 누운 거대한 가지들이 증언하는 어찌할 수 없는 시간의 파괴에도 불구하고 홀로 저항하는 용감한 지배자의 영상이다. 프리드리히의 나무들은 그렇듯 전통에 의지하지 않고서도 누구

C. D. 프리드리히, 〈겨울 풍경〉

C. D. 프리드리히,
〈떡갈나무 숲 속의 수도원〉(1809-1810)

C. D. 프리드리히,
〈까마귀가 있는 나무〉(1822)

C. D. 프리드리히,
〈눈 속의 떡갈나무〉(1827-1828)

라도 즉각적으로 이해할 수 있는 언어로 이야기한다. 이러한 표현적인 능력에다가 증거의 능력을 더해야만 하겠다. 즉 나무는 19세기를 통해 모든 것을 파괴하는 도시화와 산업화만큼이나 고대의 생활 양상을 상기시킨다는 것이다. 그로부터 나무와 인간이 밀접한 관계를 갖고 살았던 시대를 향한 향수를 설명하는 화가의 역량이 비롯한다. 궁극적으로 나무는 낭만주의자들밖에는 만족시키지 못할 터인데, 세상의 한 요소로서, 그것은 총체(pars totalis)를 의미하기 때문이다. 나무는 슐레겔의 《아테네움》(206) 속에 주어진 의미의 단편다운 모형대로 나타났다. "하나의 자그마한 예술 작품에 버금가는 그것, 의미의 편린은 주변의 환경으로부터 철저히 떨어져서 고슴도치처럼 자신에게 닫혀 있지 않으면 안 된다."[57] 편린은 한 부분으로 남으면서 모든 것을 설명한다. 나무는 우주의 한 부분으로 그렇게 자신을 통과하는 통일성을 표명하면서 그 자신이 우주를 구성한다. 그의 수수께끼 같은 생은 낯설기만 하고, 고슴도치의 가시처럼 이해를 거부한다. 그는 건네주는 동시에 물러난다. 언제나 해석을 되던지는 신비하게 빠져 있는 존재. 나무는 사실주의적 표현으로 우리의 지각을 메워

---

57) 필리프 라쿠 라바르트 · 장 뤽 낭시, 《문학의 절대》, Le Seuil, 1978, p.126.

주는 프리드리히 같은 낭만적 화가들을 매료시킬 수밖에 없다. 우리로 하여금 그 그림들 앞에서 생각에 잠겨들게 만들면서.

낭만주의는 나무를 통해서 탁월한 주제를 발견한다. 그것이 시간을 초월한 아름다움의 영상과 서정적인 표현의 가능성을 일치시키기 때문이다. 그밖에도 나무는 본질과 계절의 변화에 따르며 거듭하는 변신을 통해 수없이 다양한 형상을 제공하면서 한정 없는 상징적 세상 속에 뿌리를 담그고 있다. 마침내 19세기의 풍경화 속에서 빛나고 있는 나무는 여전히 전통의 수인이라고 할, 진부한 '공식주의자'들이 때때로 태를 부리는 그림들을 부득이하게 재생하고 있다. 우리는 15세기 이탈리아의 문예 운동 이후부터 느리게 이어져 온 나무의 출현과 그것이 19세기에 성취하는 역동적인 힘의 대조적인 사실에 놀랐었다. 나무는 현대 회화의 뛰어난 주제를 이루고 있는데, 프리드리히의 헐벗은 나무는 반 고흐의 뒤틀린 올리브나무나 피사로의 꽃핀 사과나무만큼이나 쉽게 우리의 가슴을 저며 오는 바가 있다. 이러한 즉각적인 표현의 직접성과 관계를 맺은 낭만적 개념은 예외적으로 풍요한 것으로 드러나게 되는데, 그것은 "추상의 경향 (……과 다른 것……) 사실주의의 두 가지 다른 방향으로 밀고 나갔기 때문이었다."[58] 때에 전 가난이 마을 사람들을 갉아먹고 있었던 고대 기술의 세기 속에서도, 나무는 비에 젖고 바람을 맞으면서 모든 것에도 불구하고 초록빛으로 물들곤 했었다. 그는 도회 사람들에게 기꺼이 이해할 만한 피난처를 제공하고, 코로·라비에 또는 테오도르 루소에게는 훌륭한 주제가 되어 그들로부터 나름대로의 숭배를 받는다.

---

58) 찰스 로슨·헨리 제너, *op. cit.*, p.40.

산업적으로 가장 앞선 나라라고 해서 놀랄 것은 없다. 영국은 터너와 컨스터블이라는 두 명의 위대한 자연주의 풍경화가가 탄생하는 것을 목격하게 된다. 나무가 더 이상 요정이나 영웅들에 의해 정당화되는 일이 없어지게 된 것은 특히 그들 덕분이다. 나무들은 어떠한 형태를 하고 있는 것이든지, 다른 무엇보다 그들 자체로서 거기에 있는 것이다. 컨스터블이 1824년 살롱전에 세 점의 풍경화를 출품했을 때, 공식적인 당국자들이 그를 비난했던 것도 다름 아닌 그런 이유에서였다. 주제라곤 없는 것이다! 사실상 디아나와 악타이온은 사라져 버리고, 다만 나무 몇 그루와 들판이 보이는 전원 풍경이 남아 있었던 것이다. 이러한 자연에의 침잠은 우리가 보여 주었던 이유들로 낭만적인 전위예술가들을 매혹시켰다. 컨스터블은 나무를 구조로만 그리는 것이 아니라 수액으로 가득 찬, 행복한 생명의 꽃이 만개한 존재로서 그린다. 〈데덤 골짜기〉(1802)라 이름 붙여진 화폭에서는, 한번 눈길을 던지기만 해도 금세 전면의 오른편에서 한 무리의 너도밤나무들이 솟아오르는 것을 볼 수 있다. 그들을 통해 자연의 힘이 분명하게 느껴져 온다. 컨스터블은 주제가 없는 회화를 제시하면서 일반의 감수성을 뒤흔들었다. 초록의 놀라운 다양함은 식물적 생명의 열기와 원천을 표시하고 있을 따름이었다. "컨스터블은 탄복할 만한 초록의 화가이다. 그는 그 빛깔을 발견하고, 그것에 빛을 부여하며, 오래된 회화의 반투명의 검은 배경에서 자연을 끌어내면서, 식물지의 마른 해초처럼 적갈색의 빠드득대는 가루가 묻은, 초록색 반점으로 얼룩진 작은 잎사귀들이 실팍지게 분할된 형태로 나무 그리기를 멈추지 않는다. 그는 이로운 소나기처럼 그림에 생기를 주고 젊음을 건네준다. 그는 식물의 깊은 바닥

J. 컨스터블,
〈데덤 골짜기〉(1802)

까지 수액으로 채우고, 주름을 펴듯이 칠을 해서는 전체적인 심오함이 둥글게 퍼져 나가게 하면서 하늘에는 가벼운 깃털 같은 잎새들로 균형을 잡는다. 초록빛은 계절과 더불어 종류별 잎사귀들의 채광에 따라서 변화한다. 역경을 딛고 세상에 나와서 아직은 신맛이 감도는 어린 잎사귀들, 봄철의 새싹이 보여 주는 투명한 초록이 있는가 하면, 여름철 무성한 떡갈나무의 짙고 선명하며 무거운 초록이 있고, 가까이서 보노라면 빛을 뿜으면서 타오르는 초록이 있으며, 멀리서 바라보면 미묘히 반짝이면서 푸른 그늘을 떨구는 버드나무의 은빛 초록이 있다."[59] 흥미롭게도 프리드리히와 컨스터블은 그들의 세심한 세부 묘사가 보여 주듯이 자연에 관한 열정적인 관찰의 취향을 나누어 가지고 있다. 두 사람은 모두 속성으로 주제에 관한 밑그림을 그린다. 그들은 화폭에 인상으로부터 얻은 그 무엇인가를 주입하기 위해 감정이 아직 생생히 살아 있는 상태에서의 직접적인 관찰을 통해 밑그림을 그렸던 것이었다. 그들에게 표현이란 지각과 대등하지 않으면 의미가 없었다. "우리는 컨스터블의 말을 기억한다. '나에게 그림이란 느끼기 위한 또 하나의 언어에 지나지 않는다…….' 컨스터블과 프리드리히가 대척점에 머물고 있는 것처럼 보이기는 해도 그들은 심오한 확신을 공유하고 있다. 그것은 감정과 자연의 모습이 필연적으로 긴밀하게 결합되어 있다는 기본적인 가정이다. '예술가의 감정은 그의 법이다. 느낌은 결코 자연에 어긋날 수 없다. 그것은 언제나 자연에 일치한다.' 이것은 프리드리히의 말이며, 그와 비슷하게 창조자의 행위는 지각의 행위 자체였다고 말하고 있는 컨스터블이 이해될 것이다."[60] 컨스터블은 생의 말기에 이르러 프리드리히의 낭만적 시각과 더욱 밀착한다. 그가 마

---

59) 앙리 포시용, 《19세기의 회화》, Flammarion, 1991, tome I, p.145.
60) 찰스 로슨 · 헨리 제너, *op. cit.*, p.72.

J. 컨스터블, 〈기념비〉(1836)

지막으로 완성했던, 독일 회화로 서명할 수도 있을 〈기념비〉(1836)가 그 사실을 보여 준다. 그는 나뭇잎을 떨군 나무의 골짜기 안에 깃들인 조수아 레이놀즈 경의 명예 기념비를 그리는데, 수액으로 넘쳐 흐르는 봄날의 푸른 나무들을 즐겨 그려 왔던 컨스터블이 유일하게 그린 가을의 나무들이다. 양쪽에서 미켈란젤로와 라파엘로의 흉상이 마주 바라보고 있다. 유일한 방문자로서 한 마리의 수사슴이 기념비 앞을 지나고 있다. 거대한 나무들은 교회의 궁륭 같은 형상이다. 이 그림이 19세기에 처음 등장했을 당시, 컨스터블이 낭만주의자들의 도상에 머물고 있었다는 것은 조금도 놀라운 사실이 아니었다. 그들처럼 그는 1824년 살롱에 출품했을 때 비평가들의 표적이 되었다. "그의 그림들은 주제가 없다. 음악을 들려 주려는 것인지." 오직 들라크루아만이 그의 재능을 알아보았다. 컨스터블은 "그 비난들을 사람들이 그에게 해줄 수 있는 가장 훌륭한 찬사처럼 받았다."[61] 그로부터 몇 해가 지난 1830년에 가서는 가장 지적인 비평가조차 "더 이상 질책하지도 않을 것이다. 주제가 없는 그림을 창조하는 일은 예술의 기준을 넘어서는 일이다"[62]라고 논평했다. 이론할 여지도 없이 풍경의 압박 속에서 유파의 계급적 체계는 금이 가고 있었고, 나무들이 그에 설욕할 태세를 갖추고 있었다.

코로의 예가 그것을 증명한다. 판에 박은 관학풍의 교육에 불만을 느꼈

61) 찰스 로슨 · 헨리 제너, *ibid.*, p.37.
62) 찰스 로슨 · 헨리 제너, *ibid.*, p.175.

던 그는 위대한 건축 원리들과 다시 시작하기 위해서 이탈리아로 떠났다. 세 번의 체류 동안 부를 축적한 그는 테오도르 루소 · 쥘 뒤프레 · 디아즈 드 라 페냐보다 앞서서 퐁텐블로 숲 속의 나무들을 그리기 시작한다. 그는 그렇게 현대성에 걸맞는 '주제가 없는 그림'의 전통 계승자이자 한 편이 되었다. 그것은 의심할 것 없이 그가 인상주의자들에 의한 것만큼이나 큰 영향을 사실주의자들에게서 받았다는 사실을 말해 준다. 신화적 양식으로 초상화를 시도했던 이 화가는 그가 표현했던 나무들에 비견할 만큼은 결코 독창적일 수 없었다. 그는 나무의 시인으로서, "어떤 사유가 가지들을 굽히고 잎사귀들을 접는지를 간파한다. 그는 그들이 숲 속에서 잃어버린 길들을 알려 줄 수만 있다면 말할 것이라는 사실을 알고 있다. 유대, 우리들을 개울이나 나무의 형제로 맺어 주는 위대한 유대⋯⋯ 가지와 잎사귀들의 놀라운 습성을 알게 되면서 다른 사람들보다 조예가 깊어진 그는, 이제부터는 그들의 감정을 왜곡하지 않을 것임을 확신하듯이 모든 노예적 근성의 모방으로부터 벗어날 수 있다."[63] 〈빌다브레이의 숲 입구〉(1825)의 너도밤나무의 단아한 우아함은 항상 정확하게 나무를 묘사하고자 추구했던 코로의 승리를 보여 준다. 이것과는 대조적인 〈브레오 저지대의 검은 떡갈나무들〉(1833)을 비교해 보자. 여기서 나무의 우거짐은 푸른 하늘은 물론 화면 앞에 배치된 노란색과 회색의 색계와도 분리되어 있다. 그것은 회화에 전혀 색다른 효과를 가져오는데, 나무줄기와 나뭇잎 전체가 관객의 앞에 수평적으로 등장하면서 그림의 주제가 된다. 같은 시기의 다른 그림으로 줄기가 뒤틀리고 동요하는 떡갈나무의 초상화가 있는데, 코로는 산책자들이 그것에 '성난 사람'이라는 이름을 던져 주었던 대로 〈퐁텐블로 숲의 성난 자〉라는 제목을 붙였다. 다른 나무들은 없이 바

---

63) 테오도르 드 방빌, 《1861년 살롱》, Paris, p.235-236.

코로, 〈빌다브레이의 숲 입구〉(1825)

위투성이인 들판에서 저 홀로 떨어져 바람을 맞고 있는 떡갈나무는 위축되고 퉁명스러운 영상이다. 그것은 폭풍우 속에서 벼락을 맞았던 역사를 말해 주고 있다. 어린 목자, 견고한 나무에 비해서는 깨어질 듯한 고요함이 머물러 있는 전원이 관객을 향해 있으면서, 그렇게 비사교적인 야생의 장소를 강조하고 있다. 이 화폭은 폴 발레리의 분석을 완벽하게 정당화한다. "그에게 있어서 나무는 밀고 나오며, 그 장소에서밖에는 살 수 없다. 그의 나무들은 나름대로의 지정된 장소가 있다. 실로 적합하게 뿌리내린 이 나무는 같은 종류의 한 견본이 아니라 개체화된 존재이다. 그것은 비교할 수 없는 그만의 역사를 갖고 있다. 그것은 코로에게 어떤 사람이다."[64] 〈팡필리 별장의 정원들〉(1843)을 소재로 한 일련의 작품들, 모르방 산맥(1840-1845)을 소

코로,
〈브레오 저지대의 검은 떡갈나무들〉(1833)

코로,
〈퐁텐블로 숲의 성난 자〉(1830)

---

64) 폴 발레리, 《미술에 관한 소품들》, 〈1932, 코로의 주변〉, Gallimard, coll. La Pléiade, 《전집》, tome II, p.1312.

코로,
〈팡필리 별장의 정원들〉(1843)

코로,
〈퐁텐블로 숲 속의 떡갈나무〉(1840)

재로 한 작품들, 버드나무들(1855), 떡갈나무들(1840)이 보여 주는 것처럼 코로는 전 생애를 통해 나무들을 그린다. 심지어 그는 북유럽 화가들의 사실주의와도 관계를 가지는데, 그들처럼 자연의 풍경을 포착한 〈바람의 일격〉(1864)은 바람에 비틀린 커다란 떡갈나무의 형상으로 인해 미술 역사가들이 종종 로이스달의 〈수풀〉(1647)에 대조하였던 작품이다. 그러나 코로의 낭만주의는 그를 더욱 독특하게 만든다. 네덜란드의 작품들에서는 인간이 나무를 자연의 권능으로 받아들이는 데 비해, 프랑스의 작품들에서 나무는 거대한 힘에 대항하여 투쟁하는 티끌 같은 존재에 불과하다. 비평가 쥘 카스타냐리가 1874년에 써냈던 회화 비평을 통해서 그가 이러한 사실을 잘 이해하고 있었음을 알 수 있다. "우리는 숲의 가장자리에 서 있다. 바람이 불고, 커다란 떨림이 들과 밭을 달려간다. 나무들은 잎새들을 떨어뜨리며 가지들을 비튼다. 방금 밭으로 되돌아온 부녀자가 회오리바람에 휘몰려 고통스럽게 비틀거리며 몸을 지탱하려 애쓴다. 이 작품 속에는 힘과 아울러서 예외적인 인상의 통일이 깃들어 있다."[65] 코로는 네덜란드의 유산을 받아들여 피카르디 지방 나무들의 정수리를 안개로 둘

_____

65) 쥘 카스타냐리, 《1874년 살롱》(1892), p.101-102.

러싸면서 잣나무와 올리브나무와 해송들은 이탈리아의 청명한 빛 속에 놓아둔다. 그는 새어 들어오는 태양 광선을 부드럽게 하는 나뭇잎들로 비할 바 없이 유연한 아름다움을 볼 수 있게 해주었다. 현대적인 화가로서, 그는 나무에 저항하는 빛을 택하지 않으면서 인상주의 화가들에게 길을 열어 준다. 그와 더불어 "나무는 변치 않는 하늘에서 두드러진, 그의 모든 요소들을 읽을 수 있는 조직 체계로 그치는 것이 아니다. 나무는 그 자체로 하늘과 빛의 부분이다. 증발하는 김 속에서 목욕을 하고, 이슬에 몸을 적시는, 그것은 더 이상 단순한 대상이 아니라 살아 있는 개체이다. 줄기들은 기생하는 나뭇잎들의 거들 속으로 반쯤 사라진다. 재봉 기술이 코로에 대한 비난을 가져왔던 것은, 그가 강인한 나무의 건축술을 알지 못하기 때문이었다. 하지만 나무의 종류별 특징과 다양성을 따라서, 살아 있는 해부적 구조를 그보다 더 존중하고 배려했던 화가는 없었다. 간략한 정확함으로 그려진 생생한 필치의 가지들은 기둥을 떠나 산들바람에 흔들린다. 버드나무들은 은빛 증기 속에서 가느다란 회초리 같은 줄기들을 곤두세웠다가 둥글게 늘어뜨리고 있다. 키 큰 포플러들은 로마의 토양 위에 자라난 검은 포플러들에 비해서 더욱 무성하고 풍요하게, 초록색과 노란색의 나뭇잎들을 두르고 있다. 자작나무들은 희고 단단한 필치를 던지고 있다."[66] 19세기의 모든 유파에 합류하면서도 선인이었던 카미유 코로는 예술의 총감이 되기를 거부했다. 니우베르케르크의 백작이었던 그는 자신의 현대성을 표명하면서 나무들을 보호하는 선에서 멈추었다. 부단히 자신만의 회화의 역사를 알리려고 노력했지만, 나무들이 밤 동안 그들에게 내리덮인 먼지들을 털고 똑같은 최초의 일광 속에서 깨어나는 데 반해서, 숲 속의 아침을 공들여 묘사하는 것에만 뛰어났던 이 화가에게는

---

66) 앙리 포시용, *op. cit.*, p.315-316.

어떤 애처로우면서도 감동적인 면이 있다.

1855년의 전시회를 기점으로 나무들은 최후의 아름다운 백조의 노래를 부르는 것으로 승리를 구가한다. 그들이 표현의 주제가 되기 위해서는 4세기 이상이 필요했으며, 바르비종의 회화 집단이 그들을 유명하게 빛냈던 순간에서조차도 모든 표현 장치가 흔들리고 있었다. 테오도르 루소·쥘 뒤프레·나르시스 디아즈 혹은 샤를 프랑시스 도비니들은 근본적으로 새로운 기법을 가져왔던 것은 아니며, 거기에다 그들의 화포는 역청의 과도한 사용으로 고통을 겪게 되리라는 것을 말하지 않으면 안 되겠다. 하지만 그들은 나무의 소재에 대한 취향으로 허식이나 꾸밈없는 아름다움을 표현하면서 주위의 형식주의와 이미 끔찍해진 파리주의를 뒤흔든다. 광산의 갱목이나 철도의 침목으로 넘겨 주기 위해서 이러한 자연주의에 숲을 파괴하는 도시적이고 산업적인 문화에 대한 저항이 덧붙여진다. 화가들은 지식 계급이기에 앞서 생태학자들로서 숲의 개간에 항의하는 서한을 나폴레옹 3세 앞으로 보낸다.[67] 그들은 파리의 화실을 포기함이 없이 테오도르 루소를 따라 바르비종으로 가 머물면서 단단하고도 복잡한 목질의 구조와 나뭇잎의 변신과 같은 나무의 비밀을 연구한다. 그들은 퐁텐블로 숲 속으로 침잠하면서 도시에서의 쪼들린 가난을 잊을 수 있었다. 바르비종에서 화가들은 단순한 생활이긴 하였지만 나무의 위풍당당한 아름다움으로 확대된 삶을 발견하였다. "모든 것이 나무의 경탄할 만한 건축물이었다. 그들은 나무를 생각하기를 먼 풍경 속에 끼워넣기 편리한 유

---

67) 르 실뱅은 클로드 프랑수아 드느쿠르의 작업을 상기하며 말한다. 그는 1830년부터 퐁텐블로 숲 속의 오솔길들을 정리하고, 참조할 수 있는 여러 안내 편람들을 출판할 생각을 갖고 있었다. 그는 여러 대중을 끌어모으고 시인들과 화가들을 선정했다. 바르비종의 화가들이 낭만적인 중산 계급의 심취에 참여하였다. 이러한 시각에서 시몽 샤마가 집필한 것으로 《풍경과 기억》, Le Seuil, 1999, p.618-633. 우리는 2000년 1월의 《에스프리》지 1호에서 이 고유한 시론에 관해 논평한 바 있다.

테오도르 루소,　　　　　　　　　테오도르 루소,
〈아프르몽의 떡갈나무 군락〉(1852)　　　〈너도밤나무 아래서〉(1842-1843)

쾌한 장치로 여겼던 것이 아니었으며, 도리아식 · 이오니아식 · 코린트식
원리들을 따르는 어떤 유파의 그림 속 '축조물'로 간주하는 것도 아니었
고, 여명의 서늘한 한기 속에서 몽환적인 연기처럼 물결치는가 하면 푸른
일몰의 잿빛 속에 몸을 담그는 코로의 양식으로 바라보았던 것도 아니었
으며, 낭만적인 태풍에 머리를 헝클어뜨린 채 불 · 공기 · 물 · 흙의 정령
들에 에워싸인 거인들로 바라보았던 것도 아니었고, 대지의 자양을 뿌리
에서 가지로 힘차게 받아들이고 있는 그들을 견고하고 논리적으로 구축
된 관대한 편력을 가진 아름다운 존재로 바라보았다. 루소의 떡갈나무와
밤나무들은 그 싱싱함과 당당함으로 켈트인이 경외하던 신성한 나무들과
다르지 않다. 그들의 어떠한 조직적 요소일지라도 화가의 주의 깊은 눈길
을 벗어날 수 없으며, 어떤 것도 요행인 것은 없으며 모든 것이 자연의 무
한한 깊이 속에 이어져 있는 것이다. 뒤프레의 나무는 영웅적인 덩치로
대지와 한 몸뚱이를 이루고서는, 길게 늘어선 소작 농가의 지붕들 위로
친절하게도 음흉한 그늘을 드리우고 있다. 디아즈의 나무에서는 광선들
이 잎사귀 위에서 타닥거리고, 껍질은 화장을 하고 이리저리 떠도는 미광
들로 치장하였다. 도비니의 나무는 습기로 가득 찬, 김이 피어오르는 산
지에서 섬세한 호사스러움과 애상적인 우아함을 갖추고 있다."[68] 산업적
인 세상을 벗어나자면 다만 수 킬로미터로 충분하다. 한번 교외로 나서

테오도르 루소,
〈밤나무 숲 속의 산책길〉(1837)

밀레,
〈가시나무 갈림길 위에서 죽은 자작나무〉

기만 하면, 화가들은 샤일이 역에 서 있는 자신들을 발견하는 것이다. 쿠르베가 종종 그러했듯이, 등에 화판대를 지고 주머니에는 물감을 집어넣은 채 숲을 찾아드노라면 그 거대하고 울창하며 평화로운 숲은 그들의 지각에 호소하는 것이다. 경이롭고 숭고한 세상이 그곳, 그들의 눈앞에 있으며, 창조하고 구성할 것이란 없다. 다만 편안하게 관찰하고 그리는 것으로 충분하다. 삼림의 신들과 머리에 머리를 맞대고서 번쩍거리는 우람한 나무들 아래 전혀 생각지도 못했던 삶들이 모여들고, 루소와 디아즈와 뒤프레를 비롯한 다른 화가들이 이미 소멸의 길목에 들어선 야생의 세상을 열어 준다. 사람들은 다시는 브뢰겔·로이스달·코로 혹은 루소같이 나무들을 그리지 않을 것이다. 그만큼의 직접적인 나무의 표현으로는 마지막이면서, 또한 아르카디아인들이 바라보았던 숲의 회화적 표현으로는 마지막인 셈이다.

마네[69]가 주도적으로 제기했던 표현의 문

디아즈 드 라 페냐, 〈장 드 파리의 고지대〉(1867)

---

68) 앙리 포시용, *op. cit.*, p.340-342.

제는, 19세기의 앞선 3분의 1 기간 동안 꾸준히 확대되면서 회화 속에서 나무들을 사라지게 하지 않았다. 그들은 존속할 테지만 방식은 다를 것이다. 사라지는 것, 그건 15세기 이탈리아 문예 운동 당시부터 회화를 지배해 왔던 모방적인 표현 양식이었다. 화포 위에서 영상을 이루고, 지각할 수 있는 현실에서 그의 대상을 이룰 수 있는 것은 더 이상 표현의 세계와 관계가 없었다. 차후로는 영상은 그의 고유한 생명 속에서 생동할 것이고, 인간이 표현할 수 있는 그 너머의 세상과 마주할 것이다. "나무를 나무의 영상이라 부르는 것은 그것을 사람으로 착각하는 것과 같은 실수이다. 나무의 영상은 확실히 나무가 아니기 때문이다. 영상은 그것을 보여주는 것과 분리된다."[70] 현대성은 표현의 위기를 지나치기 위해서 실로 수많은 면에서 시도할 것인데, 그것을 세 가지로 요약하고자 한다. 우선 영상의 해부는 세잔 이후 추상으로 흐르는 추세에 부합하는 조형적 힘을 추구하기에 이른다. 나무는 원기둥의 조합이 되고, 이어서 몬드리안에게는 순수한 기하학적 구조로 변질한다. 더 이상 원근법에 따른 깊이를 나타내지 않는 화면 위에서 나무는 심미적으로 정화된다. 몬드리안이 푸른 하늘 바탕에 붉은색으로 배치하는 선의 다발이라든가, 클레가 실처럼 가는 줄기 위에 엉겅퀴처럼 벌어진 가지의 단을 얹어 놓는다거나, 포트리에가 초록과 검정의 진동으로 표현하는 식이다. 표현이 통과하는 두번째 양식은 형상화를 포기함이 없이 그 자체를 유희하는 일이다. 초현실주의자들에게 나무의 요술은 대단히 중요한 것이었는데, 마그리트는 그것을 낯설고도 매혹적인 그림 수수께끼로 표현하고, 막스 에른스트는 그보다 더한 불가사의한 영상으로 표현한다. 마찬가지로 바젤리츠나 키퍼 같은 동시대의

---

69) 이 위기에 관한 결정적인 분석이 가에탕 피콩에 의해 이루어졌다. 《1863, 현대 회화의 탄생》, Skira, 1974.

70) 르네 마그리트, 1951년 7월, 보스망에게 부친 편지.

왼쪽에서 오른쪽으로. 위에서 아래로. 세잔, 〈엑스 근교 풍경〉(1892-1895);
몬드리안, 〈붉은 나무〉(1908); 포트리에, 〈나무들〉(1928); 클레, 〈정원의 나무〉(1929);
에른스트, 〈대수림〉(1927); 에른스트, 〈매혹적인 잣나무〉(1940)

조형화가들은 나무의 고전적 표현에 대비한 괴리적 묘사를 해학적으로 실천하고 있다. 세번째 진행 양식은 나무를 보다 직접적으로 그리기 위한 매개의 수단으로 짧은 선을 되풀이하여 칠해서, 예를 들면 널의 마찰이나 나뭇잎의 죄기를 표현하는 것이다. 연필 소묘는 단지 섬유 조직이나 잔가지의 형태를 기입하는 일에 불과했다. 그리하여 막스 에른스트는 일종의 식물성의 '자동 화법'을 창안하여, 더 이상 나무를 표현함이 없이 일상의 소재들 속에서 자신의 존재를 전달하는 조형예술가들에게 작업의 길을 열어 놓았다. 주세페 페노네는 반대로 제재소에서 하는 것같이 나무를 각진 들보나 널빤지로 만들어 사포로 매끄럽게 다듬는다. 미술가는 가지의 탄생을 가리키는 옹이들을 살리면서 중심 줄기가 드러날 때까지 육중한 들보의 성장 나이테를 깎아 들어간다. 페노네는 그 이상 표현하지 않는다. 그는 나무라는 건축 재료를 통해서 그가 교부하는 징세 원부의 양식을 보여 준다. 페노네는 나무의 기억들을 다시 따라가면서 "그것을 들보로 재구성한다. 이 시점에서 그는 덧붙이는 것이 아니라 조각가 미켈란젤로가 가졌던 개념, '제거하는 힘을 이루고 있는 그것'을 재발견하면서 제거한다. 그는 나무를 절단하면서 성장의 한 특정한 순간이 포착된 자연적인 형태의 흔적 혹은 추억을 드러낸다. 그는 벌목부들이 절단하는 온갖 전통적인 동작을 재현하면서 잃어버린 지층을 발굴한다. 잎을 털어내면서, 껍질을 벗기면서, 쓸모없는 가지를 쳐내면서, 불필요한 부분을 제거하면서, 뿌리털을 자르면서, 쑤시면서, 절단하면서, 으깨면서…… 그는 나무가 자신의 가지들과 더불어 빛 속에 서 있던 모습을 되찾을 때까지 작업한다. 우리는 널을 통해 다시 태어나는 나무를 본다. 어떤 불순물도 없이 관처럼 꼭 들어맞은 나무를."[71] 페노네의 가난한 예술은 사교계의

71) 엘리자베드 베드렌, 《시선》, 1997년 7월, p.39.

에른스트, 〈마찰〉, 《자연의 역사》에서 추출한 판자들(1925)

공간 속에 나무를 복권시켰다. 줄기와 가지는 들보의 기하학 속에 사라졌다. 그는 몇 세기 동안 번쩍이는 도료와 바니시의 허영 속에서 사라지도록 강요해 왔던 존재를 보여 준다. 회화의 화려함 속으로 사라질 소명을 위해서라면 존중할 가치가 없는 나무의 지지이다. 우리는 어떻게 나무가 자신의 상징을 일으켜서 형식주의에 맞서 싸우며 보복해 왔는지를 이해하기 위해서 그들의 영상을 주의 깊게 관찰할 필요가 있다. 나무는 예외적인 주제로서 영사막과 세트를 지배하고 있다. 페노네는 또한 낭만주의 화가들과 바르비종의 반항적 화가들이 이끌어 왔던 지점을 넘어서 그의 모험을 할 수 있다. 그것은 표현의 위기를 넘어서 하는 작업이기에 더할나위없이 간단할 수 있다. 고갈된 조형성에 다시 힘을 불어넣느니보다는 클레나 몬드리안처럼 다른 길을 택하는 편이 낫다. 그는 우리의 놀란 눈앞에 투박한 기본, 평온한 근기, 다 퍼주고 난 아름다움을 펼쳐 놓는다. 우리는 프랑수아 다고네가 보여 주었던 아름다

주세페 페노네,
〈나무 반복하기〉(1969-1997)

운 분석을 페노네의 나무에 적용코자 한다. "우리는 통상적으로 [나무를]
부정하고, 이용하기 위해서 언제나 처분하는 식으로밖에 알고 있지 않다.
그것은 그의 역할 속에서 사라지거나 수수한 장소의 장식이 되어 왔다. 다
음에 그는 솟아올라서 매혹하리라. 그는 감옥을 떠났다. 다시 말해 마술
사는 증발해 버리고 유일하게 해골만 남은 화포를."[72]

마우리치오 카텔란의 나무가 현대 예술의 신전이라고 할 보부르에서 그
의 언덕 위에 군림하고 있는 광경이 우리를 기쁘게 한다. 네온의 색전등
이 밝혀진 전시장 한복판에서 귀먹은 나무의 끈기어린 힘이 피어오른다.

마우리치오 카텔란, 〈나무〉(2000)

---

72) 프랑수아 다고네, 《사물의 찬사》, Vrin, 1989, p.185.

결 론

과학적인 소양을 갖춘 사람들은
한 편의 소곡과 한 그루 나무 사이에
다같이 논리적이면서 단순한 법칙으로 창조된
어떤 공통적인 면이 있다는 것을 이해한다.
체호프(1860-1904)

우리는 서양 문명으로 돌아가는 길목의 한 위치를 나무에게 되돌려 주
고자 했다. 그 중심적인 자리에서 모든 진실은 조직되고 의미를 취할 것
이다. 여러 종교 연구가들, 상상의 저편에 있는 인류학자들이 우리들보다
앞서 작업장을 열고, 프레이저와 엘리아데의 유익한 저서들을 읽고 인용
해 왔다. 그들은 나무의 신성한 차원이 세상 도처에 현존한다는 사실을 보
여 준다. 이집트에서 그리스에 이르고, 로마에서 예루살렘에 이르기까지,
켈트인이나 게르만인들이 살아가는 것처럼. 우리는 나무가 상기하는 힘을
잃어버리는 일 없이, 종교적 상징의 도안으로부터 세속적 상징의 도안으
로 옮아가는 놀라운 능력에 관해서 논급하였다. 우리는 이유를 찾아야만
했으며, 그것을 바슐라르에게서 발견했다. 나무의 축조된 형태학과 복잡
한 생리학은 상징적인 측면에서만큼이나 은유의 측면에서 유추의 무한한

역할 혹은 유희를 풍요롭게 하고 있다. 바슐라르의 시정의 세계 속 어디에서나 존재하는 나무는 네 가지 요소를 종합하면서 책에 지대한 공헌을 함으로써 '변이-요소'처럼 나타난다. 우리는 바슐라르의 서적들 속에서 여기저기 산발적으로 시도되었던 도전을 들추어 내고, 그리고는 나무의 철학을 제시하였다. 바슐라르의 분석과는 별개로 우리에게는 프랑시스 퐁주의 강론을 경청하는 것이 적합할 것 같았다. 그와 마찬가지로 문학이라는 은유의 만화경에 매혹되어 빠져들었다가 우리는 그라크·페렉과 더불어 나무 그 자체에게로 돌아왔다. "불현듯 생소한 모습으로 서걱거리는 그 나무…… [그가] 변함없이 중요하고 관심을 끌며 유용한 것은"[1] 우리가 보여 주었던 대로 19세기와 20세기의 연구소들이 펼치고 분석하게 될 저 놀라운 도구와 가능성의 다원성을 갖추고 있기 때문이 아닐런가.

신앙의 보호를 받던 옛 시절부터, 매우 늦게 시작되었을지언정 이성적 지식이 해방을 촉진하기에 이를 때까지, 그들은 끊임없이 우리 인간들과 동행해 왔다. 우리는 이성적 사유를 통해서 나무가 그의 드러난 단순성으로 인간의 최초의 위엄 있는 스승이었다는 것을 발견했다. 같은 사실을 곧이어 종교들이 인식하고, 특히 자연과 문명 사이에서 근본적인 중개 고리의 역할을 맡고 있다는 것을 알았다. 바슐라르가 적고 있듯이 그는 '자연의 최초 실험실'이다. 인류 진화 과정의 조건으로서 나무는 인간에게 직립의 수직성을 최초로 허락하고 개체의 비밀을 열었다. "초록빛 행성의 숲과 초원은 광화학을 하면서 화학적으로 태양 에너지를 흡수한다. 그러나 이렇게 인간에 선행하는 모든 현상도 인간이 문화적 단계에 도달하는 시점에서는 추월당한다……. 참으로 화학을 하기를 바라는 자연은 마침

---

1) 프랑시스 퐁주, 《방법들. 대집성》, II, Galimard, 1961.

내 화학자를 창조해 냈다."[2] 프랑수아 다고네와 더불어서 우리는 바슐라르가 "다양한 본질들을 만들어 내는 유기적 힘이라는 창조자를 우주와 실험실 사이에 끼워넣는 것을"[3] 기쁘게 지적하지 않을 수 없다. 나무의 고갈되지 않은 특수성을 점진적으로 인식했던 사실이 철학의 주의를 끌지 않을 수 없는 까닭은, 그것이 뒤늦게서야 펼쳐졌기 때문만이 아니라——우리가 문헌들을 조사하는 와중에서 19세기말 이전까지의 철학적 문헌들은 지극히 드물었다——특히 헤겔이 철학의 역사를 강의하며 순회하던 차에 자신의 방식대로 지적했던 것처럼, 마침내 나무의 특유한 탁월성과 무한한 생산성에 대해서 생각하게 만들기 때문이다. 요약하자면 퐁주와 함께 철학은 나무가 그의 모든 특성들과 그 이상의 요소들——지금까지 친숙하게 젖어 있던 요소들과는 전혀 다른 것들로 우리들을 압도하는 지점까지 도달하지 않으면 안 된다. 사물들이 우리들을 어지럽힐 필요가 있다. 문제는 그들의 웅얼거림으로부터 빠져나가는 것이겠지만, 정신이 전진을 거듭한다고 해서 흥미로울 것은 없다.[4] 나무 가까이 다가갈수록 철학자는 식물 세포들이 어떻게 자신을 동물 세포로 이끄는지를 알기 위해서 수목학적 지식을 경유하지 않을 수 없는데, 식물 세포들은 "종합적인 기능을 실현하고 있으면서도 거기에다 모든 생물학의 열쇠가 되는 기능, 즉 광합성을 하고 있기 때문인 것이다."[5] 동물들과 더불어 인간에게 열량과 자양과 산소를 주었고, 주고 있으며, 변함없이 줄 이러한 예외적인 능력이 퐁주가 말하는 '웅얼거림'으로부터 빠져나가게 해준다. 19세기 중엽까지 고스란히 간직했던 비밀을 펼쳐 보이면서. 타고난 긴 수명으로 그렇

2) 가스통 바슐라르, 《이성적 물질주의》, PUF, 1953, p.32-33.
3) 프랑수아 다고네, 《재물질화하기》, Vrin, 1985, p.241.
4) 프랑시스 퐁주, op. cit., p.262-263.
5) 프랑시스 알레, 《식물의 찬사. 새로운 생물학을 위하여》, Le Seuil, 1999, p.322.

듯 인간보다 오래된, 인내심 깊고 평온한 나무는 우리에게 아름답고 의연한 겸허의 교훈을 건네준다. 그다지도 필요한 존재임에도, 잊혀진다 하더라도, 과도한 개간에도 불구하고 여전한 인간의 원천으로 남아 있다. 더욱 사정에 밝아진 행정이 그들을 재인식하면서 새로운 역할을 떠맡는 것처럼 우리는 나무의 논설을 통해서 어느 내용도 숨기지 않았다. 타격이 크지 않고 비극적인 국면이 아니라면, 우리는 철학자의 지혜보다는 나라의 상태를 더욱 떠올리게 만드는 태풍의 횡포 속에서 일종의 아이러니로 받아들이련다. 목소리의 물결은 흘러가서 전할 것이다.

우리는 이윽고 풍경화의 역사를 시대마다 반영하면서 나무가 느지막이 맞이했던 심미적 해방이 얼마나 강력하게 표현의 형식주의를 뒤흔들었는지 설명하였다. 심미적 해방은 이성적 해방과 같은 리듬을 따라 이루어졌다. 또한 그것은 찬연한 나무의 발견이라는 같은 주제에 도달했다. 화포에 풀을 먹이고 도료를 칠하거나 색분 주머니로 문지르는 행위는 막스 에른스트의 마찰 작업으로 이루어진 작품 앞에서 우리들을 매혹하고, 우리의 눈길을 화가의 영상 마술로부터 지지하고 있는 나무판으로 돌아가게 하는 섬유질, 나이테, 옹이들을 덮어씌워 가리는 데에만 몰두했던 몇 세기 동안 행해지지 않았다는 것을 말하자. 이면은 표면에 다르지 않다. 하지만 우리는 그 사실을 잊었던 것이다. 우리가 페노네를 칭송하는 것은 그런 이유에서이다. 그는 상상에 의지하지 않은 채 그 조직과 역동성의 가장 가까이에서 마술을 들추어 내면서 나무에 관한 독창적인 물리학을 펼친다. 나무의 마술. 페노네는 연구소에서 일어나는 일처럼 가장 평범하고 "가장 진부한 것들이 우리들을 매혹하는 무엇을 갖고 있다"[6]는 것을 보여준다. 현대의 화가들과 조형예술가들은 나무라는 질료에 관해 사색하게

---

6) 프랑수아 다고네, 《사물의 찬사》, Vrin, 1989, p.184.

하면서 철학자의 노력에도 기여하는데, 말하자면 "철학이 물질의 인식을 하위의 철학으로 간주하는 일을 멈추는 것이다."[7] 철학자에게 나무는 인간중심주의의 생물학 모형을 제시하지 않는 복잡한 대상으로 다가선다. 나무는 탄생하는 수목학 학교의 교정으로 그를 데려가면서 자신의 모든 특성에 관해서는 물론, '지금까지 친숙하게 젖어 있던 요소들과는 전혀 다른 것들'(풍주)에 대해서도 사색할 것을 권유한다.

나무가 글쓰기의 모험을 비롯하여 회화와 물리학과 화학과 생물학 전반에 걸쳐 연결되어 왔던 사실은, 서양의 인간들이 바쳐 왔던 숭배의 의식과 그들의 상상 속에 점유하고 있었던 나무의 위치를 귀납적으로 증언하고 있다. 우리는 나무가 '변이-요소'일 뿐만 아니라 새롭게 바슐라르의 개념을 빌려 와서 '초이성적' 존재라는 것을 지지한다. 실질적으로 나무는 공간·시간적으로 극대화된 양상으로 자신을 펼치면서 공기와 물과 빛과 광물을 수렴하고 종합하며, 가뭄과 강우와 한파와 바람의 내력을 자신의 문서고에 기록한다. 단적으로 말해서 그는 정신이 이론적 구상의 중심에 있는 것처럼 우주의 한복판에서 물질적으로 작용하고 있다. 그러면서 물질과 모형을 제공했던 것은 나무였다. "우리는 그 존재가 논리학자나 위치의 방법적——연결의 수목학 기술——분류학자들에게 영감을 주었다는 것을 이해한다."[8] 헤겔이 나무의 성장 과정 속에서 '철학 역사의 영상'[9]을 발견하던 때, 그는 자신이 얼마나 옳았는지를 의심할 수 없었다. 그의 눈에는 나무가 지상에서 하늘로 밀어올리는 기본적 개념과 정신을 지향하는 물질의 상승 운동을 구체화하고 있을 뿐 아니라, 나무의 식민

---

7) 가스통 바슐라르, *op. cit.*, p.10.
8) 프랑수아 다고네, 《자연》, Vrin, 1990, p.136.
9) 헤겔, 《철학 역사 강의》(지블랭 역), Gallimard, coll. Idées, 1954, tome I, p.129.

지형 구조가 인간 역사에 대한 개인주의적 개념을 추월하고 있었기 때문이다. 그렇듯 자신을 변화시키면서 존속하고, 타고난 조형성으로 모든 역경에 적응하며 저항하는 놀라운 역량의 그 존재를 칭송하자. 그 역시 하나로 모으고 쇄신하면서 동일하지만 전혀 새로운 존재로 태어나는, 나무와 정신 간의 경이로운 상동을 강조하면서 더 멀리 나아가자. 우리는 또한 프랑수아 다고네가 나무에 관해 확신하고 있는 식으로 말해야만 한다. "그의 모든 것은 어리둥절한 이탈이며 혼란스러운 뒤섞임이다. 그는 그렇게 언제나 같은, 하지만 예상할 수 없는, 무수한 부활과 변신이 가능한 고갈되지 않는 자연을 구체화한다."[10] 나무의 철학은 철학이 생각하듯이 나무가 살아간다는 명제에 이를 수밖에 없다. 철학처럼 나무는 다원성 속의 일관성을 유지하면서 혼합된 요소들로 생장하는 특성을 취하고 있기 때문이다. 모든 위대한 철학은 다양한 인간 행위의 영역들(과학 · 예술 · 정치) 사이에 어떤 공통적인 것이 도래할 수 있다는 사실을 가정한다. 그리하여 그것은 "세상과의 유대를 단절함이 없이"[11] 진실들의 일체를 취할 수 있다는 가능성을 믿는다. 이런 의미에서 나무는 철학자에게 데카르트의 회의적인 나무보다 훨씬 타당한 구체적인 모형을 실현하여 보여 준다. "변함없는 동시에 별나게 흔들리는 그 존재"[12]는 인간의 정신에 일관된 다원론을 강의하고 있다. 정신은 그에게 의지하여 자신을 추정한다고 해서 수치심을 가져서는 안 된다. 그처럼 정신도 공간과 시간 속에서 꽃을 피우고, 새싹을 틔우고 있기 때문이다.

---

10) 프랑수아 다고네, 《자연》, *op. cit.*, p.136.
11) 모리스 메를로 퐁티, 《기호들》, Gallimard, 1960, p.65.
12) 프랑수아 다고네, 《자연》, *op. cit.*, p.143.

어휘 사전

개간, 정지(Essartage): 경작하기 위해 대지의 나무와 덤불을 뽑고 정리하는 일.

개간지. 개간 예정 잡목림(Essart): 개간하기 위해 벌채된 땅.

(공유림의) 벌채권, 연료의 저장, 연료세(Affouage): 자연 상태로 공동체의 거주자들에게 운반되는 난방용·건축용 목재.

광합성(Photosynthèse): 1898년 반스가 제시한 용어로서, 식물의 엽록소가 태양 에너지의 도움으로 그들의 기질에 적합한 물질을 생성하는 과정을 가리킨다.

급변, 급한 중단(Saltus): 점유의 규정으로 귀속하는 공간을 가리킨다.

나뭇고갱이, 심재, 적목질(Duramen): 나무줄기의 한가운데 위치한 세포들로 이루어진 심부.

나자, 겉씨 식물(Gymnosperme): 속씨 식물에 상대적으로, 씨가 닫혀 있지 않고 드러나 있는 식물.

눈(Gemme): 새로운 식물의 기초가 되는 싹.

대수림, 큰 나무(Futaie): 긴 줄기를 드러내고 있는 나무들 일체. 구제도 아래서 이 용어는 어떤 조림된 대지에서 보전 용도로 남겨 놓는, 즉 4분의 1의 대수림을 가리켰다.

목장, 목초지(Pacage): 처음에는 양 같은 가축떼를 방목하는 지역을 일컫다가, 이어서는 방목을 하는 행위를 가리키게 되었다.(법적인 표현 '방목권'을 참조)

무면허 영업, 비밀 출판 혹은 이회토의 시비(Marronage 혹은 Marnage): 일정 지방의 거주자들에게 집을 짓거나 기타 필요한 용도에 쓰도록 벌목 허가를 내주는 일.

(미닫이, 연극 무대의) 홈. (영화의) 세트(Coulisse): 무대 위에서 배경을 앞뒤로 이동시킬 수 있도록 만든 장식의 하나. 그와 유사하게, 그려진 풍경 속에서 공간을 배치하기 위해 나무의 막이나 다발을 활용한다.

백목질(Aubier): 저장하는 세포들로 구성된, 희고 부드러운 목질.

변방(Marche): 고대적인 의미에서 이 용어는 한계·경계를 가리킨다. 역사적으로 변새 총독을 선두에 내세워서 군사를 배치하였던 적국과의 경계 지역을 가리킨다.

별장(Villa): 옛 라틴계 사람들이 소유했던 광활한 전원의 영지를 가리킨다.

**복합 벌채림, 조정 벌채림, 혹은 대수림 벌채림(Taillis composé, régulier ou Taillis sous futais): 두 개의 식물 분포층으로 조성된 숲. 하나는 벌채된 나무들로 형성된 열등한 분포지로서, 나무들이 듬성듬성 서 있고 장차 큰 나무로 키울 목적으로 잔가지의 어린나무들을 심어 놓았다. 다른 하나는 다양한 수령의 나무들이 들어찬 우수한 분포지로서, 일체를 대수림 내지는 보전림이라 일컫는다.

부름켜, 형성층(Cambium): 벌어지면서 목질과 속껍질 혹은 인피를 구성하는 세포들의 안착. 결과적으로 나무줄기를 직경으로 자라게 한다.

분열 조직(Méristème): 길이와 두께로 성장하게 만드는 분화되지 않은 세포 조직의 일체.

삼림 태우기, 화전(Brûlis): 의도적으로 삼림의 일부를 불태워서 개간하는 기술.

생명-권력(Bio-Pouvoir): 개체를 성장시키고 보강하고 번식시키는 힘을 비축한 조직을 특징짓는 개념. 《지식의 의지》(Gallimard, 1976)에서 푸코는 현대 국가들을 분석하기를 "권력은 거대한 인구 집단이 보여 주는 각 인종별·부류별 생활 수준에 따라 장치되고 실행한다"(p.180)고 했다. 우리는 이러한 집중된 권력의 기술이 또한 나무에 적용된다는 것을 보여 주었다.

소나무(의 일종)(Arolle): 산 위에서 성장하는 소나무. 미술레의 산문으로 유명해짐.

속껍질, 인피(Liber): 부름켜에 의해 생성되는 복잡한 조직으로서, 동화액의 순환을 가능케 하는 자그마한 구멍들로 이루어진 체관.

수목연대학(Dendrochronologie): 숲 속의 갖가지 나무들의 수령을 확인하고 정리하기 위해서 다양한 나이테의 두께를 연구하는 학문.

수목학(Dendrologie): 나무를 취급하는 식물학의 한 분야.

숨구멍, 소공(Stomate): 나뭇잎의 표면에서 가스의 교환이 이루어지는 구멍을 가진 세포의 일체.

(시효에 의한) 소유권 취득(usucapion): 일정한 기간 동안 연장된 소유에 바탕을 둔 자산의 취득 형태.

쌍자엽 식물(Dicotylédone): 평행으로 퍼지면서 식물의 최초 발달에 도움을 주는 자양을 갖고 있는, 두 개의 자엽을 지닌 새싹. 혹은 그 속씨를 갖고 있는 식물의 집단.

연소, 염소(phlogistique): 오래된 화학 용어로서, 모든 물체에 주어졌다고 생각되는 유체가 물체를 포기하면서 연소를 불러일으키는 현상. 이때 불은 하나의 물질로서 연소한다. 반세기 이상 지배했던 이 이론은 라부아지에에 의해 철회된다.

엽록소(Chlorophylle): 1818년 카방투가 제시한 용어로서, 분자 조직을 종합하는 빛 에너지를 포착하는 엽록체 안에 들어 있는 초록빛 잎새의 색소.

외떡잎, 단자엽 식물(Monocotylédone): 하나의 잎새만을 가진 속씨 식물 집단.

잡목숲, 총림(Morts-bois): 작은 키를 가진 소관목 혹은 관목. 일반 용도로 쓰기에 적합하지 않아서 구체제의 법 아래서는 주로 난방 재료로 저장되었다.

재산 상속 불능 제도(Mainmorte): 영주가 자신의 농노의 재산에 대한 권한을 행사하는 봉건 제도의 용어. 이 용어는 법적으로 양도할 수 없는 자산의 상황을 가리킨다.

조림(Afforester): 숲을 조성하기 위해 나무를 심는 행위.

출입 금지(표찰)(Defens): 목재를 생산하기 위해 보전하고 있는 개간 불가한 숲의 범위.

취목, 휘묻이(Marcottage): 여러 식물에 응용하는 작업으로서, 각 가지들을 땅에 묻어 일정하지 않은 부정근이 뻗어 나오게 하여 새로운 식물 개체를 얻는 방법이다.

코르크질(Subérine): 불침투성의 코르크 물질.

콜로포늄, 송진(Colophane): 수지의 일종.

피자, 속씨(식물)(Angiosperme): 종자·씨가 닫힌 공간에 들어 있는 식물.

흡지(Drageon): 뿌리 위로 뻗어나가 새싹을 틔우는 성장 상태.

참고 문헌

I. 상징적인 나무

Bachelard G., *L'Air et les Songes. Essai sur l'imagination du mouvement*, Corti, Paris, 1943.

Bachelard G., *La Terre et les rêveries de la volonté. Essai sur l'imagination des forces*, Corti, Paris, 1948.

Bachelard G., *Le Terre et les rêveries du repos. Essai sur les images de l'intimité*, Corti, Paris, 1948.

Bachelard G., *La Poétique de l'espace*, PUF, Paris, 1957.

Beckett S., *En attendant Godot*, Minuit, paris, 1952.

Bible, *Ancien et Nouveau Testment*, Cerf, TOB, Paris, 1972.

Brosse J., *Les Arbres France. Histoire et légendes*, Plon, Paris, 1987.

Brosse J., *Mythologie des arbres*, Payot, Paris, 1993.

Creuzer F., *Symboles et mythologies des peuples de l'Antiquité*, Treutel et Würtz, Paris, 1825.

Danielou J., *Les Symboles chrétiens primitifs*, Le Seuil, Paris, 1961.

Eliade M., *Traité d'histoire des religions*, Payot, Paris, 1949.

Eliade M., *Images et Symboles*, Gallimard, Paris, 1952.

Frazer J., *Le Rameau d'or*, tome I: *Le Roi magicien dans la société primitive*, Laffont, Paris, 1981.

Frazer J., *Le Rameau d'or*, tome II: *Le Dieu qui meurt, Adonis Atys et Osiris*, Laffont, Paris, 1983.

Frazer J., *Le Rameau d'or*, tome III: *Esprits des blés et des bois*, Laffont, Paris, 1984.

Frazer J., *Le Rameau d'or*, tome IV: *Balder le Magnifique*, Laffont, Paris, 1984.

Goblet d'Alviella, *La Migration des symboles*, Leroux, Paris, 1891.

Graves R., *Les Mythes grecs*, Fayard, Paris, 1967.

Grégoire abbé, *Histoire patriotique des arbres de la liberté*, 2ᵉ éd., A. Harvard, Paris, 1833.

Grimal Pierre, *Dictionnaire de mythologie grecque et romaine*, PUF, Paris, 1951.

Lajard F., *Histoire du culte du cyprès*, Didot, Paris, 1847.

Ovide, *Les Métamorphoses*(trad. D. Robert), Actes Sud, Arles, 2001.

Ozouf M., *La Fête révolutionnaire, 1789-1799*, Gallimard, Paris, 1976.

Pastoureau M., *Les Emblèmes de la France*, Bonneton, Paris, 1999.

Poiret J. L. M., *Histoire philosophique, littéraire, économique des plantes de l'Europe*, Didot, Paris, 1825.

Rosset C., *La Philpsophie tragique*, rééd., PUF, Paris, 1991.

Viennot, *Le Culte de l'arbre dans l'Inde ancienne*, PUF, Paris, 1952.

나무의 항목

—— Dictionnaire des symboles de J. Chevalier et A. Gheerbrant, Laffont, Paris, 1985.

—— Dictionnaire de Trévoux, Cie des Libraires associés, édition Castillon, 1776-1778.

—— Encyclopédie, texte de Buffon, édition Panckouke, Briasson David Le Breton Durand, paris, 1751.

II. 말의 나무

독서의 흐름에 따라서 우리는 수필 혹은 소설만큼이나 많은 수의 시를 읽고, 방대한 분량을 선별하였다. 유추의 나무에 관한 문장들을 선별하려고 준비하는 입장에서, 이미 활용했던 몇몇 저자들만 지적하고자 한다.

Barrès M., *Les Déracinés*, Laffont, Paris, 1994.

Breal M., *Mélanges de mythologie et de linguistique*, Champion, Paris, 1878.

Breal M., *Essai de sémantique*, Hachette, Paris, 1904.

Cassirer E., *Philosophie des formes symboliques*, tomes 1: *Le Langage*, Minuit,

Paris, 1972.

Charbonnel N., *La Tâche aveugle*, 3 tomes: *Les Aventures de la métaphore, L'important c'est d'être propre, Philosophie du modèle*, Presses de l'université de Strasbourg, 1991-1993.

Claude P., *Art poétique*, Gallimard, Paris, 1907.

Claude P., *Connaissance de l'Est*, Gallimard, Paris, 1906.

Darwin C., *L'Origine des espèces*, Masson, Paris, 1866.

Droixhe D., *La Linguistique et l'appel de l'histoire, 1600-1800*, Droz, Paris, 1978.

Dumas R., ⟨L'Arbre, métaphore et symbole réactionnaires⟩, communication à paraître dans les actes du colloque d'Ussel, 1ᵉʳ et 2 avril 2000.

Flaubert G., *L'Education sentimentale*, édition de Maurice Nadeau, Rencontre, Lausanne, 1965.

Gracq J., *Carnets du grand chemin*, Corti, Paris, 1992.

Gudin C., *La Langue de bois. Nique ta botanique*, L'Age d'homme, Lausanne, 1996.

Gusdorf G., *L'Avènement des sciences humaines au XVIIIᵉ siècle*, Payot, Paris, 1973.

Hugo V., *Poésies complètes*, 3 tomes, Le Seuil, coll. L'Intégrale, Paris, 1972.

Hugo V., *Quatre-vingt-treize*, Gallimard, Paris, 1979.

Klee P., *Théorie de l'art moderne*, Médiations Gonthier, Paris, 1985.

Leroy-Ladurie E., *Histoires du climat depuis l'an mille*, Flammarion, coll. Champs, Paris. 1983.

Michelet J., *La Montagne*, 2ᵉ éd., Editions d'Aujourd'hui, coll. Les Introuvables, Paris, 1983.

Müller M., *La Sience du langage*, Durand et Pedone, Paris, 1867.

Müller M., *Nouvelles leçons sur la science du langage*, Durand et Pedone, Paris, 1869.

Olender M., *Les Langues du paradis*, Le Seuil, Paris, 1989.

Perec J., *Un homme qui dort*, Gallimard, Paris, 1998.

Ponge F., *La Rage de l'expression*, Gallimard, coll. Poésie, Paris, 1976.

Porset C., 〈L'idée et la racine〉, *Revue des sciences humaines*, 1977.

Robert Le, *Dictionnaire historique de la langue française sous la direction*, d'A. Rey, Laffont, Paris, 1992.

Rousseau, *Œuvres*, 4 tomes, Le Seuil, coll. L'Intégrale, Paris, 1967.

Schleicher, *La Théorie de Darwin et la science du langage*, Paris, 1863.

Schleicher, *L'Importance du langage pour l'histoire naturelle de l'homme*, Paris, 1864.

Taine, *La Fontaine et ses fables*, Joubert, Paris, 1853.

Taine, *Derniers essais de critique et d'histoire*, Hachette, Paris, 1896.

III. 나무의 전형

Alembert d', *Discours préliminaire à l'Encyclopédie*, Chatelain et fils, Amsterdam, 1759.

Aristite, *Métaphysique*(trad. Tricot), Vrin, Paris, 1970.

Augier A. *Essai d'une nouvelle classification des végétaux conforme à l'ordre que la nature paraît avoir suivi dans la règne végétal: d'où résulte une méthode qui conduit à la connaissance des plantes et de leurs rapports naturels*, Bruyset, Lyon, 1801.

Barthélemy-Madaule M., *Lamarck ou le Mythe du précurseur*, Le Seuil, Paris, 1979.

Bernardin de Saint-Pierre, *Etudes sur la nature*, 4 vol., Didot, Paris, 1784.

Bonnet C., *Traité d'insectologie ou Observations sur les pucerons*, Genève, 1745.

Bonnet C., *Contemplation de la nature*, Amsterdam, 1766-1770.

Candolle A. de, *Géographie botanique raisonnée ou Exposition des faits principaux et des lois concernant la distribution géographique des plantes de l'époque actuelle*, Masson, Paris, 1855.

Cassirer E., *La Philosophie des Lumières*, Fayard, Paris, 1970.

Dagognet F., *Le Catalogue de la vie*, PUF, Paris, 1970.

Dagognet F., *Une épistémologie de l'espace concret*, Vrin, Paris, 1977.

Darwin C., *L'Origine des espèces*, 2 tomes, Maspéro, Paris, 1980.

Daudin M., *De Linné à Lamarck. Méthodes de la classification et idée de série en botanique et en zoologie*, EAC, Paris, 1983.

Drouin J. -M., *L'Ecologie et son histoire*, coll. Champs, Flammarion, Paris, 1993.

Duchesne A. N., *Histoire naturelle des fraisiers contenant les vues d'économie réunies à la botanique*, Didot le Jeune, C. J. Panckouke, Paris, 1766.

Dumont J.-P., *Introduction à la méthode d'Aristote*, Vrin, Paris, 1986.

Foucault M., *Les Mots et les Choses*, Gallimard, Paris, 1966.

Humboldt A. de, *Tableaux de la nature*, Gide et Baudry, Paris, 1851.

Humboldt A. de, *Essai sur la géographie des plantes accompagné d'un tableau physique des régions équinoxiales*, Schoell, Paris, 1807.

Jacob F., *La Logique du vivant*, Gallimard, Paris, 1970.

Jussieu A. L. de, *Exposition d'un nouvel ordre des plantes*, Paris, 1774.

Koyré, *Entretiens sur Descartes*, Gallimard, Paris, 1962.

Lamarck, *Philosophie zoologique*, 2 vol., Dentu, Paris, 1809.

Libéra A. de, *La Querelle des universaux de Platon à la fin du Moyen Age*, Le Seuil, Paris, 1996.

Linné, *L'Equilibre de la nature*, Vrin, Paris, 1972.

Porphyre, *Isagoge*(trad. Tricot), Vrin, Paris, 1947.

Tassy P., *L'Arbre à remonter le temps*, Didrot, Paris, 1998.

IV. 식물학자들은 왜 나무를 좋아하지 않는가

Adanson, *Famille des plantes*, Paris, 1763.

Arould D., Hotyat M., Simon L., *Les Forêts d'Europe*, Nathan, Paris, 1997.

Buffon, *Histoire naturelle générale et particulière servant de suite à l'histoire des animaux quadrupèdes*, 1769-1770, 12 vol., 4ᵉ éd, Garnier, Paris, 1855.

Canguilhem G., *Etudes d'histoire et de philosophie des sciences*, Vrin, Paris, 1970.

Delaporte F., *Le Second Règne de la nature*, Flammarion, Paris, 1979.

Descartes R., *Principes de la philosophie*, Vrin, Paris, 1970.

Devèze M., *La Vie de la forêt française au XVIᵉ siècle*, 2 vol., SEVPEN, Paris,

1961.

Duhamel du Monceau, *Traité des arbres et des arbustes qu'on peut élever en pleine terre,* Paris, 1775.

Duhamel du Monceau, *Traité de l'exploitation des forêts,* Paris, 1764.

Duhamel du Monceau, *Du transport, de la conservation et de la force des bois,* Paris, 1767.

Duhamel du Monceau, *Traité des arbres fruitiers,* Paris, 1768.

Du Petit-Thouars, *Essai sur la végétation considérée dans le développement des bourgeons. Sur la formation des arbres naturelle ou artificielle,* Gueffier, Paris, 1809.

Guyenot, *Les Sciences de la vie aux XVIIe et XVIIIe siècles,* Albin Michel, Paris, 1941.

Hales S., *La Statique des végétaux et l'analyse de l'air*(trad. Buffon), Paris, 1735.

Hanks L., *Buffon avant l'Histoire naturelle,* PUF, Paris, 1966.

Lamarck, *La Flore française,* 3e éd., De Candolle, Paris, 1815.

La Mettrie, *L'Homme-plante,* Berlin, 1774.

Linné, *Système de la nature,* Fée, Paris, 1830.

Malpighi M., *Anatome plantarum,* Prostant apud Robertum Scott, Londres, 1675.

Mathieu A., *Flore forestière. Description et histoire des végétaux ligneux,* Grimblot, Nancy, 1858.

Piquemal J., *Essais et Leçons d'histoire de la médecine et de la biologie,* PUF, Paris, 1993.

Plantefol L., *Histoire de la botanique,* Gauthier-Villars, Paris, 1967.

Pline l'Ancien, *Histoire naturelle,* Livre XII, G. Budé, Paris, 1949.

Roger J., *Buffon,* Fayard, Paris, 1989.

Sachs J. von, *Histoire de la Botanique du XVIe siècle à 1860,* Reinwald et Cie, Paris, 1892.

Saussure F. de., *Recherches chimiques sur les vénétaux,* Paris, 1804.

Tournefort J., *Eléments de bota-nique. Méthode pour connaître les arbres,* Lyon, 1797.

V. 사색적 식물학

Bacon F., *Novum Organum*, Hachette, Paris, 1857.

Bock L., *Les Arbres*, Liber, Genève, 1997.

Bock L., Bournérias M., *Le Génie végétal*, Nathan, Paris, 1992.

Bonnet C., *De l'utilité des feuilles in Œuvres d'histoire naturelle*, Neufchâtel, 1754.

—— Cahiers de l'université de Paris Sud—Orsay, oct. 1980.

—— Colloque de Montpellier 9—14 sept. 1985. Naturalia Montpeliensia.

Dagognet F., *Le Catalogue de la vie*, PUF, Paris, 1970.

Dagognet F., 〈 'Pourquoi protéger ce qu'om maîtrise? Réflexions sur l'arbre?〉 in *Maîtres et protecteurs de la nature*, Champ Vallon, Seyssel, 1991.

Dagognet F., *La Maîtres du vivant*, Hachette, Paris, 1988.

Dagognet F., *Le Vivant*, Bordas, Paris, 1988.

Deleuze G., *Rhizome*, Minuit, Paris, 1976.

Fischesser B., *Connaître les arbres*, Nathan, Paris, 1998.

Goethe, *Œuvres d'histoire naturelle*, Paris, 1837.

Goethe, *Histoire de mes études botaniques*, éd. Porchat Hachette, Paris, 1863.

Hallé F., *Eloge de la plante*, Le Seuil, Paris, 1999.

Hegel, *Philosophie de la nature*, deuxième partie(trad. Véra), Ladrange, Paris, 1865—1866.

Jean R., *Phytomathématique*, Presses de l'université de Quebec, 1978.

Kant, *Critique de la faculté de juger*(trad. Philonenko), Vrin, Paris, 1968.

Kant, *Réflextions sur l'éducation*, Vrin, Paris, 1966.

Kant, *Philosophie de l'histoire*(trad. Piobetta), Gonthier, Paris, 1965.

Lulle R., *Choix de textes*, Aubier, Paris, 1967.

Mariotte, *Premier Essay de la Végétation des Plantes*, Paris, 1679.

Mazliak, *Physiologie végétale. Croissance et développment*, Hermann, Paris, 1982.

Parret J., *L'Arbre*, Acte Sud, Arles, 1996.

Philonenko A., *Etudes kantiennes*, Vrin, Paris, 1982.

Réaumur, *Réflexions sur l'état des bois du royaume*, Paris, 1721.

Schacht, *Les Arbres. Etudes sur leurs structures et leur végétation*, Morquardt, Bruxelles, 1862.

Schuhl, *Pour connaître la pensée de Bacon*, Bordas, Paris, 1949.

Sennebier, *Physiologie végétale*, Pashoud, Genève, 1804.

Stevens P.S., *Les Formes dans la nature*, Le Seuil, Paris, 1978.

Trémoières A., *Le Manteau vert*, Nathan, Paris, 1996.

Valéry P., *Dialogue de l'arbre*, Gallimard, coll. La Pléiade, tome II, Paris, 1960.

Vaucher, *Guide des écores*, Delachaux Niestlé, Paris, 1993.

VI. 나무의 통치

Attenborough D., *The First Eden. The Mediterranean World and man*, Boston, Little Brorum and co., 1987.

Becquerel, *Des climats et de l'influence qu'exercent les sols boisés et non boisés*, Firmin Didot frères, Paris, 1853.

Blanc-Mesnil, *Les Eaux et Forêts du XII siècle au XX* siècle, éd. CNRS, Paris, 1987.

Blanqui A., *Du déboisement en montagne*, Paris, 1843.

Corvol A., *L'Homme et l'arbre sous l'Ancien Régime*, Economica, Paris, 1984.

Corvol A., *L'Homme aux bois. Histoire des relations de l'homme et de la forêt, XVII-XX* siècle, Fayard, Paris, 1995.

Cotta, *Instructions de sylviculture*, Bouchard-Huzard, Paris, 1817.

Dagognet F., *Des révolutions vertes*, Hermann, Paris, 1973.

Desfontaine, *L'Homme et la forêt*, Gallimard, Paris, 1935.

Devèze M., *La Grande Réformation des forêts sous Colbert 1661-1680*, Nancy, 1962.

Devèze M., *Histoire des forêts*, PUF, Paris, 1965.

Fabre citoyen, *Essai sur la théorie des torrents et des rivières*, Bidault, Paris, 1797.

Fabvre L., *La Terre et l'évolurion humaine*, Albin Michel, Paris, 1970.

Fustel de Coulanges, *L'Alleu et le Domaine rural. Nouvelles recherches sur quel-ques problèmes d'histoire*, Hachette, Paris, 1891.

Fustel de Coulanges, *L'Invasion germanique et la fin de l'empire. Recherches sur quelques problèmes d'histoire*, Hachette, Paris, 1894.

Hartig, *Instructions sur la culture du bois à l'usage des forestiers*, Tournaisien, Paris, 1809.

Humboldt A. de, *Cosmos. Essai d'une description physique du monde*, Gide et Baudry, Paris, 1848-1852.

Jacquiot C., *La Forêt*, Masson, Paris, 1970.

Kalaora B., *Le Musée vert ou le Tourisme en forêt*, Anthropos, Paris, 1981.

Kalaora B., Savoye A., *La Forêt pacifiée. Sylviculture et sociologie au XIXᵉ siècle*, L'Harmattan, Paris, 1986.

La Play F., *Des forêts considérées dans leurs rapports avec la constitution physique du globe et l'économie des sociétés*, éd. Ens. Fontenay/Saint-Cloud, Paris, 1996.

Manwood, *Traité des lois de la forêt*, Londres, 1592.

Maury A., *Les Forêts de la Gaule et de l'ancienne France*, Ladrance, Paris, 1867.

Pitte J. R., *Histoire du paysage français*, Poche Pluriel, Paris, 1994.

Poivre P., *Voyages d'un philosophe ou Observations sur les mœurs et les arts des peuples de l'Afrique, de l'Asie et de l'Amérique*, De Haut Bout L'Aîné, Paris, 1796.

Rouch, *L'Harmonie hydrovégétale et météorologique ou Richerches sur les moyens de recréer avec nos forêts la force des températures et la régularité des saisons par des plantations raisonnées*, Levrault, Paris, 1801.

Rougier de la Bergerie, *Les Forêts la France*, Paris, 1817.

Rougier de la Bergerie, *Mémoires et Observations sur les arbres du défrichement et de la destruction des bois et des forêts*, Auxerre, 1801.

Roupnel G., *Histoire de la campagne française*, Plon, Paris, 1974.

Surrel A., *Etude sur les torrents des Hautes Alpes*, Paris, 1841.

—— *Tant qu'il y aura des arbres*, Recherches, n° 45, 1981.

Terrasson F., *La Peur de la nature*, Le Sang de la Terre, Paris, 1988.

VII. 회화 속의 나무

Andress G. M., Hunisak J. M., Turner A. R., L'Art de Florence, Bordas, paris, 1989.

Bazin G, Corot, Tisné, Paris, 1942.

Benesch, La Peinture allemande de Dürer à Holbein, Skira, Genève, 1966.

Billy A., Les Beaux Jours de Barbizon, Taillandier, Paris, 1947.

Blunt A., Art et architecture en France 1500-1600, Macula, Paris, 1983.

Blunt A., Les Dessins de Poussin, Hazan, Paris, 1988.

Bonnefoy Y., Rome 1630, Flammarion, Paris, 1994.

Borsch-Supan, C. D. Friedrich, Adam Biro, Paris, 1989.

Bouret J., L'Ecole de Barbizon et le paysage français, Ides et Calendes, Neuf-châtel, 1972.

Brion M., L'Age d'or de la peinture hollandaise, Meddens, Bruxelles, 1964.

Carus F., Lettres sur le paysage, Klincksieck, Paris, 1983.

—— Cézanne, catalogue de l'exposition du Grand Palais, RMN, 1995.

Clack K., L'Art du paysage, G. Monfort, Brionne, 1994.

—— Corot, catalogue de l'exposition du Petit Palais, Paris, 1920.

Delamarre F., Guineau B., Les Matériaux de la couleur, Gallimard, Paris, 1999.

Dimier L., Histoire de la peinture française, Paris, 1925.

Domeque J.-P., Ruisdael, ciel ouvert, Adam Biro, Paris, 1989.

Duby G., L'Europe au Moyen Age, Flammarion, Paris, 1983.

Eitner L., La Peinture en Europe au XIXᵉ siècle, Hazan, Paris, 1993.

Felibien A., Entretiens sur les vies et sur les ouvrages des plus excellents peintres anciens et modernes, Paris, 1685.

Focillon H., La Peinture au XIXᵉ siècle, Flammarion, Paris, 1991.

Francastel P., Peinture et société, Gallimard, Paris, 1965.

Francastel P., Etudes de sociologie de l'art, Gonthier, Paris, 1970.

Fromentin, Les Maîtres d'autrefois, Plon-Nourrit, Paris, 1910.

Gombrich E., L'Ecologie des images, Flammarion, Paris, 1983.

―― *Hommage à Corot*, catalogue de l'exposition de l'Orangerie, RMN, Paris, 1975.

―― *L'Impressionnisme et le paysage francais*, catalogue de l'exposition du Grand Palais, RMN, Paris, 1985.

―― *Jardin d'artiste, de mémoire d'arbre*, catalogue de l'exposition du musée Zadkine, Paris, 1998.

Lartigue C. de, *Les Paysages de Cézanne*, Les Création du pélican, Paris, 1991.

Lassaigne J. Delevoye L. R., *La Peinture flamande de Bosch à Rubens*, Skira, Genève, 1958.

Lassaigne J., *Le Siècle de Van Eyck*, Skira, Genève, 1957.

Lefort J., *Chimie des couleurs pour la peinture*, Paris, 1855.

Le Pileur d'Appligny, *Traité des couleurs matérielles*, Paris, 1776.

Leymarie J., *La Peinture hollandaise*, Sakira, Genève, 1956.

Leymarie J., *Corot*, Sakira, Genève, 1992.

Lhote A., *Traité de la figure et du paysage*, Grasset, Paris, 1979.

―― *Lorrain, dessins*, catalogue de l'exposition du Grand Palais, RMN, Paris, 1983.

Mérimée J. F. L., *De la peinture à l'huile ou Des procédés modernes*, Gutenberg, Paris, 1979.

Mérot A., *Poussin*, Hazan, Paris, 1990.

―― *Magie des arbres*, catalogue de l'exposition de la Fondation Beyeler, Berne, 1998.

Miquel P., *Le Paysage français au XIX*, *1824-1874. L'école de la neture*, La Martinière, Maurs-la-jolie, 1987.

Pächt O., *Le Paysage dans l'art italian*, G. Monfort, Brionne, 1991.

Panofsky E., *Les Primitifs flamands*, Hazan, Paris, 1992.

Panofsky E., *Dürer*, Hazan, Paris, 1987.

Picon G., *1863, Naissance de la peinture moderne*, Sakira, Genève, 1974.

Piles R. de, *Dissertation sur les œuvres des plus fameux peintres avec la vie de Rubens*, Paris, 1681.

Piles R. de, *Abrégé de la vie des peintres avec des réflexions sur leurs ouvra-*

ges, Paris, 1699.

Piles R. de, *Cours de peinture par principes*, Paris, 1708.

Roger A., *Court traité du paysage*, Gallimard, Paris, 1997.

Roger-Marx C., *Le Paysage français de Corot à nos jours ou le Dialogue de l'homme et du ciel*, Plon, Paris, 1952.

Rosenberg P., *Poussin*, catalogue de l'exposition du Grand Palais, RMN, Paris, 1994.

Rosen C., Zerner H., *Romantisme et Réalisme*, Albin Michel, Paris, 1986.

Schmied W., *C. D. Friedrich*, Cologne, Dumot, 1976.

Sensier A., *Souvenirs sur Théodore Rousseau*, Lemerre, Paris, 1872.

Terrasse A., *L'Univers de Théodore Rousseau*, Scrépel, Paris, 1972.

Van Mander C., *Le Livre des peintres*, Hermann, Paris, 1966.

Wattelet, *L'Art de peindre*, Paris, 1760.

Wattin, *L'Art d'employer le vernis ou l'Art du peintre*, Paris, 1772.

Wattin, *L'Art du peintre, du doreur, du vernisseur*, Grangé, Paris, 1773.

Wölflin H., *Principes fondamentaux de l'histoire de l'art*, G. Monfort, Brionne, 1952.

색 인

로베르 뒤마
철학박사
저서:《권력, 플라톤에서 리쾨르까지 선집》(Ellipses, 1994)
《레지 드브레를 불태워야 하는가?》(F. Dagognet, R. Damien 공저 Champ Vallon, 1999)
또한 나무의 작품 전시회에 관한 논평을 기고(포미술학교 마테리아 프리마 박물관, 2001)

송형석
광운대학교 응용전자공학과 졸업
한국외국어대학교 서양어대학 불문과 졸업
역서: 잭 히긴스, 《악마의 손길》(1992, 고려원미디어)
피터 벤츨리, 《버뮤다의 공포》(1992, 고려원)
노먼 슈워츠코프, 《영웅은 필요없다》(1993, 성훈출판사)
《우주론이란 무엇인가》《지능이란 무엇인가》(2004, 동문선)

문예신서
253

나무의 철학

초판발행 : 2004년 6월 25일

지은이 : 로베르 뒤바
옮긴이 : 송형석
총편집 : 韓仁淑
펴낸곳 : 東文選
제10-64호, 78. 12. 16 등록
110-300 서울 종로구 관훈동 74
전화 : 737-2795

편집설계 : 李妵旲 李惠允

ISBN 89-8038-464-5 94160
ISBN 89-8038-000-3(세트 : 문예신서)

東文選 文藝新書 244

영화와 회화

― 탈배치

파스칼 보니체
홍지화 옮김

우리는 영화와 회화 사이의 덜 분명하지만 보다 확실하고 보다 비밀스러운 관계를 조명하고자 한다. 영화는 예술적인 문제들과 만나게 되거나, 회화가 다르게 다루었던 효과들을 나름의 목적에 이용할 것이다. 회화의 고정성과 영화 이미지의 유동성으로 인해 영화와 회화가 반드시 단절되는 것은 아니다. 왜냐하면 영화는 나름대로 고정된 이미지와 연관되고, 회화도 움직임과 연관되기 때문이다.

영화와 회화에 바쳐진 이 텍스트 모음집에서 파스칼 보니체는 현대 예술의 변모――마네부터 포토리얼리즘에 이르기까지――를 통해 회화에 대한 영화·카메라·스크린·움직임의 영향을 분석한다. 또한 회화의 쪽 단위로 조판하는 정판의, 정태적인 프레임의, 게다가 현대 회화의 폭력적인 제스처의 몇몇 영화인들에 대한 상호 영향을 분석한다. 두 가지 전제들이 이 책에서 시험된다. 이를테면 회화가 극예술에도 속한다는 것, 그리고 영화는 몇몇 경우에 산업이 그에게 부과하는 서술적 운명을 피하려 한다는 것이다. 두번째의 경우는 고다르 혹은 안토니오니가 증명하는 것처럼 현대 회화의 모델에 따라 추상적인 서정주의에 도달하기 위한 것이다.

東文選 文藝新書 239

미학이란 무엇인가

마르크 지므네즈
김웅권 옮김

미학이 다시 한 번 시사성 있는 철학적 주제가 되고 있다. 예술의 선언된 종말과 싸우도록 압박을 받고 있는 우리 시대는 이 학문의 대상이 분명하다고 간주한다. 그런데 미학은 상대적으로 최근에 태어난 것이다. 왜냐하면 예술에 대한 성찰이 합리성의 역사와 나란히 한 역사이기 때문이다. 마르크 지므네즈는 여기서 이 역사의 전개 과정을 재추적하고 있다.

미학이 자율화되고 학문으로서 자격을 획득하는 때는 의미와 진리에의 접근으로서 미의 문제가 초미의 관심사가 되는 계몽주의의 세기이다. 그리하여 다양한 길들이 열린다. 미의 과학은 칸트의 판단력도 아니고, 헤겔이 전통과 근대성 사이에서 상상한 예술철학도 아닌 것이다. 이로부터 20세기에 이루어진 대(大)변화들이 비롯된다. 니체가 시작한 철학의 미학적 전환, 미학의 정치적 전환(특히 루카치·하이데거·벤야민·아도르노), 미학의 문화적 전환(굿맨·당토 등)이 그런 변화들이다.

예술이 철학에 여전히 본질적 문제인 상황에서 과거로부터 오늘날까지 미학에 대해 이 저서만큼 정확하고 유용한 파노라마를 제시한 경우는 드물다.

마르크 지므네즈는 파리I대학 교수로서 조형 예술 및 예술학부에서 미학을 강의하고 있다. 박사과정 책임교수이자 미학연구센터 소장이다.

東文選 文藝新書 206

문화 학습 — 실천적 입문

주디 자일스 / 팀 미들턴
장성희 옮김

이 책은 문화 연구의 핵심 개념들을 소개하는 개론서로, 특히 문화 연구라는 주제를 처음 접하는 사람들을 위해 쓰여졌다. 저자들이 선택한 독서들과 활동·논평들은 문화 연구의 장을 열어 주고, 문화지리학·젠더 스터디·문화 역사 분야에서의 새로운 작업을 결합시킨다.

제I부는 문화와 문화 연구에 대한 다양한 해석들에 관한 논의로 시작해서 정체성·재현·역사·장소와 공간에 대한 탐구로 이어진다. 제II부에서는 논의를 확장시켜서 고급 문화와 대중 문화, 주체성, 소비와 신기술을 포함한 좀더 복잡한 주제들을 소개한다. 제I부와 제II부 모두 추상적 개념들을 경험적 자료들에 적용시키는 방법과 문화 분석에 있어 여러 학제적 접근 방법의 중요성을 예시해 주는 사례 연구들로 끝을 맺는다.

중요 이론가들과 논평가들의 저서에서 발췌한 인용문들이 텍스트와 결합되어 학생들이 주요 관건들·이론들·논쟁들에 접근하도록 돕는다. 이 책 전반에 등장하는 연습과 활동은 독자들로 하여금 제시된 문제들을 분석적으로 생각하게 고무한다. 심화된 연구와 폭넓은 독서를 위해 서지·참고 문헌·권장 도서 목록을 함께 실었다.

이 책은 그 다양성을 통해 문화 연구에 관한 지속적인 관심과 이해의 초석이 될 것이다.

주디 자일스는 리폰 & 요크 세인트 존 칼리지에서 문화 연구·문학 연구·여성학을 강의하고 있으며, 팀 미들턴은 리폰 & 요크 세인트 존 칼리지에서 문학 연구와 문화 연구를 강의하고 있다.

東文選 文藝新書 193

현대의 신화

롤랑 바르트

이화여대 기호학 연구소 옮김

 이 책에서 바르트가 분석하고자 한 것은, 부르주아사회가 자연스럽게 생각하고 자명한 것으로 생각해 버려서 마치 신화처럼 되어 버린 현상들이다. 그것은 1950년대 중반부터 60년대 초까지 프랑스 사회에서 일어나고 있는 현상이지만, 이미 과거의 것이 되어 버린 것이 아니라 오늘날에도 유효한 것이기 때문에 독자들의 많은 관심을 불러일으키고 있다. 저자가 이책에서 보이고 있는 예리한 관찰과 분석, 그리고 거기에 대한 명석한 해석은 독자에게 감탄과 감동을 체험하게 하고 사물을 보는 새로운 눈을 뜨게 한다. 특히 후기 산업사회에 들어와서 반성 없이 이루어지고 있는 것, 가벼운 재미로만 이루어지면서도 대중을 지배하는 모든 것에 대해서 이 책은, 그것들이 그렇게 자연스런 것이 아니라는 것, 자명한 것이 아니라는 것을 알게 한다. 사회의 모든 현상이 숨은 의미를 감추고 있는 기호들이라고 생각하는 이 책은, 우리가 그 기호들의 의미 현상을 알고 있는 한 그 기호들을 그처럼 편안하게 소비하고 있을 수 없다는 것을 우리에게 알게 한다.
 이 책은 바르트 기호학이 완성되기 전에 씌어진 저작이기 때문에 엄밀한 의미에서 바르트 기호학을 대표하는 것은 아니지만, 그러나 그의 타고난 기호학적 감각과 현란한 문체로 이루어져 있어서 그의 기호학이론에 완전히 부합되고 있을 뿐만 아니라, 그의 텍스트 실천이론에도 상당히 관련되어 있어서 바르트 자신의 대표적 저작이라 할 수 있다.

東文選 文藝新書 189

영화의 환상성

장 루이 뢰트라 / 김경온 · 오일환 옮김

영화는 발생 초기부터 환상성이라는 테마를 집요하게 다루어 왔다. 단지 환상성의 개념이 생각만큼 일관되고 통합된 모습을 드러내지 않았을 뿐이었다. 영화적 기계 장치는 실재 현실과 그 모사들을 재료로 취해 유희했다. 실재 현실과 그 모사의 결합을 그리는 일은 흥미롭지만 무모한 시도였다.

그러나 제7의 예술 영화는 이 모호한 영역에 접근할 때에만 진정한 정체성을 소유할 수 있다. 이 좁은 변방 지역에는 모순된 내면을 가진 피조물들이 가득 차 있다. 유령들, 캣우먼들, 괴물로 변신하고 있는 박사들이 그들이다. 이 책은 영화의 환상성을 구현한 영화 작품들을 나선의 움직임 속에서 포착한다. 《안달루시아의 개》와 《지난해 마리앙바드에서》가 이 책의 출발과 결말, 두 극점에 각각 자리잡고 있는 가운데 그동안 파묻혔던 판타스틱 공포영화들을 소생시키는 소용돌이의 흐름이 두 극점 사이에서 일어난다. 그래서 인생과 영화의 판타스틱 코드를 통찰한 제작자 발 루턴의 감독들인 자크 투르뇌르 · 로버트 와이즈 · 마크 로브슨의 작품들이 되살아나고, 그리고 마리오 바바의 작품들, 잭 클레이턴의 《순수한 자들》, 무르나우의 《노스페라투》, 카를 테오도르 드라이어의 《흡혈귀》 같은 옛 작품들, 또 《여방문객》 · 《꿀벌통의 정령》 · 《노란 집의 추억》 속의 비밀에 싸인 주인공들이 되살아난다. 결국 이 책은 영화와 시간의 관계, 영화의 멜랑콜릭한 성격, 그리고 영화의 힘에 대해 이야기한다.

장 루이 뢰트라는 프랑스 파리 3대학의 영화사와 영화미학 교수로 영화와 문학의 관계, 파롤과 이미지성의 힘 등에 대한 강좌를 열고 있다. 영화에 관한 많은 논문 · 저서들 외에 소설가 쥘리앵 그라크에 대한 저술서도 발간했다.

東文選 文藝新書 2001

우리 아이들에게
어떤 지표를 주어야 할까?

장 뤽 오베르 / 이창실 옮김

가족이 해체되고, 종교와 신앙·가치들이 의문에 부쳐지고, 권위와 교육적 기준들이 흔들리고 있다. 오늘날 전통적 지표들이 동요하고 있는 것이다. 그런데 아이가 밝고 건강하게 자라기 위해서는 반드시 지표들이 주어져야 한다. 그렇지 못할 경우에 극단적인 태도로 기울어질 위험이 있기 때문이다.

교육심리학자이자 여러 저서의 저자이기도 한 장 뤽 오베르는, 아이들과 부모들에 대한 일상의 관찰에 힘입어 다음의 질문들에 대답하고 있다.

- 갓난아이, 어린아이, 청소년에게는 어떤 지표들이 반드시 필요한가?
- 아이를 과잉보호하지 않고 어떻게 안심시킬 수 있을까?
- 왜 다른 교육이 필요한가?
- 청소년기의 위기 앞에서 어떻게 반응해야 할까?
- 건전한 지표들과 불건전한 지표들을 어떻게 구별할 수 있을까?
- 무엇이 아이에게 강한 정체성을 부여하는 것일까?
- 쾌락과 관련된 지표들이 어떤 점에서 중요한가?
- 아이들은 신앙을 필요로 하는가?

본서는 부모들의 필독서로서, 그들에게 반성의 실마리 및 조언을 주어 자녀들이 절대적으로 필요로 하는 지표들을 제공할 수 있도록 한다. 그리하여 아동이 속박이나 염려스러운 불분명함 속에 방치되는 일 없이 교육을 통해 적절한 균형을 찾을 수 있도록 도와 준다. 또한 현재와 미래의 행복한 삶을 위한 성공의 조건들을 하나하나 제시해 나간다.

東文選 文藝新書 170

비정상인들

1974-1975, 콜레주 드 프랑스에서의 강의

미셸 푸코
박정자 옮김

비정상이란 도대체 무엇일까? 하나의 사회는 자신의 구성원 중에서 밀쳐내고, 무시하고, 잊어버리고 싶은 부분이 있다. 그것이 어느 때는 나환자나 페스트 환자였고, 또 어느 때는 광인이나 부랑자였다.

《비정상인들》은 역사 속에서 모습을 보인 모든 비정상인들에 대한 고고학적 작업이며, 또 이들을 이용해 의학 권력이 된 정신의학의 계보학이다.

콜레주 드 프랑스에서 1975년 1월부터 3월까지 행해진 강의《비정상인들》은 미셸 푸코가 1970년 이래, 특히《사회를 보호해야 한다》에서 앎과 권력의 문제에 바쳤던 분석들을 집중적으로 추구하고 있다. 앎과 권력의 문제란 규율 권력, 규격화 권력, 그리고 생체-권력이다. 푸코가 소위 19세기에 '비정상인들'로 불렸던 '위험한' 개인들의 문제에 접근한 것은 수많은 신학적·법률적·의학적 자료들에서부터였다. 이 자료들에서 그는 중요한 세 인물을 끌어냈는데, 그것은 괴물, 교정(矯正) 불가능자, 자위 행위자였다. 괴물은 사회적 규범과 자연의 법칙에 대한 참조에서 나왔고, 교정 불가능자는 새로운 육체 훈련 장치가 떠맡았으며, 자위 행위자는 18세기 이래 근대 가정의 규율화를 겨냥한 대대적인 캠페인의 근거가 되었다. 푸코의 분석들은 1950년대까지 시행되던 법-의학감정서를 출발점으로 삼고 있다. 이어서 그는 고백 성사와 양심 지도 기술(技術)에서부터 욕망과 충동의 고고학을 시작했다. 이렇게 해서 그는 그후의 콜레주 드 프랑스 강의 또는 저서에서 다시 선택되고, 수정되고, 다듬어질 작업의 이론적·역사적 전제들을 마련했다. 이 강의는 그러니까 푸코의 연구가 형성되고, 확장되고, 전개되는 과정을 추적하는 데 있어서 결코 빼놓을 수 없는 필수 불가결의 자료이다.

東文選 文藝新書 201

기식자

미셸 세르
김웅권 옮김

초대받은 식도락가로서, 때로는 뛰어난 이야기꾼으로서 주인의 식탁에 앉아 식사를 하는 자가 기식자로 언급된다. 숙주를 뜯어먹고 살고, 그의 현재적 상태를 변화시키고 그의 생명을 위태롭게 하는 작은 동물 또한 기식자로 언급된다. 끊임없이 우리의 대화를 중단시키거나 우리의 메시지를 차단하는 소리, 이것도 언제나 기식자이다. 왜 인간, 동물, 그리고 파동이 동일한 낱말로 명명되고 있는가?

이 책은 우선 이러한 질문에 대한 대답으로서 이미지의 책이고 초상들의 갤러리이다. 새들의 모습 속에, 동물들의 모습 속에, 그리고 우화에 나오는 기이한 모습들 속에 누가 숨어 있는지를 알아서 추측해 볼 필요가 있을 것이다. 크고 작은 동물들이 함께 식사를 하는데, 그들의 잔치는 중단된다. 어떻게? 누구에 의해? 왜?

미셸 세르는 책의 마지막에서 소크라테스를 악마로 규정한다. 이 소크라테스의 초상에 이르기까지의 긴 '산책'이 기식자라는 화두를 중심으로 펼쳐진다. 세르는 기식의 논리를 라 퐁텐의 우화로부터 시작하여 성서 · 루소 · 몰리에르 · 호메로스 · 플라톤 등의 세계를 섭렵하면서 펼쳐내고 있다. 뿐만 아니라 그는 경제학 · 수학 · 생물학 · 물리학 · 정보과학 · 음악 등 다양한 분야를 끌어들여 기식의 관계가 모든 영역에 연결되고 있음을 드러낸다. 특히 루소를 기식자의 한 표상으로 설정하면서 그가 주장한 사회계약론의 배면을 그의 삶과 관련시켜 흥미진진하게 파헤치고 있다.

기식자는 취하면서 아무것도 주지 않는다. 말 · 소리 · 바람밖에 주지 않는다. 주인은 주면서도 아무것도 받지 않는다. 이것이 불가역적이고 되돌아오지 않는 단순한 화살이다. 그것은 우리들 사이를 날아다닌다. 그것은 관계의 원자이고, 변화의 각도이다. 그것은 사용 이전의 남용이고, 교환 이전의 도둑질이다. 우리는 그것으로부터 기술과 사업, 경제와 사회를 구축할 수 있거나, 적어도 다시 생각할 수 있다.